# 教育の歴史的展開と現代教育の課題を考える

## 追究－コミュニケーションの軸から

森　透

三恵社

# はじめに

私は今年（2020年）7月で古稀（70歳）を迎える。今まで福井大学で30年間、その後福井医療大学でも4年間お世話になっているが、単著というものを出してこなかった。その理由は、毎日が多忙で著書にまとめるという仕事を怠ってきた私の怠慢以外のなにものでもない。このたび、古稀を迎えるにあたり、今までの自分の仕事を振り返り、著書としてまとめることの必要性と重要さを認識し、今回、出版社の三恵社の木全俊輔社長には大変お世話になり出版にこぎつけることができた。木全社長には深く感謝申し上げたい。

思えば、福井大学に1985年9月に就職してから、今まで30年以上忙しく歩んできたように思う。学生時代は「自由民権運動と教育」をテーマに、卒論、修論を書いてきたが、福井に来てからも研究を継続した。しかし、教師と子ども達との追究―コミュニケーションの具体的展開を明らかにするためには、大正・昭和期の教育実践にまで時代をさがる必要があった。福井にきて三国尋常高等小学校（現・三国南小学校）の「自発教育」との出会いが自分にとっては大きな転換点となったように思う。そこでの教育実践の生き生きした実際に触れ、教師と子どもたちとの相互コミュニケーションの魅力に引き付けられた。一方、福井大学の同僚たちと教育実践の現代的課題を考え、特に総合的な学習の在り方を模索する中で、長野県伊那市立伊那小学校とも出会うこととなる。伊那小学校は当時、全国的に総合学習で著名な学校であった。

実は、その伊那小学校の総合学習の源流が大正期の長野県師範学校附属小学校の「研究学級」の総合学習にあることもわかってくる。大正・昭和期の生き生きした教育実践における教師と子ども達との「追究―コミュニケーション」の展開が、現代の総合学習にも通じると考えるようになった。現代の学校教育と大正・昭和期の学校教育とを、時代を超えて考えること、そこでの教師と子ども達との相互コミュニケーションの展開を見つめ、教育の今後の展望を考えることの深い意味と醍醐味を味わうこととなった。

本書のタイトルを「教育の歴史的展開と現代教育の課題を考える」、副題を「追究―コミュニケーションの軸から」としたのは、本書全体が歴史的探究の前半と、現代教育の課題を考えるという後半に分けられると考えたからである。副題の「追究―コミュニケーションの軸から」という視点は、福井大学の同僚たちと実践と研究を重ねる中で学び認識してきた視点である。

本書は２部構成であり、第Ⅰ部は「教育の歴史的展開を考える」で、自由民権運動、大正自由教育運動を中心として収録した。自由民権運動は栃木県、福井県を取り上げた。また、大正自由教育運動は福井県・長野県・奈良県・東京、と全国で著名な実践校を取り上げている。最後のトモエ学園は校長の小林宗作が若き教師時代に触れた大正期の実践を経験して自身の理想として創立した学校である。授業で『窓ぎわのトットちゃん』をテキストに取り上げ、学生たちと読み味わうことで当時と現代の教育との比較検討を行うことができたことは大きな喜びであった。

第Ⅱ部は「現代教育の課題を考える」で、福井大学の学部・大学院改革の展開、教職大学院の創設と現在、そして福井医療大学における養護教諭養成の取組みである。「現代教育の課題」は多様に存在すると考えられるが、ここでは福井大学の改革史の足跡から学ぶこと、そして、現代の学校で心と身体のケアが中心的役割である養護教諭について取り上げた。養護教諭は担任を持たないが、だからこそ、学校全体を見渡し子どもたちの心と身体のケアの中軸としての役割を果たしてほしいと切に願っている。収録した諸論文はそれぞれ独立して書かれている関係で、内容的に重なりが生じている点はお許しいただきたい。

以上の２部構成の本書であるが、本書に収録した諸論文は私が今までまとめてきた論文の一部ではあるが代表的なものと考えている。今回、本書にまとめることで一つの区切りが出来たという思いであり、今後、これを踏まえてさらに精進を続けていきたいと考えている。

2020 年 1 月

森　透

# 目　次

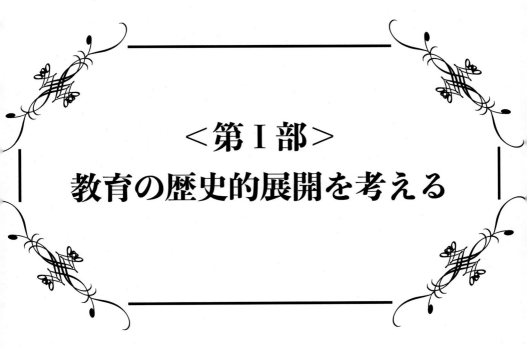

# ＜第Ⅰ部＞
# 教育の歴史的展開を考える

# (1) 自由民権運動における自由教育論の考察 —栃木県の事例を中心に—

## はじめに [1]

自由民権運動は，国会開設，地租軽減，不平等条約撤廃という3大綱領をかかげて，封建的束縛からの解放，政治的自由，経済的自由，そして市民的自由をめざした近代民主主義運動（ブルジョア民主主義運動）といわれている [2]．明治国家の政治的抑圧に抗して明治 10 年代に全国的に高揚したが，教育史上においても，国家の干渉を批判し教育の自由を主張する教育論が，運動の代表的指導者や各地方の民権家によって主張されている．

さて，近年の自由民権運動を対象とした教育史研究は，民権連動が教育史の単なる背景ではなく，教育史に内在的にかかわっていたのではないか，という仮説でおこなわれている．'70 年代に精力的にすすめられた民権研究には，民権運動を「教育運動」として仮説的に位置づけ，その構造化を試みた坂元忠芳をはじめとする研究蓄積がある [3]．自由民権運動の教育史的意義を明らかにする場合，明治 10 年代の教育政策をどのように批判したのか，つまり，明治 12 年 9 月の教育令，および翌 13 年 12 月の教育令改正という，自由主義から干渉主義への教育の国家統制に対して，いかなる教育論を展開したのかということの検討が不可欠となる [4]．先行研究においても，この視点は重視されており，本稿も，基本的にこの視点で考察をすすめていきたいと考える [5]．

ところで，自由民権運動における自由教育論を考察する場合，その自由教育の概念が問題となろう．この概念を考える場合，当時の学事普及をめぐる状況の中で，教育における自由と干渉（強促，督促），つまり，自由教育論と干渉教育論が論争として存在していたことに着目する必要がある．有賀義人は，長野県の明治初期教育は，「強促と自由との概念の中に一種の混乱」[6]が存在していたことを指摘し，就学，教育内容，私学，教師，学校費等の領域で自由と干渉の問題が対立的にあらわれていたとのべている．同じような問題が，民権家の教育論の中にもみられるのである．この自由教育論と干渉教育論との論争に着目し，すぐれて近代的な公教育論として植木枝盛と中江兆民の教育論を整理したのが黒崎勲である

[7]．黒崎は，植木と中江の国家認識を検討しながら，自由と干渉が並列して存在するのではなく，干渉教育論から出発し，自由教育論へと政策批判を媒介にして質的発展を示すとのべている．この黒崎の把握を筆者なりに整理すれば次のようになろう．つまり，植木は，明治 10 年の「普通教育論」[8]では，「社会ハ如何様強促シテナリトモ人民ヲシテ其一般普通ノ学科ヲ学ハ」せることが必要で，これは「圧制暴虐」でなく「保護」とのべ，小学校の教育は「国家ヨリ之ヲ言フトキハ必之ノ教育ヲハ授ケザルベカラサル」と，国家による干渉教育を認める．ここでの国家認識は抽象的，一般的である．しかし，明治 13 年 10 月の「教育ハ自由ニセサル可カラス」[9]では，教育令改正による国家の教育統制の危惧を主張する．つまり，「普通教育ノ如キハ可成的各地方ノ適宜ニ任セ」るべきで，「決シテ専制ノ分子ヲ全国ニ布及」すべきでないと画一教育批判を展開し，国家（政府）の役割を「唯学事ヲ振興スルノ一点」だけに限定している． ここでは，植木の国家認識が抽象的，一般的把握から， 権力批判を中心にすえた認識へと質的に発展していることがわかる．植木における干渉教育論から自由教育論へ の発展である．他方，中江は，明治 14 年 3 月の新聞社説「干渉教育」「再論干渉教育」[10]で，“干渉教育”と題しつつも，実質的には植木と同じく，国家の役割を限定し教育の自由を要求するという，画一教育批判を展開している．つまり，「吾儕ノ干渉ト云フ者ハ唯夕全国ノ父兄ヲシテ必ス子弟ヲ教育セシメ政府ヲシテ能ク全国ノ教育ヲ督励セシメントスルノ謂ニシテ復タ地方ノ教則ヲ掣肘箝束スルノ謂ニハ非ラサルナリ」と．

以上のように国家の役割を「学事ヲ振興スルノ一点」（植木），「全国ノ教育ヲ督励セシメン」（中江）と限定し，教育の自由を主張する両者の教育論は，明治 13 年からはじまる教育の国家統制に対して，画一教育を批判し自由教育を主張するものといえる．このように，植木と中江の両者は，公教育における国家の役割を教育行政のレベルに限定し，教育内容については画一的に統制すべきでないという，すぐれて近代的な公教育論を主張したのである．

自由民権運動における自由教育論と干渉教育論は，以上に検討してきたように国家認識の質により異なる．つまり，教育の国家統制の始まる以前においては，国家の役割に期待をするという干渉教育論が主張されるが，この論では教育の自由の問題はまだ認識されていない．しかし，教育の国家統制が始まると，その国家権力批判を中心として，国家の役割を教育行政レベルに限定し，教育の自由を主張する自由教育論が展開される．このように，自由教育論と干渉教育論を整理できるが，自由民権運動の地方的展開の中では，民権論者により，国家権力認識に質的差異を生じ，民衆認識ともかかわって，教育の自由に重点をおく立場と，国家の役割に重点をおく立場とが，対立的にあらわれる場合も生じる．以下の本論で検討するように，栃木県の場合も，この論争がみられる．

それでは以下に，今までの研究ではほとんど着目されていない栃木県の自由民権運動と教育をとりあげ，そこにみられる自由教育論の展開を考察したいと考える．

## Ⅰ 栃木県教育の状況と自由民権運動

文部省年報の栃木県年報をみると，明治10年前後から学事の衰退と，それを危惧する県当局の就学督責の政策をうかがうことができる．第五年報（明治10年）の「栃木県年報」11)には，「明治九年自由教育論ノ勃興セシヨリ今日ニ至リテハ政府ノ方向モ猶之ヲ是トスルモノノ如ク民心モ亦之ニ傾向シテ普通教育ハ実ニ昔日ヨリ却歩ノ勢蹟ヲ現出スルニ至レリ」と学事衰退の危惧が表明され，就学督責が次のように強調されている．つまり，「自由教育ノ主義ヲ以テ将来ニ教育ノ進歩ヲ望ムハ其望ミヲ達スル能ハサルノミナラス普通教育ハ遂ニ地ヲ拂フニ至ル亦知ル可ラス故ニ将来教育進歩ノ最大須要ハ今日ニシテ強迫法ヲ設施スルノ一條ヲ措キ他ニ求ムルノ道アランヤ」と．このように指摘されており，明治13年，14年の「栃木県年報」においても，就学督励が強調されている12)．栃木県の就学率は，明治9年，10年，11年が，それぞれ49.11%,43.67%, 40.95%であり，かなり減少していることがわかる13)．ここでいう「自由教育論」が具体的にいかなる教育論を意味しているかは不明だが，自由民権と関係があることは指摘できよう．また,明治15年4月に栃木県を巡察した元老院議官河瀬真孝の巡察報告14)の中に，就学率の低さについて,「前教育令ノ放任ニ基因シ生徒就学上ニ於テモ検束ノ力ニ乏シキカ為メ人員次第ニ減少シ習学ノ務メ亦著シク退歩スルニ至レリ」と，明治12年の教育令を批判し，翌13年の教育令改正，14年以降の督励政策により,「少シク吏員ノ力ヲ復セリト雖|モ斥前日放任ノ余弊今日ニ至リ十分ノ地歩ヲ占メタル故容易ニ其功ヲ実見シ難シ」と，学事普及の困難さをのべている．就学率は，明治12年44.06%. 13年44.12 %, 14年45.71%, 15年49.13%,16年52.89%15)と，

数字上は増大しているが，現実には，上述の報告のように，危惧が表明されている．

一方，栃木県の自由民権運動は，全国的にみて必ずしも早い出発とはいえない[16]．明治 12 年 9 月の田中正造の国会開設論（「国会を設立するは目下の急務」）[17]が最初であり，国会設立建言書は明治 13 年 11 月～12 月に 5 種類提出されている[18]．政治結社は明治 13 年 5 月の囂囂(ごうごう)社が 県下最初であるが，この設立の中心が塩田奥造，新井章吾であり，一方，田中正造は中節社を同年につくり，民権運動も次第に展開され始める．全国的にも自由党員，改進党員の数が多く，両党員合計数は府県別で全国一といわれている[19]．塩田，新井はのちに自由党に属し，田中は改進党に属するが，彼らは県会議員としても活躍し，県会議長，副議長という要職もつとめた[20]．民権派の機関紙ともいうべき「栃木新聞」は，第 1 期（明 11.6 ～11. 11)，第 2 期（明 12.8～15.7)，第 3 期（明 15.9～17.2)の 3 期にわたって発行されたが．とくに第 2 期には明治 13 年 2 月まで田中正造が編集長をやり，明治 15 年 1 月からは嚶鳴社幹部野村本之助が社長をつとめるというように民権新聞としての体制を強化し，活発な政治論，教育論を展開している[21]．前述した河瀬元老院議官の巡察報告の中に，民権派教師について，「教員ニシテ密ニ政談演舌ヲ事トシ生徒ヲ誘導スルモノ多シ若シ教員ニシテ之ヲ為サヽレハ生徒去テ他ニ行ク日ク彼レハ演舌ヲモ為シ得ス是レ卑屈ノ徒ナリ以テ師トナスヘカラスト」[22]という報告がある．この「生徒」は小学校か師範学校の生徒だと推測されるが[23]，民権運動が学校教育の中に浸透している一端をうかがうことができる．

以下の考察では，栃木県民権運動の機関紙ともいうべき「栃木新聞」を手がかりにしながら，そこで論じられた自由教育論の特質を明らかにし，さらに，他の史料にみられる自由教育論を究明すること(Ⅱ),そして，栃木県会における民権派の教育論について，その特質を明らかにしたい（Ⅲ)，と考える．

## Ⅱ 栃木県における自由教育論の展開

### (1) 「栃木新聞」にみる自由教育論

栃木県民権運動の機関紙ともいうべき「栃木新聞」は，前述したように 3 期にわたって発行されたが，第 2 期（明 12.8~15.7）には田中正造，野村本之助が参加し体制を強化していた[24]..この第 2 期の新聞論調には,栃木県民権運動の高揚を背景にして，興味深い記事が登場する．以下の考察では，この第2期にみられる教育論を中心に検討したい．

第6号（明 12.8.13）に「自由教育論」と題した峯岸孝の投書があるが，この論の特徴は，「自由教育」が原則だが日本の状況が未開だから政府が干渉しなければならないとする論理であり，国家の性格や干渉の範囲については具体的に示されていない．つまり．「自由教育ハ之ヲ政府ヨリ干渉圧制スルノ権利ナキ真ニ自主自由ノ良教導ナリ其行ハスンハアルヘカラス」と．「自由教育」の理想論をのべるが，現実問題としては，「半開未開ノ社会ニ於テハ決シテ之ヲ行フヘカラス」として「自由教育」を否定し，「自由教育施行ノ方法ハ国家ノ時勢ヲ察シ其風俗ヲ審ニシ漸ヲ追ヒ序ヲ踏テ適宜ノ處方ヲ思惟セスンハアルヘカラス」とのべる．このような見解の根拠である民衆認識について，民衆は「国民ノ義務モ父母ノ職分ヲモ知ラザルカ故ニ自由教導ノ行ハルルヲ幸トシテ或ハ子弟ヲ学ニ就カシメス縦令学ニ就カシムルモ徒ニ句ヲ摘ミ章ヲ尋子漢学者流ノ迂遠学問ニノミ沈溺シテ眼ヲ活字ニ注カス」という状況が指摘され，さらに，子どもの教育の軽視については，「空ク児童ノ良心ヲ妨碍シテ愛国ノ志情発生セシメス国民ノ義務ヲモ五州各国ノ形勢ヲモ知ラシメス遂リ（ママ）児童ヲシテ五里霧中ニ徘徊セシムルニ至ラン」と指摘されている．このように民衆が「国民ノ義務」や「父母ノ職分」を自覚しないからこそ，国家（政府）の役割に期待するという論理は，前述した植木枝盛や中江兆民の論理にも共通する認識といえよう．しかし問題は，この峯岸の認識には，国家（政府）の性格が一般的，抽象的に把握されていることからくる干渉教育論はみられるが，それをふまえた自由教育の視点は提出されていない.この投書が掲載された明治12年8月という時点では，自由教育論はまだ自覚されていないと考えられるが，この峯岸の教育論は，当時においては，栃木県だけではなく，かなり一般的に共通したものであった[25]．

しかし，明治14年段階になると，教育の国家統制という状況で，国家の権限をどのように限定すべきかという論争が，6月から7月にかけて山崎彦八と田口義治の間で展開される[26]．山崎は，国家の役割を限定し，干渉すべき所，すべきでない所を明確に区別せよと主張する．つまり，山崎は「小学ノ教則ハ自由ナラサルベカラスト雖任之ヲ奨励スルノ道ヲモ自由ニ任スルト云フテ政府之ニ関セサルハ欧米文明諸国ト雖トモ未タ曽テ聞カサル所」[27]とのべ，教育内容の自由は確認しつつ，教育を「奨励スルノ道」．つまり植木枝盛のいう「学事ヲ振興スル」ことの必要性を強調する．そして，政府と民衆の権限の区別について，「政府ハ職分ノ干捗（ママ）セサルベカラサル所ニハ固ヨリ当ニ干渉セサルベカラス而〆人民ハ其義務ノ負フ所ハ之ヲ尽クシ而〆己レカ義務上ヨリ生スル所ノ自由ハ飽マテ之ヲ求メサルヘカラス」[28]として，政府と民衆の役割を区別して位置づけ，政府の権限については，次のように具体的に提言している．

「何ヲカ政府カ干捗スベキ所ト言フ乎日ク学校ノ搆（ママ）成教員ノ正否〔假令私立学校ノ教員ト雖氏不正ノ学ヲ教授スレハ政府之ヲ懲罰セサルヘカラサル也〕及勤惰ト児童ノ就学試業ノ監視等ノ如キ是ナリ此等ハ皆政府ノ監督及奨励ヲ受ルニ非スンハ人民学校ノ興隆ヲ見ル能ハサル也」[29]

ここでは，「学校ノ構成」，「教員ノ正否」と「勤惰」，「児童ノ就業」，「試業ノ監視」などについて，政府の権限の必要を認めている.これに対して，政府の介入を拒否すべき所については次のように提言している．

「何ヲ政府カ干渉スヘカラサル所即人民ノ自由ニ任スベキ所ト云フ乎日ク教則ノ編成授業ノ方法ノ如キ是ナリ抑モ教則ノ如キハ人々箇々ノ意思ニ在リテ存ス殊ニ□（各カ）地ノ民情ニ於テ大ニ異ナル所アリトス然ルニ政府カ斯ノ如キ方法ヲ以テ斯ノ如キ学科ヲ教授スヘシト画一ヲ令スルアラハ余ハ認テ之ヲ不正ノ干渉ト云ハサルヲ得サルナリ」[30]

このように，「教則ノ編成」「授業ノ方法」については，民衆の自由にまかすべきだと主張している.以上の山崎の把握には，欧米文献の影響がある．つまり山崎は，前者の政府の干渉を容認している箇所で，ミルの『自由之理』の一部分を引用し,「父母若シ斯職分ヲ尽サヾレハ政府ニ於テ其父母ニ強イテ児童ヲ教養セシメ而〆其職分ヲ尽サシムヘキナリ」[31]とのべ,「彌爾氏ノ如キハ自由家ノ領袖ニシテ而〆其政府カ教育ニ対スル務ヲ論ス斯クノ如シ亦以テ政府カ教育ニ干渉セサルヘカラサルヲ知ルニ足ラン」[32]と，政府の教育に対する権限を認める．一方，後者の政府の不干渉の箇所では，同じくミルの『自由之理』から引用し，「何事〔教則ノ如キヲ云フカ〕ヲ教ユベキ何様〔方法ノ如キヲ云カ〕ニ教ユベキト云フヿ全ク其父母ニ任スベキナリ」[33]とのべている．

以上のような認識を示した山崎は，それ以前の明治12年12月には，国家の権限を抽象的，一般的に論じ，「国家ハ幼童ノ父母ニ強ヒテ幼童ヲ学校ニ送ラシムルノ権アリトハ甚至当ナル」とのべ,「強迫就学法ヲ設ケザルベカラス」と強調していた[34]. この認識の根底にある民衆観は,「我県下人民中現ニ幼童ヲ教育スルハ是其父兄ノ義務ナル事ヲ知ル者其レ幾何カアル」,「今日ノ人民ニシテ一タヒ自由主義ニヨラシメハ陥テ気儘勝手ノ民トナリ愚者ハ益々愚ニ安シ貧者ハ空ク貧者ニ沈ミ到底教育ノ普及ヲ得難カルヘシ故ニ自由主義ハ之ヲ開化ノ民ニ用ユヘクシテ之ヲ蒙昧ノ民ニ施スヘカラサルナリ」というように[35], 前述した峯岸孝と同じ発想をしていた. それが, 1年半後の明治14年7月には, 国家の権限を限定し, 教育内容.方法の自由を保障すべき立場に発展していることがわかる.

以上に示した山崎の見解に対して, 論争の相手の田口は, 民衆の意識.未開状況を否定的にしか把握せず, あくまで国家の主導性を主張する立湯をとっている. つまり, 教則の編成権に関して,「人民智識ノ乏シキヨリ完全不整極マル所ノ教則ヲ編成シ之ヲ以テ貴重ナル幼童ヲ養成セシメントスル」よりも,「画一ニシテ多少土地風俗人情ニ適合セサル所アルモ政府ニ於テ之ヲ編成シ完全整正ノ教則ヲ以テ貴重ナル幼童ヲ養成セシムル」ことの方が,「利ニシテ且優レリ」とのべている[36]. この田口の認識には, 明治14年において教育内容の自由と画一という真向から対立する状況の下, 国家の性格を一般的にしか把握しえていない立場が露呈されている. 田口は山崎を批判し, 未開の日本では欧米と対比して干渉教育が必要だとして,「子ノ自由云々ヲ説クノ論ニ至リテハ蓋欧米各国ノ文明国ニハ至極適当ナルベケレ𪜈如何セン未タ半開ヲ脱セサルノ我日本国ニ適合セザル」[37]と, 干渉教育論の立場を固持している.

このように, 山崎と田口の論争の争点は, 国家観と民衆観にあると考えられる. とりわけ, 民衆の主体性, 教育への関心をどのように評価するかという点は重要な論点である. 山崎の認識は, 明治14年7月という教育の国家統制が進行している状況の中で, 教育内容の自由, 画一批判に力点をおき, 民衆の主体性, 要求を視野に入れた教育認識である.

この論争の同じ時期の明治14年5月に, 社説である「論説」欄に,「固陋政府ノ下ニ在ル教育者ノ目的」[38]という専制政府批判にもとづいた教師論が掲載される. ここでは,「欧米諸国自由政府」と「東洋諸国擅制政府」が対比され, 後者は「天賦ノ自由ヲ滅殺シ人造ノ羈絆ニ柔順ナレト斯如キ教育ハ決テ人間ノ天性ヲ教育スルニアラズシテ寧ロ政府主義ニ向テ適合ナル機械ヲ陶造スル者ト云フ可シ」と批判し，日本にはこの「擅制政府」の教育が実施されているとのぺ，この政府批判をふまえて，あるべき教師像を次のように主張する．つまり，「教育者ハ断乎トシテ教育主義ヲ開進自由ノ点ニ定メ，苟モ其進路ニ横ハル者ハ悉ク鉅鋤シ去リ，漸ク之ヲ養成シテ十分勢カヲ得ルニ及テハ，遂ニ政府ノ主義ヲ襲撃シ，政府ヲシテ旗ヲ巻，甲ヲ解キ，吾党ノ主義ニ向テ降服セシム可シ」と.さらに具体的に，「教育者ニシテ開進自由ノ精神ヲ確取シテ生徒ノ脳漿ニ注濺セハ，教則課書ノ如何ニ拘ハラス開進自由ノ人民ヲ養成スルヲ得ヘシ」とのべて，たとえ「教則課書」（教科書）が画一的であっても，教師の実践や方法如何では，子どもに自由な教育が可能であるとして，教師のあり方に強い期待をかけている．この社説の意義は，教育の画一化，国家統制という情勢下で，教師論を通して教育の自由を主張したところにあると，評価できる．

翌年の明治 15 年 3 月には，教科書の国家統制に対して，自由民権の意義を強調し，文部省批判を展開している投書が掲載されている.「風説軽シク擯斥ス可カラズ」（渡辺烟摩）[39]がそれで，文部省の教科書統制の「風評」，つまり，「文部省ニ於テハ近来自由民権ノ説隆ナルニ際シ小学ノ科目中ニ万国ノ歴史ヲ加入スルトキハ小学ノ生徒マデカ立憲政体トカ自由民権トカ言フヿヲ覚知シ我国体上ニ影響ヲ及スヿ尠少ナラザレハ之ヲ科目中ヨリ除去セントノ御評議」という文部省の民権対策を指摘している．これは，前年の明治 14 年 12 月 17 日の福岡孝弟文部卿の訓示[40]をさすが，栃木県では，明治 14 年 11 月の県教育会議[41]で教則原案に万国史があったが，文部省の認可後の教則では万国史が除去されたという経過が，この投書の中で指摘されている．そして，「小学ノ生徒ガ立憲政体トカ自由民権トカ言フヿヲ覚知スルハ之レ社会風潮ノ然ラシムル所ニ〆人智ノ発生スル草木ノ春□（光カ）ニ向テ勃々萌芽ヲ発スルガ如ク決シテ人力ノ得テ防遏ス可ラザルハ三尺ノ児童モ能ク知ル所ナレバ也」とのべ，「自由民権ハ蛇蝎視ス可キ害悪物ニ非ズ〆人類天賦ノ至貴至重ナル者」だと，万国史を通して，人間の自由，権利の歴史を学ぶことは，小学校の子どもにとって必要不可欠だと主張する．さらに.政府が言論，出版の自由を制限し，私立学校の教育内容へも干渉する危険性を指摘して，「政府カ私立ノ学校ニ検束ヲ加ヘ或ハ書籍ヲ絶版スルモ到底恐クハ其目的ヲ達スルヿ能ハサル可シ特ニ其目的ヲ達スル能ハサルノミナラス却テ以（ママ）外ノ結果ヲ醸生スルモ亦測ル可ラス」と結論づけている．この投書は，政府・文部省を中心とする教科書統制に対して，正面からの批判を投げかけたものといえる．

ここで，明治 13 年以降の栃木県の教育政策にみる教育の国家統制の動きを確認しておきたい.明治 12 年 9 月の教育令をうけて，翌 13 年 1 月に「栃木県学事条例」と「栃木県公立小学校模範教則」が同日布達され[42]，後者の模範用書には「万国史略」も含まれていた． しかし，翌 14 年 6 月には「学務委員薦挙規則」，15 年 1 月「栃木県小学校教則」，同 5 月「小学校教員免許状授与規則」，さらに 16 年 2 月には「就学督責規則」まで布達され，教育内容，教員の取締がしだいに厳しくなっていくことがわかる[43]．明治 15 年 1 月の「栃木県小学校教則」では，歴史から「万国史」を排除し，「修身」を筆頭とした尊王愛国の歴史観を教えるように義務づけている[44]．

「栃木新聞」第 2 期の教育論は，以上にみてきたように，明治 12 年段階の認識から発展して，明治 14 年，15 年にはしだいに明確に国家権力批判，政府批判をもとにした自由教育論を主張していく立場を鮮明にしていく．

### (2) 「栃木新聞」にみる言論・集会の自由論

この第 2 期の自由教育論を補強する論調として，民権運動にみられる言論の自由，集会の自由の主張がどの程度に展開されていたのかを究明したいと考える．とりわけ，演説会の場所として学校が多く利用される事実，また，演説の教育的役割の問題など，以下に考察するように，「栃木新聞」にみる言論・集会の自由の主張は，自由教育論の特質を検討する場合の一つの大きな指標となると考えられるので，ここでは特徴的な論議を中心にとりあげたい．

栃木県令藤川為親が明治 13 年 11 月 26 日に布達した甲第二百号の演説論議の開会届けの取締り，つまり「政治ニ関セサル事項ト雖トモ公衆ヲ聚メテ演説論議スル者ハ開会前ニ其演説若クハ論議ノ旨趣ヲ記載シ会主会員連署ヲ以テ所管警察署へ届出ヘシ此旨布達候事」[45]に対し， 批判があいつぐ．12 月 9 日の社説「本県甲第二百号」[46]は，正面からこの布達の撤廃を求めるという論調ではなく， 逆にこの布達を「民権伸張ヲ励マス」ものとして利用すべきだ，という主張をする．翌年明治 14 年 4 月 1 日の社説「本県十三年第二百号ノ達廃滅セソトス」[47]は，演説会の教育的役割を強調して，この布達撤廃を強く求めている．「教育演説」の意義について，「抑人民ノ智徳ト気力トハ教育ニ由テ進捗スルハ敢テ言フ迄モナキコトナリ其教育中尤モ小民社会ニ便益アルモノハ演説ニ若クモノナシ，既ニ教育演説カ智徳ト気力ノ進捗ニ於テ便益アリトセハ自由自在ニ之ヲ為スヲ許サザル可カラサルナリ」とのべる．そして，「我県令ハ此窮屈ナル法律ヲ作テ遂ニ今日ノ如キ教育演説ニ向テ不便ヲ来サシムルハ豈ニ夫レ之ヲ指シテ道理ノ正当ヲ得タルモノト云フベケンヤ」と県令を批判し，この布達撤廃に尽力している県会議員を高く評価する．つまり，「我忠誠信実ナル県会議員」は，「此法律ノ教育ニ妨害アル所以ヲ述べ」，「智識開発ノ進路ヲ妨ケントスル」布達撤廃にむけ，「建議」を県令へ提出せんとしていると．この県会の動きは，4 月 23 日の県令への建言として結実している[48]．ここでも 演説の教育的役割を高く評価し，「智識ハ教育ニ因テ発達スルモノナリ然ラハ則チ学術演舌ノ教育ニ必要タル素ヨリ明ナリ既ニ学術演舌ノ教育ニ必要ナルモノナレハ豈ニ何ソ自由ニ之レカ演説ヲ為スコトヲ得セシメサランヤ」とのべる． そして，「今日教育ノ急務ナル言ヲ竣タスシテ明ナリ然ラハ学術演説ノ如キハ官率先シテ之レカ開会ヲ促サヽルベカラサル」にもかかわらず,「該布達影響タル却テ此反点ニ出ツ」として， 撤廃を強く要求している． 以上にのべた ように，布達第二百号をめぐって，演説の教育的役割を論拠に撤廃を要求するという見解は，学校教育だけではなく，民衆の啓蒙，開化を意図した演説会の教育的機能に着目したものとして意義を有する．

次の事例は，文部卿福岡孝弟が明治 14 年 12 月に布達した第 38 号，つまり集会の学校使用禁止の布達,「従来学校等ヲ仮用シテ諸般ノ集会ヲ挙行スル向モ有之候処其行為ノ遊興弄戯ニ属スルモノ幷ニ言論ノ猥褻詭激ニ渉ルモノハ教育上妨害少ナカラサル儀ニ就キ右ニ充用セシメサルハ勿論却テ学校監督上ニ不都合無之様取締可致此旨相達候事」[49] に対して，言論の自由を論拠に批判している．つまり，論説「文部省第三十八号達ヲ論ス」[50] で，「此達ノ毫モ必要ナキヲ感スルノミナラス或ハ世ノ俗吏輩カ之レ奇貨トナシ以テ吾人人民ノ最モ貴重スル言論ノ自由ニ幾分ノ障害ヲ与ヘントスル」と批判し，「人民カ集会條例ニ依ツテ与ヘラレタル言論自由ノ範囲内ニ侵入スルモノナリ」と危惧を表明している．この危険性は同年 6 月 3 日の集会條例の改正追加となって法制化された．この改悪に対して，7 月 21 日の論説「政府ノ漸次言論集会ノ自由ヲ縮収スルノ傾向アルハ果シテ何ノ為メソ」[51] の中で，「政府ニシテ苟クモ国会ノ準備ヲ為スニ民意ノ向フ所ヲ察スルノ急務タルヲ知ラバ須ラク集会言論ノ自由ヲ開暢スベキ」であるにもかかわらず，現実は,「漸次縮収セラルルノ傾向アルガ如シ」とのべ、「彼ノ集会條例ノ追加ノ如キ若クハ地方長官ガ集会言論ノ自由ニ干渉スル一層ノ甚キヲ加フルアルモ大政府之ヲ不問ニ措クガ如キ」と,集会条例改悪を批判し,集会・言論の自由を強く要求している.

以上にみてきたように集会の自由,言論の自由が,その教育的意義を有しながら,活発に展開されていたことがわかる.第2期の「栃木新聞」には,教育の自由をはじめ,民衆の基本的自由権を展開する立場が堅持されていたことがわかる.

### (3) 「栃木新聞」以外にみる自由教育論

#### ① 『教育叢談』にみる自由教育論

次に,栃木県師範学校発行の教育雑誌『教育叢談』[52]に掲載された「自由教育論一」(安辺揚川)に着目したい.この雑誌は第7号(明治14年2月)しか発見されていないが,それ以外の号の目次は,「栃木新聞」広告欄から判明する[53].編集長の久松義典は栃木師範学校の教師,校長までつとめたことのある人物で,民権運動の演説会でも登壇し,明治14年12月の県教育会会長,明治30年代では,栃木町で私塾を開き,社会主義者とも親交の厚かった興味深い人物である[54].

さて,この安辺の「自由教育論一」は,前年の明治13年に師範校で演説した内容をもとに.再度執筆したもので,「当今教育令ノ改正ニ当リテ甚タ遺憾ナキ能ハス」と前文にいうように,教育令改正批判の意図が明確である.安辺は,「自由教育ハ天地ノ公道ナリ造化ノ真理ナルハ輿論公議ノ共ニ是認スル所ニシテ又之レヲ破ル可カラサルモノ」であり,「国会開設已ニ可ナリ豈特リ自由教育ノ可ナラサル理アランヤ」とのべて,国会開設と自由教育を同列に論じ,政治主体の民衆の成長に着目する.そして,政府の画一教育を批判する.つまり,「俄カニ夫ノ一定教育ノ法ヲ以テ之レヲ各様不同ノ郷ニ施サント欲スル」ことは「到底真ノ教育ニアラサル」と.さらに私塾の擁護を,「妄リニ廃閉ノ令ヲ伝ヘ漫ニカヲ以テ一職業タル教師ヲ興廃スルハ大ニ人民ノ権利ヲ害スト謂フベシ故ニ私塾或ハ小弊ナキニアラサレ|圧決シテ閉絶ス可カラス」と主張する.この安辺という人物は,「教育演説会規則」[55]によれば学校の教員だと考えられ,赤見村の安辺虎四郎という中節社員と同一人物で「自由教育ト干渉教育トハ何レカ日本現時ニ適当スルヤ」という題で演説していることも判明する[56].以上のことから,栃木県師範学校に民

権運動が浸透し，参加した民権派教師が存在したことが明らかとなった．

### ② 新井章吾の自由教育論

新井は民権運動の中心的指導者の一人であったが，大阪事件に連座して獄中にあった明治 21 年に執筆した「回天記事」の中の一つに「教育ノ干渉ヲ論ズ」という自由教育論をのせている[57]．新井はここで，民衆の能力への高い評価を強く主張する．つまり，「教育ノ事ニ至リテハ，人民自ラ之ヲ択ムノ能力アリ，故ニ政府ノ敢テ干渉スベキ者ニ非ルナリ」とのべ，さらに「今若シ教育ノ善悪ヲ，人民ノ選択ニ委スルトキハ，互ニ競争シテ，之ガ良法ヲ案出スルヲ以テ，善者ハ世ノ信用ヲ得テ，益々盛ニ，悪者ハ之ガ信用ヲ失フテ，益々衰ヘ，即チ優勝劣敗ノ天理ニ由テ，自ラ改良進歩スルニ至ルベシ」のべ，民衆の教育能力を高く評価する．同時に政府の画一教育に対し，「今政府ハ画一ノ教育法ヲ布キ，人心ヲ一轍ニ帰セシメ，以テ思想ノ殊別ヲ滅絶セント欲ス，是レ真理ノ発明ヲ妨ケテ以テ文明ノ進歩ヲ害セントスルモノ」と厳しく批判する．このような新井の教育論には，英国スペンサーの影響があることが同年に獄中から妻にあてた書簡から判明する[58]．この獄中執筆という状況の自由教育論は，茨城県民権家舘野芳之助の獄中執筆書『自由東道』(明治 22 年刊）と類似している[59]．舘野はこの書で政治論と社会改革論と同列に自由教育論を位置づけており，スペンサーをはじめ欧米文献からも多くを学んでいることは，新井と酷似している．

さて，明治 21 年の自由教育論の原型ともいえる「建議」を新井は民権家塩田奥造と連名で明治 15 年 4 月に県会へ提出している[60]．ここで明治 12 年の教育令へ高い評価を与えたにもかかわらず，教育令が「墨痕未夕乾カサルニ変シテ検束教則ニ逢遭シ，教化発育ノ進路モ今ヤ忽チ横断スルガ如キニ至ラントハ，之レヲ是レ撞着矛盾ノ制度ト云ハスシテ将タ何トカ云ハンヤ」と，教育令改正，小学校教則綱領の公布に強い批判をし，結論として，文部卿に直接会見し，「飽迄検束教則ヲ排除シ，更ニ適応ノ教則ヲ敷キ，以テ文化ヲシテ普及セシメンコトヲ強迫」することが，当面の緊急課題だと主張している．

このように新井は県会議員にあった時から，教育の自由，画一教育批判を展開していたのであり，この教育論が，獄中での「教育ノ干渉ヲ論ズ」に結実されていったものと考えられる．

## Ⅲ 栃木県会にみる民権派の教育論

自由民権運動の中で展開された自由教育論は，栃木県会の論議においては，民衆の教育要求，教育費の軽減を視野に入れた教育の自治論および教育の機会均等論を中心においている．本節では，田中正造をはじめとする民権派議員の県会における教育論を検討したい．第1は，教育費軽減のために医学校廃止を実現したこと，第2は，教育の機会均等をめぐる県立中学校存廃論について考察する．

### (1) 県立医学校の廃止

明治13年5月の第2回通常県会において， 田中正造は，医学の必要性を認めつつも,莫大な経費を節減するために医学校廃止を建議している[61)]．つまり，「医ノ学タル深遠薀奥科々相分レ之ヲ授クルハ亦必ス一二良師ノ為シ得ヘキ所」でなく， 「数個ノ良教師」を依頼すれば，経費は「莫大ニシテ有限ノ地方税ヲ以テ能ク支フル」ことは不可能である．改善策として，田中は，各郡より5名ずつの生徒を選抜し東京大学へ留学することを提案する．つまり,「県下各郡ヨリ平均五名ノ生徒ヲ撰ミ，之ヲシテ各分科ノ専門ニ就テ東京大学ニ留学セシメ以テ良医ヲ養成スルニシカス」と．この方法により,「生徒ノ数ヲ減少セハ本県医学経費ノ幾部分ヲ減スルヤ亦自カラ明カナリ」と，経費減少を主張する．この建議をうけた県会は， 2年後の明治15年5月に「医学校廃止ノ上申」を県令藤川為親へ提出している[62)]．この「上申」で地方税の性格を,「地方公共ノ福利ヲ進ルタメ乎，若シクハ必要ニシテ已ヘカラサルモノヽ為メニ要スルノ費」であり，決して「一部分ノ便益ヲ図ルカ為メカ，若シクハ一個人ニ営業ヲ与フルカ為メニ支出スルモノニハアラサル」と主張する．従って医学は,「純然タル専門学ニシテ即チ一個ノ営業ヲ教ルノ学科」であり，地方税を使用すれば， 「其利ヤ一個人ノ利ニ止リ，其益ヤ亦一部分ノ益ニ止マリテ広ク地方公共ノ幸福トハナラサル」と結論づけている．

以上にみた「地方公共ノ福利」「地方公共ノ幸福」という観点は，田中をはじめとする民権派議員の地方自治論から導き出されたものと考えられる． この医学校は『文部省第十年報』(明 15) によれば， 「本年県会ニ於テ其費用ノ支出ヲ拒絶セシカ故ニ六月ヲ以テ本校ヲ全廃ス」[63)] と，廃校されたことが判明する.このように，民権派を中心とした地方自治要求，地方税の民衆のための支出を主張した運動は，県立医学校を廃止にまで至らせたのである．

### (2) 県立中学校の廃止論[64)]

明治 15 年 4 月の第 4 回通常県会では，前述した医学校廃止の「上申」とともに，県立中学校の廃止論が激しく展開されている[65)]．廃止論者の中心，田中正造は経費，教育の自治の問題を論拠に，「実ハ此帯ニ短カシ『たすき』ニ長カシト云フ学校ガアルタメ自治ニテ起ルベキ学校モ起コラサル」と，中途半端な県立中学を批判し，「到底然ルベキ生徒ヲ養成スルコト能ハサルナリ，是レ教師モ乏ク器械モ少ケレハナリ，去リトテ之ヲ充分ニシテ不足ナカラシメンニハ莫大ノ費ヲ要セサルヲ得ス」とのべて，県立中学の不備をつく．この田中と同じ廃止論者のⅡで紹介した新井章吾は，「中学校ノ如キモ真ニ必要トナラハ有志ノ協議シテ私立校ヲ設ケルニ至ラン」とのべ，県立中学の不必要をのべる．また，新井と同じ見解の稲葉謙次は，「中学ニシテ果シテ必要ナラハ之ヲ公立ニセサルモ私立ノ起ル筈ナリ」とのべ，さらに「必要ナルコトアルモ公立ノアルタメ」に「私立」が設立されないと主張する．以上にのべた廃止論者，及び存続論者のほとんどが，自由党の新井章吾をのぞき，翌年 16 年に改進党に入党している[66)]．政治的立場が同じでも，教育論としては対立するという教育問題の複雑さが，この中学校廃止，存続論争にはみられる．

以上の県会での廃止論をふまえ，翌 16 年 3 月の第 5 回通常県会で「教育費中中学校費廃止ノ上申」が決議されている[67)]．この内容も，前述の医学校廃止の論理と同じく，地方税は「公共ノ事」に使用すべきで，現実の中学入学生徒は「豪農」「富商」の子弟で「決シテ衣食ニ汲々タル小民ノ子弟」ではないとし，「粒々辛苦ヨリ成リ来リタル所ノ地方税」から支出しなくても廃学しない，と主張する．この「上申」は 3 月 28 日に県令へ提出されたが，『文部省年報』によれば，廃校とはなっていない．しかし，県会や町村会での教育費減額論は激しく，「県会決議ノ状況ハ毎年減額論盛ニ行ハレ原案ニ決スルモノ殆ト絶無稀有ノ間ニアリ」[68)] と報じられているように，民権派議員を中心とした教育費減額論は，活発に展開されていた．

## おわりに

自由民権運動における自由教育論は，以上みてきたように，明治 13 年以降の教育の国家統制の進行のもとで，国家批判，政策批判を展開し，教育内容の自由を中心に構成されていた．栃木県における自由民権運動の地方的展開の中で，植木枝盛や中江兆民が示した自由教育論と同じレベルの教育論が，民権派新聞である「栃木新聞」に精力的に発表されていた．明治 14 年の山崎と田口の論争は自由教育論と干渉教育論の論争として典型であったが，山崎が，国家（政府）の権限を具体的に限定し，教育内容，方法の自由を民衆自身が決定すべきだとした主張は，特筆に値しよう．第 2 期の「栃木新聞」には注目すべき論が多く，演説会の教育的機能を強調して，言論・集会の自由を主張する見解には，民権運動の啓蒙的役割，教育的役割が民権家自身に充分に自覚されていることがわかる．栃木県師範学校発行の教育雑誌『教育叢談』に掲載された自由教育論は，教育の国家統制を正面から批判したもので，師範学校においても民権運動が深く影響を与えていることがわかる．とくに，この雑誌の編集長の久松義典は，師範教師で民権運動にも参加するという経歴をもっている.また，栃木県の代表的民権家新井章吾の自由教育論は，民衆の能力を高く評価した教育論として特筆できる．獄中執筆という特殊な状況ではあったが，徹底した政策批判，自由教育を主張した．その原型は県会への画一教育批判の建議に示されていた．

以上のような栃木県民権運動における自由教育論は，県会における教育の自治論， 教育機会の均等論として展開した．つまり，地方税を多くの民衆の教育のために支出すべきであって，一部の階層のために支出されてはならないとする主張は， 県立医学校の廃止，及び県立中学校廃止論として展開した．

このように， 栃木県の自由民権運動においては，全国的にみても決して劣らない自由教育論の展開及び県会における自治論が確認されるのである．

今後の課題として， 第 1 に栃木県の明治 20 年代の教育との関わり，第 2 に栃木県の自由教育論を全国各地の民権運動における自由教育論と比較検討すること，の 2 点を究明したいと考える．

## ＜註＞

1）本稿は 1982 年 9 月の第 26 回教育史学会での発表をもとにまとめ直したもの

である.

2) 後藤靖『自由民権運動の展開』(有斐閣, 1966),色川大吉『自由民権』(岩波新書, 1980)他.

3) 坂元・土方・黒崎・片桐・稲垣「自由民権運動と教育」『日本の教育史学』第16 集, 1973). 先行研究の整理は拙稿「教育令制定・改正過程における自由民権運動の意義」(『教育運動研究』15 号, 一光社, 1981) 参照.

4) 政策側の意図と民権運動の関係については前掲拙稿を参照願いたい.

5) 拙稿「茨城県における民権派の教育論」(筑波大大学院教育学研究科『教育学研究集録』第 4 集, 1981) ではこの視点で茨城県を扱った.

6) 有賀義人「明治初期信州教育に見る『強促』及び『自由』の概念について」(信州大教育学部紀要 No.14, 1964) p .29.

7) 黒崎勲『公教育費の研究』(青木書店, 1980) の第三章.

8) 外崎光広編『植木枝盛　維新後道徳の頽廃せしことを論ず』(法政大学出版局, 1982)pp. 7~20.

9) 『愛国新誌』10 号, 明 13. 10. 22 (『社会運動と教育』近代日本教育論集 2 国土社, 1969 所版)

10)「東洋自由新聞」6 号 (明 14. 3 .27), 7 号 (明 14. 3. 30)

11) 『文部省第五年報』(明 10) pp 119~120.

12) 『文部省第八年報』(明 13) p. 157, 『文部省第九年報』(明 14) p. 227.

13) 栃木県の就学率一覧表は,『栃木県史』(通史編 6・近現代一) p .527 にある.

14) 「申報」第一号, 明治 15 年 4 月 21 日 (我部政男編『明治十五年 明治十六年地方巡察使復命書上巻』三一書房, 1980, p .230)

15) 『栃木県史』(通史編 6・近現代一) p.527.

16) 栃木県の民権運動については,『栃木県史』(通史編 6 ・近現代一, 1982) の第二章 (大町雅美執筆) が総論として詳しく、その他, 同じく大町の『栃木県史研究』などに発表の一連の論文, および赤木悦子「栃木県の自由民権運動」(『栃木史論』2 1969), 渡辺隆喜「下野中節社と自由民権運動」『駿台史学』33 号, 1973) など参照.自由民権期の教育については, 前掲『栃木県史』の「第三章近代教育制度の発足」(入江宏執筆) で考察されている.

17)「栃木新聞」明 12. 9. 12／9. 15 (『栃木県史』史料編・近現代一p. p, 522~524)

18) この中には代表的民権家の田中正造や新井章吾らの建言書も，それぞれ別々に提出されている（『栃木県史』同上 pp.509~521).

19) 前掲，渡辺隆喜論文(p .39) によれば，関東地方においては，自由党員は 224 名で神奈川県に次ぎ，改進党員は 148 名で埼玉県に次ぎ，両党合計は 372 名で府県別全国一の組織数という.

20) 県会議員在職期間は，新井(明 15. 2~17.6, 明 23. 3~23. 7)，塩田(明 13. 12~16. 7, 明 19. 3~23. 3)，田中（明 13. 2~23. 7)である(『栃木県史』史料編・近現代一. pp 493~507).

21)発行部数についてはあまり明確なことはわからないが，第 2 期の第 1 号はわずか 50~60 部位しか売れなかったが，その後，「栃木新聞売捌所」として県内 17 か所，ほかに前橋，古河，東京の本郷など 20 か所を設置し，普及販売につとめていた（『栃木県史』通史編 6 ・近現代一 pp. 117~119).

22)「申報」第一号，明 15. 4. 21 (我部政男編前掲書 p.230)

23) この巡察報告だけからは判明しないが，当時，師範学校や小学校に民権思想が浸透しており，師範生徒も積極的に民権運動に参加した事実は指摘できる.（拙稿「民権派教師の教育論に関する一考察」，筑波大大学院『教育学研究集録』第 2 集，1979，石戸谷哲夫『日本教員史研究』講談社，1967. pp, 64~69，など参照）栃木県師範学校と民権運動のかかわりは，『教育叢談』( 栃木県師範学校発行）を手がかりに後述する.

24) 野村は第 3 期には監事として明治 16 年 3 月まで在職している.

25) 長野県松本の民権結社奨匡社と関わりの深い教育時論誌『月桂新誌』30 号(12. 10. 28) 31 号(11.5)「自由教育ト督促教育ト孰カ今日ニ適切ナルヤ」でも共通した認識が出されている.

26) 論争の最初は，草生鉄馬「改正教育令ヲ見テ感アリ」(256 号，明 14. 5. 2) での教師待遇の改善という投書に対して，山崎彦八が「駁某論者説」(260 号，明 14.5. 11；261 号，5. 13)，「駁某論者説後篇」(264 号，5.20; 265 号，5. 23) と草生を批判したことから始まったが，その山崎の説に対して，田口義治が「駁山崎彦八子論」(271 号，6. 6；274 号，6. 13;275 号 6. 15) と批判し，その反論を山崎が「以旧稿答田口君」(281 号，6.29~284 号，7. 6) として発表し，それに対し再批判を田口が「再駁山崎子論」(287 号，7- 13~289 号，7. 18) を投書する， という形で展開した.

27)「栃木新聞」260 号（明 14. 5. 11)

28) 29)「栃木新聞」283 号（明 14. 7. 4)

30)「栃木新聞」284 号（明 14. 7. 6)

31)「栃木新聞」283 号,「自由之理」巻五『明治文化全集』第二巻自由民権篇 p77)

32)「栃木新聞」284 号.

33)「栃木新聞」284 号,「自由之理」巻五（同前 p.77)

34) 35)「栃木新聞」58 号（明 12. 12. 13), 59 号(12.15)「方今教育上ノ急務一編」（山崎彦八，佐藤豊之輔）

36) 37)「栃木新聞」288 号（明 14. 7.15)

38)「栃木新聞」264 号（明 14. 5. 20)~266 号(5. 25)筆者曽田病鶴

39)「栃木新聞」375 号（明 15. 3. 1), 377 号(3.6),378 号(3. 8)

40) 地方官会議のため上京中の府知事県令へ文部卿が教科書対策，教員取締などについて民権運動を弾圧する意図で訓示を出している(『明治以降教育制度発達史』第二巻， p.226).

41)「栃木新聞」342 号（明 14. 12. 3) ~352 号(12.26)

42) 明 13. 1. 6 布達（『栃木県史』史料編・近現代八 pp.58~61)

43) 『栃木県史』同前 pp.61~70.

44) 甲第 12 号（明 15. 1. 20)同上 pp.65~68.

45) 『栃木県史』史料編・近現代一 p.830.

46) 「栃木新聞」205 号（明 13. 12. 9)

47) 「栃木新聞」243 号（明 14. 4. 1)

48) 「本県甲第二百号布達ニ付建言」(明 14. 4. 23)『栃木県史』史料編・近現代一 pp, 367~368.

49) 文部省達第 38 号（明 14. 12. 28)『明治以降教育制度発達史』第二巻 p,226.

50) 「栃木新聞」359 号（明 15. 1. 18), 360 号(1.20)

51) 「栃木新聞」436 号（明 15. 7. 21)

52) 第 7 号（明治 14 年 2 月）のみ東大明治文庫に所蔵．筆者の調査では，茨城県師範学校も『啓蒙叢談』という教育雑誌を第 1 号（明 12. 1. 15)~11 号（明 12.6. 15) まで月 2 回のペースで発行している（これも東大明治文庫所蔵）．内容の具体的分析は今後の課題であるが，民権運動との関わりはみられず，教育内容・方法の論議が多い.

53) 第3 , 5, 6, 8 号の目次が判明し, 創刊号が明治13年6月ということがわかる. 第 7 号の「例言」には,「汎ク教育ニ関する論説記事及ヒ其他実際有用ノ事項ヲ纂輯シテ世ノ稗益ヲ謀ルモノトス」という目的と月 1 回発行が意図されている.

54) 『栃木県教育史』第 3 巻（昭和 32 年） p.709. 栃木県師範学校『創立六十年』(昭和 8 年) によれば, 久松は二等教論を明 12. 11. 28~明 15. 4. 19 勤務し, その間， 校長心得を明治 14. 12. 24 から兼務している. また,「栃木新聞」343 号（明 14. 12. 5)によれば明治 14 年 12 月の県教育会会長もつとめた.

55) 栃木県師範学校制定，明治 13 年 1 月 27 日，(『栃木県史』史料編・近現代八 pp. 377~378)

56) 嚶鳴社幹部野村本之助「常総野州紀行」明治 14 年 1 月 20 日の日記〔「資料紹介・自由民権家の演説紀行と演説筆記(2) 」解説江井秀雄， 東京経済大『人文自然科学論集』22 号，昭和 44 年〕. 安辺は，一年後の投書「聴某氏演説」（「栃木新聞」404 号~411 号，明 15. 5)では干渉教育論者に立場を変えてしまうが， この原因の究明は今後の課題である.

57)野島幾太郎『新井章吾先生』昭和 5 年， pp. 57~60. 教育論以外には, 政治論, 社会改革論，さらには革命論まで主張される.（栃木県立図書館蔵）

58)同上 pp.203~212.

59 拙稿「茨城県における民権派の教育論」

60) 第 4 回通常県会での建議「小学補助金ヲ延期シ併セテ検束教則ノ改良ヲ文部卿ニ迫ラントスルノ建議」(明 15. 4)『栃木県史』史料編・近現代八 pp,158~159.

61) 『栃木県史』史料編・近現代八 pp.149~150.

62)明 15. 5. 1 付，同上 pp.159~160.

63) 「栃木県年報」p 310.

64) 県立中学の存廃論については，黒崎勲が福島県，神奈川県について検討している.（黒崎前掲書)

65) 『栃木県史』史料編・近現代八 pp.153~158.

66) 明治 16 年 4 月の改進党第 1 回， 第 2 回報告（『佐野市史』資料編 3 昭 51,

pp. 229~233)

67) 明治 16 年 3 月 28 日，　『栃木県史』史料編・近現代八　pp. 163~164.

68) 『文部省第十一年報』(明 16) 「栃木県年報」の「県会及区町村会教育費議決ノ状況」p.259.

## (2) 越前自由民権運動の教育史的意義

### はじめに

自由民権運動は、国会開設、地租軽減、不平等条約撤廃、憲法制定、地方自治という5つの政治目標をかかげて、封建的束縛からの解放をめざした近代民主主義運動（ブルジョア民主主義運動）だと評価されている(1)。また、自由民権運動は、政治運動だけではなく学習運動でもあるとする研究も進められてきている(2)。教育史研究においても、自由民権運動と教育の関係を構造的に把握しようとする研究が数多くなされてきている(3)。筆者も、前稿において、栃木県を事例として自由民権運動における自由教育論の展開を検討したことがある(4)。そこでは、植木枝盛と中江兆民の教育論の検討の前提として、栃木県の民権派新聞、雑誌にあらわれた自由教育論を考察した。特に明治 10 年代の教育令、教育令改正の動向に対する民権派の自由教育論を検討し、明治国家のすすめる儒教主義的な教育統制政策への批判を明らかにした。ここでの問題意識は、本稿においても変わりはない。しかし、福井県における自由民権運動と教育の問題を考察する場合、基礎史料となるべき民権派新聞、雑誌がほとんど残っていないことが研究を進める場合、大きな制約となっている(5)。従って、従来の問題意識と研究方法で、福井県の教育政策と民権派の教育論を考察するということは、充分に展開できない。ゆえに、本稿では、福井県における自由民権運動に関する先行研究の中から、教育史の視点から重要だと考えられるいくつかの問題を提起し、今後の研究の基礎作業としたいと考える。

福井県の民権家杉田定一(1851・嘉永 4~1929・ 昭和 4) に関しては多くの研究がある。注(1)で紹介した『研究文献目録』の福井県の項（池内啓執筆）に杉田定一関係の文献目録が全て含まれている(6)。越前第一の豪農であった杉田家において、父仙十郎の影響を大きく受けた定一（幼名・鶴吉郎、号・鶉山）の青年期の思想形成には、教育史的にみても興味深いものがある。これに関しては後述するが、定一の設立した自郷学舎も民権結社自郷社の教育機関として注目に値しよう(7)。このように、杉田仙十郎に大きな影響を受けた定一の思想形成、人間形成と学習、教育の関わりを検討することは、福井県の自由民権運動と教育の関係を解明するために不可欠の課題であろう。これが本稿の第1の課題である。

第2の課題は、武生町の民権結社友愛社の関係で、民権雑誌『慷慨新誌』が明治13年9月から発行された。その中では、教育に関する論文もいくつか掲げられている。これについては、三上一夫がすでに検討を加えているが、本稿においても若干、考察を加えたいと考える[8]。

以上の2つの課題について考察をすすめながら、福井県の自由民権運動と教育の関係構造を明らかにしていくための基礎作業としたい。

## I. 杉田定一の思想形成と教育活動

### 1. 父、杉田仙十郎の人柄

雑賀博愛『杉田鶉山翁』(昭和3年、鶉山会) には、仙十郎について (一) 〜 (四) の4回にわたり詳述されている。仙十郎は文政3年(1820)11月6日に、越前国坂井郡波寄村に生まれ、明治26年(1893)1月10日、74歳で逝去している。弘化4年(1847)、仙十郎が28歳の時結婚し、嘉永4年(1851)6月2日、長男定一を誕生させたが、不幸にも安政2年(1855) 9月20日、定一5歳の時、妻は25歳で病死したのである[9]。妻の若き逝去は仙十郎を大いに悲しませた。『杉田鶉山翁』には次のようにいう。

「杉田家は代々一向宗の信者であったところから、最愛の妻を亡うたる悲哀を忘るべく、高僧の遺文に接し、悶々の悲情を慰めんとしたものであろう。(略) 故人の供養にも、我が身の為めにも、要するに『誠』といふことが第一であるといふところに考へ及び、人の行ひを誠にするには、学問を第一にせねばならぬといふところから、こゝに学校を興し、広く村民の為めに、聖覧の学を学ばしめようとされたものと思はれる。実に高遠の卓識であるといはねばならぬ。」(傍点引用者)[10]

仙十郎の意図は、「誠」を体現するためには学問を身につけなければならない、そのためには学校を興す必要がある、という教育重視の考え方が貫かれているが、封建の当時においては、これがため罪を得るに至る。つまり、「安政4年の5月、村里に学校を興したることは、農家として身分不相応の奢りの沙汰であるといふので、福井藩から、大庄屋の役儀を召上げられ、蟄居を仰せつけられた」[11] ということになるのである。これを伝えきいた村民たちは、「鴻恩ある杉田家に対して、大いに報恩の挙がなければ相済まぬ」[12] ということで「乍(おそれながら)レ恐口上書奉(こうじょうがき)

ねがいたてまつりそうろう
レ　願候」という嘆願書を藩に提出したのである(13)。この嘆願書について、「菓子料とか、三季とか、総べて贈賄に類するものを一切受けつけず、ひたすら村村の勤倹力行をすゝめ、その身の潔白を欲したことは、歴々として明記され、若し仙十郎翁にして、このまゝとなり、他より大庄屋選まるゝにおいては、とても今日の平和安穏は保たれないと嘆じているのは、殊に注意すべき点である。」(14)と、『杉田鶉山翁』に記されている。

これらにみられる仙十郎の性格は、村民に親しまれた潔白な性格といえよう。杉田家の土地所有について若干、説明しよう。「越前第一の豪農」(15)と呼ばれており、慶長3年(1598)の豊太閤検地の際の史料によれば、当時の杉田家の田地は、総合計1257石1斗03合、此町歩82町8反8畝一歩、という数字が残されている(16)。このような莫大な土地を所有しており、かつ村民からも親しまれる人柄の豪農が杉田仙十郎であったのである。

豪農論の研究をしている宮城公子は、幕藩体制下の村落支配者層（豪農層）の2つの側面について、第1は、「自らも手作を行う耕作農民の一員であって、生産活動を中心とし日常生活のすべての側面における共同性、精神的紐帯をもとに農業生産を行い、農民を保護、指導していく村政の責任者としての側面」、第2は「藩権力の末端機構として租税徴収、司法警察等の任務を遂行する事により幕藩体制支配を荷担し、代償として封建的諸特権を得る側面」の2側面について言及している(17)。そして、天保期以降、全機構的再編成をめざす幕藩体制の動揺期にあって「村落秩序の未曽有の混乱、崩壊は、村落支配者層にとっては自己の存在理由を問われる問題であり、彼等のジレンマは深刻であった。ここに彼等の思想形成の動機があり、政治的価値にめざめる出発点があった。」(18)そして、杉田父子は、「在村型豪農」という道を選び、「幕末維新期、村落支配者に課せられた課題を全身にうけとめ、あく迄村落支配者としての地位にとどまり一般農民との共同性を放棄せずこのジレンマの中にあって村政に腐心する」のである(19)。宮城はこのように杉田父子の豪農論を意義づけ、「彼等の思想や行動の中には近代化へのさまざまな可能性を見ることが出来、所請『下からのブルジョワ的発展』も又これらの人々に荷われていくと思われる」(20)と結論づけている。宮城の研究は、後でまたふれるとして、豪農の様々なあり方の中において、「在村型豪農」としての杉田仙十郎の像が以上の論述で、少しずつ明らかになってきたと考えられる。

## 2.杉田定一の思想形成

前述したように、定一は嘉永4年(1851) 6月2日、越前国阪井郡波寄村に生まれたのであるが、幼名鶴吉郎として 10 才までの幼年時代、父の膝下にあった時は、いかなる境遇であったであろうか。5 才の時生母を失ったことは、何らかの影響があったであろう。父仙十郎は、常に自分の学問に薄いことを嘆じ、鶴吉郎の教育を非常に重視した。定一の当時の回想にいう。

「父は、いつも自分の無学であることを恥ぢて居った。それで私には、小供の時分から、成るべく書物に親しましめるやうに仕向けたもので、私が七八歳のころになると、絵本を買って来て与へました。その絵本といふのは、絵本太閤記、源平盛衰記、絵本三國志などゝいふ本で、面白い絵がついてゐるので、覚えず知らず、書物に親しむやうになった。（中略）元来書物を読むことは、性来好きでもあったが、親の勧めが非常な力となったことは申すまでもありません。」[21]

この回想にもみられるように、父親の影響が大きいのであるが、幼年時代から身体はあまり強壮ではなかったゆえ、父は定一を医者にしようと初めは考えていたようである。慶応2年(1866)に定一が福井に出て寺住いとなってからは、大いに肉食論を説いて定一の身上を案じたという。このような幼年時代をすごした幕末期は激動の毎日であった。とりわけ福井藩は大きな位置を占めた。当時の福井藩の状況を簡単に述べれば、福井藩は幕府の親藩中の親藩であり、徳川三卿の一であった。そして、田安家より入って越前藩主となった松平慶永（春嶽）侯は、勤王の志に篤く、水戸烈公と相並んで、勤王の倡首といわれた人物であった。また、その下には橋本左内、中根雪江のごとき人傑がおり侯を補佐したので、嘉永より安政年度における福井藩の活動は、実に天下の耳目を聳動するものがあった。これらの事蹟は、少年鶴吉郎の精神に偉大なる感化を与え、父仙十郎より受けた慷慨の気節と、時勢の進運により動かされ来った憂国の至誠とは、早く既に、この間に養成されつつあるものがあった、という[22]。『杉田鶉山翁』には、橋本左内と比較して「鶉山を以て、景岳以後の人傑といっても、敢えて溢美であるまい。『橋本景岳以後、杉田鶉山あり』といっても、誰れか之れを否定し得る者ぞ。」[23]と書かれ、高く評価されている。鶉山自身、「誠の存するところ、是れ鶉山の立つところなり」という精神で生涯を貫いたのである[24]。

以上のように、幼年時代に父の教育を大きく受けた定一は、万延元年(1860)の春、10歳となって初めて家郷を離れ、三国港瀧谷寺に登り、師を道雅上人に求めて修学の第一歩をふみだしたのである。定一の青年期の教師として道雅上人、松井耕雪、吉田東篁の3人があげられるが、定一自身の回想によれば、この道雅上人の影響が最も大きかったといえる。

「自分の今日あるは、全く道雅上人の教化に基づくのである。上人の没後、自分は松井耕雪先生、吉田東篁先生等の碩学に就いて学ぶところがあったが、三人の恩師の中で、何といっても自分に最も深い感化を与へられたのは道雅上人であった。三人の恩師のうち、松井耕雪先生は経学よりも理財家で、実務の才において傑出して居られ、吉田東篁先生は朱子学派の人で、学識よりも、篤実穏健の人で、徳望において勝れて居られたが、道雅上人に到っては、気慨あり、経綸あり、識見あり、学問あり、自分は上人の感化を受くるところが一番多かった。」[25]

この3人の影響、感化は定一がその後自由民権家として成長していく基盤を形づくったといえる。この3人の教師との出会いをつくったのも、やはり父、仙十郎であったことは次の定一の回想でわかる。

「最初、自分を瀧谷寺に伴って、道雅上人の許に学ばしめたのは、父自身であったが、上人が亡くなられて後、福井の松井耕雪先生の所へ伴って行ったのも、亦た吉田東篁先生の許に連れて参ったのも、皆な父であった。自分が古聖賢の書を読み、志を天下に立つるに至ったのは、一にこれら三恩師の高教に依ることではあるが、その依って来たるところを尋ぬれば、遍に父の賜ものであると、今日に至るも猶ほ、父師の恩の広大なるに感謝してゐる次第である。」[26]

道雅上人より「鶚山は其の志に貞なり」と評せられた定一の瀧谷寺における勉学は尋常一様ではなかった。瀧谷寺において勉学中、備忘録として定一の自記にかかるもので現に保存されているものの中に、「○春秋左氏傳聞書（二冊）○歴史備忘録（一冊）○史記評林（一冊）○鼇頭七書聞書（全六冊）○唐書（一冊）」があるという[27]。この勉学内容について、「是れ皆な鶚山が道雅上人の講書に参して聞き得たところにより、難解の字義、語義等を記しておいた覚え書きで、筆蹟頗ぶる謹厳」であり、年齢15歳の時であった[28]。「十三四五歳といへば、今日の少年は、小学校高等科にある年此である。当時と今日と、時勢も異なり、文物も異なり、単に漢字の知識如何によって、直ちにその修養の度を比較することは出来ないが、今日の少年が、徒らに易きに就くの傾むきがあるに対する時は、当年鶉山が既に四書五経を卒読し、之れが義解に一通りの通釋を得ていたとは、異常なる進歩といはなければならぬ。固より鶉山の天資そのものが、夙に群に超ゆものがあったからには相違ないが、人はその学び方によって、智能の発達に、驚くべき差異を生ずるのを見遁がしてはならぬ。自由教育、天性教育は、固よりよいところがあるが、我儘に陥ゐり、遊惰に流れては、却って天性を失ふことになる。人間は或る程度まで、硬教育を施こすを要し、互ひに切蹉せしむることが、天性を磨く所以であることを忘れてはならぬ。」(29)後半の「自由教育、天性教育云々」の箇所は、大正三年(1914) 発行という時代状況が反映しているとも考えられるが、ともあれ定一が、儒教の教典を若き時代よりしつかりと学び身につけていたことがわかる。当時の民権家は、儒教の教養を地盤にしながら自由民権思想へと転化・発展していくことがほとんどであり、定一の場合も例外ではなかった。

2 番目の師松井耕雪は、商家の人となったゆえ理財の道に長じたのは当然であったが、「少より学問を好み、群書を渉猟し、深く儒学に通じたばかりでなく、文芸の嗜みを持ち、書に巧みにして、且つ面を善くした。才芸に秀でたところから、南越路を往復する文人墨客が、必ず好みを求めて府中に来り、耕雪を訪づれたので、交遊自然に広く、四方の名士の間に、広くその名を伝へられるに至った」と述べられている(30)。そして、耕雪は武生藩において文教を興し人材を作る必要を痛感して、安政 3 年(1856) 38 歳の時、自から巨資を投じて学校を設立し「立教館」と命名したのである。このような耕雪の教育熱によって、定一も大きな感化を受けた。定一の回想にいう。

「松井は鎌の商ひをしながら、傍ら私塾を開いて子弟の教育をした。自分が耕雪の門に入ったのは十六の年で、そのころ先生は四十余であった。自分はこゝでは、主として資治通鑑を教はった。松井の門から出た斉藤修一郎、関義臣、渡辺洪基など、みな有為の人材となった。」(31)

慶応 3 年(1867)、定一17 歳の時、3 番目の師吉田東篁に師事した。定一の回想をみよう。

「吉田東篁先生は、道雅上人の慷慨気節を尊ばれたのと違い、至極温厚篤実の人であった。それで、道雅上人からは尊王攘夷の思想を学び、東篁先生からは忠君愛国の大義を学んだ。この二者の教訓は自分の一生を支配するものとなって、後年、板垣伯と共に、大いに民権の拡張を謀ったのも、皇権を尊ぶと共に民権を重んずる、明治大帝の五事の御誓文に基づいて、自由民権論を高唱したのであった。」[32]

この回想をみると、「尊王攘夷の思想」「忠君愛国の大義」を体得した上で、定一は自由民権運動へと参加していったことがわかる。さらに回想は、「東篁先生は朱子学者であったから、随って福井藩は朱子学が旺盛であった。東篁先生は孔子の精髄は大学にあるといって、主として大学を教えられた。」[33] とあるように、吉田東篁は朱子学者であった。

以上にのべてきたように、儒教の教養を体得した上に、自由民権思想を受け入れ実践化、運動化していく精神構造は、いかなるものであったのであろうか。この点について若干考察してみたい。

前述した宮城公子は、定一の思想構造を分析しながら、定一の「主観においては、『誠』『尊王攘夷』『明治維新』『自由民権』がいささかの否定的契機を媒介することなく一直線上に等置されているのである。この論理の中にわれわれは幕末維新期の豪農層の思想形成と政治的実践への参加という歴史的体験の意味の重さを確認することが出来る」とのべている[34]。 そして地租改正反対一揆を主導した仙十郎、定一父子を高く評価しながら、彼等豪農層の思想は、「農業生産、現実の土地所有、旧来の村落秩序の維持を第一義とし、尊王攘夷と明治維新と自由民権と結びつけ『志士的気概』でつらぬかれた『封建的思惟』であった。そして更に重要な事は、（中略）彼等の様な『封建的思惟』こそもっとも先鋭な反政府運動の論理であった」とのべ、「封建的思惟」が反政府運動のバネとして働いた、と把握している[35]。

民衆思想史研究の色川大吉は、「新しい外来思想によって解釈し直すことによって、その伝統的な意味内容を発展させたり、新しい意味に変えたりしている。たとえば、儒教が本来もっていた『天』や『理』という超越的観念とか、それによる『王道』や『革命』の観念（儒教では『天』が絶対者であり、現実の支配者たる『王』はその絶対者によって運命を左右される。絶対的なものは『理法』であり、それは『民』において顕現するという）を外来思想の論理操作を借りて純粋化、理想化し、それを明治国家の支配者と人民との関係に適用することによって、変革的な思想をつくりだしていく方法をとった。」とのべて、「解釈し直」し「変革的な思想をつくりだし」たと整理している(36)。さらに色川は、三多摩の豪農民権家の精神構造を分析しながら、「思惟様式は儒教的伝統的なものであるにかかわらず、内実は民権論であり、在来の概念形式を用いながらも、その概念内容は革新されつつあった。つまり、機能転化をとげつつあったものであるということ。それだからこそ、運動の昂揚期にはこの思惟をもってしても敵のそれと対立し、闘うことができたのであるということ。古き皮袋に新しき酒を盛る、それもまだ十分に熟れていない酒をもろうとするに似ていた。もしも、民権運動があのように早期に、政治的敗北を喫してさえいなかったら、この新しき酒は古き思惟様式の皮袋のなかで、腐れてしまうことなく、逆に古き衣を破って溢れだし、新しい形式をつくりだすことができたかもしれなかった。ところが、現実にはこの思惟の弱点が、反動期に入り巨きなマイナスとなって運動家の頭上にはねかえってきた。それにもかかわらず、前述したような思惟様式、粗笨な思惟のメカニズムは、当時の活動家の心をひろくとらえていたのである。」(傍点原文）とのべ、「古き皮袋」 と「新しい酒」の関係で説明している(37)。

幕末の豪農杉田仙十郎の思想構造を分析した宮城は、「封建的危機の段階における村落の社会秩序の崩壊をそれを律した共同体的身分制倫理の弛緩ととらえその原因を村役人層の道義的頽廃にありとした。すべての責任は豪農層ら村役人層にある」(傍点引用者) (38)とする仙十郎の批判精神を積極的に位置づけている。さらに、宮城は「仙十郎はこの様な村役人層の存在形態からして不可避なあり方をすべて拒否し、あく迄一般耕作農民との共同性に踏みとどまり、村政の責任者としての立場に徹しようとした。『誠』という内的倫理の確立はこのことを意味する。」(39) とのべ、仙十郎のあり方を分析している。ここでの「誠」について宮城は、「『誠』というのは儒教から来たものであるが、仙十郎の場合には必ずしも儒教本来の意味が正確に理解されていたとはいいがたい。体系だった既成の教義、学説のいづれにもあてはまらず、それらを折衷的に部分的に理解しているのが民衆思想の特徴である。」(40) とのべているが、前述した色川の「古き皮袋」と「新しい酒」に関係づけられる記述ではないかと考える (41)。

### 3.地租改正反対運動

福井の地租改正反対運動が、言論によって闘われ、最終的に減租を実現したことは全国的にも稀有であろう(42)。杉田定一の思想形成と教育活動を論ずるにあたって、父、仙十郎とともに献身的に運動を指導した定一の役割について、必要な限りにおいて考察することにしたい。

「南越の義人」、「明治の佐倉宗吾」と称された定一は、次のように回想している(43)。

「地租改正の事業は、慥かに一大難業であった。然かも此の大難業を、我等の微力を以て為し得たることは、一に天祐の然らしむるところであったが、此の事を行ふに当っては、吾々父子は、実に死を決して事に従った。是あるがために、此の難業を成就することが出来たのであると信ずるのである。」(44)

地租改正反対運動の展開過程を、大槻弘の研究によって 3 つに分ければ、第 1 段階は生成期（明治 11 年）で、ある程度孤立分散的なかたちをとりながらも上からの地租決定を徹底的に拒否した不服村が、ついに権令桐山純孝の罷免を獲得する過程、第 2 段階は昂揚期（明治 12 年）で、立志社社員の応援、不服村の結束、杉田定一の参加と自郷社の創設がみられ、中央権力との対抗関係が前面におしだされ、しかも地租改正再調査という成果を得る時期、第 3 段階は最盛期（明治 13 年）で、農民の自主的な闘争組織＝南越七郡聯合会が開設され、再調査をより有利にみちびこうとする努力と国会開設請願署名運動が密接な関係のもとに進行した段階である(45)。

以上の 3 段階に分けられた地租改正反対運動の展開過程において、定一が積極的に関わるのは、明治 11 年(1878) 10 月、板垣退助と相提携して愛国社を再興して、一度郷里に帰った時にはじまるのであり、大槻の区分でいえば第 2 段階からといえよう（明治 11 年 11 月に評論新聞時代の筆禍によって獄につながれ、翌 12 年春出獄し、反対運動に関わることになる)。明治 12 年(1879) 2 月、桐山県令は罷職となり、同月、千阪高雅が桐山のあとに石川県令に就任した。「千阪県令は、桐山の頑冥不霊なると異なり、資性頗る剛邁にして、且つ裁断流るゝが如きものがあった。一度び鶉山と相会し、議論を上下するや、深く鶉山父子の熱誠に動かされ、且つ桐山前県令の施政に、穏当ならざるものあるを認めたので、彼れは鶉山と共に減租問題に関して、周到なる研究を遂げ、力を協はせて尽力するところあるべく誓約した。」[46] このような記述が『杉田鶉山翁』に残されているように、千阪県令は桐山県令と比較して、はるかに定一らの主張に耳を傾けていた。千阪県令との対談の中で、定一が「自分は謀反人ではない。飽くまでも佐倉宗吾となって、無告の農民の為めに、一身を棒げるのみだ」[47] とのべ、あくまで言論をもって要求をつきつけることを強調した。これに対し千阪県令は、「我を忘れて、思はず膝を叩き、直ちに快諾を与へて、再調（地租改正再調査―引用者注）を約したのであった。」[48] という経緯となる。この記述には、若干の誇張と美化は避けられないものの、定一の熱情が千阪県令を動かし、再調査を約束させたことは否定できないであろう。

その後、運動の高揚とともに、地租において39,000円弱、反別において約1000町歩の減少をかちえたのである[49]。『杉田鶉山翁』には福井の地租改正反対運動の意義について次のようにのべられている。

「抑ゝ明治初年における地租改正問題は、単に福井県においてのみ、紛紜を生じたのではなくして、全国を挙げて、将さに内乱の巷と化せしめんとしたのであった。甚だしきは、農民の不平、その極に達し、所謂る百姓一揆なるものが、所在に勃起したことは、既に歴史に明らかなるところである。就中、三重県の如き、和歌山県の如き、茨城県の如き、尾張の春日井郡の如き、越後の蒲原郡の如き、到るところに竹鎗騒動を起し、筵旗は押し立てられ、血の雨を降らすの不祥事を起したる結果、却って大局を誤った例は、随所に残っている。然るに南越においてのみ、終始、言語を以て一貫し、終に有終の美果を収め得たることは、一に鶉山の指導、その宜しきを得たるものといわねばならぬ。」[50]

このように、全国的にも貴重な成果をあげたのである。ところで、この地租改正反対運動に参加した農民層の問題を考える必要がある。後述するが、自郷社は杉田定一が結成したものであるが、地租改正反対運動とのつながりが深い。かつて 28 ヶ村の不服村（地租改正反対を徹底しておしすすめた丹生、坂井、吉田、今立、南条の5郡28ヶ村）が、明治12年の段階では22ヶ村に減少していたが、自郷社の設立は反対運動をより有利に導いた。とくに、坂井郡5ヶ村（中庄、千歩寺、田端、上小森、安沢）の指導者 10 人のうち 6 人までが自郷社員になったこと、さらに坂井郡一円にわたる40数ヶ村には、それぞれ1、2名の自郷学舎または自郷社への参加者があったことは、地租改正反対運動と自郷社との関係を結びつけられよう[51]。しかしながら、「自郷社があくまで杉田定一の主導する政治結社であり、参加した者はせいぜい村内の有力な農民いわゆる豪農であったことである。したがって、坂井郡内に限っては広く組織しえたとしても、他の六郡にはまったくのびず、また中・貧農層が対象にならなかったことは、後日農民自身の手になる七郡聯合会が結成される一つの根拠となる。」[52] という評価は、杉田定一の自由民権運動を考える場合、検討の対象とする必要があろう。つまり、豪農層の仙十郎、定一父子が地域の諸問題を解決するために身命をなげうち尽力したことは、単に豪農層のためだけの利益を守ろうとしたのかどうか、運動としては中・貧農層を充分に組織できなかったとしても、視野の中には当然のことながら中・貧農層も入っていたと考えられるのではないか。この点に関連して、明治12年の運動の昂揚期に指導者の交代がおこり、前年の生成期の中農層中心から豪農層中心へと交代するという指摘は[53]、運動主体の問題として重要なテーマとなる。とくに、前述した豪農民権家の精神構造と民権運動への参加意識の問題は、解明されるべき多くの課題を含んでいる。

### 4. 自郷学舎と自郷社

定一の教育活動を語る場合、中心に位置するものとして自郷学舎があげられる[54]。『杉田鶉山翁』では「越前に自郷学舎を起す」という小見出しで、10余ページの詳細な記述がある。それによれば、自郷学舎は「将来国家の為めに、活動するに堪ゆる、青年有為の士を養成せんがために設けられたもの」であり、「杉田家の酒倉を開いて、之れに充て、其処に青年子弟を集め、或ひに（ママ）各地の有志者を迎へて、大いに其の志を砥励したる」という状況であった[55]。以下、引用が長くなるが、自郷学舎の雰囲気を知るためにも『杉田鶉山翁』の記述を紹介したい。

> 「其時に『自郷学舎』に集まった者は、郷民は元より、土佐を初め、九州各地の有志者も、続々として集まり来たり、殆んど全国同志の梁山泊のやうな有様であった。仙十郎翁は、由来豪放磊落の人であったから、頗ぶる天下豪傑の士を愛し、盛んに之れと談論を交へ、老いてますます旺んなるものがあった。福岡の頭山満、箱田六輔等の紹介で進藤喜平太、岡喬、古川十蔵、宮川徳三郎等、二十数名の豪傑連も、暫らく此の杉田氏の『自郷学舎』に滞在し、互ひに臂をとって、国事を論じたものであった。後に頭山翁も、東北漫遊の途、杉田家に

立ち寄ったが、何しろ当時は頭山翁等も青年血気盛りの頃であったから、是等の豪傑連が酒蔵の中に集まり、議論をやるやら、詩吟をやるやら、乱暴の限りを尽したのは、想像に余りがある。仙十郎翁は、寧ろ其の元気の旺盛なるを愛し、自から酒樽の栓を抜いて、是等豪傑の士に振舞ったのであるから、其の状以て察すべきである。仙十郎翁は、玄洋社の連中を引き受けると、『折角頼まれたものを、尋常一様の読書人にしては済まない』といふので、学問をする外に精神修養、身体鍛錬を勧め、自分の山から木を伐って来て、薪にさせるとか、又た自分の田地から出来た野菜を煮たり、自分の池から釣った魚を焼いたりしてもてなした。」[56]

この記述によると、定一よりも父仙十郎の面目躍如たる姿が浮かんでくる。この中に出ている頭山満の談話も若干紹介しよう。明治 13 年(1880) に頭山は越前を訪れている。

「それから越前に入って杉田定一君の親父さんの、仙十郎翁と相識ることが出来たのぢゃ。この仙十郎といふ人は豪傑ぢゃったね。酒倉を開いて『自郷学舎』といふのを作り、其処で、子弟の教育をやって居られた。杉田君の家は、代々越前坂井郡の、大庄屋を勤めて、豊太閤時代から、続いて居るといふ話ぢゃ。慶長年代から、既に一千石以上の大百姓で、数百万町の、田地田畑を持って居ったといふから、たいしたものぢゃ。(中略) 定一君が土佐から帰って来てどうしても之れは、郷里から固めてかゝらなければ駄目だ。元立って末起るの義に依って、仙十郎翁と相談して作ったものが『自郷学舎』といふものぢゃった。(中略) 当時仙十郎は、我々を大変厚くもてなし、六尺樽に造り込んだ、幾百石の酒も、飲むに任せるといふ有さまで、豪気なものぢゃ。僕は其の頃から、酒は嫌いであったから、一滴も口にせなかった。酒は飲まなかったが、天下を呑む位のことは、朝飯前に考へて居った。その時、仙十郎翁が、此の本は面白い本ぢゃから、読んでをけといって出されたのが『和論語』といふ本ぢゃ。僕は『自郷学舎』に居る間、此の『和論語』を、大変愛読した。(以下略)」[57]

この頭山の回想録にも、父仙十郎の人柄がいきいきと表現されている。政府が定一の自由民権運動を弾圧するために、定一の親戚などに手を回し運動から手を引くように説得するよう威嚇したが、これを聞いた父仙十郎は親戚一同を見渡して次のように言い放った。

「不肖ながら、定一は我輩の子である。諸君のお指図は受けぬ。定一は年少不敏と雖も、幼より聊か学ぶところがあるから、決して無謀の躁動を敢てするものではない。子を見るは親に如かず。定一が国家の為めに尽さんとするの大志あるは、此の仙十郎が一番能く心得て居る。定一今日の奔走は天下の輿論に魁け、人民自由の犠牲とならんとするものであって、不肖ながら此の親が、之を慫慂し、激励し、奮発せしめ、国家柱石の死骨たらしめんとして居るのである。御忠告は有がたいが、此の親が生き居る間、定一の事に就いては、再び言うて下さるな。」(58)

これを聞いて、大勢の親戚連中も二の句がつけずに、引き下がったという。このような父があったればこそ、子定一があったといえよう。

さて、自郷学舎の関係史料によれば、開設は明治12年(1879)7月20日で、「自郷学舎設立大意」には、「人誰レカ知識ナカラン研カサレハ安ンゾ其明ナルヲ得ン人誰レカ気力ナカラン養ナハサレハ安ンゾ其ノ旺ンナルヲ致サン天ノ斯民ヲ生ズルヤ之ニ付与スルニ自由ノ権利ヲ以テス夫レ自由ノ権利ナル者ハ死生モ相離ル可ラス威武モ屈スル能ハザル者ニシテ其ノ至重至貴タルヤ性命ヨリモ尚ヲ甚矣然レトモ之ヲ保全スルヤ知識明ナラサレハ保全スル能ハス之ヲ伸張スルヤ気力旺ンナラサレハ伸張スルヲ得ズ」(59) とあり、「知識」「天」「自由之権利」など、自由民権思想が展開されている。そして、自郷学舎設立の経緯について「天下ノ弊慣ヲ洗滌セント欲スレハ先ツ一国ヨリ始マリ一国ノ陋俗ヲ掃蕩セント欲スレハ先ツ一郷ヨリ起ルト茲ニ於テヤ一校舎ヲ我郷里ニ設ケ之ヲ自郷学舎ト命ケ以テ我同郷ノ人ヲ会メ人間真理ノ在ル所宇内公道ノ存スル所ヲ講究研磨シ以テ固有ノ知識気力ヲ開長シ天賦自由ノ権利ヲ恢弘シ社会開明国家富強ノ一助トナサント欲スル而已矣」(60)とのべられている。国家を変えるためには地方から足元から変えていかなければならないという、設立の意気込みが感じられる。「人間真理ノ在ル所」「宇内公道ノ存スル所」「固有ノ知識気力」「天賦自由ノ権利」「社会開明国家富強」など、自郷学舎の教育を通して体得されるべき価値について力説されている。

このような「自郷学舎設立大意」をふまえ、「自郷学舎仮規則」には、「緒言」で「凡ソ該舎員タルモノハ自主独立節義ヲ重シ艱難ヲ凌ギ勉メテ世益民福ヲ致スヲ要ス」とのべられ、「役員章程」(第1条～第5条)、「規則」(第6条～第10条)、「生徒心得」(第11条～第18条)、「別規」が定められている(61)。特に「教則」

は以下のようになっている。

「第六条　授業時間ハ毎日五時間トス

第七条　学課ヲ分ツテ歴史窮理法律文章ノ四課トス

第八条　毎月廿五日ヲ以テ業ヲ試ム

第九条　三月九月ノ両月ヲ以テ大試業ヲ為シ優劣ヲ定ム

第十条　定休ハ一六トス　但三十一日ハ此ノ限二非ス」(62)

「生徒心得」は以下のように定められている。

「第十一条　毎日ノ課業ハ故ナクシテ欠席スルヲ許サズ疾病或ハ已ムヲ得サル事故アルモノハ其由ヲ生長ニ届出スヘシ

第十二条　通学入校或ハ退校セント欲スルモノハ其理由ヲ幹事ニ具陳シ其手続ヲ為シ允諾ヲ得ベシ

第十三条　入校セント欲スルモノハ其父兄若クハ親戚或ハ身本慥ナル請人ノ証保ヲ納ム可シ但シ証書ノ雛形ハ別ニ在リ

（欄外付記）『第十三条毎月舎費二拾銭ヲ納ムベシ』

第十四条　賄料ハ毎月二十五日ヲ以テ納ム可シ

但シ当方三月六月九月十二月右四季ヲ以テ納期トス

第十五条　生徒中毎日当番ヲ設ケ塾中清潔ニシ雑務ヲ司弁シ且ツ火ヲ警シメシム

第十六条　生徒タルモノハ怠惰喧閙他人ノ勉強ヲ妨ゲ且ツ舎中ノ諸器物ヲ破毀ス可ラズ

第十七条　生徒帰宅四日以上ニ及ベハ其理由ヲ父兄或ハ親戚ノ書面ヲ以テ幹事ニ届出ス可シ

（欄外付記）『第十七条舎中ノ蔵書ハ舎外ヘ携出ス可ラズ』

第十八条　生徒タルモノ出入必ス生長ニ届出ベシ　舎則ヲ犯ス三回以上ニ及ベバ退舎セシムル事アルベシ

右之条々確守ス可シ」

以上の「教則」と「生徒心得」をみると、前述した『杉田鶉山翁』に記されている自郷学舎の自由豪放な一面と同時に、着実に教育活動を実践していたことが

表１　明治12年自郷学舎舎員出身地別表

| 出身地名 | 舎員数 |
|---|---|
| 越前坂井郡 | 13人 |
| 金　沢 | 1 |
| 福　岡 | 9 |
| 熊　本 | 1 |
| 計 | 24人 |

注「自郷学舎生徒入校表」による。
（出典、大槻弘『越前自由民権運動の研究』p.33）

表２　自郷学舎開校日来賓者村別一覧

| 村　名 | 人数 |
|---|---|
| 波　寄 | 13人 |
| 下　野 | 2 |
| 西野中 | 2 |
| 中　庄 | 3 |
| 安　沢 | 3 |
| 小　幡 | 1 |
| 取　次 | 1 |
| 上小森 | 1 |
| 佐　野 | 3 |
| 木部新保 | 2 |
| 島山梨子 | 1 |
| 砂子坂 | 1 |
| 横　越 | 1 |
| 深　沢 | 1 |
| 計 | 35人 |

注「自郷学舎開校日来人名簿」による。
（同前、p.34）

表３　明治13年村落別自郷学舎舎員数

| 村　名 | 舎員数 |
|---|---|
| 波　寄 | 10人 |
| 木部新保 | 7 |
| 中　庄 | 3 |
| 取　次 | 3 |
| 池　見 | 3 |
| 千歩寺 | 2 |
| 安　沢 | 2 |
| 佐　野 | 2 |
| 蛸　渡 | 2 |
| 今　井 | 2 |
| 水　居 | 2 |
| 中　浜 | 2 |
| 柿　原 | 2 |
| 中　野 | 2 |
| 計 | 44人 |

注「自郷社々員名簿」による。
（同前、p.34）

わかる。大槻弘の研究によれば自郷学舎舎員の関係表は上掲の通りである(64)。表１の出身地をみると、福岡の９人と熊本の１人は士族で、前述した頭山満の関係で学舎に滞在したと考えられる。従って士族的色彩を部分的ながらおびていたが、「酒倉の中に誕生したことが象徴しているように、あくまで平民的であり、しかも豪農的であった」(65)と評価されている。

舎員数が最も多かった波寄村の舎員一覧は表４のようになる。

大槻の研究によれば、「子弟の戸主がひとしく豪農の部類に属することを歴然と明示している」(66)のであり、中には８歳の舎員が１人、10 代が６人もいたことは、初等教育、中等教育との関係でも大変に興味のあるところである。大槻は、20 歳未満の青少年が多かったが、決して子弟にかぎられていたわけではなく「地租改正反対運動を闘いつつあった中庄村戸長中田伝右衛門、同村地主惣代西村伝之烝、安沢村戸長矢尾八兵衛などの

表４　波寄村自郷学舎舎員一覧（明治13年）

| 舎員名 | 年齢 | 続柄 | 戸主の旧石高 |
|---|---|---|---|
| 川端伊太郎 | 16 | 4男 | 141石 |
| 五十嵐治郎吉 | 24 | 長男 | 54 |
| 佐藤喜三郎 | 19 | 〃 | 30 |
| 川合覚太郎 | 18 | 〃 | ? |
| 田淵末松 | 8 | 〃 | ? |
| 海道丈太郎 | 20 | 〃 | 49 |
| 山田重太郎 | 18 | 〃 | 161 |
| 山本栄助 | 23 | 〃 | 48 |
| 脇本米吉 | 18 | 〃 | 74 |
| 若林秀次郎 | 19 | 〃 | 55 |

注「自郷社々員名簿」「明治７年波寄村戸籍簿」「波寄村郡賦課金、地租割金割当帳」による。
（出典、大槻弘前掲書 p.35）

参加は学舎が単なる学舎でなく、おそかれ早かれ民権政社へ発展するか、さもなければ、民権政社へと結びつくかたちで変質する可能性を内在していた」(67) とのべている。

警察権力による「自由民権政社の動静調査報告書」(明治 13 年 8 月 30 日付)によれば、自郷学舎は以下のように報告されている。

「一、自郷学舎ハ客年二月頃ロヨリ開設シタルモノニシテ坂井郡波寄村一番地杉田仙十郎自宅有之候社員凡ソ七八拾名皆ナ近傍ノ農民ヲ煽動シタルモノニシテ唯其名アル而巳(中略)固ヨリ農民而巳ニテ国事ヲ討論スル事モ出来ス客年地租改正ノ件ニ付高知人ヲ傭ヒ入レ一時杉田ハ大ヒニ名望ヲ得タレトモ改正モ日ニ進捗シ高知人奸曲ノ所為アルヨリ自然嫌厭シ当時ハ三人ノ中一人丈ケ雇ヒ置キ一人モ又タ不日帰県ノ筈ツ

一、自郷学舎ハ固ヨリ起業資本モコレナク加之ナラス杉田父子無用ノ入費ヲ消耗シ当時ハ塾生七八名モ有之候得共十二三ノ小児ニテ年長ノ者ハ多クハ筑前向陽舎員ニテ奨励誘導罷在リ格外応スルモノモ無之現今筑前人モ引揚ケ帰県可致筈ニテ自然瓦解ノ姿ニ相成候

一、杉田定一ハ迚モ郷里越前ニ於テハ己レカ宿志ヲ達スル不能ト決シ十月頃ヨリ他県ヲ遊歴スル胸算ナリ

一、現今該人ノ交際セルモノハ熊本県池松豊記福岡県下箱田六輔平岡浩太郎金沢精義社等ナリ」(68)

警察権力の調査は、仙十郎、定一父子のとらえ方がかなり否定的であるが、自郷学舎の一面が権力の眼を通して判明して興味深いものがある。

それでは以下に、自郷社に関して簡単にふれておきたい。「自郷社設立趣意書」(69) には、「人ハ本ナリ国ハ末ナリ人立ッテ国立ツ未タ人民自主自由ノ精神ナクシテ国家能ク不覇独立ナルハアラザルナリ」とのべられ、「我亜細亜東洋ノ諸邦タルヤ古昔以来専制ノ治通習ヲ為シ人民倚頼ノ心ニ厚ク自主自治ノ気象ニ乏シ是レ自由伸張セス国威発揚セサルノ致ス所」と、日本人の自主性、主体性の欠如が批判されている。そして、「同志相計リ一社ヲ創設シ之ヲ自郷ト命ケ弘ク同感ノ人ヲ集メ公道ノ存スル所大義ノ在ル所ヲ討究磨励シ天賦活発ノ自主自由ノ精神ヲ発揮シ以テ社会開明国家富強ノ実ヲ致シ(中略)自由ハ天ノ賦与ナリ人ノ固有ナリ得ント欲スレハ即チ得失ナハント欲スレハ即チ失ヒ」とのべられ、前述した「自郷学

舎設立大意」と類以した認識と目標がかかげられている。「自郷社規則」(70) は全13条であり、「社長一名ヲ置キ社中悉皆ノ事務ヲ総理監督セシム」（第1条)、「社中ノ事渾ベテ公論ヲ以テ決スヘシ」（第4条)、「自郷学舎々員タル者ハ必ズ本社ニ加入スベシ」（第7条)、「社員タル者ハ至誠ヲ相投シ公道相守リ社会ノ公益国家ノ慶福ヲ崇ムルヲ務メ終始一致敢テ怠撓ナク本社ヲシテ愈々隆盛ナラシメ永久二保存スルヲ要ス」（第9条）というような諸規則が決められていた。

自郷社の創設は学舎の開設より約1ヶ月おくれた明治12年(1879) 8月24日であり、結集した人々は波寄村の近村にかぎられ、学舎とほぼ同じ地盤の上に形成されたといえる(71)。社員36名の村別構成は下記のようになる。この表5で特徴的なのは、この16ケ村のうち○印が地租改正反対運動を激烈に闘った不服村であり、その村からの社員が多いという事実である。このことは、自郷社が地租改正反対運動の指導者による主導のもとに構成されていたことを示していよう。しかしながら、大槻も指摘 (72) しているように、「自郷社の組織範囲が豪農層にとどまり、中小農民にまでおよばな」い問題、つまり、自郷社が地租改正「反対運動の前衛になりえなかった原因であり、反対運動のエネルギー源を察知しなかった根拠」を、大槻の指摘もふまえさらに深く解明していく課題が残されているように筆者には思われる。

この解明のためには、三上一夫も指摘しているように、越前護法大一揆（明治6年3月)、地租改正反対運動、民権運動の「三者の相互関連的把握」が心要となってこよう(73)。これらの諸問題については今後の課題としたい(74)。

**表5　明治13年自郷社社員村別構成**

| 村名 | 社員数 | 不服村 |
|---|---|---|
| 安沢 | 7人 | ○ |
| 千歩寺 | 4 | ○ |
| 中庄 | 4 | ○ |
| 正善 | 3 | |
| 上小森 | 2 | ○ |
| 布施田新 | 2 | |
| 下野 | 2 | |
| 取次 | 2 | |
| 布施田 | 2 | |
| 折戸 | 2 | |
| 波寄 | 1 | |
| 小野 | 1 | |
| 小幡 | 1 | |
| 田端 | 1 | ○ |
| 横越 | 1 | |
| 西方寺 | 1 | |
| 計 | 36人 | |

注「自郷社々員名簿」による。
（出典、大槻弘前掲書 p.37）

## Ⅱ. 民権雑誌『慷慨新誌』の検討

### 1. 主要目次とその性格

『慷慨新誌』に関する先行研究は、前掲、三上一夫『福井県の教育史』及び池内啓『福井置県その前後』に若干の紹介がされている程度で、本格的な研究はこれからだといってよい。前掲『福井県史　資料編 10』にも、5 つの記事しか収録されておらず、全体的な性格が把握しにくい状況である。前述したように、筆者は、『福井県史』編さん室の御厚意により、収集された雑誌すべてのコピーをさせていただいた。ここに厚くお礼申し上げたい。

さて、現存する雑誌は以下の号数である。

第 2 号（明 13.10.7)、第 4 号（明 13.11.22)、第 6 号（明 13.12.7)、第 7 号（明 13.12.18)、第 9 号（明 14.1.27)、第 11 号（明 14.4.15)第 12 号（明 14.5.9)、第 13 号（明治 14.5.16)、第 14 号（明 14.6.13)、第 15 号（明 14.6.21)、第 16 号附録（明 14.10.13)

文章はすべて手書きのものをそのまま印刷しているので、判読しがたい箇所もいくつかある。史料紹介もかねて、主要な目次を以下に掲げる(＜＞は筆者の補足及び解説)。

○第 2 号（明 13.10.7　毎月 3 回刊行　自由舎）

＜巻頭論文＞抑陰漁夫改名　雲峯／ 民権ヲ拡張シテ国会ヲ開設セスンハ国ノ独立ヲ企図スベカラス　水石漁子（ママ）改名　箕山／ 黄白先生祠堂記擬厳先生祠堂記　雲峯／ 煙火戯論　箕山

○第 4 号（明 13.11.22 毎月 3 回発　自由舎）

社告　自由舎　松邨才吉・長谷川豊吉・岩堀恒太郎／衆ニ告グ　睨斗壮夫松邨／吾人ノ世ニ処スル何ヲ以テカ快楽スル乎　横着太郎寄送／ 福井近況前号ノ続キ　睨斗壮夫松村（婦人風俗、芸婚妓、魚市場）／ 地方郡衛雇吏ノ倣慢ニ驚ク　雲峯長谷川／地方ノ警吏ハ集会條例ヲ誤用スル乎　水石漁史岩堀

○第 6 号（明 13.12.7　毎月 3 回発　自由舎）

福井近況（前号ノツツキ）睨斗壮夫（郵便所、屠牛場、大橋、新橋、愛宕山）／百万ノ衛兵恃ムニ足ラス　水石漁史／ 門閥弊害論第二編　雲峯／ 故前原一誠ノ五周忌　睨斗壮夫／本誌発行ノ主意・水石漁史／ 示杉田定一君　睨斗壮夫

○第 7 号（明 13.12.18 毎月 3 回発　自由舎）

歳月述懐　水石漁史／ 謹読五十三号公布　水石漁史／学校ヲ過キテ三嘆ス　雲峯／ 節倹ノ実行モ果断ノ二字ニ拠ラサレハ水泡ニ帰セン　雲峯／演説ノ功能

（有隣学舎ニテノ演説）睨斗壮夫／読憾旧編有作並序　睨斗壮夫／ 舎告

○第 9 号（明 14.1.27　毎月 3 回発　自由舎）

記文珠九助事　睨斗壮夫／ 友愛社員ニ告ク　雲峯笑史／ 興帰省某友人書　睨斗壮夫／大日本国越前州坂井郡波寄村自郷学舎設立大意　杉田定一述／京都府知事ノ交代ヲ祝ス　水石漁史／ 寄書（説ノ信偽行文ノ優劣記者責ニ任セズ）愬夢中之痴情　池野善之郎寄送／ 社告

○第 11 号（明 14.4.15 毎月 3 回発　自由舎）

政党ノ国家ニ要ナルヲ論　大柳小艇／ 春日観寒雪追想水戸浪士　長谷川雲峯笑史／閑居偶〻感ニ外人凌侮一憤然不レ能レ止而草ニ此文一　雲峯笑史長谷川／寄書欄内　梅花ヲ観テ感アリ　土橋利吉寄送

○第 12 号（明 14.5. 9 毎月 3 回発　自由舎）

春日偶感　大柳小艇／偶感一則　代客寓睨斗壮夫／ 内田戸長ノ辞職　水石漁史稿／奸吏可斬論　松邨才吉稿

○第 13 号（明 14.5.16 毎月 3 回発　自由舎）

機ヲ見テ出サヽルハ智ナキ也　睨斗壮夫稿／追想後鳥羽帝　雲峯笑史／武生近評其ニ　某惣代ノ自分免許ヲ笑フ　水石漁史

○第 14 号（明 14.6.13　毎月 3 回発　自由舎）

倭魂論　大柳英治稿／杉田定一氏ヲ弔ス　水石漁史／浅井謙蔵氏五町聯合ノ戸長トナルハ如何ナル□ノ吹廻シ乎　雲峯笑史／ 杉田君ノ入獄　睨斗壮夫

○第 15 号（明 14.6.21　毎月 3 回発　自由舎）

廟堂有司ハ本偶乎　睨斗壮夫／我国決シテ真ノ文明国ニ非ス　水石漁史口述／牡丹餅テ頬面ヲ叩クトハ某郡否○長ノ謂乎　雲峯笑史／ ＜漢詩＞ 大柳小艇

○第 16 号附録（明 14.10.13 毎月 3 回発　自由舎）

友愛社討論会　開於泉町経王寺裡　○討論　進修校不振ノ原因　○討論　商法ヲナスニハ何カ最モ肝要ナルヤ

（下線のうち実線が『福井県史　資料編 10』所収、点線が池内啓『福井置県その前後』所収）

以上が主要な目次であるが、この自由舎は武生町に存在したので、武生町の自由民権運動について簡単に説明しよう。明治 13 年(1880) 4 月、町内の実業界の若手グループで民権意識に情熱をもっていた長谷川豊吉、内海彦太郎、大柳英治、馬場万吉、師田亀之助、岩堀恒太郎ら青年層が中心となり友愛社を誕生させた。この友愛社の肝入りで自由舎がつくられ、その機関誌として同年9月から『慷慨新誌』が発行されることになる。本誌の執筆者は、19才の松村才吉（ペンネーム睨斗壮夫）、17才の長谷川豊吉（同雲峯笑史）、16才の岩堀恒太郎（同水石漁史）が中心で、後に翌年 17 才になった大柳英二（同小艇）が加わった。彼らはすでに、杉田を中心にして進められていた越前における国会開設運動に参加し、その運動の主力の一団を形成していたのである[75]。目次のタイトルだけみてもわかるように、悲憤慷慨する青年民権家の精神を感じとることができる。第4号の自由舎の「社告」にその性格が簡潔に示されている。

「本舎ノ目的トスルトコロハ社会百般ノ事物上ニ就キ各自舎員ノ意見ヲ述ヘ正議讜論是非ヲ議シ利害ヲ説キ社会ノ牛耳ヲ取り輿論公議ヲ惹起シ東洋ノ利益ヲ興シ社会ノ公益ヲ図ラント欲ス乞フ看官諸彦勉メテ投函アレヨ

明治十三年十一月廿二日　　自由舎

社長　松邨才吉

編輯　長谷川豊吉

印刷　岩堀　恒太郎[76]

第2号の水石漁子（ママ）（岩堀恒太朗）の論文「民権ヲ拡張シテ国会ヲ開設セスンハ国ノ独立ヲ企図スベカラズ」には、自由舎の認識が代表的に示されていると考えられる。

「吾人ガ貴重ノ民権ナルモノハ米国ノ独立戦争ニ萌生スルモノナリ其レ米国ハ独立ノ気象ヲ保持スルモノナリ米国ハ民権ノ始祖ナリ独立気象ヲ有シテ民権ノ在ル所ヲ了知セシメタルモノハ彼ノ独立戦争ナリ此ヲ以テ米人ノ脳漿ニ民権ナル者ハ各自天禀ノ賦性ニテ圧抑専制ノ暴虐政府ト雖トモ掠取褫奪スベカラサルモノタル所以ヲ暁知セシメタルヲ以テ公衆相会合シテ国会ヲ起シ闔州人民戮力同心以テ英米両国ノ戦乱ヲ惹起スルモ能ク勝利ヲ獲得シ従来英国政府ノ束縛圧政ヲ免レタルノミナラス独立ノ許可ヲ得テ世界各邦ノ標準トナリ・・・」[77]

ここには、米国の独立戦争の歴史的教訓が認識されている。また、第4号の睨斗壮夫（松村才吉）の論文「衆ニ告グ」も自由舎の主張を代表したものといえる。「民ニ護国ノ任アレハ必ス参政ノ権ナカル可カラス」の一文ではじまり、「愛国自治ノ精神ヲ奮起シ以テ富国ノ道ヲ開キ強兵ノ基ヲ固フシ威ヲ海外ニ輝カシ独立帝国ノ名ヲ実ナラシメスンハアラス」という主張をする。そして「当今集会条例ナルモノヲ布キ有司二三ノ手ヲ将ッテ天下万民幾万ノ口ヲ掩ハントス抑モ亦難爰哉」と集会条例批判を展開している(78)。

第6号の水石漁史（岩堀）の「本誌発行ノ主意」には、「抑モ本誌ノ発兌アル本年九月廿四日ノ創始ニ属シ以来舎員ノ勉強ト看官ノ愛顧ニ因テ漸ク今日ノ状勢ヲ致セリ」とのべられ、「本誌ノ直筆讜論遺ス所ナリ愛情ニ依ラス偏頗ニ因ラス真正ノ義憤忠心ヨリ醸出シ舎員一腔ノ熱血ヲ紙上ニ溢流セシメシモノ看官ノ愛顧ヲ買ヒシモノナル」と、本誌発行の主意がのべられている(79)。

杉田定一への激励文が第6号の「示杉田定一君」、第14号の「杉田定一氏ヲ弔ス」、「杉田君ノ入獄」にみられるように、また、第9号に「自郷学舎設立大意」が掲載されているように、杉田定一とのつながりは、かなり深いものがあったと考えられよう。

以上のように、『慷慨新誌』は武生町の青年民権家たちによって担われた民権雑誌ということができよう。

## 2．『慷慨新誌』にみられる教育論

教育論と考えられるものは、すでに三上一夫が若干分析しているように、第7号の「学校ヲ過キテ三嘆ス」（雲峯）、第16号付録の「討論　進修校不振ノ原因」の2つがあげられよう(80)。ともに武生町に明治初年設立された進脩小学校の教育をめぐる議論となっている。

「学校ヲ過キテ三嘆ス」では、かつての進脩校の様子を、「嘗テ此校ニ己在リシ卄ハ黎明書ヲ挟ンテ校場ニ昇リ黄昏業終リテ家ニ帰リ如斯昇降スルコト已ニ五星霜勉学孜々トシテ未タ余暇アラサリキ」（傍点原文）とのべている。そして、「今後期スル所ハ只愛身愛国而己仮令ヒ五尺ノ躯幹ハ国ノ為メニ死ストモ威権ノ為メニハ膝ヲ折ラス」（強調点原文）と期待するところが力説されている。結論として進脩校に望むことは、「子弟ヲシテ大事ヲ為サシメ雷名ヲ四方ニ轟カセント欲セハ須ラク其精神ヲ活発ナラシメ其脳裏ヲ忍耐ナラシメ勉メテ其志ヲシテ激成セシムルニ非サレハ尚ホ緩流静波ノ魚子ハ同シカラントス」（同前）という主張が展開され、現状への鋭い批判がなされている。

ここで、進脩校の現在校である武生東小学校の『創立 100 周年記念誌』（1971 年 12 月 10 日）をみると、進脩校は明治 5 年（1872）に創立され、学校長・管理者が谷口一学で、児童数 2126 人、教員数 35 人という数値が記されているが、史料的根拠は不明である。また、土肥慶蔵の「創立時代の進脩小学」が掲載されているが、民権運動や『慷慨新誌』に関係するようなことは全く書かれていない。従って、武生東小学校の沿革史には、明治 10 年代の自由民権運動と教育の関係が位置づけられていないといえる。しかし、三上一夫が「これら武生の民権運動家たちが幼年時代に学んだ進脩小学校では、谷口安定校長はじめ教師の指導のうえで、かなり欧米の自由主義や人権教育が反映したことが推考される」とのべ、福井藩明新館でグリフィスの格別な指導を受けた今立吐酔が進脩小学の英語教師をつとめていることにもふれている(81)。これらの三上の「推考」を史料的に実証することが重要な課題だと考える。『文部省年報』によって進脩校の実態を一覧表にすれば以下のようになる。

**越前国南条郡武生町進脩小学校（設立　明治 7 年、新設）**

| | 教員 | | 生徒 | | 授業料 | 扶助金 | 備考 |
|---|---|---|---|---|---|---|---|
| | 男 | 女 | 男 | 女 | | | |
| 明治 7 年 | 11 | 0 | 586 | 341 | | | |
| 8 年 | 24 | 1 | 420 | 288 | 有 | 86 円 507 | |
| 9 年 | 27 | 0 | 439 | 246 | 有 | 916 円 577 | |
| 10年 | 27 | 0 | 515 | 386 | 有 | 155 円 078 | 教場30 |

（出典）『文部省第二年報』（明 7）～『同第五年報』（明10）より作成。

この表によれば、上述の武生東小学校の記述で、教師 35 人はまだしも、児童数 2126 人というのは根拠不明である。いずれにせよ、この進脩小学の教員数、生徒数は、全国的にみてかなり多く、新築の大規模な学校であったことがうかがえよう（『福井県教育百年史第 1 巻』の p 244 及び同第 3 巻 p 463 に、進脩小学校の史料が若干紹介されている）。

それでは次に、第 16 号付録の「討論　進脩校不振ノ原因」の分析に入ろう。この討論会の概略は三上一夫がすでに紹介しているが、前文に「十月十日討論会出席者長谷川豊吉内海彦太郎大柳英治馬場萬吉師田亀之助岩堀恒太郎ノ六名ナリ本日ハ創始ノ際ニ因リ書記生ハ議長之ヲ兼子タリ」とあり、出席者は6名であることがわかる。最初の議長（長谷川）の発言の中で、「社員諸子ハ皆是レ水魚ノ交リヲナシ膠漆ノ契ヲナスモノ識ラス知ラス言ヲ情実ニ枉ケテ條理ニ正サゝルニ至ハ自然ノ勢ニシテ萬止ムベカラサルモノナリ」という状況であるが、「今宵ハ常日ノ交情ヲ忘レテ勝敗ヲ舌戦ニ決スベシ」と呼びかけ、社員同士の感情に流されない活発な討論が期待されている。ここでの論点は、進脩校が衰退しているのは、「武生人民ガ出ストコロノ年々定額金ノ寡少」によるのか（大柳）、「学務委員ノ其人ヲ得サル」ことによるのか（岩堀）の対立にあった。以下に具体的に両者の見解をみてみよう。

2番大柳は「定額金ニメ多ケレハ良教師ヲ招聘シテ著シク生徒ノ進歩ヲ見ルベキモ定額金二メ不充分ナリトセハ如何シテ良教師ヲ得ベケンヤ」とのべ、「定額金」による教員給料の多少が「良教師」を得る第1条件だという認識である。さらに大柳は、「定額金ヲ増加セスメ学校ノ隆盛ヲ企図スルハ所謂木ニ縁テ魚ヲ求ムルガ如シ」と断言している。これに対して、6番岩堀は、大柳の見解は「一応理ナキニ非サルベシト虽モ吾輩豈ニ輙スク左袒同意センヤ吾輩ハ学務委員ノ其人ヲ得サルカ故ニ学校ノ不振ヲ招クナリト云ハンノミ」とのべ、学務委員の質を問題にしている。岩堀は、学務委員の職務を「教員ノ良否月給ノ多寡ヲ緊察シ其生徒ニ教授スルノ親切ナルヤ識量ノ有無如何ヲ審査スルノ任アルモノニアラスメ何ソヤ」とのべ、学務委員の良否が教員の良否につながり、学校教育の改善につながるという認識をもっているのである。この岩堀の認識の背景には、「校中ニ威力ヲ占ムル某氏ハ親族ヲ挙テ雑務ヲナシ或ハ教師トナス如キ私慾ヲ逞フスルモノアリ此等ノ弊害ヲ醸生スルハ一ニ委員ノ職掌柄ヲ忘レタル者非ルナカラン乎」という醜聞への批判があったのである。

これに対する大柳の批判は、「其レ学務委員ハ猶木亭主ノ如ク教師ハ伴頭手代ノ如シ僅カニ二三十銭ノ日雇料ヲ以テ伴頭ノ任ヲ帯ハシメ□□モ十分ニ其責任ヲ尽ス能ハサルノ尤モ千萬ナリ委員ハ亭主ニシテ其年々定額金ヲ附与スルニ止マリテ深ク其実ノアルトコロヲ知ラス宜シク定額金ヲ増サスンハ学校ノ不振ヲ復スルニ道ナシ」とあり、学務委員を「亭主」、教師を「伴頭手代」にたとえ、一日に「二三十銭」ではとても足りないと、給料増加を主張しているのである。岩堀は、この大柳の見解に対して、「枝葉ニ走リテ根本ヲ忘却シタルモノナリ」と批判し、次のように主張するのである。

「父兄タルモノハ年々其費額ノ幾分ヲ出シ其監督ヲ委員ニ委子タルニ非スヤ然ルニ委任セラレタル條件ヲ打棄ヲキ教師ヲシテ小学校ヲ玩弄物一般ノ観アラシメ校中ノ醜聞ヲシテ吾党ノ耳朶ヲ貫カシムル如キ不快アラハ、是レ委員ノ職掌ヲ放擲シタルモノニ非スシテ何ソヤ知ンヤ定額金ノ加減論ハ委員ヨリ被選人タル（各町）議員図ルニ如カス之ヲ是レ為サヽルノミナラス是ヲ惣代ニ告クルモ必ス承諾スルマジトテ之ヲ度外視スルモノ所謂不為也非不能也因是観之定額金ノ多少論ハ枝葉ナルヲ見ラルヽベシ良シヤ定額金ノ充分ナルモ委員カ教師ヲ精択シ流弊ヲ看破スルノ明眼ナクンハ人ヲ価ヨリ高ク買フノ憂アリ余ハ飽マテ前説ヲ主張ス」

この岩堀の見解で、「定額金」の問題は町会議員が取り上げるべきだという主張は正当であるが、大柳がその手続きを正しくしていないので、「定額金」問題は枝葉の問題だとするのは充分に説得的でない。当時においては、教員給料の問題は大きく、長野県の教育時論誌『月桂新誌』においても教育を振興するためには“人を得るか、金を得るか”は、大きな論争点となっていたのである(82)。ともあれ、この岩堀の見解は、1 番内海、7 番師田の賛成を得て、議長は「聞ク小松ノ如キモ有志者カ小学校ノ不振ヲ嘆シ委員ヲ改選スルニ決シ委員其人ヲ得タルニ因リ大ニ前日□□ニ非スト故ニ余モ亦此説ニ左祖ス」という結論を出し、岩堀の説を支持した。馬場の見解が示されていないが、採決し岩堀の説に決定したと報告されている。

以上の討論がなされた明治 14 年(1881) 頃は、全国的に教育が衰退しその振興をめざして各地でいろいろな努力がなされたのである。明治 5 年(1872) の学制、明治 12 年(1879)の教育令、翌 13 年(1880) の教育令改正と、めまぐるしく教育の改正がおこなわれた時期でもある。明治 14 年の『文部省第九年報』の「福井県年報」によれば、教員給料について次のようにのべられている。

「明治十三年以来小学教員ハ学務委員ト結約従事シ其給料モ亦示談取定メ県令ニ於テハ之ヲ諦認スルニ止マリシカ費用ヲ厭フノ人民充分酬労ノ義務ヲ尽サヽルヨリ自然教員ヲシテ其職ニ精励スルノ志望ヲ絶タシムルニ至レリ然レ圧給料ヲ規定シ辞令ヲ附スル已往ノ如クスルハ自由教育ノ当時ニ在テハ事理

亦然ラサルヲ得ス故ニ教員ノ去テ他ニ方向ヲ転スルモノ多ク…」[83]

このように、教員給料と教育の関係の深いものがあった。当時の小学校の公学費は学区内集金が第一で、それ以外に生徒の授業料、寄付金、委託金（文部省からの補助）で構成されており、明治 15 年の小学校公学費の実態は以下のようである[84]。

**福井県の学資状況（明治15年）**

| 郡名 | 足羽 | 吉田 | 坂井 | 大野 | 南条 | 今立 | 丹生 | 敦賀 | 三方 | 遠敷 | 大飯 | 合計 |
|---|---|---|---|---|---|---|---|---|---|---|---|---|
| 校数 | 八三 | 三八 | 八六 | 六九 | 四七 | 六八 | 八〇 | 二五 | 二七 | 五四 | 二三 | 合計 五七二 |
| 学資（円） | 一七、三四〇 | 六、七九六 | 一七、一五四 | 一六、〇四〇 | 六、三九八 | 一一、三五六 | 一一、九二五 | 九、八〇七 | 六、一七六 | 一四、一五五 | 五、九七二 | 合計 一三一、四四二 |
| 学資（銭） | 八七 | 七八 | 一二 | 九五 | 〇八 | 八〇 | 六九 | 五四 | 二七 | 三六 | 一五 | 八二 |
| 学資（厘） | 五 | 六 | 四 | 二 | 〇 | 九 | 一 | 四 | 八 | 五 | 四 | 四 |
| 戸数 | 一六、八六六 | 七、〇一九 | 二〇、四七六 | 一五、三五四 | 八、九八〇 | 一三、一五三 | 一一、九六三 | 六、二一九 | 四、一九八 | 一〇、四一九 | 五、四一五 | 合計 一二七、二五八 |
| 人口 | 八〇、五三三 | 三五、九七三 | 九六、三五七 | 八一、八〇〇 | 三九、四五四 | 五六、四九〇 | 六三、八五八 | 二九、六四七 | 二一、七五六 | 五〇、四八三 | 一七、九四四 | 合計 五八一、二五四 |
| 学齢 | 一三、五四四 | 六、〇〇四 | 一六、四五九 | 一五、一〇五 | 五、五七九 | 八、八〇五 | 九、九七〇 | 四、四六四 | 三、一八七 | 七、六九七 | 三、三一五 | 合計 八六、九九七 |
| 出席生徒数 | 六、六五九 | 二、九〇五 | 八、四九六 | 五、二四四 | 三、〇五六 | 五、八五五 | 三、一三〇 | 二、五九六 | 一、七九七 | 三、九三二 | 一、五五七 | 合計 四八、九七六 |
| 一戸ニ付（円） | 一 | | | 一 | | | | 一 | 一 | 一 | 一 | 平均 一 |
| 一戸ニ付（銭） | 〇三 | 八九 | 八五 | 〇四 | 七〇 | 八四 | 九九 | 五七 | 四五 | 三五 | 一六 | 〇三 |
| 一戸ニ付（厘） | 一 | 七 | 七 | 九 | 五 | 五 | 七 | 七 | 七 | 九 | 四 | 五 |
| 一人ニ付（銭） | 二一 | 一八 | 一七 | 一九 | 一五 | 一九 | 一八 | 三三 | 二八 | 二八 | 三三 | 平均 二〇 |
| 一人ニ付（厘） | 六 | 九 | 二 | 四 | 九 | 五 | 七 | 一 | 四 | 〇 | 一 | 九 |
| 学齢一人ニ付（円） | 一 | 一 | 一 | 一 | 一 | 一 | 一 | 二 | 一 | 一 | 一 | 平均 一 |
| 学齢一人ニ付（銭） | 四〇 | 一三 | 〇四 | 一三 | 一六 | 三二 | 一九 | 一七 | 九二 | 八四 | 五七 | 五四 |
| 学齢一人ニ付（厘） | 九 | 二 | 二 | 七 | 九 | 七 | 六 | 六 | 〇 | 〇 | 九 | 九 |
| 出席生徒一人ニ付（円） | 二 | 二 | 二 | 三 | 二 | 一 | 二 | 四 | 三 | 三 | 二 | 平均 二 |
| 出席生徒一人ニ付（銭） | 六三 | 五四 | 〇一 | 〇六 | 〇七 | 九八 | 三三 | 〇九 | 四五 | 三九 | 三五 | 四七 |
| 出席生徒一人ニ付（厘） | 〇 | 〇 | 七 | 八 | 四 | 一 | 四 | 五 | 七 | 二 | 一 | 八 |

（出典 『福井県教育百年史第一巻』 p.290、原資料は福井県学事報告書（明15）による）

教育令期の就学状況について以下に参考までに掲げたい。就学状況が少しずつ改善されていくことがわかる[85]。

以上にのべてきたように、明治 10 年代の武生の青年民権家たちは、日本の開化啓蒙、自由と民権を主張しながら、母校の進脩小学校の活性化を強く願ったのである。やはり人づくりの基は教育にあり、それも初等教育の重要性を充分に認識していたのではないだろうか[86]。

**教育令期における学事統計**　（文部省年報により作成）

| 年 | 明治14年 | 明治15年 | 明治16年 | 明治17年 |
|---|---|---|---|---|
| 人口 | ―― | 581,294人 男 290.022 女 291,272 | 585.754人 男 291.954 女 293,800 | 600,156人 |
| 公立小学 | 570校 | 572校 | 583校 | 578校 |
| 六歳未満十四歳以上就学生徒 | 2,626人 | 3,240人 | 3,577人 男 2,784 女 793 | 十四才以上833人 男 839 女 44 |
| 公学生徒 | 39,897人 | 44,462人 男 31,447 女 13,015 | 47,673人 男 34.019 女 13,654 | ―― |
| 日々出席生徒平均数 | 30,060人 | 34,780人 | 38.035人 | 39,313人 |
| 人口百中就学生徒 | 8.95人 | 9.26人 | 9.76人 | ―― |
| 公学教員 | 1,251人 | 1,300人 男 1,266 女 34 | 1,430人 男 1,387 女 43 | 1,465人 男 1,422 女 43 |
| 学齢人数 | 89,973人 | 89,927人 男 46,636 女 43,291 | 94,530人 男 48,995 女 45.535 | 101,480人 男 52,472 女 49,008 |
| 不就学 | 45,411人 | 39,737人 男 12,456 女 27,281 | 41,035人 男 12,204 女 28,831 | 45.880人 男 13,828 女 32,052 |
| 就学人員 | 45.174人 男 31,589 女 13,585 | 50,195人 男 34,180 女 16,010 | 53,495人 男 36,791 女 16,704 | 55.600人 男 38,644 女 16,956 |
| 学区 | 565 | 566 | 571 | 572 |

（出典『福井県教育百年史第1巻』p.279）

## おわりに

本稿において、越前自由民権運動の教育史的意義を明らかにするための基礎作業として、第1に杉田定一について、第2に『慷慨新誌』について論述した。先行研究において、政治史、経済史等の方面よりの研究はなされつつあるが、教育史からの研究はほとんどないと言えよう。第1では豪農層の思想形成にみられる主体的営みや人間形成の特質について、杉田父子や自郷学舎の事例を中心に若干論述した。第2では武生町の民権雑誌ともいえる『慷慨新誌』の検討を通して進脩小学校（現、武生東小学校）の実態や福井県全体の就学状況、教育財政の問題について明らかにしてきた。今後、この基礎作業をふまえつつ、史料調査も含め、越前自由民権運動の教育史的意義の解明に努力したい。

## 注および参考文献

⑴自由民権運動の研究文献目録として、自由民権百年全国集会実行委員会編『自由民権運動　研究文献目録』（三省堂、1984)が整理されている。従来、国会開設、地租軽減、不平等条約撤廃という3大綱領が指摘されていたが、色川大吉らの研究深化により、憲法制定、地方自治という綱領も含められ、5大綱領と

して理解されている。後藤靖『自由民権運動の展開』(有斐閣、1966)、色川大吉『自由民権』(岩波新書、1980)。近年、江村栄一『自由民権革命の研究』(法政大学出版局、1984)の中で、戦前・戦後の研究史が簡潔に整理されている。

(2)色川大吉編『三多摩自由民権史料集』上、下（大和書房、1978)は、三多摩地域の民権結社と学習運動についての詳細な史料集である。色川の著書『明治精神史』(黄河書房、1964)、『明治の文化』(岩波書店、1970)、『新編明治精神史』（中央公論社、1973）等は、民権家の思想・精神構造や学習のあり方を考えるうえで参考になる。

(3)代表的なものとしては、国民教育研究所・「自由民権運動と教育」研究会編『自由民権運動と教育』(草土文化、1984）があげられる。最近、千葉昌弘『土佐の自由民権運動と教育』(土佐出版社、1987）が刊行され、また、片桐芳雄「自由民権運動の教育史的意義－先行研究の検討を通して―」(『愛知教育大学研究報告(教育科学)』36号、1987)は、戦後の教育史研究をていねいにまとめている。

(4)拙稿「自由民権運動における自由教育論の考察―栃木県の事例を中心に―」(日本教育学会『教育学研究』第50巻第3号、1983)

(5)東京大学法学部の明治新聞雑誌文庫には、「北陸自由新聞」明治16年1月30日付のみ所蔵。『福井県史　資料編10 近現代1』(1983）にも「北陸自由新聞」の一部、民権派雑誌『慷慨新誌』の一部が収録されている。大槻弘『越前自由民権運動の研究』(法律文化社、1980)の第3章「北陸自由新聞社の構造分析」で、創設、運営、予算、解体等について詳細な分析がなされている。自由民権期の史料だけではなく、戦前史料が福井市において保存されていないのは、戦災と戦後の震災によって壊滅的な被害を受けたことが大きな要因だと考えられる。

(6) 前掲『自由民権運動 研究文献目録』pp.132~134。この福井県の項を担当された池内啓によれば、①県下に散在している杉田関係の諸史料もまだ十分に発掘されていないこと。②大阪経済大学の杉田文庫の整理が完全にはなされていないこと、③改進党系の「第一次福井新聞」の1882年8月以降のほとんどが宮内庁書陵部に所蔵されていることが判明したこと、④若狭地方の民権運動の史料発掘が期待されていること、等々が指摘されている（前掲p.132)。文献目録から主要なものをあげれば、①雑賀博愛『杉田鶉山翁』大正3年、昭和3年再版②富永重編『杉田定一翁小伝』昭和9年③宮城公子「日本近代化と豪農思想－杉田仙十郎・定一について」(『日本史研究』95、1968、1) ④大槻弘『越前自由民権運動の研究』(法律文化社、1980)。池内啓論文としては、①「杉田定一の詩文集草稿」(『福井大学学芸学部紀要』社会科学 11. 1962)、②「近代日本における民権論・国権論－杉田定一の場合」(『福井大学学芸学部紀要』社会科学 13、1964)、③「杉田定一研究ノート」(『福井大学教育学部紀要』社会科学 18、1968)、④『杉田定一翁』(1969)、⑤「北陸自由新聞の私草憲法」(『日本歴史』419、1983) 等がある。その他、関係論文、著書としては以下のものがある。佐久高士「或る国士の一面－杉田定一の場合－」(『福井大学学芸学部紀要』社会科学 12、1963)、三上一夫『福井県の教育史』(思文閣出版、1985)、同『日本近代化の研究』(文献出版、1986)、同『明治初年真宗門徒大決起の研究』(思文閣出版、1987)。

(7)自郷学舎に関する研究としては、前掲、大槻弘『越前自由民権運動の研究』が詳しい。前掲、雑賀博愛『杉田鶉山翁』にも伝記的に紹介されている。教育史からは、前掲、三上一夫『福井県の教育史』に位置づけられている。しかし、福井県教育史研究室編集『福井県教育百年史第一巻　通史編（一）』(福井県教育委員会、1978) には、自由民権運動の動向は全くふれられていない。以下、本稿で引用する史料は、できるだけ現代かなづかいに直して引用することにする。

(8)前掲、三上一夫『福井県の教育史』pp.228~233。前掲『福井県史　資料編 10 近現 1』にも一部収録されている。筆者は県史編さん室のご好意で、収集された『慷慨新誌』の全文コピーをさせていただいた。厚くお礼申し上げたい。

(9)前掲、雑賀博愛『杉田鶉山翁』p.14

(10)同前 p.15

(11)同前 p.16

(12)同前 p.17

(13)同前　嘆願書全文と署名簿は pp.17~25

(14)同前 p.26

(15)同前 p.11

(16)同前 pp.10~11

(17)前掲、宮城公子「日本近代化と豪農思想－杉田仙十郎・定一について」p.5

(18)同前 p.5

(19)同前 pp.8~9

(20)同前 p.9

(21)前掲、雑賀博愛『杉田鶉山翁』p.52。定一の幼年時代の記述は、同書の小見出し「幼時鶴吉郎時代」(p.50~56)に依拠している。

(22)同前 p.55

(23)同前 p.56

(24)同前 pp.1~4、この言葉は鶉山自身の回想として、鶉山記念の銅像を建てることにふれて「一人至誠の心、是れ萬業を成すの基ゐである。銅像の大いなるは以つて誇りとするに足らぬ。一片の木、一塊の石でもよい。山の高きを欲せず、地の低くきを厭はず、誠の存するところ、是れ鶉山の立つところである。」とのべられている。(同前 p.4)

(25)同前 pp.56~57

(26)同前 p.57

(27)同前 pp.102~ 3

(28)同前 p.103

(29)同前 pp.106~ 7

(30)同前 p.138

(31)同前 p.144

(32)同前 p.146

(33)同前 p.147 「大学」は原文のまま。

(34)前掲、宮城公子「日本近代化と豪農思想」p.19

(35)同前 p.25

(36)色川大吉「天皇制イデオロギーと民衆意識」(『歴史学研究』341 号、1968、1)＜渡辺奨『村落の明治維新研究』三一書房、1984、pp.13~14 より重引＞

(37)色川大吉『新編明治精神史』中央公論社、1973、pp.51~52

(38)前掲、宮城公子「日本近代化と豪農思想」p.11

(39)同前 p.12

(40)同前 p.12

(41)以上、豪農層の精神構造、豪農民権家の思想構造についてのべてきたが、色川大吉の一連の研究、安丸良夫『日本の近代化と民衆思想』(青木書店、1974)、傳田功『豪農』(教育社、1978)、前掲、渡辺奨『村落の明治維新研究』(三一書房、1984)、高橋敏『民衆と豪農』(未来社、1985)等々に扱われている。前掲、池内啓「近代日本における民権論・国権論－杉田定一の場合－」(『福井大学学芸学部紀要』社会科学　第13号、1964、3）において民権論と国権論を明確に区別し、保守論者は尊王攘夷論につながる旧思想、民権論者は天賦人権論を中核とする西洋の立憲思想を内容とする新思想という形でのべられている。本論で考察してきたように、旧思想と新思想をこのように区分けしてしまうのではなく、旧思想を土台としながら新思想を摂取していった構造を、具体的人物に即して明らかにすることが重要だと考える。

(42)福井の地租改正反対運動については、前掲の諸研究ですでに考察されている。代表的なものとしては、雑賀博愛『杉田鶉山翁』、大槻弘『越前自由民権運動の研究』、三上一夫『日本近代化の研究』等。

(43)前掲、雑賀博愛『杉田鶉山翁』p.293、本書において「地租改正と鶉山父子」（一）～（六）の6回連載され詳述されている(pp.293~375)。

(44)同前 p.293

(45)前掲、大槻弘『越前自由民権運動の研究』 p.9

(46)前掲、雑賀博愛『杉田鶉山翁』p.322

(47)同前 p.327。原文には強調点が付されている。

(48)同前 p.327

(49)前掲、大槻弘『越前自由民権運動の研究』pp.22~23。『杉田鶉山翁』には、地租8万8964円61銭3厘とあるが(p.365)、大槻によれば計算の根拠が不明とのことである。

(50)前掲、雑賀博愛『杉田鶉山翁』p.374

(51)前掲、大槻弘『越前自由民権運動の研究』p.12、p.7

(52)同前 p.17

(53)同前 pp.24~26

(54)自郷学舎については、前掲『杉田鶉山翁』、大槻弘『越前自由民権運動の研究』、三上一夫『福井県の教育史』、『福井県史　資料編 10　近現代 1』等で扱っている。『杉田鶉山翁』では自郷学舎の読み方を「じきゃうがくしゃ」とつけられている(p.376)。

(55)同前『杉田鶉山翁』p.376

(56)同前 pp.376~377

(57)同前 pp.378~379。強調点は原文のまま。

(58)同前 p.382

(59)前掲、『福井県史　資料編 10　近現代 1』p.358　(「大日本国越前州坂井郡波寄村自郷学舎設立大意」)

(60)同前 p.358

(61)同前 pp.359~360(「自郷学舎仮規則」)

(62)同前 p.359

(63) 同前 pp.359~360

(64)表 1~3 の注の史料のうち、表 2「自郷学舎開校日来人名簿」、表 3「自郷社々員名簿」は前掲『福井県史　資料編 10　近現代 1』に収録されていない。

(65)前掲、大槻弘『越前自由民権運動の研究』p.34

(66)同前 p.35

(67)同前 p.36

(68)「自由民権政社の動静調査報告書」(三条家文書の中の「上伸書」明治十三年八月三十日記　石川県八等警部　岩間熊雄) <前掲『福井県史　資料編 10』p.365)

(69) 「越前国坂井郡波寄村自郷社設立趣意書」(前掲、『福井県史　資料編 10』p.362)

(70) 「自郷社規則」(前掲『福井県史　資料編 10』pp.363~364)

(71)前掲、大槻弘『越前自由民権運動の研究』pp.36~37

(72)同前 pp.37~38

(73)前掲、三上一夫『福井県の教育史』p.228

(74)自郷社、自郷学舎全体の検討、さらには杉田定一関係の全体的検討は、大阪経済大学の杉田文庫の本格的整理が必要となる。同文庫の史料のほとんどは福井県立図書館にマイクロフィルムで所蔵されているが、教育史からの検討、整理は手がけられておらず、今後の課題としたい。一方、東京大学法学部の明治新聞雑誌文庫に「北陸自由新聞」第32号（明治16年1月30日）が現存しており、「私草憲法第三章　国会　第二欵　下院　第一条　下院ハ上院ト共ニ国家ノ歳出入租税国債及ヒ諸般ノ法律ヲ議決スル所トス」という憲法条項とその解説が掲載されている。前掲『福井県史　資料編10』には「北陸自由新聞」明治16年3月31日のみ掲載され、「私草憲法第六章、第十条」が紹介されているが、明治文庫所蔵の第32号、さらに池内啓「北陸自由新聞の私草憲法」「『日本歴史』419号、1983.4）に掲載の史料も合わせ検討する必要がある。また、明治文庫には、①「若越自由新聞」（若越自由新聞社、日刊）明治26年11月15日、明治27年4月28日、明治30年2月27日〜28日、明治30年8月24日、く以後「若越新聞」と改題〉、②「雪の夜語り」（北地新聞社、日刊）明治15年5月13日〜同年10月20日＜欠号あり〉が所蔵されている。①は、前掲『福井県史』にも一部収録されているが、明治25年3月29日に逓信省認可で、第807号（明治26年11月15日）には「板垣伯の演説（続）」が連載され、「雑報」欄には、「教育談話会」（吉田郡松岡尋常高等小学校）、「春山小学区教育会」（春山小学校）、「吉田郡小学生徒奨励会」など教育関係記事も多い。また「自由党の新加盟者」の氏名が列記されており、民権新聞の性格を表わしている。第933号（明治27年4月28日）は「雑報」欄に、「杉田代議士刃傷事件の裁判に就て」が掲載され、本号の一面右すみに「寄付者　雑賀博愛殿」の印がおしてある。②は、第1号（明15,5,13)に「福井県録事」、「雑報」、「物語」などが掲戦されている。発行元の北地新聞社の住所は、「福井佐佳枝中町三十五番地　福井新聞社内」となっている。第2号（明15.5,17）の「開業式の略況」に、本紙発行の趣旨について、「今この新紙に誌すところは、まだうら若き中等以下、丈夫文字さえよみ分かぬ幼童婦女の為に」、「慈愛孝行貞操節義道の教の一助」となるよう発行すること、「唯願くは福井県、管下山間僻村まで、到らぬ限なく日々〵〵に、開化の域に進みゆき、卑屈野蛮の旧習は見たくてもなき」状況を期待するとしている。文章にはすべてふりがながつけられていることから、一般民衆向けの啓蒙新聞といえよう。「雑報」欄には民権運動関係の情報も掲載されている。

以上①、②などの福井県関係史料の紹介は池内啓『福井置県その前後』（福井県郷土誌懇談会、1981)でもなされているが、それら関係史料の本格的検討は今後の課題である。福井県内での史料発掘と合わせて、現存史料の総合的検討が、越前自由民権運動の教育史的意義を解明することにつながっていくと考えられる。

(75)前掲、三上一夫『福井県の教育史』pp.228~229、池内啓『福井置県その前後』pp.61~86。池内著書には、岩堀、松村、大柳、長谷川の4人の経歴・活動紹介が記述されている。

(76)『慷慨新誌』第4号（明13.11.22）

(77)同上第2号（明13.10.7）

(78)同上第4号（明13.11.22）

(79)同上第6号（明13.12.7）

(80)前掲、三上一夫『福井県の教育史』pp.229~233

(81)同上 p.233

(82)長野県松本市の民権結社奨匡社の青年教師たちが中心メンバーである教育時論誌『月桂新誌』の第30号（明12.10.28）から第66号（明13.5.11）に25テーマの教育討論会が掲載されている。この中で不就学の原因の究明や教師、学務委員のあり方の検討、さらに自由、督促教育の適否等が論じられている（拙稿「民権派教師の教育論に関する一考察」『筑波大学大学院教育学研究集録』第2集、1979）。

(83)『文部省第九年報』 の「福井県年報」p.450

(84)『福井県教育百年史　第1巻　通史編（一）』(1978)の第1章、第4節「教育財政」に、公学費維持の解説がなされている。(pp.280~294)

(85)同上 p.279.

(86)『文部省第十年報』(明15)、『同十一年報』(明16)の「福井県年報」に民権運動の集会を取り締まった次のような記述がある。これらの調査は今後の課題としたい。「明治十二年以来頓ニ衰替ヲ来タシ動モスレハ校舎ヲ無用視シ何等ノ種類ヲ問ハス学校ヲ仮用シ猥ニ集会ヲ挙行スルカ如キ恐アルヲ以テ二月学校ヲ仮用シ集会ヲ挙行スルモ遊興弄戯ニ属スルモノ幷言論ノ猥褻詭激ニ渉ルモノハ教育上妨害少カラサルニ付充用セシメサル様取締スヘキ旨ヲ各郡役所等へ達ス三月公立小学校ノ准官等ニ在ル教員ハ勿論授業ニ従事スル者及生徒ノ公衆ヲ集メテ学術演説ヲナスヲ禁ス」(『文部省第十年報』p.530)、「学務委員ノ講談演舌会ヲ開クヲ禁ス、学校生徒演舌会場ニ至ルヲ禁ス」(『同第十一年報』p.488)。これらをみると、前述した『慷慨新誌』の教育討論会での学務委員をめぐる論争は、自由民権思想との関わりも存在していたと仮説できる。今後の研究課題としたい。

〔付記〕本研究は、昭和 62 年度科学研究費補助金(奨励研究 A)の交付を受けて行ったものである。ここに記して謝意を表する。

# (3) 教育実践における学習過程の史的研究
## — 三好得恵の「自発教育」の構造とその具体的実践の検討を通して—

### はじめに

大正自由教育を積極的または消極的に評価する２つの立場において共通する問題は、その対象とする教育実践における子ども達の学習過程（プロセス）のダイナミックな展開をそれを可能とする学習システムも含めて明らかにするという作業をしてこなかったことにあると考える。つまり，従来の研究は教育実践の歴史的展開をあとづけてはいるが,そこで展開されている教師と子ども達との追究（探究）活動やコミュニケーションの構造を明らかにする点では大変に不十分であった[1)]。史料的な面でいえば，子ども達の学習プロセスをあとづけることができる実践記録が十分に残されていない場合は分析が困難ではあるが，その史料的制約の中で，子どもと教師の探究－コミュニケーションの構造を分析するという方法意識で研究することが必要であり．これを通して従来の研究を批判・再構成する必要があると考えている。つまり教育実践史研究では，子ども達と教師との相互のコミュニケーションを含んだ子どもの主体的学習の追究プロセス(学習— 教育過程）の史的分析が不可欠であり，同時にそのような子ども達の経験や興味･関心に基づいた追究活動がどのようなシステムの中で可能となるのかについての展望も明らかにする必要がある。このことは今日の授業研究を初めとする教育実践研究でも同じ課題があると考えている[2)]。

さて，中野光が「教育実践への問題史的接近について思うこと」[3)]という最近の短い文章のなかで従来の研究の不十分な点を指摘し，筆者も「学習－教育過程の史的研究の意味」[4)]の中で，長野県師範学校附属小の「研究学級」の内在的分析の必要性も含めて従来の実践史研究の問題点と課題を述べ、具体的な実践記録に基づいた子ども達の「学習－教育過程」の史的研究の必要性を強調した。最近の大正自由教育の実践史研究の中では，奈良女高師附属小研究を進めている吉村敏之の研究などが注目される[5)]。吉村は，河野伊三郎・鶴居滋一・山路兵一という代表的な教師の実践事例を検討しつつ，それぞれの特徴を提示しているが，３人の教師の教育実践における，子ども達の学習過程の具体的な展開と教師の関わりやそこでのコミュニケーションの構造などを明らかにする点で十分とはいえない。前述したように教師が自らの実践をあとづけ記録化するということは，自分の実践を批判的に省察し共同の場に提示するという方法意識がなくては可能ではない。今日の授業研究においてもその方法意識は弱いといえるが，大正自由教育の実践の中ではいくつかの注目すべき記録化が行われている。本稿で取り上げる三国尋常高等小学校では「自発教育」を初めとする教育雑誌を発行する中で実践の交流が行われており，全国的には奈良女高師附属小の『学習研究』、千葉師範学校附属小の『自由教育』、教育の世紀社の『教育の世紀』など，活発に雑誌を発行しお互いの実践を記録化し交流していたといえる。しかし、その記録の多くは前述したような子ども達の追究とコミュニケーションの具体的な展開をあとづけるようなものとはいいがたく、教師の方法意識の検討も含めさらに掘り下げる必要がある。

本稿では福井県の三国尋常高等小学校校長であった三好得恵の「自発教育」とその具体的実践を検討する。先行研究ではいずれも前述したような課題意識で実践の内在的な分析をしておらず．また筆者も別稿で研究を進めてきているが、三好得恵の「自発教育」の構造的な理解を踏まえた実践分析とはなっていない[6)]。本稿では三好の「自発教育」の構造とその学習をささえる学校のシステムを明らかにし，それを踏まえて鍛治林訓導の理科実践における子ども達の追究の学習プロセスの検討を通して，教育実践の内在的分析に迫りたい。

## Ⅰ　三好得恵の「自発教育」の構造

### 1.　「自発教育」の創造

三好得恵(1880-1959)は 39 歳の大正 8(1919)年 12 月から昭和 8(1933)年 9 月までの 14 年間三国尋常高等小学校の校長をつとめた。14 歳で義父三好得開死去のため丹生郡四ヶ浦村（現越前町）の導善寺（浄土真宗）を戸籍上相続して浄土真宗の教えを受け．28 歳で福井県師範学校訓導となり 3 年間在職（主事篠原助市との出会い），31 歳で奈良女子高等師範学校訓導となり 9 年間在職（主事真田幸憲・木下竹次との出会い）という教職歴をもつ。三好は大正 8 年 12 月に奈良女高師附属小訓導から三国尋常高等小学校長に着任し，大正 9 年 4 月から「自発教育」実践を積み重ね，大正 13 年 4 月にはパーカストの来校と絶賛を浴びて教育界から高い評価を受けた。その「自発教育」の実践が結実して主著『自発教育案と其の実現』（東洋図書株式合資会社，大正 13 年 12 月）の発行となったのである。以下本書を手掛かりにして「自発教育」の創造とその構造を明らかにしていきたい[7]。

「自発教育」実施の動機は「劣等児の救済」から出発している。三好は「過去教育の遺物たる一斉的取扱に於て果して劣等生の救済が真に出来ていたであろうか」と問い，「劣等児は劣等児として学習能率を高めんとするには，どうしても普通以上の児童の為めには一時間全部を与えて自主的学習を行わしめ，教師の手は殆ど時間の全部を劣等児輔導に費すことが両者の能力を伸展さするに価値が極めて多い」という認識を示し，「正課時間中」に「自主学習」時間を位置付けている。明石女子師範附属小の及川平治も分団教授の動機が「劣等児」の教育にあったことを考えると共通の課題意識をみることができる[8]。

三好は「自発教育」を「決してダルトンプランの適用ではなくして自由教育の真義より産み出された方案」とし，「自由教育にまで誘導して彼等の意志の自由を自己の規範により自由に活躍せしめる事」を理想の状態とした。そして「彼等の生活を尊重し彼等の自覚性を培養して価値創造の底力ある能力の進展を期する」とした。この「自覚性」の概念が重要であり、前述した経歴でも分かるように浄土真宗の影響から「自由教育というも結局は自覚にまでの教育というべきもので，吾人の教育に冠するに自発の言葉を以てしたる所以はこの点にある」というように，「自覚」＝「自発」という認識であった。さらに「自覚の世界から積極的に発動せる価値創造の作用は生活の拡充と進展とを期し，個人として且社会人として意義ある生活者となり得るものである」と述べる[9]。このように「自覚の世界」を重視した三好の根底には「宗教に於ても融通無碍の覚体を仏陀とし，善知善能を神の全力と見たのは全く異なる自然人でなく理性化の極致がこの無上尊たる事になっているのである。是に自覚者はまた他を自覚せしめる作用を具備するものであることは，仏陀とは自覚他覚の理体であるとする宗教観から見ても明である」という考えがあった。自由教育思想と仏教思想との結合がみられる[10]。同時に，篠原助市の影響もある。「理性化の極致」という表現や，「単に自我は本能衝動の儘に漂然として出没するが如きものでなく，理性化の作用過程が力強く且無限に行われ得べきものでなければならぬ。これが即人生生活の尊厳冒す能わざる点であって．これによって益自我を無限にまで価値化することが出来るものである。」

という考えにみられるように，福井県師範学校訓導時代の篠原助市との出会いと思想形成が仏教思想の上に積み重ねられ，「自発教育」を生み出したといえる[11)]。

## 2.　4つの自由論の内容と構造

「自発教育」の実践によって子ども達は自己の自由な学習を進めていくことになるが，その「自発教育」の根拠となっている4つの自由論をおさえておきたい。この4つの自由とは，「学習題材選択の自由」「学習方法建設の自由」「学習材料進展の自由」「学習資料蒐集の自由」である[12)]。これらの自由を最大限尊重することによって子ども達の学習活動が自主的に進められ，その子ども達の学習活動を学校・教師が援助するというシステムが確立していたと考えられる。さらに，大正自由教育の限界として，方法上の自由はいうが内容上の自由までは踏み込まないという通説が多いが，これらの自由論の内容と構造を明らかにする中で，公立学校としての制約と格闘した「自発教育」の模索と実践の姿をみていきたい。

### ①　「学習題材選択の自由」

「学習」を「生活」と広く解釈する三好は，「独自的な学習は人類の生活中に於て自由に其題材を選び得る」のであり，「学習者の内的刺激によりて求める学習題材は一様ではない。各其意志により選んだ題材こそ其生活に密接に触れるもので茲に於てこそ学習に自奮自進旺んなる努力を生むのである」という。ここから，子ども達の追究（探究）していくテーマ（題材）を学習者である子どもを出発点として考えている三好の基本姿勢をみることができる。しかし全くの自由放任ではなく公教育である学校教育の役割を前提とし，一斉教授の「時間割」の在り方を批判するに及ぶ。つまり「教科目」とは「国家が幾多の学習題材中より児童の生活及国民生活に必須なるものを精選し之を分類したもの」であるが.「自発教育の真義」からみて「従来の時間割は五十名一学級の児童の心的活動を一様に見た場合にのみ価値があって各個性につきて考えた場合は全く個人を無視し経験能力の差別相を毫も認めないことになる」と批判する。ここから「教科目選択の自由」を主張し.「自主学習」（「児童の予定予案のもと」）と「学級学習」（「教師の予定予案のもと」）の2つのサイクルを学習方法として取り入れ，「学習時間割は教師児童の協定によるものが理想的」と結論づける[13)]。以上のように，子どもと教師との共同で作る「時間割」を理想とし「自主学習」と「学級学習」を組み合わせた学習活動のシステムの提起は．子ども達の「追究―コミュニケーション」を可能とする学習をめざすものといえる。

**② 「学習方法建設の自由」**

ヘルバルト教授法は「教師の専制を遺憾なく物語る」と三好は批判し子ども達にとって学習が本当に意味あるものとなるための学習方法，つまり，学習の出発点とそれが終わる段階での学習プロセスの振り返り（「整理」）と次への「準備」という自主的学習のサイクルが自覚的に提起されている。「予定のもとに遂行する方法に於ては各自の建設に待つところも少くはないが，学習の終に於て行う整理は是又万人共通の採るべき手段である。予定によりて遂行した学習の経過を省み学習法が適確であったか，学習事項に誤謬はなかったか，予定通り遂行し得たかを反省し整理することは学習当初の予定に対する手段として欠くべからざる事である。この整理こそ其次の学習に対する準備となり計画となるものである」と。このように「予定」「反省」「整理」という方法が学習プロセスの振り返りとなり．それが次の学習への「準備」「計画」となるというサイクルが提起されている。同時にそれらの記録としての「学習日誌」が位置付けられ，この記録化によって子ども自身が自分の学習内容をあとづけられ．また教師も子ども達の学習を支えるためにこの記録を生かすことになる。「学習日誌」の記入は「児童が家庭にて先づ教科目を選定して登校し，自主学習時の当初に於て樹てられた予定を記入し，然る後学習を進行し時間の終には其結果を反省し，これを整理して再び記入するものであ」り，「週末には担任教師に提出して検閲を受」ける。担任はこの記録をみて「自主学習教科目を偏せずに学習したか，又学習時数に誤はないか等をも知る事が出来．これで教科目正課学習時間の法規通りに行われていることを證し得る」という[14)]。このような記録化のサイクルを入れ込んでいることは，子どもと教師の双方にとって学習を創造しお互いのコミュニケーションを活発にしていくための貴重な方法となると考えられる。

**③ 「学習材料進展の自由」**

「進展の自由」とは「自主学習」において各自の学習進度の自由を意味し，学級全員が同じ内容・進度で学習するという従来の一斉学習の根本転換が提起されている。この「進展」の基盤には前述した「時間割」の子どもと教師による再構成の提起があり，子ども達の探究活動を可能とするためには「学級学習」だけではなく「自主学習」時間も入れ込んだ個別の学習活動のサイクルが不可欠となると考えられる。その場合，教師の指導案（教授細目）に関しても次のように問い直している。つまり，「従来の細目（教授細目一引用者注）はこれを改めて教授の冠を去り学習細目とし，児童と共に作製し，児童の前に提供した暁は其価値を発揮するに遺憾なからしめ其活用に努めさせたい」という。これによって「児童中心の学習」が可能となるが，「学習細目」の代わりに簡単な「教材割当表」（「学習案」）が教室（「学習室」）に掲示され，子どもは「学習進度表」に記入しつつ，「自己の進度が標準期相当か否かを常に一覧しつつ学習」することになる。その場合の教師側の配慮として，「唯徒らに盲進せしめる事は本教育の本旨ではない。一歩一歩堅く踏みしめつつ力強く進展拡充を計らんとする点からはこの割当表は欠くべからざるもの」という考えを示し，子ども達の学習活動を支えるための方法として「割当表」を位置付けている[15)]。

**④　「学習資料蒐集の自由」**

前述した①と②の自由を受けて三好は，「児童の学習を主体として彼等に題材の選択と学習の方法とを自由ならしめるならば，必ずや学習資料の蒐集も彼等の手により自由でなければならない。」と述べ，子ども達の学習が「全我的」に行われれば「迂遠な説明」よりも「直観物」を求めるのであり，「児童自身の直観的態度を養い得るならば決して学校にのみ備付のものにて満足すべきに非ずして児童は家庭に友人に山に海に之を求めて自他の学習資料とするもの」という。ここでは子どもの生活経験から学習の素材を見付けるという生活との接点が重視されている。同時に教師の役割も強調されており，「児童の蒐集のみに任せ教師は全く之と関係を絶つという意味ではな」く.「蒐集を自由ならしめる用意と指導がなくてはならない」のであり，「教師も及ぶ限り其資料を整理し蒐集の自由を容易ならしめるのは輔導上大切な一大手段」という[16)]。

**⑤　国家・制度の相対化と「自発教育」**

以上4つの自由について検討してきたが，本書の別の箇所では国定教科書批判を展開している。つまり「国定教科書に準拠すべき小学校の学習は兎角教科書一点張りになり易く，而かも教科書中の語句及問題を切断して部分的に取扱い勝ちな」点，さらに「現今の我国教科書の材料を見ると第二国民能力としての理想的見地より，且実用的見解より編纂せられたるものであって見童の経験尊重という事は極めて軽視され，特に算術材料の如きに於ては児童の経験を軽視した点が少くない」点を批判する。しかし，「国定教科書である以上，これを使用せしめないという訳には行かない」ゆえに，「児童の経験界より見てもまた既有の知識を基礎としても到底自解自決の見込なきものに対しては徒らに試行錯誤のための時間の空費を避けしめ，学級学習に於て児童教師相互に新材料解決の予備的学習を行う必要がある」としている[17]。子どもの経験との関係で内容批判を展開したことは注目すべきであるが，表現上の慎重な配慮がうかがわれる。

本書を書いた 3 年後の昭和 2(1927)年 9 月に三好は「教育活動の消長」という論文の中で「制度を改廃すべき一大権利」という表現を使いつつ，制度を相対化する視点を打ち出している[18]。つまり「制度が教師の創意的活動を阻害するが如く難じ現制度の内にありては一歩でも手足を外に出すことは一大罪悪の如く考え一種の諦めに陥っているものもないではない」が，「制度に随順することは国民教育者の本務であるが忠良な国民教育者は其制度を改廃すべき一大権利を付与されて居る」という。そして，「其の体験と根底ある理論とを国家に提供し制度の改廃を要望するとせば国家として其の勝れたるを見ながら依然として旧を固守して動かぬ筈はない」という国家認識を示す。三好は県と文部省の視察に関して「幸に県当局の精細なる視察文部当局よりの数名の視学の綿密なる調査によれば制度の中にありて制度を離れ制度を離れんとして制度に入って居る点に於て幸に推賞激励の辞を受けている」と述べ，公立学校としての微妙な立場を示す。当時起こった千葉県での大多喜中学校長手塚岸衛の排斥問題に触れながら「自由教育を主張していたものも世を憚り当局の逆鱗に触れんことを惧れて中止を敢てする風も生じて来た」が，だからこそ「自発教育」を断固進めていくべきことを高らかに宣言する。「一旦理想を樹立して斯くやらなければならない。かくやろうと覚悟した上は其の理想に向っては猛火の中でも押進んで行くまでの精神の所有者でなくては決して彼の尊い児童が将来忠良なる国民となるべきものを託するには余りに不安であるまいか。児童のため捧げた愛これを育まんために執るべき手段は少くとも其の児童の卒業するまでは一貫して変りないことを期せねばならない」と[19]。以上のように，公立小学校という制約の中で国定教科書への一定の批判や「制度」の「改廃」を主張した三好の「自発教育」は高く評価されるべきである[20]。

## 3. 具体的な学習システム

### ①「自主学習」と「学級学習」のサイクル

「自主学習」の科目として読方・綴方・書方・算術・地理・歴史・理科の７科目を置き，配当時数は<表 1>のように基本的に３学年から実施し.「何処までも学級学習と相俟ち，最初は学級学習を多く，漸次自主学習を多くして卒業後は全くの自主によらしめねばならぬ」という考えである[21)]。「自主学習」時には子どもは「進度表」と「学習案」に基づいて自主的・個別的に学習し，必要に応じて教師から「直接輔導」を受けることができる。同時に教師は「劣等児」への個別指導も可能となる。ここでの「自主学習」での学習の成果を「学級学習」では「吟味」「補充」「批正」「系統づけ」「整理」するとしている。つまり，「自主学習中に構成せる自発問題については主として学級学習に於て発表し得る機会を与え，自解の発表又は相互解決を行わしめ，教師もこれに参加して或は解決を助成し或は問題の発見構成に対する輔導をも加えなければならない」と述べている[22)]。ここでは個別学習の成果を学級という集団の中での開かれたコミュニケーション活動を通してさらに掘り下げ認識を深めていくというプロセスの重視がある。また，学習進度があまり違わない場合は「共同学習―討究―発表―整理」又は「共同学習―発表―鑑賞―整理」のサイクルによって．子ども達が「自主学習」で深めた問題を「学級学習」で「共同学習」し「討究」「発表」するという活動を通して「論理的理法の考察洗練」や「共同的精神の涵養と訓練」が可能となるという[23)]。以上のように，子ども達の「探究―コミュニケーション」活動を可能とする学習システムが構想され実施されていることは，成城小学校のような私立学校ではなく地方の一公立学校という制約を考えると高く評価されてしかるべきであろう[24)]。

<表1>　１週間の自主・学級の時数比較

| 科　目 | 学　年 | 正課時数 | 自主時数 | 学級時数 | 科　目 | 学　年 | 正課時数 | 自主時数 | 学級時数 |
|---|---|---|---|---|---|---|---|---|---|
| 読方科 | 尋常3.4 | 6 | 2 | 4 | 算術科 | 尋常3.4 | 5 | 2 | 3 |
| | 尋常5.6 | 5 | 2 | 3 | | 尋常5.6 | 4 | 2 | 2 |
| | 高等1.2 | 4 | 2.5 | 1.5 | | 高等1.2 | 4 | 2.5 | 1.5 |
| 綴方科 | 尋常3.4 | 3 | 1 | 2 | 歴　史<br>地理科 | 尋常5.6 | 2 | 1 | 1 |
| | 尋常5.6 | 2 | 1 | 1 | | 高等1.2 | 2 | 1.5 | 0.5 |
| | 高等1.2 | 2 | 1 | 1 | 理　科 | 尋常5.6 | 2 | 1 | 1 |
| 書方科 | 尋常3.4 | 3 | 1 | 2 | | 高等1.2 | 2 | 1 | 1 |
| | 尋常5.6 | 2 | 1 | 1 | | | | | |
| | 高等1.2 | 2 | 1.5 | 0.5 | | | | | |

（注）三好得恵『自発教育案と其の実現』pp.116－119より作成

**②「学習案」の在り方と教師の支え**

「自主学習」における「学習案」のあり方について三好は，児童の生活を軽視した教師本位の「学習案」を批判し，児童中心の「学習案」を考えるが，ダルトンプランのように教師主導の「割当表」も「指導案の意味が強くて児童自身の予定案的の価値を見出だすに苦しむ」と批判する[25)]。そして，「児童の生活意識は確に内部より強く発動して事物に接触するたびに問題を構成する働を有しているが、外的刺激や誘導を皆無にしては問題を自発的に構成する事は全児童には望み得られないことである」から，教師が支えつつ「学習案を以て問題構成の端緒を開き而かも各児童に自由に活動し得る余地を与うることが必要」というように，プロジェクトメソッドの方法論に近いと考えられる。さらに「生活に即せる児童中心問題が組込まれ自発問題の構成を誘導し高学年に進むに従い精粗の度を異にするに至らば学習案の価値は極めて大なる」と意味付けている。「学習案」作成では「児童の作成したる問題を採択し教師の予案を加えた協定的な案」がよいとしており．ここに子どもと教師の共同活動が位置付けられているといえる[26)]。

**③ 教職員集団の連携**

以上の「自発教育」を実践する場合に，当然のことであるが教職員集団の連携が不可欠である。三好は教職員集団の役割を重視し.「一学校の教育理想は其学校の職員全部の同一歩調による活動に竢って，初めて其実現を見ることは言を要しないことである。而して其同一歩調なるものは互に有機的関係を持った歩みであり態度でなければならない」と述べ,「学校という一大家族中の一員としての教師の活動は大なる自重と覚悟とを要するものであ」り,「我校では是等有機的活動を旺盛ならしめるために，特に比較的職員会合の回数を多くしている」として,「自発教育研究会」（毎月 2 回）「各教科目研究会」（毎科毎月 2 回）「学習実地輔導研究会」（毎月 4 回）「訓練打合会」（毎月 2 回）「図書購読発表会」（毎月 4 回）の 5 種類の研究会をあげている[27)]。 このような学校内での精力的な研究会のシステムが以上の「自発教育」の実現を支えているといえる。以下に，当時の教師数・児童数・学級数＜表 2＞ をあげておく。

<表2>　三国尋常高等小学校の児童数・学級数・教師数

| 年　度 | T9 | | T10 | | T11 | | T12 | | T13 | | T14 | |
|---|---|---|---|---|---|---|---|---|---|---|---|---|
| | 児童数 | 学級数 | 児童数 | 学級数 | 児童数 | 学級数 | 児童数 | 学級数 | 児童数 | 学級数 | 児童数 | 学級数 |
| 尋常科 | 590 | 12 | 585 | 12 | 567 | 12 | 602 | 12 | 545 | 12 | 518 | 12 |
| 高等科 | 295 | 6 | 277 | 6 | 247 | 6 | 187 | 6 | 199 | 5 | 200 | 6 |
| 合　計 | 885 | 18 | 862 | 18 | 814 | 18 | 789 | 18 | 744 | 17 | 718 | 18 |
| 教師数 | 20 | | 22 | | 22 | | 20 | | 20 | | 20 | |

| 年　度 | T15／S1 | S2 | S3 | S4 | S5 | | S6 | |
|---|---|---|---|---|---|---|---|---|
| | 児童数 | 児童数 | 児童数 | 児童数 | 児童数 | 学級数 | 児童数 | 学級数 |
| 尋常科 | 540 | 520 | 529 | 527 | 546 | 13 | 588 | 13 |
| 高等科 | 185 | 187 | 150 | 121 | 111 | 3 | 84 | 3 |
| 合　計 | 725 | 707 | 679 | 648 | 657 | 16 | 642 | 16 |
| 教師数 | 21 | 22 | 23 | 22 | 20 | | 20 | |

（注）三国尋常高等小学校「学校沿革史」「学事報告綴」等より作成。
学級数がない年度は不明。

## Ⅱ　「自発教育」の具体的実践の検討

### 1.　三好得恵の理科学習の把握

Ｉで構造化した「自発教育」の実践は三国尋常高等小学校で数多く取り組まれたと考えられるが，子ども達の学習プロセスやコミュニケーション場面を組込んだ実践記録は数少ない。ここで取り上げる鍛治林訓導の理科実践の記録は，子ども達の生活経験に基づいた意欲的・自主的な発言・討論場面が生き生きと描かれている。また「自主学習」と「学級学習」の相互の関係も記録されており、教師の自覚的な方法意識に基づいた記録となっているので，以下検討を加えていくが，最初に三好の『自発教育案とその実現』の中での理科学習の把握をおさえておきたい[28]。

「主眼」の中心は「自然を正しく理解する」こと，つまり「只単に真理を追求する知的訓練をなさんとするに止まらず，自然界に於ける美の世界，善の世界，聖の世界をも理解体得せしめて情操の陶冶をなすこと」が強調され，そのためには「教師本位の注入的な説明的な教授」ではだめであり．「児童自身の発動的な而かも生きんとする欲求に燃えて放漫的な衝動を抑制する強き理性的活動と教師の輔導暗示とに待って自ら進展するもの」という。そして「知識」よりも「学習の過程」の尊重，つまり学習プロセスの重視を強調し次のように述べる。「学習過程の尊重は決して知識の不確実，曖昧を許すの意味ではない。過程の確実と態度の真摯とは当然知識の豊富と確実とを期するものである。確実真摯なる学習によって収得した知識は更に又学習に活用せられて真に意義ある事となる。斯くして知識は系統づけられ関係づけられて行き，やがて自然を読む力となって現われて来るのである」と。さらに「過程を重んずることは研究的態度を重んずることで即科学的精神の訓練を重視することになる」という 29)。このように「学習過程の尊重」が「知識の豊富と確実」さを要求し「知識は系統づけられ関係づけられ」「自然を読む力」となるという把握，および「過程」の重視が「研究的態度」と「科学的精神の訓練」の重視となるという把握は、ともに学習本来のあり方を示しており，これは理科学習に止まらない広がりと深さを含んでいると考えられる。

具体的な「自主学習」では尋常科の場合 5,6 年の正課時間 2 時間中毎週 1 時間が配当されているが，その内容について「独自的の学習が大部分を占め教師の輔導が割合に少なく教師はただ暗示を与え刺激を与え興味をそそって目的の遂行に勉めしめ」れば「児童は案外歓喜的な学習を行う」と述べている。また，「其研究に対し相当の時間を与えて十分思考しつつ主要点を明瞭に意識せしめる」という時間の確保が重要であり，「児童は各自研究の記録を作って学習の過程を明かに」し，かつ「此時間は児童が自由に研究実験等を行うことが出来るので児童にとっては発見的学習となる」という 30)。「学級学習」では「自主学習の結果を発表せしめて児童相互に討議批評」させ「分団的相互学習も学級全体の相互学習」も行われることになる。この場合，教師は「児童の自主的研究活動を中心として之を整理し補説し輔導を与えて学習主眼に合致した学習」にするための「共同研究者」であるという 31)。「自主学習」と「学級学習」のサイクルが「学習過程」の振り返りと吟味，さらに学習者同士のコミュニケーションを伴いながら発展していくと考えられる。

## 2. 鍛治林訓導の理科実践の検討

ここで取り上げる鍛治訓導の実践記録「自発的学習による理科実験の輔導」は単なる指導案ではなく実際の授業プロセスが子ども達の発言や活動を組み入れながら展開している様子を記録した貴重な実践記録である 32)。この実践記録の概略はすでに別稿で紹介したが，本稿では「自発教育」の構造との関連で意味付け直すことにしたい[33]。

鍛治は大正7(1918)年2月5日の岡田文相の訓令[34]に触れて,「理科教育の革新,理科設備の改善の叫声が，当時混沌たる教育界に一種の光明と，一定の指針を与えた」が，その「主張源泉は此の訓令が土台となった」という。そして,「理科教育の根本生命は自己活動によりて学ばしめ，知らしめ，真理をつかまんとする学習であらねばならぬ」が，現実は「大人の頭で作られたる画一的な学習指導案の手引、口頭，板書等の案内書等によりて実験をさせたり，問題解決をさせたりしている実験家が多々ある」という近年の状況を批判する。これはまさしく自分の問題でもあり,「私も以前に此の方法でやった事」を「猛省」し「徹底的に整理改善すべき必要」を強調する。このように述べた後.「不断の実際学習の一部」として尋常科第4学年の「火」という題材の授業を記録し検討の素材として提出している[35]。最初の「画一的輔導による実験の一場面」に対比して記録されている「自主的活動による実験の一場面」の授業展開を子ども達の学習過程を明らかにするためにそのまま紹介する（／は改行)。

「　◇自主的活動による実験の一場面

（一）物理的題材研究を終へた或る学習時間の余時に，／児『先生次の学習題材は何ですか』と予告を迫る。／教『次ですか. 次は今迄の学習とは違った火に就きて研究しようと思うのです。』／全児『これはうれしい，これはうまい。』と手を打つ歓喜，地端踏んで叫波は硝子に振動を与へた。／教『なぜにそんなにうれしいのですか』／M児『私の家には毎朝御飯をたくからよく見ていますから学習がしやすいのです』／K児『私の家には魚を焼く時に，洗濯物を乾すのに其の他，火鉢，こたつ……』／O児『私は鍛治屋の〇〇さんの家に時々遊びに行きますから火について研究が出来ます』／T児「私の家には電気が消える度毎にローソクをともしますから火について家で研究出来るからうれしいのです』／先生々々と次から次へと自分の経験行為を話す。／教『それでは火に就きて自分で研究出来ますか』／児『出来ます』H児『私は火鉢の炭火に就いて色々研究したいと思います』／教『そうだねHさんのように火鉢の炭火について研究しても立派な火の研究になりますね』／F児『先生家でしらべてもよいのですか』／教『よいですとも。理科は学校の教室で研究するばかりが理科と思ってはなりません。家で研究出来ぬ所は学校でやってもよいですが出来るなら家で自分一人でやられるのがほんとうに理科の上手な人なのです。然しここに注意せねばならないのは火の用心ですよ。』／児『ハイハイそうです』／学習気分に高調した児童は眼光を輝かして理科室を出た。其の後姿は尊かった。涙ぐましかった。

（二）学習気分に高調した児童の研究録を検閲するに，其の題材は左の様なものであった。／ローソク， ランプ，火鉢の火，薪火，等が大部分で中には電灯の火，石炭の火等という題目をつけて研究した児童もあった。／次に研究事項の内容を検閲するに，事項それは，児童の心の底から動いている。児童の自然性に合致した理科的生活をしていた。／自ら学びたいと捉えた題材に就きて学習する時は学習が熱心になれる。他から強いられたものは子供の研究熱を喚起する事は少ない，従って其の成果も挙らない。火という大題材中より子供各自が選んだ方が如何に自然的に活動出来るかわからない。或人の世界から取った抽象的題材其のままをぶつけて研究せよ研究せよというばかりではどうかと思う。」

以上の授業記録をみると，子どもたちが自分たちの生活経験をコミュニケートしながら関心を深め．その学習が発展していくように教師が援助していることがわかる。また，子ども達が意欲的に自分のテーマを探究している様子が子ども自身の記録による「研究録」でわかる。この後の授業記録では，最も題材として多かったローソクを研究題目として取り上げた不破という子どもの「自主学習」の報告が掲載されている。そこでは次の 7 点にわたって不破が発見したこと，疑問に思ったことの探究の結果が記録されている。

「1.私がローソクに火をつけてよく見ていたら，あかりの中に四色ある事を見つけました。 次の図はその図です（省略)。／2.ローソクばかりかと思って店にあるアルコールランプでもやって見ましたがやっぱり四色ありましたが、ローソクよりも色がうすくありました。／3.私はローソクの光とアルコールランプの光とくらべて見ました。それによってローソクの方はあかるくありました。／又手を火の上一寸程のところにやって見ましたらランプの方はあつくありました。それだから学校の実験にはアルコールランプを用うのだと思ひました。／4.だんだんと蝋がへって行きますがどうしてへって行くかどうしてもわかりません。私は問題です。／5.口で消したら白い煙が心から上がりましたが，あれは何んでしょう。／6. アルコールランプの火を消す時にはランプのふたをかぶせると消えますがどうしてでしょう。私はフタの中の空気がすぐにもえてしまうからと思ひます。／7.ローソクの火の中に鉛筆を入れたら黒いすすのような粉がつきました。ローソクは白いのにどうしてあんな黒いものが出るかわかりません。」

以上の7点のうち1~3が発見事項で4~7が疑問点である。この不破の研究報告は,「自主学習」を行う中で率直に感じた疑問や意見を記録しており,自分の興味・関心に基づいて研究を行つていることがわかる。鍛治はこの不破につ·いて「優等生ですが自己で物を得，微妙な点まで観察攻究したものであ」り、「此の精密なる自主的観察が遂ひ問題を構成して．自主的の実験欲求の域に達する」とし,「理科的生活をするところに問題が生まれるのではなかろうか」と述べている。

この授業で緊張と感動が最も高まった「問題解決への実験の一場面」は，前述した不破の 6 番目の疑問であり同時に多くの子どもが最も悩み苦しんだ「アルコールランプにふたをしたら火が消えてしまいました。なぜでしょう。」という問題についての子ども達の激しい討論場面である。そこでは3通りの仮説が出される。第1は「空気が入らんからすぐに消えてしまう」(賛成者3人)，第2は「空気が出られないから」(賛成者 39 人)，第 3 は「ふたをすると，中の空気が熱のためにふくれて火を押すから火が消えてしまう」(賛成者 2 人) という 3 つの仮説である。これら対立する仮説に対して鍛治は「問題に対しての想像の妙案奇案が色々と現われて全級的に仮定説討議に白熱化されていたが，空論のみで明かな証拠立がないので何れも苦心していた。」と記録している。3通りの仮説に関して学級の子ども達が激烈な意見を交わし合っている様子が想像できる。鍛治は「思いはあるが，それが果たして正しいか否かを見せなくては人が承知しません。本当の理科にはなりません。何かはっきりとわかる方法を実験立てられないでしょうか」と問いかけると，子ども達は「熟考の末に」それぞれの仮説を支持する子どもから仮説を検証する実験方法が提示される。

第1仮説を支持する子どもが「私はランプのふたにあなをあけてやりたいのです。穴をあけると空気が入る。空気が入ると火がともっています。いましたら私の考はよいのです。」と述べると，他の子どもから「ガラスに穴はあけられないです。あけると破れてしまいます。」と不可能を訴える疑問が出される。すると，同じ第1仮説を支持する別の子どもが「ランプのふたがあかないのならば試験管の破れたのをやって見た方がよいです。それでやって見ればわかります。」と別の実験方法が出されると，他の子どもから「試験管は小さいから入らない。それなら広口瓶でローソクを使ってやればよくわかります。」という補助意見が出される（図1)。第2仮説支持者は「私はこんなにジョウゴをかぶせて下から空気が入らない様にして，上から空気が逃げられる様にしてやって見たい」と述べる（図2)。第3仮説支持者からは特に意見はなかった。子ども達は「先生早くやって見せて下さい」と要求し，教師は「それではどちらが早く消えるか競争しましょう。」といい，第1・第2仮説の実験をする，この緊張した一瞬を記録では「競争本能の著しい彼等は手に汗を握り，物凄い眼光で一種ゆかしき教室の空気をつくった。後者の方は先に消えた。三児の万歳の声は人数にも合わぬ大声であった。歓声の終らぬ中にボット消えたのは前者の実験だった。三十九児の叫びは一通りではなかった。」とある。自分たちの考えた仮説の検証場面のリアルな様子が伝わってくる。いずれも仮説として証明出来なかったことがわかり，さらに解決に向けて子ども達の追究が始まる。ある子ども（木田）から第1・第2仮説支持者の「二人の方法を合わせて上の図のようにしたらよい」という統合意見が出された（図3)。他の子ども達の支持が多く教師はすぐに実験をした。ある子は「先生木田さんの方法で問題がわかりました。それは空気が入らんのと空気が出られないのでランプの火が消えるのです。」といい，別の子どもはこの問題を応用して「七輪もそうです。下の口をしめると空気が入られんから消えてしまいます。」また別の子は「家の改良カマドも同じわけです。下の口と煙突のつつの方の口とをしめると火は消えてしまいます。」というように，この問題を日常の問題へと普遍化する姿勢がみられる。

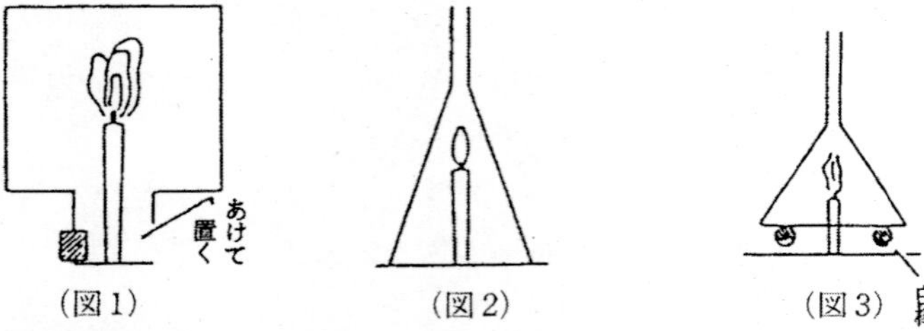


（図1)　（図2)　（図3)

（注）鍛治論文 pp.65－66。

以上のように「自主学習」と「学級学習」のサイクルが結合・充実し，子ども達の生活経験を踏まえた意欲的・主体的追究と学級の闊達なコミュニケーションがみられる。その根底には4つの自由を掲げた「自発教育」を尊重・実践した鍛治の教師としての自覚があり、また学校全体での教師による支えのシステムも存在したと考えられる[36]。

## おわりに

本稿の到達点と今後の課題を示しておきたい。Ⅰでは三好得恵の「自発教育」の構造をその思想的基盤や4つの自由論と具体的な学習システムとの関係を通して明らかにした。公立小学校という制約の中で「自発教育」を創造し，「自主学習」と「学級学習」とのサイクルの中で追究とコミュニケーションが行われ学習が深まり発展していく方法論を明らかにした。Ⅱではその具体的な事例として鍛治林訓導の理科実践の分析を行い，生活経験に基づいた興味･関心から追究が発展し子ども達の緊張と興奮を伴った討論場面の展開と教師の支えをあとづけた。この記録は子ども達の学習の追究プロセスをあとづけている数少ない授業記録であり，三国尋常高等小学校の理科学習のレベルの高さがうかがわれる。以上のように教育実践（授業実践）における子ども達の学習発展のプロセスの分析を通して，大正自由教育の内在的評価が可能となるのであり，従来の研究ではこのような方法意識が弱いといえる。

今後の課題として，三国尋常高等小学校における実践相互の関係分析を通して「自発教育」の意味をさらに明らかにすること（空間軸）であり，同時に昭和期の郷土教育等との関連の意味付けを行うこと（時間軸）である[37]。また，三国尋常高等小学校の実践にとどまらず，全国の大正自由教育の実践を本稿の方法意識で吟味し再構成すること，さらには近代日本の教育実践史の再構成と新たな構築を意図している。

## 註

1) 中野光『大正自由教育の研究』(黎明書房，1968)，海老原治善『現代日本教育実践史』(明治図書．1975)，川合章『近代日本教育方法史』(青木書店， 1985) などが教育実践に焦点をあてているが．いずれも具体的な実践場面の学習プロセスを内在的に分析しているとはいいがたい。最近の研究では鈴木そよ子

「1920年代の東京市横川小学校における新教育―『動的教育法』の実践―」(『教育方法学研究』第16巻，1990)及び『教育方法史研究』第四集（東京大学教育学部教育方法学研究室紀要．1992.4)は示唆に富む。拙稿「福井県における大正自由教育の研究－研究の整理と若干の問題提起－」(『福井大学教育学部紀要』第42号、1991.7）参照。

2) 寺岡英男・森透ほか「学習－教育過程分析の方法論的基礎研究」(『福井大学教育学部紀要』第41号，1991.2)及び、寺岡ほか「学習過程における認識発展とく追究一コミュニケーション編成＞の展開」(『福井大学教育学部紀要』第46号． 1993)参照。なお佐藤学「『パンドラの箱』を開く＝「授業研究批判」(森田尚人ほか編『教育研究の現在』世織書房1992)は視角は異なるが示唆に富む。

3) 中野光「教育実践への問題史的接近について思うこと」(『日本教育史往来』第83号，1993.4.30)

4)拙稿「学習－教育過程の史的研究の意味」(『日本教育史往来』第80号，1992.10.30)

5) 吉村敏之「奈良女子高等師範学校附属小学校における『合科学習』の実践―教師の『学習』概念に注目して―」(『東京大学教育学部紀要』第32巻、1992)。また，同氏の「教育実践史研究は実践を担う教師に対して何ができるのか」(前褐『日本教育史往来』第83号）も示唆に富む。ほかに稲垣忠彦· 吉村敏之編『日本の教師』 第7巻（ぎょうせい， 1993)，前掲『教育方法史研究』第四集など参照。

6) 三国尋常高等小学校に関する研究は．秋田慶行『三好得恵と自発教育』(学苑社．1979)が最も詳しい。小原国芳編『日本新教育百年史 5　中部』(玉川大学出版部、1969)、『三国南小学校百年史」(1973)、 『福井県教育百年史』第1巻·第3 巻(1975／1978)。『三国町百年史』(1989)。朝倉充彦「福井県三国小学校の『自発教育』にみる第一次新教育運動の特質」(東北大学教育学部教育行政学・学校管理・教育内容研究室『研究集録』第12号，1981)，山下宏明「大正期における歴史教育の改造―ダルトン・プラン研究校の歴史教育実践を中心としてー」(日本社会科教育研究会『社会科研究』第29号．1981)などがある。また拙稿（註1)では不十分に触れている。他に拙稿「福井県における大正自由教育の研究（その2)―福井県師範学校附属小学校の実践を中心に―」(『福井大学教育学部紀要』第 43 号，1992.3)、拙稿「福井県における大正自由教育の研究（その 3)―福井県教育会雑誌の検討を中心に―」（同前、第 44 号、1992.7）も参照されたい。

7) 三好得恵の年譜は秋田前掲書に詳しい(pp.459-465)。なお秋田は三好の次男である。

8) 三好得恵『自発教育案と其の実現』（東洋図書株式合資会社．1924／T13 年 12 月） pp.3－6。史料からの引用は現代かなづかいに直す。及川平治『分団式動的教育法』（弘学館書店．1912／T1 年）。

9) 三好同上書　pp.65-67。

10) 同上　pp.77-79。吉田昇「第 1 次新教育運動における思想研究の意義」『教育学研究』第 34 巻第 1 号、1967.3)で宗教と新教育の関係が論じられている。

11) 三好同上書　pp.70-71。秋田前掲書第 3 章第 1 節で篠原の影響が述べられている。

12) 三好同上書　第四章に 4 つの自由論が展開されている(pp.100－178)。

13) 三好同上書　pp.102－109。

14) 同上　pp.129－134。

15) 同上　pp.158－161。

16) 同上　pp.177－178。

17) 同上　p.238、 pp,305－306。

18) 三好得恵「教育活動の消長」(『自発教育』第 2 号，1927／Ｓ2 年 9 月） pp.1－6。

19) 同上　pp.5－6。

20) 三好のいう県と文部省の視察に関する史料は現在調査中である。

21) 三好得恵前掲書 p.116。

22) 同上 pp.303-305。

23) 同上 pp.313-314。

24) 子ども達の独自学習と学級全体での学級学習のサイクルは他の学校でも実践されているが（奈良女高師附属小や千葉師範学校附属小など）．それらの実践の学習過程の比較検討は今後の課題としたい。

25)同上 p.235。

26)同上 pp.234 -241。
27)同上 pp490-494。
28) 板倉聖宣『日本理科教育史』(第一法規，1968)の「第 8 章　理科教育改革運動と自由主義教育運動　第 3 節新教育と『学習過程』論」は参考になった。
29) 三好得恵前掲書 pp.430-433。
30) 同上 pp.434-436。
31) 同上.p439。
32) 鍛治林「自発的学習による理科実験の輔導」(『自発教育』第 2 号．　1927／S2.9.1) pp.53-67。以下の授業記録の引用は特に断らない限りこの論文からのものである。
33) 前掲拙稿「福井県における大正自由教育の研究—研究の整理と若干の問題提起—」での三国尋常高等小学校の実践分析は概観にとどまっており掘り下げが弱い。
34) 「生徒実験実施に関する文部省訓令」(板倉前掲書 p.270)
35) 「自主学習」の理科は尋常 5 年からであるが，文部省の大正 8 年の教科目時数の理科は 4 年から週 2 時間配当されている (『学制百年史』p.464)。鍛治の授業は 4 年の授業で「学級学習」を中心に「自主学習」も展開されたと考えられる。なお，題材「火」は第 3 期国定教科書の『尋常小学理科書』第 4 学年「第 43 火」である (『日本教科書体系　近代編　第 23 巻』(講談社、1966、.p548)。
36) 同じ『自発教育』第 2 号に高等科 2 年生の奥林嘉七「僕の理科学習法」が掲載され，精力的な「自主学習」の様子が述べられている(pp.91-93)。三好の次男である秋田慶行氏 (大正 12 年入学) の証言によれば、鍛治の授業はグループ学習を積極的に取り入れた面白い内容だったという (1991.11.30 調査)。
37) 郷土教育との関連は今後の課題としたい。前田一男「『教育実践』史研究ノート」(『大東文化大学紀要』第 29 号，1991)参照。

## (4) 長野県師範学校附属小「研究学級」の実践分析
## —探究—コミュニケーションの視点から—

### はじめに

筆者は今まで大正自由教育の研究を以下のように発表してきている。

① 「福井県における大正自由教育の研究—研究の整理と若干の問題提起—」(『福井大学教育学部紀要 第Ⅳ部 教育科学』第42号、1991.7)

② 「福井県における大正自由教育の研究(その2)—福井県師範学校附属小学校の実践を中心に—」(同上、第43号、1992.3)

③ 「福井県における大正自由教育の研究(その3)—福井県教育会雑誌の検討を中心に—」(同上、第44号、1992.7)

④ 「教育実践史研究の意味するもの」(『筑波大学日本教育史研究年報』第2号、1993.4)

⑤ 「教育実践における学習過程の史的研究—三好得恵の「自発教育」の構造とその具体的実践の検討を通して—」(教育史学会紀要『日本の教育史学』第37集、1994.10)

以上の研究の基本的な問題意識は以下の通りである(1)。

大正自由教育を積極的または消極的に評価する2つの立場において共通する問題は、その対象とする教育実践における子ども達の学習過程(プロセス)のダイナミックな展開をそれを可能とする学習システムも含めて明らかにするという作業をしてこなかったことにあると考える。つまり、従来の研究は教育実践の歴史的展開をあとづけてはいるが、そこで展開されている教師と子ども達との追究(探究)活動やコミュニケーションの構造を明らかにする点では大変に不十分であったといえる。史料的な面でいえば、子ども達の学習プロセスをあとづけることができる実践記録が十分に残されていない場合は分析が困難ではあるが、その史料的制約の中でも子どもと教師の探究—コミュニケーションの構造を分析するという方法意識で研究することが必要であり、これを通して従来の研究を批判・再構成する必要があると考えている。つまり教育実践史研究では、子ども達と教師との相互のコミュニケーションを含んだ子どもの主体的学習の追究プロセス(学習一教育過程）の史的分析が不可欠であり、同時にそのような子ども達の経験や興味･関心に基づいた追究活動がどのようなシステムの中で可能となるのかについての展望も明らかにする必要がある。このことは今日の授業研究を初めとする教育実践研究でも同じ課題があると考えている(2)。

さて、中野光が「教育実践への問題史的接近について思うこと」（『日本教育史往来』第 83 号、1993.4.30）の中で、本稿で取り上げる「研究学級」の調査研究の必要性を強調し、筆者も「学習—教育過程の史的研究の意味」（『日本教育史往来』第 80 号、1992.10.30)の中で、「研究学級」も含めて従来の実践史研究の問題点と課題を指摘し、具体的な授業記録に基づいた子ども達の「学習－教育過程」の史的分析の必要性を指摘した。この「研究学級」の第Ⅰ期目の担任教師である淀川茂重(1895－1951）の実践については以下のような研究がある。

① 中野光『大正自由教育の研究』（黎明書房、1968）
② 小林健三「長野県」（小原国芳編『日本新教育百年史』第五巻、玉川大学出版部、1969）
③ 海老原治善『現代日本教育実践史』（明治図書、1975）
④ 『長野県教育史　第四巻』（北村和夫執筆担当箇所、1979）
⑤ 池田昭「社会科教育における総合の理論—第 1 部　長野師範学校附属小学校における総合学習の実践—」（『中京女子大学紀要』第 19 号、1985）
⑥ 『長野県史』第八巻（北村和夫執筆担当箇所、1988）
⑦ 牛山栄世「研究学級」（『信州大学教育学部附属長野小学校百年史』1986）
⑧ 北村和夫「淀川茂重と研究学級の総合学習」（『信濃教育』1223 号、1988）
⑨ 牛山栄世「実践者・淀川茂重の問いかけるもの」（同上）
⑩ 清水毅四郎「『合科・総合』教育論の系譜の研究(5)—長野師範附小の『研究学級』と『総合授業』—」＜『信州大学教育学部紀要』第 65 号、1989.3；のち同著『合科・総合学習と生活科』（黎明書房、1989)に所収＞
⑪ 中野光「生活科の前史にあったこと」（『シリーズ授業 6 生活科』岩波書店、1992）
⑫ 西田昌弘「大正期　長野県師範学校附属小学校における研究学級の教育実践の展開一淀川茂重　学習論の形成過程を通して一」（埼玉大学大学院教育学研究科 1992 年度修士論文）

①中野光『大正自由教育の研究』や②小林健三「長野県」、③海老原治善『現代日本教育実践史』等を先駆として、その後、初めての本格的な淀川茂重実践分析の論文として⑦牛山栄世「研究学級」がまとめられた。ここでは淀川の担任した6 年間の総合学習のプロセスが淀川の残した実践記録を手掛かりにあとづけられており、従来の教科の枠組みの問い直しや子ども達の追究プロセスについて論じられている。⑩清水毅四郎『合科・総合学習と生活科』や⑪中野光「生活科の前史にあったこと」などでも淀川茂重実践が取り上げられているが、その実践プロセス、学習プロセスにまで入り込んだ研究とはなっていないと思われる。そういう意味では、前述した牛山栄世論文が従来の淀川茂重実践分析のレベルをもう一歩高めた意味は大きいといえる。このような研究の進展の一方で、小学校の新教科「生活科」が 1992 年度から全国の小学校 1・ 2 年生で始まつたが、その「生活科」の源流といえる大正自由教育の総合学習実践として新たに淀川実践が注目され、信濃教育会出版部から淀川の著作の復刻が行われた(『生活科への道』信濃教育会出版部、1989)。この『生活科への道』には⑧⑨の北村和夫と牛山栄世の論文が解説としてつけられており、この復刻によって改めて淀川茂重の 6 年間の実践プロセスをあとづけることが可能となった。この復刻史料と長野県の地元の史料を集めて、牛山栄世論文をさらに掘り下げることを意図した研究が⑫の西田昌弘「大正期　長野県師範学校附属小学校における研究学級の教育実践の展開一淀川茂重　学習論の形成過程を通して一」である。この西田論文は先行研究の到達点と課題を明らかにした上で、淀川茂重の 6 年間の実践プロセスと子ども達の相互コミュニケーションを通した追究プロセスをあとづけたもので、結論的には「学習の共同性」の志向が存在したのではないかという仮説を学習論の形成過程を追う中で提起している。この「形成過程」をあとづける中でその実践の展開を構造的に明らかにしようとする試みは、牛山論文にも不十分な視点であり、今後の大正自由教育の実践研究に新たな方法的視点を打ち立てたものといえる。また、「学習の共同性」の可能性の探究については、個別学習の限界の上に新たな共同のコミュニケーション空間を開いていくことにつながる。淀川実践での鶏の飼育と長野市の研究というプロジェクト研究が可能となった基盤とその形成プロセスを明らかにしていくことで、その「学習の共同性」の構造が明示されるであろう。

さて、本稿では「探究―コミュニケーションの視点」から淀川茂重実践を再構成することを意図したい。先行研究ではいずれもこの視点が弱いと考えるからであり、実践史研究の課題として今後この視点がますます重視されるべきであると考えるからである。本稿で対象とする「研究学級」は第Ｉ期の大正 6（1917)年 4月に発足し第 III 期の昭和 12(1937)年 3 月までで終わるが、本稿ではそれらすべてを取り上げるのではなく、今回は第Ｉ期の淀川茂重が担当した時期の実践(T7.4－Tl3.3)に限定する。その理由は、第 1 に研究対象とすべき淀川茂重の史料（実践記録など）が多く残っていること、第 2 に 6 年間の実践がそれまでの定型化された学校教育の枠組みをこえる問題提起となっていること、などがあげられる[(3)]。

## ＜注＞

(1)以下の問題意識は拙稿「教育実践における学習過程の史的研究」(『日本の教育史学』 第 37 集、1994）参照。

(2)中野光『大正自由教育の研究』(黎明書房、1968)、海老原治善『現代日本教育実践史』(明治図書、1975)、川合章『近代日本教育方法史』(青木書店、1985) などが教育実践に焦点をあてているが、いずれも具体的な実践場面の学習プロセスを内在的に分析しているとはいいがたい。最近の研究では鈴木そよ子「1920 年代の東京市横川小学校における新教育—『動的教育法』の実践—」(『教育方法学研究』第 16 巻、1990)及び『教育方法史研究』第四集（東京大学教育学部教育方法学研究室紀要、1992.4)、吉村敏之「奈良女子高等師範学校附属小学校における『合科学習』の実践—教師の『学習』概念に注目してー」(『東京大学教育学部紀要』第 32 巻、1992)、稲垣忠彦・吉村敏之編『日本の教師』第 7 巻（ぎょうせい、1993)は示唆に富む。また、最近の授業研究の問題点については、寺岡英男・森透ほか「学習—教育過程分析の方法論的基礎研究」(『福井大学教育学部紀要』第 41 号、1991.2)、寺岡英男・柳沢昌一ほか「学習過程における認識発展と＜追究ーコミュニケーション編成＞の展開」(『福井大学教育学部紀要』第 46 号、1993)、佐藤学「『パンドラの箱』を開く＝『授業研究』批判」(森田尚人ほか編『教育研究の現在』世織書房、1992)参照。

(3)本稿は日本教育学会第 52 回大会（立教大学）での報告、西田昌弘・森透「大正期　長野県師範学校附属小学校における研究学級の教育実践の展開」(1993.8.25)、及び教育史学会第 37 回大会（山形大学）での報告、森透「大正自由教育の研究(2)—長野県師範学校附属小「研究学級」を中心として—」(1993.10.5)をもとにしている。

## I 「研究学級」（淀川茂重実践）の全体像

### 1 「研究学級」の全体像

長野県師範学校附属小学校の「研究学級」全体の展開は以下の表の通りである。この第I期の2回目の担任が淀川茂重であり、第1回目の最初の担任は田中嘉忠である。大正期の長野県は大正デモクラシーの影響がかなり浸透しており、大正6・7年度の訓導は一覧の通りである。

〈長野師範附属小学校研究学級一覧〉

| 期・回 | | 期間 | 児童数 | 担任訓導・学年 | テーマ |
|---|---|---|---|---|---|
| I | 1 | 大正6年4月より 大正12年3月まで 6年 | 20人 | 田中 嘉忠（1～3年）<br>小平 与市（4～6年） | |
| | 2 | 大正7年4月より 大正13年3月まで 6年 | 26人 | 淀川 茂重（1～6年） | |
| II | 3 | 大正12年4月より 昭和4年3月まで 6年 | 29人 | 木下 千尋（1～4年）<br>中島(金井)誠兼(5～6年) | |
| | 4 | 大正14年4月より 昭和6年3月まで 6年 | 29人 | 小松 淳（1～6年） | 学習と身体 |
| III | 5 | 昭和4年4月より 昭和11年3月まで 7年 | 25人 | 矢口 亨(就学前～3年)<br>内藤(三浦)芳郎(4～6年) | 就学前教育の一部特に教育機関である幼稚園と小学校をむすんでの研究 |
| | 6 | 昭和6年4月より 昭和12年3月まで 6年 | 30人 | 岩下 文雄（1～6年） | 郷土の上に立ちたる低学年学科の系統を立つること |

「信濃教育」841号（七十周年記念号）ほかより作成
大正6・13年度，昭和11年度は1学級，他年度は2学級設置

（「長野県教育史」第4巻 p.279）

〈附属小学校訓導〉
（大正6，7年度）

| 氏名 | 在職期間 |
|---|---|
| 斎藤 節 | 大正 4. 3～ 7. 3 |
| 小林 伍市 | 4.10～ 8. 3 |
| 蜂谷 朝吉 | 4. 3～ 6. 3 |
| 西山 敏一 | 5. 3～ 8. 3 |
| 矢島 麟太郎 | 5. 3～ 9. 3 |
| 野村 篤恵 | 5. 3～ 8. 3 |
| 一志 茂樹 | 5. 6～ 9. 3 |
| 田中 嘉忠 | 6. 3～ 9. 3 |
| 本山 弘治 | 6. 3～ 9. 3 |
| 湯沢 博寛 | 6. 3～12. 3 |
| 長坂 利郎 | 6. 3～10. 3 |
| 牛山 米平 | 6. 3～ 9. 3 |
| 小原 福治 | 6. 3～10. 3 |
| 北条 守一 | 6. 3～10. 3 |
| 松尾 秀雄 | 6. 3～ 8. 3 |
| 曲尾 さだ | 7. 3～ 8. 4 |
| 淀川 茂重 | 7. 3～14. 7 |
| 小川 善市 | 7. 3～10. 3 |
| 六川 すみ | 7. 3～12. 3 |
| 巣山 菊二 | 8. 3～10. 3 |
| 田島 済 | 8. 3～11. 3 |
| 百瀬 千寿 | 8. 3～12. 3 |

（「信州大学教育学部九十年史」ほかによる）

（「信州大学教育学部附属長野小学校百年史」p.427）

成城小学校で沢柳政太郎の下で実践に取組み玉川学園を創設した小原国芳は、この研究学級を「実に、日本の新教育といはうか、否な恐らく世界にもメッタに見られない貴いものだと私は信ずる。最大の敬意を払はざるを得ない」と高く評

価した（小原国芳『日本の新学校』玉川学園出版部、1930,p.103)。研究学級創設に果たした役割が大きかった当時の附属小首席訓導の斎藤節(1850－1956)は教員間での相談の上最初の担任に田中嘉忠(1894－1959)を選んだ。田中は斎藤と同じ北安曇郡会染村の出身で長野師範在学中に星菊太校長がトルストイの非戦論を非難したことに抗議して停学1か月の処分を受けた経歴があり、キリスト者でもあった（前掲、西田昌弘論文)。また、淀川を指導した附属小学校主事であった杉崎瑢(1877－1943) は神奈川県生まれで鎌倉師範・東京高等師範卒業で米国で実験心理学を学び、1916（大正5)年に長野県師範学校教諭となり1918年から1925年まで附属小学校主事を兼任して研究学級の発展に尽くした（杉崎瑢先生刊行会編『杉崎瑢先生』1964)。研究学級の子ども達の募集は、「長野地方は転住が多いので、六ヶ年以上在住のものということにし、職業も各種のものを網羅した。／男女各十名、無論その中には病弱児童や知能の低い子供もいた。」（同前、p.2)という。淀川のクラスの子ども達は、「わたしたちのグループは二十五名ほかなかった。男子が十二名、女子が十三名。はじめは二十六名あったのだが中途で女子が一名かけた。小人数であった。」（「再び六年を顧みて」）というように 25 名の少人数クラスであり、身体も弱い子ども達も含まれた普通の学級であった。その普通の子ども達が淀川学級の6 年間で大きく成長･発達していくのである。

## 2　淀川茂重の略年譜

淀川茂重の略年譜は以下の通りであるが、この年譜は西田昌弘が作成したものをもとに筆者が加筆修正したものである。下線部が本稿で取り上げる「研究学級」関係である。

1895(M28).10.10 長野県小県郡大門村（現長門町）に淀川庄太郎の三男として生まれる。

1902(M35).04 小県郡長久保尋常小学校入学（満6歳）

1906 (M39). 03 優秀なる成績（全甲）にて長久保尋常小学4年の課程を卒業

04 落合高等小学校に進学（満10歳）

1908(M41).03 落合高等小学校高等科2年を修了

04 長久保新町尋常高等小学校高等科1年に進学（満12歳）

1910(M43).03 優秀なる成績（全甲）にて卒業

1911 (M44). 04　長野県師範学校第一部に入学（満 15 歳）

＊同級生には第一回目の研究学級担任である田中嘉忠、後に附属小学校で共に在職する巣山菊二などがいた。

1915(T04).03.26　長野県師範学校第一部卒業。上水内郡三輪小学校訓導となる（満 19 歳）。

07.05 六週間現役兵として第五八連隊へ入隊(～8.11 満期除隊)

1918 (T07). 03.31 長野県師範学校訓導となる。

04.01 第 2 回目の研究学級(1 年生丙組・26 人）の担任となる（満 22 歳）。

＊担任の間、実践報告として 1919 年 10 月に「途上」、1920 年 5 月には「郊外」を雑誌『信濃教育』に発表。1921 年春には「研究学級の実情」を発表。

1923(Tl2).03　信濃教育会児童読物調査委員となり小野巳代志と共に桐園課外読本十数編を西沢書店より刊行。課外読本の先駆けをなすもの。

1924 (Tl3).03　研究学級児童を卒業させ、その 6 年間の経過を同年 6 月 21 日、信濃教育会総集会において「六年を顧みて」と題し発表する（満 28 歳）。

1925(Tl4).03.29　附属小学校において「再び六年を顧みて」と題して発表。同時に『研究学級の経過』を印刷し県下の各学校に配布する（満 29 歳）。

07.21　附属小学校退職

08　長野県（梅谷光貞知事）より欧米における初等教育の調査を委嘱され、10 月アメリカに渡りコロンビア大学で学ぶ。3 年間、主として臨床心理学を研究。

1928 (S03).10. 28　横浜入港で帰国

11.03　八木貞助の媒酌によりかねてからの婚約中の田中郁子と結婚（満 33 歳）。

1929 (S04).03.31　長野県師範学校教授嘱託となる。

12.31 長野県上田実科高等女学校教授嘱託となる（満 34 歳）。

1930(S05).03.31 長野県上田実科高等女学校教授嘱託解嘱。同日、再び長野県

師範学校教授嘱託及び長野県師範学校訓導となり舎監を兼任。以後、1939 年 3 月まで在職。その間、教育心理学・教育学・教育管理法・教授法・明治教育史・国語文法などを講ずる。

11『読方指導の様相』を信濃毎日新聞社より自費で出版（満 35 歳）。

1932 (S07).05 『教育的統計法序説』を古今書院より出版。

1934 (S09).09 卒業 10 周年記念文集『白い鳩』発行。

1935 (S 10). 04 長野県師範学校教諭兼長野県師範学校訓導となる（満 39 歳）。

1937 (S12).03.31 長野県師範学校の舎監をやめる。

04.01 国民精神文化研究所第十期教員免許科に入所、9 月 21 日修了（満 41 歳）。

1939 (S14).03.31 長野県豊科高等女学校教諭となる（満 43 歳）。

1940 (S15).03.15 長野県須坂高等女学校校長となる（満 44 歳）。

1942 (S17).03.31 長野県伊那高等女学校校長となる（満 46 歳）。

1945(S20).12.20 長野県伊那高等女学校校長退職（満 50 歳）。

1946(S21).01 長野市立女子高等学校講師となる。

04.20 信濃教育会雑誌編集部・図書編集部主任となる。

1947 (S22).07 『途上』刊行（満 51 歳）。この年あたりから編集主任としてしばしば巻頭言等を執筆し、とくに新教育の向かうべき方向について率直な意見を述べた。

1951(S26).11. 21 死去（享年 56 歳）。

（淀川茂重先生遺稿集刊行会編『教育は国民とともにある』信濃教育会出版部、1957. 11 pp.304－309）

## Ⅱ 淀川茂重実践における「学習—教育過程」の分析—探究—コミュニケーションの視点から—

従来の実践（史）研究が、子どもと教師の「学習—教育過程」のダイナミックな展開を十分明らかにしてこなかったのではないかという方法意識から、淀川茂重実践の 6 年間の子ども達の学習プロセスとそこにおける探究の道筋を明らかにしてみたい。＜以下の引用はとくに断らない限り信濃教育会編『生活科への道』

（信濃教育会出版部、1989)より＞

### 1　6年間の実践展開図

最初に6年間の実践展開図を描いてみたい。この展開図にみられる子ども達の「探究―コミュニケーション」の足跡をA~Fの淀川の記録からあとづけていきたい。A 「創設当時の抱負」は 1925(Tl4)年 3 月執筆。1917(T06)年 4 月創設当時の抱負を淀川がまとめたもの。B「途上」は担任児童が 2 年生の秋に執筆されたもので、『信濃教育』 10 月号に発表。C「郊外」は半年後の 3 年生の春に執筆されたもので『信濃教育』5 月号に発表。D「研究学級の実情」は 3 年生の終りから 4 年生の初めに執筆されたもので県への陳情書（答申書）の草案。E「六年を顧みて」は 1924(T13)年 6 月に執筆されたもので卒業直後に 6 年間の回顧を行ったもの。F「再び六年を顧みて」は翌 1925(Tl4)年 3 月に執筆されたもので再度 6 年間の総括を行ったもの。

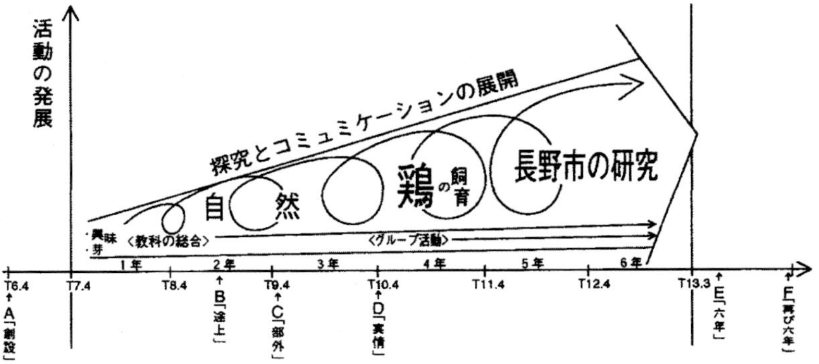


### 2 「創設当時の抱負」

「創設当時の抱負」(Tl4.3.30 執筆）は、大正 6 年 4 月に「研究学級」を創設した当時の諸氏の抱負を淀川がまとめたもので、上田市の校長であった斎藤節から聞いた話をもとに附属小学校主事の杉崎瑢などから補足されたものである。そこでは、教育の現状批判が鋭く問われ、当時だけではなく現代教育への警鐘ともとれる内容をもっている。

「教育は行きづまっている。教科目も教授時間も法によって規制され、教材の選択も分量も排列も国定教科書によって決定されている。教育はその内容も形式もすでに規定されている。だから、研究といえば、所定の教科は所定の時間にどれだけの教材を教授すべきか、それは如何にして可能であるかの範囲のほかゆるされていない。教科目や教材や教授の時間などは、やがて、教授の根底となり教育の基調となるものであるにもかかわらず、それは国定であるからに、その限界を超えてはならない。かくて研究は方法上のことでしかなくなった。こうした研究の頂点は見えすいている。そして教育は行きづまっている」(『生活科への道』p.12)

規制されたカリキュラムや国定教科書への鋭い批判と「方法上」だけの限界をついている。その批判を踏まえて今後の打開の方向について次のように高らかに宣言する。

「それはどこに打開されて然るべきであるか。児童の教育は、児童にたちかえり児童によって児童のうちに建設されなくてはならない。そとからではない、うちからである。児童のうちから構成されるべきものである。と言って、国家の要求を無視するのでもなんでもない。かえって、国家が要求する国民にまでいたろうとするには、どのみちをいかにすすむべきか、歩をあらたにして出なおして見たいとねがうのである。国家の所期に十分にそいたい。目的をよりよく達成したい。そうするにはどうしたらいいか、そこを考えて見たいとねがうのである。児童をはなれた立場からとったみちは、すでに、行きづまった。それを打開すべきみちを児童のうちにもとめようと考えたのである」(p.13)

「児童の教育は、児童にたちかえり児童によって児童のうちに建設されなくてはならない。」という文言にこの「研究学級」の立場が集約されている。ただ、ここでいう「国家」とは天皇制国家というよりも、子どもの視点から相対化されているように思われる。そして、生活と教育の結合の視点は以下のように展開されている。

「教育は児童の生活をよそにしてくわだてらるべきではない。児童の生活に、もとむるこころを、それを中心にしてそこに構成され創造されていくべきものである。学校の教育は児童の生活の中核をなすもの、教科は児童の生活から児童の生活にみちびかれて児童の生活を規制するものでなくてはならない。児童の生活をおもんじ、児童はその生活から学ぶことである。児童はみずから歩んで行く。わたしたちは児童を歩ませる、そこに教育を発見し創造することである」(pp.13-14)

「生活からの教育は、教科目からも時間割からも超越する。それだけではない、生活の場所のごときも必ずしも教室だけと一定されない。おたがいの生育にはふかい影響にある環境。児童の社会、一般の社会、それから自然。健全なる精神を宿そうがために強壮にしなくてはならない身体、身体だけのことを考えても日光をよそにできない。まして、郊外はかつて児童の生活の場所であったように学校に入ってからもまた生活されていいところである。そこにはあらゆる教科目が生きている。そこでも教えられ鍛えられてゆくであろう。郊外をいかに生くべきか、それだけでもおおきな問題である」(pp.14-15)

### 3　1年生～3年生における探究活動の展開

#### ①注入教育への反省と興味·関心の「芽」及び「感官」の重視

2年生の秋に書かれた「途上」と半年後の3年生の春に書かれた「郊外」、さらには3年生の終りから4年生の初めに書かれた「研究学級の実情」をみると、最初の3年間は自然の中での探究活動が主であり、その活動の中で子ども達の興味·関心が大事にされ、疑問の探究や興味·関心の芽を育てることを淀川は重視したことがわかる。自然現象や社会事象への鋭い感性を磨くことも大事にされ、それを通して子ども達が成長·変化していく過程が淀川によって記録されている。「途上」で淀川は、自らの注入教育への反省を次のように述懐している。

「大人になれば必要なことであるからという親切な心からして、さまざまにあつめられた沢山の教材—ただに知識ばかりでなく一も、なんら児童の迎うるところとならずして終わるような場合に、これを課したことが訓練的だ、いやがっても強いてなさしむるこそ賢明な教育者の態度であると、ひそかに、児童に興味のあるようにと腐心するひとをあざけるかの如く、硬教育とやらいうようなこころぐみで、なんて省みることをしなかった頃を思いかえすと、ああしたあさましいこころもちで教壇を汚した日を、ことごとく、自分の生涯から除いてしもうたら・・・・と、悲しくもありはずかしくもあるのでございます」(p.21)

そして疑問の探究を重視して、「疑問は疑問でいいから、いい加減な説明で片付けてしまいたくない。そして、一度問題として捉えたら底の底までを明らかにしなければ置かぬというような意気込みを、はじめから、欲しいと思います」(p.45) と述べている。疑問の芽や様々な探究活動へ発展する可能性のある芽を教師が日常性に埋没する中でつみとってしまうことへの警鐘を次のように鳴らしている。

「この中にある芽を培うことが大切であろうと思います。外へ出るときは、二列にならんで、わきみをしないで、目ざした所へ行って暫時解散。なるべく危くないような所にいるように、遠くへ行かぬようにと注意があり—こういうことも必要ではありましょうが—やがて、整列してかえる。こうしたことも、ときには結構でしょうけれども、いつもこういうようにだけ育てられては、頭をもたげたくても芽をのばしたくても、さらに暇がないでありましょう。外へ出たら、高い空も見るがいいではありませんか。鳴く鳥があったら立ちどまって耳を傾けるもいいでしょうし、咲く花があったら嗅いでいるのも面白いではありませんか」(p.45)

淀川は子ども達の感性（淀川は「感官」という）の鋭さについても注目している。

「あらゆる感官が鋭くなると、うつりゆくあたりの様も、かわりゆく幾多のものも、すべてが興味を惹いて児童をとらえます。とらえられた児童は、あたりの様·あたりの物と渾一になり、見るさえ心地よいまでに親炙するようになります。親しんでこそ理解は完全に行われるものなのでありますまいか」(p.46)

この感官への注目は「郊外」でも次のように記述されている。

「わたくしどもの感官は果して如何ばかり陶冶されているかに思いいたりますときは、まことに心細くなってしまいます。視覚と聴覚とぐらいは、いくらか陶冶されてもおりましょうけれど、その他はいずれもまったく閑却されております。（中略）わたくしは、各感官をできるだけ早くから綿密な注意をもってつかうが一番いいと思います。頻りにつかうが故にいよいよ精鋭となるのではありますまいか。（中略）わたくしは、そればかりでなしに、一歩郊外に出て、四顧すれば、それら工夫されたいろいろなものと相須って感官を錬磨することができると考えるものであります」(pp.52－53)

このような思いで自然の郊外へ何度となく子ども達を連れ出したのであろう。2年生の子どもの作文にはみずみずしい感覚とその表現がみられる。

「今日、学校で、よりとも山のみねへまいりました。とちゅうで、松の木のかげで、川の音をききました。ざわざわといったり、ごうごうといったり、色々な音がまざっていました。馬の首についている鈴の音も聞きました。やっぱり、りんりんとなるのもあれば、また、かんかんとなるのもあり、そうかと思えば、ちりんちりんとなるのもありました。／みねで、かくれ鬼をしました。大へんおもしろうございました。それがすんでから、山を写生したり、先生にお話の本をよんでいただいたりしてから、かえりかけました。と中で、ごうろ山の石を、拾いました」(p.53)

このような活動の中で少しずつ子ども達は成長・変化してきている。その様子が淀川によって記録されている。

「春にも外へ出ました。が、桜が散ろうと雲雀がさえずろうと、児童の心はそのために動かされることなどありませんでしたけれど、おなじ所にくらす日のたび重なるにつれて、ようやく親しさを覚えて、草も虫もが、自分のものでもあるかのように思うようになって来たのであります。こうした所へ参りますと、きっと、みんなは黙りこんでしまいます。お互いの呼吸のそれさえもが、もしか、静寂を破るということがあってはならぬと心するらしく・・・」(pp.47-48)

このように多くの体験活動を味わうこと、その意味を自分なりに意味付けることの重要性について、「味わうことにしましても、また、触れることにしましても、機を逸することのないようにつとめております。そして、それらの経験は、決して言い表わせるものではなく、まして書きつくせるものではない。ただ各自が各自に秘めておけばそれでいいものであると存じます」(p.54)と述べている。

**②教科の枠組みへの問い直し**

淀川実践は国定教科書やカリキュラム・時間割にとらわれない、子どもと教師の共同事業ともいえる創造的な学習の営みであるが、その実践の中で従来の教科の枠組みや学問研究の探究のあり方が子どもの生活の視点から問い直されている。淀川実践は今日でいえば「総合学習」であるが、教科の枠組みを一方で維持しつつ行われる総合学習とは根本から違っており、学習の基本を子ども達の興味･関心に裏づけられた探究活動にすえることから出発していた。したがって、6 年間の活動の中でなんども教科のあり方が問われている。佐伯胖は認知心理学の立場から教科の見直しと従来の学力論批判を展開しているが、この淀川の提起と呼応する部分がある（佐伯胖「教科を見直す」『岩波講座　教育の方法 3』岩波書店、1987／同「文化的実践への参加としての学習」、森田尚人ほか編著『学校＝規範と文化』世織書房、1993 ほか）。

ここでは「郊外」と「研究学級の実情」での指摘を中心にみておこう。淀川は教科の見直しについて「郊外」では以下のように述べる。

「児童の生活を尊重し諦視して、その進展のうちに、中核となるものを見出だし、もしか、それにより経験を組織的に系統づけることができますならば、それこそ、教科の名に値するものではありますまいか。わたくしは、児童の上に将来される教科の綜合は、やがて、児童の生活の総体であるべき筈のものと思うものであります。この観点からも、いままでの、いわゆる教科について、不審の感を抱くことが少なくないのであります」(p.69)

ここでの指摘は、学問を背景とする教科のあり方を根本から問い直し、子どもの学習の視点から教科というものをとらえなおそうとしている。子どもの「経験を組織的に系統づけること」が「教科」となるという考えは、学問の系統主義からの発想ではなく、経験主義からの発想といえる。子どもの認識の過程において生活に着目し、そこから多くの知的な興味･関心が生まれ、それらが総合化されることによる認識の構造的発展をこそ重視していたといえる。

具体的に地理の授業では、「旭山の頂上から、目の下に展開されたわたくしどもの住む長野市を臨むとき、高低一抹、唖然、地図の如くして、善光寺平の一角に位せるその姿は、かつて遊んだ所はどのあたりかしら？ 兄さんと一緒にあの道を歩いた日は……というような記憶を甦らせて、児童のうちに深く刻まれることでありましょう。教室の一隅に、一週に一時間半だけを掲げられる、地図によって地理の課業のはじめられる前に、あらねばならぬ生活を思っただけでも郊外が必要になって参るわけですが、児童の生活から地理的考察の体系を組織しようとするなら、教室だけではどうしても物足りない感があるのであります」(pp.71-72)といい、ここでの問題意識が 5 年生･ 6 年生で取り組まれるプロジェクト活動「長野市の研究」に至るのである。

また、歴史の授業では、「歴史と言えば、何でも、神話からはじめて、神武天皇の東征となり、神功皇后、仁徳天皇と、漸次、発展して来るものばかり考えなくてもいいと思います。朝廷を主とし、政治を中心とした見方も大切でありますが、また、しも国民の生活をつらぬく偉大な力のうちにわけ入って、祖先経業のあとを、景慕することもいいではないかと思うのであります。そして、その、いずれによるも、わたくしどもは、歴史科によって、整然たる組織と系統とを学ぼうとする前に、持っているべき生活があるのではありますまいか」(p.75) と述べて、「整然たる組織と系統」を教える従来の歴史教育を批判している。

図画では、臨画よりも写生画を重視し、「わたくしどもは、はやくから、写生画をはじめたく思うものであります。臨画も結構であります。しかしながら仕事が写生へまですすみました折に、はじめて、各自の生活が活躍して来るようでありますものから、写生に力をいたしたいと考えるのであります」(p.77) と述べる。

最も系統学習の枠が強い算術では、まずは生活と数との関連が問われ「児童にとりまして、数えることや計算することの必要や方法やを生活の中に見出したり、毎日の生活に数の意識を明瞭にさせなくてはならなかったりするような環境の裡にあることは、随分と、意義のあるもの」にもかかわらず、実際の低学年授業では「入学すると間もなく、一から十までの呼唱を授けて、直ちに、一と二で何程か？と問いかけることは、ことによったら、いろはにほへとを授けて、いとろで幾らかと問うこととあまり径庭のあることでもあるまいと考えられるのであります。一つ、二つが、数を指示する名となるまでには、かなり、手間のとれることであると思います。」と批判している。算術を教える時期を現行の1年生よりも遅らし、もっと生活との関連で数の世界を味わうべきことを提言している。

「現行の法規によるような算術科は、入学の当初からなどはじめずに、思いきって後になってはじめたら、どんなものかしらと考えているものであります。と、いうのは、紅葉を拾い松毬を集めるような生活を児童に十分生かさせたいからでありまして、数えることをまでしなくてもいいというのではないのであります。そして、一旦、数の観念が形成せられましたならば、どこまでも数によって仕事を進めるようにし、また、現在の如き仕事の多岐から、その煩わしさを省くようにしましたならば、この科の落伍者を見ることがなくて済むのではあるまいかと思われるからです」(pp.79-80)

右表のように「長野県師範学校学則施行細則」によれば算術は1年生から週5時間も課されている。

以上のように、地理・歴史・図画・算術での具体的な指摘を踏まえて、改めて教科というものをとらえ直し、教科の枠組みにとらわれず、子どもの学習の視点から教科を再構成し総合・統合することの必要性を強調している。

長野県師範学校学則施行細則(抄)

第七章　附属小学校

第四十八条　尋常小学校ノ各教科目毎週教授時数ハ左表ノ如シ

但シ第一学年ノ始ニ於テ本表ノ時数ヲ十八時マデ減少ス

| 教科目 | 修身 | 国語 | 算術 | 日本歴史地理 | 理科 | 図画 | 唱歌 | 体操 | 裁縫 | 手工 | 計 |
|---|---|---|---|---|---|---|---|---|---|---|---|
| 毎週教授時数 第一学年 | 二 | 九 | 五 | | | | | 四 | | 一 | 二一 |
| 第二学年 | 二 | 一〇 | 六 | | | 一 | | 四 | | 一 | 二四 |
| 第三学年 | 二 | 一三 | 六 | | | 一 | 一 | 三 | 女一 | 一 | 男二七 女二八 |
| 第四学年 | 二 | 一三 | 六 | | | 一 | 一 | 三 | 女二 | 一 | 男二七 女二九 |
| 第五学年 | 二 | 九 | 四 | 三 | 二 | 男二 女一 | 二 | 三 | 女三 | 一 | 男二八 女三〇 |
| 第六学年 | 二 | 九 | 四 | 三 | 二 | 男二 女一 | 二 | 三 | 女三 | 一 | 男二八 女三〇 |

(『信州大学教育学部附属長野小学校百年史』p.964)

「実際、日常生活において、一の事象が、いずれの名によって考究されるがいいかということは、疑いなきまでに明瞭であるというようなものは、それこそ、まれにみるところであって、にわかに断ずることの出来ないものの方が多いと思います。だから、ある方法で考察することにしましても、それが、地埋ともつかず歴史ともつかず、理科とも言えば言われるような境地が多いのであります。けれども、どこまでの考察が地理であり、どこまでが歴史であるというようなことを、わたくしどもの仕事といたしまするのは、勿論、出来もしませんが、また、その必要もないと思われます。いまは、その事象を、如実に考究することが出来さえすればそれでいいのであります。例えば、善光寺のまわりには沢山な石灯籠があるのでありますが、あれを、材について研べたり、その苔蒸す状態や風雨に損した程度を察したり、どうした発願からか、どこの人が、どこから運んで来て、献納したものかを調べたりすることは、美術にも、理科にも、地理にも、歴史にも、関係のあることでありまして、それら、研究の総合が、とにかくに、石灯籠の理解となるわけであります。／おおくの場合におきまして、一つの科の名によってのみで、如実に考究しようとすることは、あまりに、無理なことではあるまいか、と思われます。かえって、科の何れとも名状することのできないようなところにとうとい収穫があるかも知れないとも思われるのであります」(p.84)

この教科の問い直しは次の「研究学級の実情」でもさらに展開され、「もしか経験に統一された体系が見出されたら、それが学習のかくてこそ課目となるものかと存じます。児童の全経験、換言すれば全生活、を、便宜から区画し、研究の中心を明らかにし範囲を限定しようとするところに生ずるものが教科のそれぞれであって、児童が学習しつつある教科の総合は、やがて、児童生活の総体でなくてはならないと信じ、毎日の生活の中に核心となるものを発見して、そこから、系統をたてて行きたいとつとめている次第でございます。」(p.89)と述べている。「経験に統一された体系」とは前述した「経験を組織的に系統づける」(「郊外」)ことと同じことを意味しているのであろう。算術について「現行のように、数字をつかう算術を尋常科の一年生ごろからはじめる」のではなく「尋常科二年の二学期なり三学年のはじめごろから」始めるべしという(p.93)問題提起、また理科について「児童の経験界の一面に、組織を立てられるものなら立てて行くようにしたいという努力」から考えると「現在の理科教育はかなり、面目を改めることになるのではありますまいか。」(p.94)という批判、さらに歴史について「いままでの郷土誌のように、児童との交渉のないものでしたら、あるいは無い方が却っていいかもしれません。」(p.95)という厳しい批判が出されている。

### ③「繰り返し」と「ふりかえり」の重視

探究活動が連続して進められている状態というのは、一つ一つの活動が学習者自身の中で意味を持ってつながり深化･発展していることをいう。その場合に、前掲した「探究とコミュニケーション」のサイクル図でわかるように、今までの活動を振り返り、そこでのあとづけを行いながら、次へのステップを考えて活動をさらに発展させていくプロセスをとる。同じ活動をなんども繰り返しているようにみえて、その内実は今までの活動を深く味わいつつ、次への活動のエネルギーを充電していることもあれば、新たな活動への芽を生み出している場合もあるだろう。淀川実践では、この「繰り返し」と「ふりかえり」がともに重視されているのである。

「研究学級の実情」では、「仕事を進めて行くときに、おりおり、ふりかえることを忘れないようにしたいとおもいます。右顧し左眄(さべん)することもあった方がいいと思います。ほんきになって仕事をするとき、あとに戻ることが退歩ではなく顧眄(こべん)することが俊巡ではありません。それらは、いずれも、生活を潤沢ならしめるものなのであります。」と述べて、「ふりかえり」によって「生活を潤沢」にすると位置付ける。そして「去年、蛙の卵を孵化させたものが今年もまたそれをやってみようとしたり、お菊虫を蝶になるまで飼ったものがまた孵してみようとしたりするのは、単なる繰りかえしではなく、全然、一新された経験を生きるのだと思」うと述べる(p.100)。同じ趣旨が「郊外」でも強調され、「去年蛙の卵をかえしたものが、また、今年もやって見ようとすることは、決して、単なる繰り返しではないと存じます。（略）わたくしどもは、郊外へ出るにしましても、同じ所を繰り返します。時を異にしても繰り返します。季をひとしくして一年も二年も三年をも繰り返します。かくて、その地に親炙し如実に理解しよう」(p.85)とするために同じ場所をなんども訪れることは「単なる繰り返し」ではなく「如実に理解」することこそ重要であると提起する。このように、「繰り返し」と「ふりかえり」のサイクルによって子ども達の興味も連続して発展していくことになる。子ども達の興味･関心に依拠する学習活動は狭い範囲の活動になるのではないかという批判に対して、「一片の杞憂」にすぎないことを述べ、「どんな事象でも、支離されたものといってなく、すべては連続の過程にあ」り、「ひとつの仕事の完成はつぎの仕事への着手」を意味する。「いかに些細なものでも研究しようと思って手をつけはじめると、それは限りなく連続されずにはおきません。連続させなくては物足りません、気がすみません。」と述べて、そのような活動を支える教員のあり方が重要であると述べている(p.101)。

### ④「実験学級」における教員集団の学習体制

杉崎主事を中心として、淀川を初め青年教師たちの学習活動は精力的に行われていたといえる。研究学級を「実験学級」と位置付けることの積極的意味について、また外国の文献学習（デューイやモンテッソリーなど）の様子が「研究学級の実情」で述べられている。

「研究学級」を実験学級をよぶのは異存はないが、「児童をいわゆる心理実験の材料にするようなつもりでなど、この学級を経営しているものでは断じてないことを明言いたします。」とあるように、学級の基本的な立場を明確にした上で、この研究学級を支える教員集団はJ.デューイやモンテッソリーの教育論を精力的に学んでいる。つまり、「わたくしどもの間では研究の一団をつくって、教育教授に関するお互いの見解をたかめ、児童の実際生活を吟味洞察し、いかなる方法によって児童の生活を豊醇ならしむべきかを工夫してまいりました。今日までに、この一団が、杉崎先生にご講義を願ったのは、Dewey J.の、School of Tomorrow と How We Think それに Montessori M. The Advanced Montessori Monthod(マ)(マ)などで、現在では、また、かさねて How We Think の講義をおききして各自の経験を交換するほかに、おなじ Dewey の Democracy and Education の読みあわせで、お互いの考えを練っております。」(pp.90－91)と述べている。

### 4　4年生～6年生における「探究―コミュニケーション活動」の展開

#### ①　グループ活動への着目

6年間を終えたあとで、淀川がそれまでの実践を振り返り記録したものが「六年を顧みて」と「再び六年を顧みて」の2つである。そこでは、今までの記録の中で提起されてきたことが、もう一度整理され提起されている部分と、新たにいくつかの点についての提起がなされ、特に4年生以降の実践について触れられている。3年から4年にかけての時期に、それまでの個人を中心とした探究学習に加えて子ども同士のコミュニケーションをふまえたグループ活動を重視する展開がみられる。

「三年の終りでした。雪が消えた、野へ出る。花を見つけても、もう、これはわたしひとりのものなんですから・・・とは言わなくなった。先生の手を自分ひとりだけのものにするなんてこすすぎると問題になるようになった。みんなは、お友達との交渉を考えるのでした。先生にみとめられるということながら、お友達にもわるく言われたくない、賞賛もなろうことなら博したいとねがうようになったのです。それは、わずかながらも他人の仕事にも好意の持てるようになりました。助けあい、慰めあい、励ましあえるようになったのです。おせっかいが目につきます。わたしは、お互いの社会的な生活が、ねがわしい学級的な生活を生きることのできる兆候を見たのでした」(p.119)

そして、子ども同士の関係づくりからグループ活動の重視へと発展してくる。「共働のあいだにみずからを試練し自信し、互いに経験を交換する。経験の交換と伝達のうちにわたしたちのグループは維持されていた。」と述べ、「みんながみんなを出しきって、自分をいつわらず他人をあざむかず、しかもひとつになりきれたとき、それは調和された平安なグループである」が、それは「静粛」ではなく「対峙もあれば論争もあ」る。しかし、「幾多の幾種の幾様の個性を抱擁するにしたがってグループはますます優秀」と述べる。「みずから構案し学習する。自重と責任と、みずから実験し訂正して価値を創造する。知識の蓄積をこととはしない。それを獲得しようと意欲し、獲得と運用の方法を体得するために、個々から一般にと生活を展開しながら、しかも、一時には一事をつとめる」というグループのあり方が提起されている(pp.139-140)。このようなグループ活動への着目は3年生までの学級では特にはみられなかったが、それまでの探究活動を通した学級づくりによって、子ども達の中から内発的にお互いの個性を認め合う関係が生まれてきていたといえる。

**② 鶏の飼育(4年生)と長野市の研究(5~6年生)**

4年になっていよいよクラス全員で共同活動を行う基盤が生まれてきた。「四年になりました。そのはじめです。みんなして力を出しあって、ひとつの仕事をして行こうじゃないか。」と提起した淀川は、「長くつづけるという事もしたことがない。それをかんがえ、そこにものたりなさを覚え」、「いままでの経験を、あつめ、ならべ、まとめ、ひろげて、できるなら無理のないように、すじみちをつけたい」と考えた(p.119)。そして、鶏の飼育に決定した事情について、「さまざまな要求を充たすものとして、雛を飼うことにきめました。みんなはたいていはじめてです。わたしも経験はありません。だが、たとえ、なんにも知らないにしてたところで、一生懸命でやったなら、やれないことはないであろう。知っているひとのお家には飼っているものもあるし、飼ったことのあるものもある。書物だって出ている。どんなことだってはじめはみんな冒険だ、そうだ、本当に世の中は冒険ばかりだ。みんなはそのころよく冒険だと言ったものでした。その冒険を敢てしようとつとめるのでありました。」(pp.122－123)と述べて、「冒険」へのチャレンジ精神がほとばしり出ている。鶏の飼育に関わる総合学習については、依田愛子史料から算術の問題として巣箱を作るための箱の長さの計算に関するものをあげておく（依田愛子［旧姓藤井］氏は淀川学級の一人で当時の史料を保管されている方である)。

<巣箱ー依田愛子史料>

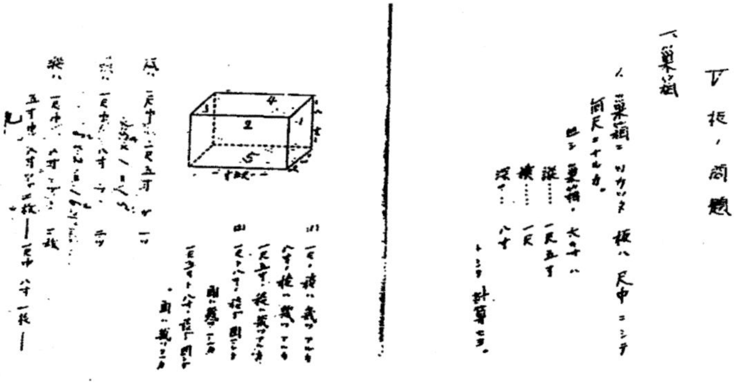

1年間の鶏の飼育を経験した子ども達は5年生になり、いよいよ長野市の研究という共同活動に入っていく。「面白いなあ、こんどはこのことをしらべましょうー。雛の方はすでに一年たっても、また卵を抱かせましたけれども、馴れて見れば、さして気をつかわなくなってやっていけますからというので、長野市の研究をはじめることになりました。五年の四月です。」(p.128)とあるように、5年生の4月から新たなテーマ（長野市の研究）に取り組んだ。それまでの学習活動の中で子ども達には「読書のちからはだいたいついて、みんなは、ひとりひとり手をわけて、材料を集めたり考えたり纏めたりすることができそうなのです。で、参考書はそのまま児童にわたされました。ここで、わたしの方の仕事が、いよいよ学級の一員としてのつとめをはたすことに専心するようになれました。」(pp.128)ということで長野市の研究が始まったが、「郊外での生活もまた長野市の生活でした。いままでは郊外を郊外として生きて来ました。いま、それらをも長野市としてながめかえそうというのです。」、さらに「わたしたちの仕事はいよいよこれからです。いままでのすべては、あげて、これからの生活のしたづみと考えられて然るべきものだったかのように考えられます」(pp.129-130)という。5年生の1年間を長野市の研究に没頭しても終わらず、さらに6年生の1年間をこのテーマに取り組んだのである。「一年やってもまとまらない。もう一年というので、六年のときを、また、つとめたけれどもまとまりがつかない。大風呂敷をひろげすぎたかしら？ 長野市民としての自分をかえりみることは、考えることすな

わち行うことと思っているわたしたちにとっては、生涯のことではなかったか。長野市は、わたしたち児童のために如何にしてほしいか、長野市民としてわたしたち児童は如何に生活すべきであるか。それを考えることにして、ひとまず、けりをつけようではないかと気のついたとき、六年という月日は、もう、とおにながれていました。」(p.135) このように、長野市の研究を行うことは生涯の課題であり、2 年間でまとまるような題材ではなかった。この詳しい具体的な史料は未発掘であるが、淀川と子ども達はこのプロジェクトに生き生きと取り組んだと考えられる。

### ③ 教科の総合と教科書のあり方

今までの史料でも教科の見直しについて論じられてきているが、ここでも改めて教科の総合についての提起がみられる。鶏の飼育に関連して、「鶏を飼うとする、鶏舎を立てる、どこへどんなふうに立てるか、地勢を考えたり気候を考えたりすることがそこから生まれる。手工が生まれる。飼育をくわだてる、そこに他人の経験を聴いたり読書したりすることが生まれる。出来ごとを記録して他人に伝えようとする所に綴方が生まれる。孵化を待ち鶏舎をととのえ餌料をそなえるところに数学が生まれる。餌は·水は·発育はと考えるところに理科の仕事が生まれる。卵の値段を決めるにも地理のこと経済のことを考えなくてはならない。ものを言わないものに愛情を寄せ、あいはかって飼育を経営してゆく、そこに修身の仕事が生まれてくる。」というように、教科同士が一つのプロジェクト活動の中で総合的に関わり合う実際が示されている(pp.148)。このような総合学習を進めつつも、一方で国定教科書の使用も否定はしていなかったが、淀川は子ども達自身によって教科書が作られることが理想であるとし、「生活の事実から黎明を持ち、黎明の名に系統を樹て教科を帰納しようとすることは、やがて、教科書は児童によってそれぞれ作製さるべきものである」と述べる。そして、「教科書は生活の出発点ではなくして到達の目標であり結果であ」り、「わたしたちのグループでは、教科書はめいめいによってつくられた」ので、個性的であり、量も質も「それぞれに異なっていた」と述べている(p.150)。

### ④　教員・親のあり方と子どもの評価

教員のあり方についてまとまった論述はあまりないが、淀川自身の子ども達への関わりそのものが教員のあり方を実践的に示しているといえる。その中でも、教員のあり方について、「教師は、すべてを稟賦に即し、自然の能力を基礎とし、その特殊性を媒介として、個々の児童をして一般に顕現させようと、診断し考慮してやるみとりびとであり、忠言し激励してやるみちづれである。児童の内的な反応を類推する観察者であり、反応を変化すべき機縁を提示する指導者である。」と述べられている。そして、「わたしどもは研究のグループをつくって、児童の生活を洞察し吟味し指導するには如何にすべきを工夫した。問題を持ち寄ってはなしあい、杉崎先生の講義を聴き指導をうけ、読書や経験を交換して、熟練をねがった」のである。さらに子ども達の「叡智を発達させようがためには不断の指導」が必要であり、「叡智は覚醒さるべきものであって、注入がゆるされない。興味の喚起、洞察と示範、幇助と考査。指導の労を惜し」んではならないとされた(p.157)。教員を支える親のあり方としては「父兄会」が重視され、「わたしたちの父兄会は父兄のあいだに組織されていた。そこに列席するときわたしたちはいつも客員であった。また、父兄はおりおり学校をたずねて児童の教養に関し意見を交換する機会をつくってくれた。このグループがとにかくにここまで来たのは父兄の慰藉と奨励によるものがおおい。」(pp.144－145)という父母との共同活動の視点が出されていた。

子ども達の評価については、「進歩と過程を診断するのは考査である。考査といえば、リンカーンスクールなどでは有為的に実験しているようであるが、それより前を生活したいとおもっていたわたしたちは、感ずるも考えるも行うもすべて自然に生活したいとねがっていたわたしたちは、考査にあたっても実験というよりは観察という方がおもであった。」と述べているように、子ども達の日常性を子どもの視点で観察していくことを丁寧に行っていった。そして「児童は如何なるものを欲求するか、如何なることを問題とするか」「児童はいま如何なる状態にあるか」「児童は如何なるものを反応するか」について深く考察していった(p.159)。

そして、このような教員のあり方と評価論を踏まえて、学習方法としてのプロジェクトメソッドへの高い評価とダルトンプランへの批判が提示されている。「プロジェクトメソッドは学習の方案としてすぐれたものである。そして、わたしたちの生活もときどきこれに擬せられた。あるいは、わたしたちの六年間は徹底したグレートプロジェクトを生活したものと言えようか。」と6年間を振り返っている(p.160)。ダルトンプランへの批判は、「学校生活は社会生活であると観ずるダルトンプランが、実際生活や具体活動を重んじ目的の自覚と計画の樹立を念じながら、しかし、指導案の作製を教師の仕事の大半としたのはどういうものであろう。学習の手引きは必要でもあろう。が、要目にいたっては、一年のことはさらなり、たとい、一月たりともあらかじめ計画されるものであろうか。一月のうちにはここまでと、よしや、できるものはできないものはと品を定めてみたにしても、個人差は量におけるばかりでなく質においてもみとめられる。特性なり通性なりの発揮といってみても、いままでのように、あてがわれた仕事をするのに、時間のひろがりや単元のとりかたを一月にのばしたというだけでは、まだ、考える余地がありはしまいか。」と批判し、「在来の教育はそこにはじまって行きづまった。児童が児童の問題としてもとめてやまないところに教材が教育が発生するのではなかったか。その問題の解決を補導し激励するためにこそ、指導案も設備も参考書も必要になってくるのではなかったか。」と鋭い疑問を提示しているのである(p.172)。教える側の枠組みの上にのったダルトンプランの限界性を鋭くつく淀川の論述は、逆にこの6年間の総合学習の蓄積の上に獲得された展望の確かさの表れでもあった。

## おわりに

以上みてきたように、淀川茂重実践における6年間の子ども達の探究とコミュニケーションの展開は、多くの論点を提示しているといえる。この「研究学級」が「子どもから」出発するという基本的前提に立ち、子ども達の興味･関心を大事にしつつ学習が始まる。最初の3年間は長野市の近郊で自然とともに過ごし、その中で子ども達は自然の動植物に驚き新たな発見を続ける。淀川はその子ども達の学習を支えつつ、同じ場所を何度も「くりかえし」訪れ、その感動を「味わい」かつ「ふりかえる」ことを重視した。最初は身体も弱い子ども達であったが、自然探索の中で成長していく。4年生になりクラスの子ども達の関係もお互いの個性を受けとめあえる土壌が生まれてきたことから、グループ活動としてのプロジェクト「鶏の飼育」に取り組む。鶏を飼うことに伴う多くの仕事は、子ども達の興味と関心に支えられグループ学習を中心にしながらダイナミックに展開する。国語・算術・理科など多くの教科の学習が、活動の中で関連して位置づき、総合的に学ばれていく。淀川の自主教材も精力的に出される。従来の学校教育における教科の壁や断片的な知識の教授に対する淀川の根本的な批判がそこには存在する。最後の 2 年間は、それまでの長野市近郊での自然探索の経験を生かしつつ、「グレートプロジェクト」としての「長野市の研究」に取り組む。

このような 6 年間の子ども達の追究（探究）―コミュニケーションの展開を支えた淀川自身も、附属小の教師集団や父母たちによって支えられていた。杉崎主事によるデューイの学習会、「研究学級」第 I 期の田中訓導、「父兄会」の存在も大きかった。淀川学級にみられる「探究とコミュニケーション」の構造は、学級をとりまく附属小教師集団・父母たちも含んだ大きな構造としてとらえるべきだろう。

（ 謝辞： 本稿作成にあたり西田昌弘氏＜坂井農業高校教諭＞ に史料の便宜をはかっていただいた。ここに感謝申し上げる．）

# (5) 長期にわたる総合学習実践の分析
## ―奈良女子高等師範学校附属小学校を事例として―

Analysis of the Integrated Study Over Time
―A Case Study of the Elementary School Attached to Nara Women's Normal School―

―Toru MORI, Fukui University－

In these days,, the Integrated Study over time is regarded as quite important, because Japanese children tend to have little experience to play and inquire. Therefore, it is supposed that we should introduced the integrated study to our school curriculum in order for the children to inquire a variety of topics.

The author、points out that we have the problems of study lesson approach in Japan. Particularly, the most serious problem is that the approach is limited to only one period of time. Within such a short time,we would have difficulties in discussing what the class thought and felt. The protocol analysis should be connected to other classroom practices. Rather than that, he believes it important to take a long time approach in that we find out the inquiry process of the children. Following the Dewey's idea, the classroom practices should be analyzed by using the frame of both inquiry and comnucation.

In addition, the author would like to propose the five steps as follows. (1)suggestion,(2)conception,(3)construction, (4)performance,(5 )valuation. He also tries to apply the five steps in discussing the integrated study practices of Heiichi Yamaji, the teacher of the Elementary School Attached to Nara Women's Normal School. He concludes that Yamaji thought important to introduce playing such as shop, saw and others, because there is inquiry in its activity.

## 1. はじめに

21 世紀に向けての教育改革の提言や議論が盛んである。今回の改革の中核の一つである「総合的な学習」には多くの期待が集まっている。佐藤学は「総合的な学習」の可能性と危険性を論じて，可能性としては「教科学習」と「総合学習」の相互発展を指摘し,「主題一経験一表現」の単元学習の展開を述べている。一方,危険性としては，はいまわる活動主義と体験主義をあげ，それを克服するのは教師の構想力と自律性の問題であるという [1)]。確かに，今回のブームともいえる「総合的な学習」だけを進めるのでは学校改革は実現しない。今までの学習の在り方を反省的にとらえなおすことなく，教科・道徳・特別活動にプラスされた「総合的な学習」を平板に並列的に位置付けるだけでは，学校は変わらないことはもちろん，教師の新たな負担が増加するだけであろう。子ども達の「学び」の視点から学校改革全体のデザインを描き直すことが不可欠な課題としてある。さて，学会の動向をみると，1996 年と 1997 年の日本教育学会で教科の統合やカリキュラムの在り方が課題研究の一つとなり [2)]，また 1999 年の教育方法学会でも「『総合的な学習』が学校の学びを変えるか」という課題研究が行われた。今日の文部省―中教審の教育政策動向を近代教育史・戦後教育史の展開の中に位置付け，同時に今日の子ども達の学びの閉塞状況を変革していくために，新たな可能性としての「総合的な学習」について研究することは非常に重要な課題となってきている。

周知のように，近代教育史をみると日本においても諸外国においても経験や活動を主題とした総合的な学習は様々に展開されてきた [3)]。本稿で特に重視したいのは，１時間という短い単元における実践を取りあげるのではなく，できるだけ長い期間を子ども達と教師が共同で追究的な学習を展開する事例である。総合学習においては，とりわけ長い時間の経過の中で，子どもと教師が試行錯誤を続けながら，その過程で問題を調査・吟味しながら相互討論を通してさらに深い認識へと到達するからである。従来の授業研究や実践史研究では１時間の授業の分析が多かったといえる。１時間の授業における教師と子ども達の発問·発言・挙手などに現れる相互関係―コミュニケーションを明らかにしつつ，授業の目標・内容の到達度を究明するという方法が支配的であったと考えられる [4)]。このような研究も限定的な中では意味をもつが，むしろ長い時間的経過における子ども達の追究の筋道を明らかにすることが重要ではないかと考える。そしてその展開における子どもと教師の成長や変化を明らかにすることである。例えば総合学習で著名な長野県伊那小学校では，１年間を通して，さらには６年間の長い展開の授業を作り上げている[5)]。小学校低学年の生活科も同じような実践を目指すべきだと筆者は考えるが，特に「総合的な学習」では１年間を通したテーマを据えながら，探究的な学習を子どもと教師が共同してつくりあげていく実践が求められてきていると考える。

さて，近代日本の実践史からみると，明治期から教科の統合的な実践はいくつかみられるが，大正自由教育の実践の中では豊かに様々に展開された。例えば長野県師範学校附属小学校の研究学級の実践は．淀川茂重という青年教師の６年間という長期にわたる特別クラスでの総合学習の実践であり大プロジェクトであった。筆者はこの研究学級の実践分析を子ども達の「追究―コミュニケーション」の構造を明らかにするという視点で行った[6)]。本稿では．「合科学習」の実践で有名な奈良女子高等師範学校附属小学校（以下，附属小と略）を取り上げ，特に長期にわたる実践を展開した教師・山路兵一の実践を取り上げる。

かつて筆者は，自分自身の実践を対象化し記録して省察するという課題意識が教師の中にどのように存在するのかを福井県三国尋常高等小学校の「自発教育」実践の事例研究で問うたことがある[7)]。今日の教師においてさえ実践を内在的に記録することは困難であり．子ども達の追究―コミュニケーションの発展構造をとらえ分析・省察して記録するのは非常に困難な課題である。大正期の教師たちにはこの方法意識が存在したのかどうかという問題，また教師個人レベルでの方法意識と小学校全体の研究意識や体制の在り方も問題となる。三国尋常高等小学校の場合は三好得恵校長を中心として公開研究集会や教育雑誌の発行など，様々な省察場面を作り出している。本稿で取り上げる附属小の場合は，さらに全国に発信して「合科学習」を提起し月刊誌『学習研究』という研究誌･実践誌を発行して省察・記録化を意識的に位置付けていたといえる。同時に教師たちは自らの実践を膨大な著書として社会に公表していたのである。本稿ではこの附属小の実践を「追究―コミュニケーション」の枠組で内在的分析を試みたいと考える。

## 2. 先行研究批判と本稿の分析枠組

### (1) 先行研究批判

先行研究では木下竹次の個人研究や附属小全体の紹介は多いが，具体的な教師に即した個別の実践分析は必ずしも多くはない。『わが校五十年の教育』(奈良女子大学文学部附属小学校／1962)の編集委員の一人で，この附属小に1943年に赴任した長岡文雄は『合科教育の開拓』(黎明書房，1978) をまとめ，木下竹次とその教師集団における合科学習の実践を具体的に紹介した[8]。その後『わが校八十年の歩み』(奈良女子大学文学部附属小学校／1991)が刊行され，「第Ⅳ部　わが校八十年の資料」に膨大な史料群の「保存資料目録」が収録された。これらの史料をもとにした実践の内在的な分析は今後の課題と考えられる。中野光も精力的に進めてきた大正自由教育研究の中で附属小の実践を分析しているが，個別教師の実践に焦点をあてた研究は今後の課題となっている[9]。

そのような研究状況の中で個別教師の具体的な実践に焦点をあてた吉村敏之の研究は注目される[10]。吉村は河野伊三郎，鶴居滋一，山路兵一の3人の教師の合科学習の実践を取り上げ，そこに見られる学習論の特徴を述べている。それによれば，河野は教科の枠組みを前提とした合科学習の実践，鶴居はプロジェクトという方法で学習を進めていく実践，山路は就学前からの子ども達の「遊び」に注目し遊びから仕事へという子どもの活動の自然な流れを意識した実践と位置付けている。吉村論文は教師の実践記録をもとに具体的な展開を分析したものとして評価できる。しかし，筆者は本論で述べるように，時間，教育内容・方法，教師という3つの視点から実践をとらえなおし，特に時間の枠組みの再構成の重要性を提起したいと考える。つまり，子ども達の追究が継続的・連続的に発展するためには時間の保障が決定的に重要となり，1時間という限られた授業時間枠ではなく，可能ならば学期や年間という長期にわたる実践を子どもとともに共同で作り上げる視点が教師には不可欠と考える。吉村の論には，この時間軸の視点は弱い。本稿では，以下に説明する視点で，時間軸を組み入れながら子ども達のプロジェクトや生活から生み出される学習展開を分析してみたい。本稿で取り上げる山路兵一(1884－1936)は，1時間という限定された時間枠ではなく，子ども達の「追究―コミュニケーション」を意図した実践を行った教師であり，附属小における総合学習の中心的存在の一人といえる（以下，当時の史料引用は原則として新仮名遣いに直す)。

**(2) 分析枠組「追究―コミュニケーション」と3つの視点**

分析枠組としての「追究―コミュニケーション」とは，学習者の「追究」の筋と学習者相互のコミュニケーションの筋の両者が学習活動の中で展開され，学習がスパイラルに発展していくこと，つまり子どもが自分のテーマを追究し同時に他とのコミュニケーション活動を行うことを通して，学びを深め発展させていく枠組をいう。デューイの探究発展の5段階（①困惑・混乱・疑惑，②推測的予測，③調査，④試験的仮説の精密化，⑤適用）を踏まえて，以下の5局面を仮説として考えている[11)]。つまり，①発意－合意の局面，②構想－調査の局面，③構築－分業の局面，④遂行－発表の局面，⑤評価の局面がスパイラルに連続発展していくモデルである。ある活動が深化･発展していくプロセスにはこのような局面が不可欠と考える。以下にみるように，附属小の教師はデューイの学習論から多くを学び，デューイへの関心は高かったと考えられる。

本稿ではこの枠組で附属小の実践を分析するが，この枠組は総合学習だけではなくあらゆる学習活動を分析するものとして有効だと考えている。同時に，この学習活動発展のサイクルを可能にする前提として，前述した時間の問題，教育内容・方法の問題，教師の問題の3つの視点が不可欠と考える。つまり．第1の時間の問題では，固定的な時間割や1コマの時間の制約が子とも達の思考を分断し個々の学習が連続性を失い断片的な知識が頭に残るという学習状況を，近代学校や現在の学校が多かれ少なかれ生み出しているといえる。このような状況を変革する意味で，附属小は学校として柔軟に時間設定したり，時間割・単位時間の自由化をめざすという試みを行っている。第2の教育内容・方法の問題では，大正自由教育の特徴とその限界として指摘されるのは，改革が「教育方法」のレベルに止まったという点である。むしろ考えるべきは内容・方法の改革を通して子ども達にどのような学習を組み立てようとしたのか，という学習の在り方，学び方の根本的転回の方法意識があったのかどうかという点である。附属小の場合は，以下に具体的にみるように，教科書を教えるのではなく教科書を活用して子ども達の追究の筋を伸ばすことを意図していたことがわかる。基礎・基本の問題としての文字・計算の学習についても，ドリル的な詰め込みではなく生活の基盤を変えていくことを通して感動を表現するために言語手段としての文字を学ぶ，生活に必要な計算をするために数を学ぶという視点が出されていることが注目される。第 3 は教師の役割の問題である。今日の教育論でも問題になるが，教師の指導性と放任の関係の問題である。教師の指導を極力抑え子ども達の自主性に任せるということで放任に近い実践が今日でも行われ，大正期の当時も「気分教育」という批判があった。附属小の場合も子ども達の自主的な学びが意図されているが，それを実現するための教師の土台づくりは決定的に重要となる。その土台づくりがどのように行われているのか，附属小の教師の役割・支援についても具体的に意味付けてみたい。

## 3. 山路兵一の実践分析

山路兵一は子どもの遊びそのものに着目し，長期にわたる子ども達の追究の道筋をあとづけ，生活と結び付いた総合学習の実践を展開した。山路は徹底的に子ども達の生活から発想し,2 年間という長期プロジェクトに取り組むのである。山路の著作『遊びの善導　尋一の学級経営』（大正 15 年 2 月／東洋図書株式合資会社）と『遊びの善導　尋二の学級経営』（大正 15 年 5 月／同前）を手掛かりに山路の実践を分析していきたい [12]。最初に，山路の基本的考え方を『遊びの善導　尋一の学級経営』で考察し.『遊びの善導　尋二の学級経営』では具体的実践例を分析していく。

### (1)　山路の学習論

山路は『遊びの善導　尋一の学級経営』で，子どもの遊びの生活から発想する視点を明確に述べている。彼は子どもの生活に着目し教育は「指導され，教育されているものの生活，それ自体に即しなければ有害であるばかりで効果はない」[13]と述べて，「遊びの本質」として「自発活動」（傍点原文）をあげ「自発のあるところ必ず自由が存在し／自発のあるところその活動は必ず全我的であり／自発の存するところその活動は必ず綜合的であり／そして自発のあるところその活動は歓喜的」[14]と主張する。そして，合科学習は「学習するものを全人的に向上発展させるもの」であり,「プリズムを通した光線の七色を分科にたとえられるならば合科はこれを通さざる前の光線」[15]と譬えている。このように,「遊び」は生活にねざした「自発活動」で「その活動は必ず綜合的」となり,「合科」学習の中で

「全人的」に発展するという筋道でとらえられている。

さて，分析視点の第1の時間の問題では，山路はデューイの論を引用しながら，子ども達の追究力の長さについて論じ，細切れの時間ではなく探究的に組織された学習の連続を重視している。「私の学級児は同一事に対して一週間二週間を継続して，うむことをしらないものが少くない。」と述べ，デューイの主張する「われわれが児童が疲労し易い，注意散漫である，一事に継続することが出来ぬ，というけれど，人が言いつけた一事に続くことができないのであって，精力の旺盛な彼等はかれら自身に仕事を選ばせたらいつまでも続けて疲労することも注意の散漫なこともない。」という考えに注目している。そして山路は，子どもは自らの興味･関心に裏付けられた活動には深く連続して取り組むという認識に立つ。従って時間割によって「生活を枉げることは許さるべきではない」と述べ，彼の理想では「学校中の毎時間の終始の号鐘」をやめ「昼食―及び食後の修養及び始業終業などは学校中一斉の号鐘にしたい」と主張する[16)]。さらに，学期・学年に関してもかなり柔軟に考え，「一年にして二年三年四年のことを一足とびに要求するものもあろうし，三年・四年にして一年二年にあらわれている教科書の事項を生活するものもあろう」と述べ.「合科学習では従来の学期・学年の観念を撤廃する。（中略）従来の一・二・三･四位の学年を一単元とする」[17)] という提言もしている。ここには4年間の長期にわたる単元構想も考えていたことを予測させる。このように山路は時間の問題については，子ども達の追究をさまたげる時間枠を可能な限り撤廃する方向を提起していた。

第2の視点の学習内容・方法の問題では，教科書と系統について論じている。教科書については「児童たちはいつの間にか趣味としてこれを読む。あるいは又生活上の要求を満たす方便として読むのである」から，「従来の如くに教科書に引張りまわされてあえぎあえぎついて行くのではなくて，いつも教科書以上の力で先回りをしている」[18)]ことが重要と指摘する。学習内容の系統については．与えられ決められた系統を排して，子ども達自らが生活での試行錯誤を通して系統を作り出すことに着目し，一人の子どもの事例を提示している。「ここにある一つの要求に向って之を満足・解決を得んとこいねがう児童があるとする。彼はこの要求を満足しよう為にあらゆる手段方法を講ずる。その手段方法の中に必然，智識の必要を感ずる。しかし，かれにはいまだこれに関する智識もなければ技能もない。したがって苦心する，工夫する，他人に求める，又自ら努力する，かくしてこれを理解獲得しつつこれを利用駆使して最初の要求へと近づいて行く。こうして，かれらはその生活中に智識技能を収得するの機会を必然に有つ」[19]。つまり，子ども自身が活動の中で必然的に「知識」や「技能」を必要とする場面を述べている。そして「かれは自ら求めて，教師の按排したという系統段階と同じようなものを自ら辿り下ってこの要求を満足した」のであり，従って，「合科学習は教師として児童に辿らしむべき系統段階はない。いや，ないのではない。児童に辿らしめようとしないのである。『無系統の系統』である。」と主張する。子どもが活動の中で，必然性に基づいた「系統」を生み出していくという考えである[20]。

第3の教師の役割については，以上に述べた時間や教育内容・方法の問題を子どもの活動に即して考え援助することが求められる。「教師としてはいかにしてどこまでこの事が発展するか，この事はいかなることを経てここに至っているかを十分に熟知していなければならぬ。それは個人々々の児童を導く上に随時随所で求められては小出しさるべきものである」[21]とあるように，教師は子どもの追究活動に寄り添い，子どもの要求に丁寧に答えていくことが求められている。

以上のように．山路は時間，学習内容・方法，そして教師の役割について，従来の支配的な在り方を根本から変革しつつ，新たな学習論を展開しようとしたのである。では，次に山路の長期にわたる総合学習の実践をみていきたい。

### (2) 実践分析

山路の実践には長期のプロジェクトがいくつかあるが．ここでは史料的にあるていどまとまっている2つの2年間の実践，つまり「あきない遊び」（山路『遊びの善導　尋二の学級経営』（pp.111－125）と「のこぎり（工作用具）」（同前，pp.143―163）を取り上げる。ここでの分析は，前述したように「追究―コミュニケーション」の分析枠組で行い，必要に応じて3つの視点にも触れていきたい。

#### A 「あきない遊び」

この実践は1年生の最初から2年生末に至るまで展開された長期にわたる実践で，子ども達の自然な遊びから発展した長期にわたるプロジェクト活動といえる。時間の長さの視点は充分に満たしている。教室に置いてある紙の打抜きの機械に子どもが親しんでいる過程で，打ぬいた円形紙が一銭・五銭の貨幣の形に似ていることから自然に案出された実践である。それでは以下に「追究ーコミュニケーション」の5局面でみていくことにする[22]。

**① 発意ー合意の局面**

教室にあるものを商品として，円形紙の貨幣で売買することの面白さから活動が始まる。代価の受払も最初の中は甚だ曖昧なもので，商品のやりとりでは，「これいくらです？」「いくらです！」売方は出鱈目に値段をいう。「では，これでとって下さい。」金入箱から一つかみ、掴めるだけを掴んでそのまま渡す。「はい，ありがとう。」と数えもしない。多かろうと，少なかろうと，そんなことはおかまいなしに受取っては，金入箱に入れる。実際のお店では有り得ないやりとりであるが,子ども達にとって「あきない遊び」が非常に面白い最初の段階である。ここでは教師はあえて算術の内容に関する指摘はしていない。子ども達の興味にまかせた活動を見守る配慮をしている。

**② 構想ー調査の局面**

商売として成立するような工夫，つまり子ども達が教師の示唆も受けながら実際のお店を調査してお店としての役割・在り方を考え始めた段階である。この段階で教師は算術の内容や書き方の指導など，お店づくりについては踏み込んだ指導を行っている。第 1 は言葉遣いの丁寧さ。教師は「店屋であっては，たとい，仲よしのお友達にも，いやしい言葉をつかわないものです。そこは商売人とお客さんの関係になるからね。」という示唆を与えている。第2は商売の宣伝である。「大塚，八尾， 南坊商店はここをはいって左へまがると，すぐあります。」という広告（店の名前は子どもの名前であろう）や，後には色チョークで美しく図案を施したり，学級人員数のビラを作って配ったりするようになる。第3は値段のつけ方とお金の受け渡しの正確さについてである。出鱈目の段階から，教室の図書を家に持ち帰った子どもが本に定価が書かれていることを家族から知る。この調査によって値段を正確につけるようになった。教師は「書物の一番終りを開くと，これ見てごらん,『定価』と書いてあるところがあるでしょう。これがこの本の値段」という解説を子ども達にする。また，お金の受け渡しの正確さについても教師は「金銭受取の正確をかいては，一時こそは形の真似でおもしろくもあろうが，すぐあきるものである。之を未然にふせいだのがこの日の事であった。児童たちは，すきな『あきない遊び』を最も愉快にしようとするにはどうしても，金銭を正確に数えねばならぬ。ここに生活そのものが算術—計算を方便とする，即ち生活の必要から分科の力を利用する事になるのであって計算はかくして生きるのである。」と述べている。ここには算術としての計算の正確さが教師の指導の中に明確に位置付けられている。

**③　構築－分業の局面／④　遂行－発表の局面**

値段を正確につけ商売としての成立をみるようになってから，計算力が非常に進歩するようになった。子どもは今日のあきないで，売れたお金が「一銭が二十三枚で二十三銭／五銭が八まいで四十銭／十銭が二十七まいで二円七十銭／二十銭が十九まいで三円八十銭／みなで七円十三銭です。まちがいはありませんか。」と小塗板にかいて皆のまえに批評をかうというようになった（発表の場面）。この段階では，売上金を正確にし総売上高を計算することで．実商売そのもののやり方であり，計算力も自然と獲得する。ドリル的・機械的に計算を詰め込むのではなく，九九の計算も商売の必要から発想される。そして，商売の工夫も繰り返される。実際の商店街の大売り出しからヒントを得て，百貨店ですべてを売るのではなく，商品によっていくつかの専門店で販売するようになる。例えば粘土店，書物店，おもちゃ店などである（分業）。

尋二の第二学期になって割引き計算を子ども達は持ち込んできた。これも実際の町の売りだしがヒントになっている。「今日は一割引（二割引，三割引）で売ります。はやく買いに来て下さい。」「一割引とはどうすることか」買手役の子どもから質問が出される。「一円のものは十銭だけまけて九十銭にすること」と答える。遊びも面白くなると，こうして学校以外の物を観察し，そして疑問の点は自ら要求し解決していくのである。この割引関係では一割引については子ども達はすぐに理解したが二割引・三割引などになると難しいと，山路は述べている。

この段階では．教育内容に関しては実際の活動に直接結び付く形で学習されていることがわかる。教師の指導も必要がない程，子ども達が自ら探究的な学習をダイナミックに展開させている。

**⑤　省察－相互評価の局面**

この省察－相互評価の活動は，つねにあきない遊びのあらゆる活動場面において同時進行で行われている。最初の言葉遣いの丁寧さから始まって本の値段を正確につけることの重要性，お金の受け渡しの正確さ，お店が繁盛するための広告・宣伝，割引計算の知恵など，実際のお店を見学してヒントを得ている。その背景には当然のことながら教師の支援があるのであるが，子ども達はお互いのお店の評価を常に行い，より繁盛する在り方を模索しているといえる。

このように，2 年間にわたる「あきない遊び」は教室でのまねごと（ごっこ遊び）の段階から実際に商店街の売買からヒントを得て実際の商売として成立する段階まで発展深化していくのである。この学習はあらゆる教科の力を総動員して組み立て，読書算の基礎学習から実際のお店の調査・研究を行うというプロジェクト学習といえる。2 年間という長期にわたる実践であるからこそ.「追究—コミュニケーション」が深まり発展していったといえよう。3 つの視点（時間，教育内容・方法，教師）もそれぞれの段階で的確に位置付けられ，教師が配慮しながら関わっていることがわかる。

**B「のこぎり(工作用具)」[23)]**

山路は最初に述べる。「のこぎりと，金づちと，板，釘などを与えておくと，ひききる，うつ，組立てる，これまた寝食を忘れるという有様，各種の飛行機，電車、自動車，船，箱，机，廿日鼠の家，学校園用具，おもちゃ，家，各種の器具など作られたり，こわされたり，二年間ひっきりなしである。」。2 年間にわたって子ども達がものをつくるという活動に没頭した様子が想像できる。では以下に活動の発展の 5 局面ごとにみていきたい。

**①　発意ー合意の局面**

尋常 1 年の 1 学期の最初の段階は教師が「のこぎり二挺」を持ち込むことから始まる。そこには「子どもたちはきったり，きざんだり，そして何か作ろうことを好む」という教師の判断があった。すると予想通り，「押しあい，ひきあい，奪いあいで紛争ばかり，これではならぬと,更に三挺，更に五挺，都合十挺」持ち込んだのである。子ども達は「飛行機出来ました」「電車つくりました」と持ってくる。教師は「よいものが出来ました」とほめて学級に紹介する。子どを達は大得意になりさらにつくる。材料の板の代金もかかるので，教師は「一児童をして家庭の廃物，砂糖箱によって電車を製作せしめて，これを学級に紹介した。」これが契機となって，子ども達は家から菓子箱．みかん箱，かまぼこのつけ板などを持ち込むようになった。しかし，実際は寸法も角度も考えずに組立てようとするのでうまくいかないのである。この段階では，題材を教師が持ち込み，また子ども達の作品を皆に紹介するという支援を行うことで，活動が展開し始めることがわかる。

**②　構想―調査の局面**

1年間はこのような活動が連続したようである。尋常2年の1学期の半ば過ぎ頃には.「いつとはなしに，尺竹や,三角定規を利用して計画的に作業するように」なった。子ども達は教師に「家をたてます！」という。教師の「どんな家？」という問いに「大きな家を」という返事。教師は大きいだけではわからないこと、柱やけたの長さが具体的でないと材料の材木も用意できないことを注意した。子ども達は「ハタと行き詰まった」。教師は，教科書の『尋常小学読本』巻六の「むね上げ」の箇所を示して「これを読んで，何とか工夫してごらん。わからなければ私のところにお出で」と伝える。子ども達はその日「二時間もかかってそれを熱心に読んだ」。巻六は尋常3年の教科書である。2年生の子ども達は家をつくるために教師に何度も聞きながら読んだ。「おもしろいね，出来上がったらむね上げしようか」「しようしよう弓やら矢やら，扇車やらつくって」「おそなえものもして」「おもちもまげようか」と話が盛り上がる。その後，子ども達は「五人が共同して家の研究にかかった」。翌日にはノートに書かれた製図と見積もりが教師に提出される。そこには，「家のたかさ　三十米」「家のよこはば　二十米」などとある。実際の家の大きさから離れた非現実の数値である。教師はまず教室の柱の高さを子ども達に計らせる指導をする。「あの柱のどのあたりまでの高さか，ちょっとさしてごらん。」五人の子どもはすぐ教室入口の柱の中間をせのびして指した。「よろしい,そこに,こうしてチョークでしるしをしておくから,米尺ではかってごらん。」「先生，一米と三十糎ですよ。」子ども達は自分たちが作成した製図の長さの非現実性に気付いていく。そして製図を修正する。「高さ　一米五十糎　むね一米二十糎　はり　一米　よこ一米」。教師は「柱や，むねや，はりや，つか，板などが何本いるのか，それを書いてもらわなくては材木屋に注文のしようがないね。出来るならば太さや縦や横の寸法まで……」と子ども達に注文する。最終的にノートには「一米五十糎　四本（はしら）　一米　二本（けた）　二十糎　三本（つか)」などと材木屋に注文できる段階まで子ども達は認識した。この段階では，家を建てたいという子ども達の願いを実現するために，教師は参考資料として教科書を提示し．算術の計算について指導を行う。それによって材木屋に注文するまでに到達するのである。

**③ 構築－分業の局面**

いよいよ家造りであるが，読本に書いてあるようにはうまくいかない。柱を土台にうちつけるが「木が堅いのと釘が曲がるので，ただ汗みどろになって苦しむばかり」。教師に応援を頼むが「その先生が又，いたって不調法で，何とか，かとかやって見るけれどこれまた不成功。ついに，どだいをおくことをやめて，堀立小屋にすることになった。」その後も難工事。柱を垂直に立てるためには三角定規を活用した。「三角定規のここは直角といって，地面に垂直である。柱がこれに合わせてこの通りに立てられたら，もう，まちがいっこなし」という教師の助言に基づいて柱が垂直になったのである。「この間約二週間、始業前も，昼も，放課後もかかりきりである。」「子どもたちは一事に永続きしないなどいうことは，子どもの仕事をうばって大人の仕事を強うるからである。大人でも自分の本気になれない仕事なら子どもと同じく永続きするものではない。」と教師は述べる。教師の支援と算術の内容との関連が充分に活動と結び付いていることがわかる。

**④ 遂行－発表の局面**

家が完成した。子ども達は「棟上げ」の準備に一枚のビラを学級の子ども達に配布した。「火曜日に棟上げをします。もちもまきます。みな来て下さい。おひるごはんはあそこでいただくことにします。むねあげの日はてんらん会をします。みなさん絵や,手工をお出し下さい。」昼の棟上げでは餅がまかれ子ども達はそれぞれ家の中やまわりで昼食をとった。「外は相当暑苦しい六月であった。けれどかれらはいつも教室を出てはこの中で読書し，手工し，綴方し，計算している。」宣伝の文章も書き方（国語）の力であり，「棟上げ」の行事を行うことで，社会的な風習についても学習していることがわかる。

**⑤ 省察－相互評価の局面**

この活動全体を通して，子ども達の活動の省察．意味付けについて教師は以下の言葉で結んでいる。「のこぎりをつかって，色々なものを製作する子どもたちは，必然的に尺竹を利用し，定規を使用し，見積もりをなし，計算をなし，図を描き，参考物－たとえば標本・実物・絵画・書籍－を見なければならぬ。したがって，一見,所謂遊んでいる，何しているのかわからない，こんなことさしてどうなるか……と思われる中に色々の知識と技能とを練習・収得しているのである。すなわち，かれらは生活の充実・向上をなしているのである。」この言葉から教師の支援や学習内容が総合的に学ばれていることがわかるであろう。

以上，５局面で実践を再構成してみたが，必ずしもこの５局面にうまくあてはまるわけではない。しかし，子ども達の追究とコミュニケーションの展開が，教師の支援も受けながら発展していったことが後付けられたと考える。

## 4. おわりに

附属小学校の総合学習を代表する教師である山路の実践を，時間，教育内容・方法，教師の３つの観点でおさえた上で，「追究―コミュニケーション」の５局面に即して分析してきた。総合学習が子ども達の内側から連続的·発展的に組み立てられるようになるまでにはかなりの時間を必要とし，それを形だけの表面的な実践になると断片的な教師主導の活動になってしまう。山路は，時間というものをかなりの長期にわたって考え構想していた。子ども自身が自ら学習を組み立てていくための時間を充分に保障し，子どもと共に活動を作り上げていく教師の在り方を提起している。今回取り上げた２つの２年間の実践は，「遊び」そのものが子どもの生活であり学習であるという発想から，学校の中で積極的に「遊び」を取り入れ，子ども達の素朴な疑問やつぶやき·発見・驚きに注目し丁寧に対応する実践である。その過程を通して子ども達は「追究―コミュニケーション」活動を行いながら，自分達の活動を意味を持った活動へと高めていくのである。

以上の山路の実践に見られる子ども達の追究と相互のコミュニケーションは様々な場面で展開されている。また本稿では充分に言及できなかったが，様々な発表会や批評会を行う中で，お互いの問題意識や活動の質を吟味し合っていた。それら全体を支え援助している教師の活動は，もちろん放任では全くなく，教師自身が活動の見通しを持ちながらも，子ども達の追究の筋に寄り添い，活動に参加していくものである。総合学習は子ども達と教師の共同学習といってもよい内実をもっている。

**謝辞**

史料調査(1997.9) で奈良女子大学文学部附属小学校の教職員の方々には大変にお世話になった。ここに感謝申し上げる。

**註**

1)佐藤学「『総合的な学習』の可能性と危険性」(『悠』, ぎょうせい, 1996.10)

2)『教育学研究』64-1 (第 55 回大会報告, 1997.3), 同 65-1 (第 56 回大会報告, 1998.3)

3) 稲垣忠彦・吉村敏之編著『 日本の教師 7　Ⅲ合科・総合学習』(ぎょうせい, 1993)、佐藤学『米国カリキュラム改造史研究』(東京大学出版会, 1990), 清水毅四郎『合科・総合学習と生活科』黎明書房, 1989、拙稿「『総合学習』研究ノート」『福井大学教育学部紀要』第 53 号、1997, 拙稿「21 世紀の教育改革と『総合学習』」『福井大学教育学部紀要』第 54 号、1998、拙稿「総合的な学習と 21 世紀の学校づくり」『福井大学教育地域科学部紀要』第 55 号, 1999 など。

4)柳沢昌一は戦後の授業研究が一時間という時間枠に限定されてきたことを批判し, 子ども達の追究－コミュニケーションを保障する時間枠の問題を提起している (柳沢昌一「戦後授業研究史における方法論的基盤の展開」、寺岡英男ほか「学習－教育過程分析の方法論的基礎研究」に収録、『福井大学教育学部紀要』第 41 号, 1991.2)。

5)長野県伊那小学校の実践分析は. 柳沢昌一「問いと分かち合いの拡大と深化―学習共同体の漸成」(佐藤学編著『教室という場所』国土社, 1995), 寺岡英男・柳沢昌一・流真名美「学習過程における認識発展と<追究－コミュニケーション編成>の展開」(『福井大学教育学部紀要』第 46 号. 1993) など。

6)拙稿「長野県師範学校附属小『研究学級』の実践分析」『福井大学教育学部紀要』第 49 号、1995。この研究学級に関する主要な研究として. 西田昌弘「大正期長野県師範学校附属小学校における研究学級の教育実践の展開」1992 年度埼玉大学大学院修士論文、牛山栄世「研究学級」(『信州大学教育学部附属長野小学校百年史』1986)、清水毅四郎『合科・総合学習と生活科』黎明書房, 1989 など。

7)拙稿「教育実践における学習過程の史的研究」『日本の教育史学』第 37 号, 1994。

8)長岡文雄『学習法の源流―木下竹次の学校経営』(黎明書房．1984）も木下研究としては重要である。

9) 中野光「木下竹次研究―「学習法」の理論とその思想背景」(『教育学研究』34―1, 1967）中野光『大正自由教育の研究』黎明書房， 1968ほか。

10) 吉村敏之「奈良女子高等師範学校附属小学校における『合科学習』の実践」『東京大学教育学部紀要』第 32 巻，1992。同「奈良女子高等師範学校附属小学校における教育研究の展開」『教育方法史研究』第四集,1992。前掲,稲垣忠彦·吉村敏之編著『日本の教師 7　Ⅲ合科・総合学習』。

11) デューイ『民主主義と教育』(帆足理一郎訳，春秋社， 1959)p.152。デューイ研究は生活科の発足や総合学習の提起もあって新たな問い直しが始まっている。杉浦宏編『日本の戦後教育とデューイ』(世界思想社，1998)ほか参照。福井大学の私たちは共同研究の中で，デューイの 5 段階を踏まえた探究のプロセスを構想し，長野県伊那小学校の総合学習の分析を行っている（前掲論文／寺岡英男・柳沢昌一・流真名美「学習過程における認識発展と＜追究ーコミュニケーション編成＞の展開」(『福井大学教育学部紀要』第 46 号．1993)。

12)山路の著書としては．『遊びの善導　尋一の学級経営』から『遊びの善導　尋六の学級経営』までの 6 冊,及び『読方学習活動』『綴方の自由教育』などが広告から判明するが，私の手元にあるのはその一部である。今後の史料調査が課題である。なお，山路について．国語教育の立場から小森茂「山路兵一の合科学習指導論―低学年指導の場合を中心に―」(『鳴門教育大学研究紀要』第 3 巻，1988)がある。

13)山路兵一『遊びの善導　尋一の学級経営』(東洋図書株式合資会社，大正 15 年 2 月） p.10。

14)同前， p.53。／は改行。

15)同前， p.69。

16)同前， pp.103－104。

17)同前， pp.114－116。

18)同前， p.106。

19)同前， pp.107－108。

20) 同前，p.113。この山路の「系統」の考え方は，長野県師範学校附属小「研究学級」教師・淀川茂重の考え方と近いものがある（前掲，注(6)の文献参照）。

21)同前，pp.113－114。

22)以下の史料引用は特に注記しないが、山路兵一『遊びの善導　尋二の学級経営』（東洋図書株式合資会社／大正 15 年 5 月，　pp.111－125)からである。

23)以下の史料引用は前掲，山路兵一『遊びの善導　尋二の学級経営』(pp.143－163)からである。

# (6) 教育実践史研究ノート（1）
## ―成城小学校の授業研究を事例に―

### はじめに

近代日本100余年の歴史の中で、今、教育が、学校が問われている。子どもたちは授業を受け身ではなく、主体的・意欲的に学んでいるのだろうか。授業が現在のままでよいのだろうか。学校でよく見られるパターンは、授業は従来通り教師主導のまま、授業とは別の生活指導や特別活動・行事などで子どもたちの主体性・意欲を喚起しようとしている。これでよいのだろうか。日本の教師たちによる黒板・チョークによる一方向の一斉指導は、近代日本の教授定型の結果であり、100余年を過ぎた今でも、依然として支配的な構図である(1)。

戦前・戦後の授業の歩みを見ると、明治期の近代学校が始まった時期における国家的な教育普及という時代の制約から、明治期後半における谷本富・樋口勘次郎等による自学主義・活動主義の教育の台頭によって、教育の土台が根本から揺らぎ、子どもを主軸とする教育が展開し始める。そこには従来のヘルバルト主義に基づく教授定型でよいのかという疑問とともに、世界的な新教育運動の影響もあって、近代日本における学習の根本転換が開始されることになる。昭和のファシズム期は空白となるが、戦後には子ども主軸の教育運動が復活する。戦後教育史を概観すれば、経験主義と系統主義の教育が相互に関係を持ちながら展開されるが、21世紀の教育の方向性は、自ら学び自ら考える力の育成、主体的に判断し表現する力や問題解決能力・情報収集能力の育成などに焦点化されつつある(2)。

これらの力の育成は、21世紀の高度情報化社会・高度産業化社会に生きる子どもたちにとって不可欠であり、学校をはじめ企業・地域社会・家庭のそれぞれが担うべき課題である。本稿では、これらの問題意識に基づいて、近代日本における授業研究の一断面を見てみたい。本稿でとりあげる成城小学校は沢柳政太郎を校長とする大正新教育運動のメッカともいえる中心校であった。この成城小学校の授業研究の一場面を検討して、子どもたちを主軸に置いた授業展開をあとづけてみたい。

## 1　授業研究の方法意識

授業というものは、近代学校が始まってからは一斉授業を中心にして展開されてきたが、その授業の研究が「授業批評会」として実施されたという(3)。「授業批評会」という形で制度化され普及された授業研究は、授業についての形式的・表層的な議論が支配的であったといえる。それゆえ、『教育学術界』（明治 36 年 10 月号）では、「授業批評会の価値」と題して、表層的・外在的な授業研究への批判が主張されている。稲垣は大正期の 2 つの授業研究の可能性について言及している。2 つとは、成城小学校と奈良女子高等師範学校附属小学校の実践である。

筆者もかつて、福井県三国尋常高等小学校の「自発教育」の実践を研究する中で、授業展開のプロセスを子どもたちの追究とコミュニケーションの筋であとづける必要性を強調したことがある(4)。この論文の中で筆者は次のように述べた。「教育実践史研究では、子ども達と教師との相互のコミュニケーションを含んだ子どもの主体的学習の追究プロセス（学習—教育過程）の史的分析が不可欠であり、同時にそのような子ども達の経験や興味･関心に基づいた追究活動がどのようなシステムの中で可能となるのかについての展望も明らかにする必要がある」。その後筆者は別稿において、奈良女子高等師範学校附属小学校の尋常科 2 年生の長期にわたる総合学習を検討し、低学年における「遊び」をテーマにした子どもたちの追究とコミュニケーションの展開をあとづけた(5)。

本稿では、稲垣が述べた 2 つの可能性の一つである成城小学校の授業研究を手がかりにして、子どもと教師の追究とコミュニケーションの展開の分析、及び記録の実際について考察するものである。授業記録については、かつて筆者は、大正期の教師の中に自分自身の実践を対象化し記録して省察するという課題意識が存在したのかどうか、今日の教師でさえ自らの実践を対象化して記録・省察することは非常に困難な課題であるが、このような方法意識が当時の教師に存在したのかどうか、について言及したことがある。三国尋常高等小学校も奈良女子高等師範学校附属小学校においても、記録・省察の方法意識が学校全体として自覚化されていたのかどうかについては現段階の研究ではまだ明らかにできないが、拙稿で取り上げた実践記録をみると、実践した教師にはそのような方法意識が明確にあったといえる。

では以下に、成城小学校での授業研究を取り上げるが、本稿は研究ノートという位置づけであり、研究の素描にとどまることをお断りしておきたい。

## 2　成城小学校における授業研究

周知のように成城小学校は、沢柳政太郎が大正6(1917)年4月に東京市に設立した新学校であり、子どもたちの個性尊重を前面に掲げた実験学校であった。ドルトン・プランの実施や様々な分野で意欲的な試みを実践した。ここで取り上げる授業研究についても、全国に先駆けてといえるほどに、職場の教師集団の熱心な研究として行われた。成城小が発行している月刊誌『教育問題研究』誌上に「実地授業」の記録が掲載されている。同誌第12号（大正10年3月）から第94号（昭和3年1月）までの8年間にわたって、28回の授業記録が精力的に掲載され、授業記録だけではなく授業後の教師集団による批評会の記録も掲載されているものが多い。授業は、聴方、読方、算術、図画、修身、理科、音楽、英語、体操、歴史というように、幅広く行われたが、本稿では、その中で特徴的な実践を2つだけ取り上げることにしたい(6)。

筆者の視点からいえば、この授業記録はある1時間の授業の記録とその批評会という枠組みであり、そこでの限界を指摘せざるを得ない。つまり、授業というのは、ある内容を単元という形で数時間、場合によっては年間を通して継続的に行っていく継続的・追究的な営みである。授業研究とは、そのプロセスにおいて子どもたちと教師の追究と相互コミュニケーションの展開を通して相互に成長していくプロセスを明らかにすることにあるといえる。この成城小学校の記録ではその1断面の授業はわかるが、むしろその授業を含めた単元全体の展開の吟味が不可欠であるが、そのような方法意識に基づいた授業記録は存在していない。当時において、単元全体の授業展開を継続的に追っていくという方法意識が希薄であったであろうし、この方法意識は現代でも希薄である。このような限界を確認した上で、以下に検討を進めていきたい。

### (1) 子どもたちの感性を呼び覚ますお噺の授業―「奥野君の聴方実地授業」(『教育問題研究』第12号、大正10年3月）(7)

この授業記録は同僚の古閑停が書いているが、「これから後も順次各訓導の研究教授が毎月1回はあることになっているからその都度状況を誌上に報告したい」

とあるように、第１回目の研究授業を奥野庄太郎が担当し、順次同僚が担当していったことがわかる。「聴方」という授業は成城小学校独特のもので、国語科の読方・書方・綴方に匹敵するほどに子どもたちの感性を豊かにする授業として位置づけられたのである。

奥野はアンデルセンの称号を有するくらい、「お噺」については第一人者であり、『お噺の新研究』や『小学お伽選』などの著作がある。授業当日は東京高等師範学校の芦田恵之助も参観していたが、授業後の批評会には参列しなかったようである。

授業は尋常科１年生（秋組）で、題材としては「慾ばり和尚」（『小学お伽選』童話の巻、二十七）の読み聞かせであるが、教授案には「目的」が２つあり、「内容上」では「貪慾を戒しめ、博愛慈悲の心を起こさしめようとする」、「形式上」では「思慮、情深い、驚く、不思議、承知、工夫、奪って、野良犬、戸の隙間等の言語を具現的に授けようとする」とある。「内容上」とはこの授業の単元の中身に関わる目標であり、「形式上」では語句等の基礎知識のことである。

さて授業の展開をみよう。最初に「お噺」に入る前に、奥野は子どもたちに「鍬ってどんなものか知っていますか」「釜は」「野良犬ってどんな犬か知っていますか」「お葬式ってことは」など、これから読もうとするお噺に関わる幾つかの語句上の質問を行い、子どもたちは自由に答えていった。そして、お噺への興味･関心が高まっていったのである。奥野のお噺のやり方は、「相当の表情、身振」を加え、子どもたちに大きなインパクトを与えたようである。それは、「お噺の間は児童がみんなお噺の中に生活しているような心持でいるように見受けられた」という記録によって想像される。

お噺のあと、奥野は子どもたらの自然にあふれてくる感想を聴きたいと思い、しばらく黙っていた。すると子どもたちは、次々と感想を述べた。「和尚さんには罰が当たりました」「慾張りでした」「正直だから神様が金の釜をくれました」。その発言を受けて奥野は、「今日のお噺の中で色々な言葉をききましたね」というと、十数名の子どもたちが席を立って壇上に押しかけたという。「活気に満ちた叡智の騒擾が来った」と記録にはある。奥野は黒板にカタカナで、「ノライヌ、シアン、クワ、ナサケブカイ、オドロク、クサムラ、フシギ、ウバッテ、トノスキマ」と板書したが、子どもから出なかった「クフウ」だけを奥野は付け加えた。

そして、奥野はこの板書された言葉について、「さあ、このノライヌという言葉はお噺のどこで使われましたか。それはどんな犬ですか。」「シアンというのはお噺のどこに出て来たことばですか。」「クワは知っていますね。」「ナサケブカイという言葉はお噺のどこで使いましたか。」などの質問を行った。この質問に対して1年生の子どもたちは、自分なりの表現で返答をしている。「シアンといえば例の思案の形をし、クサムラといえば手を動かして草のボーボーと生えた真似をし、トノスキマといえば座席を離れて飛んで出て教室の或出口のドアーのスキマをついて見せたりした」と子どもたちの様子が記録されている。

奥野は「三歳頃から入学する位までの児童はことに此の聴く世界に於て一番豊富な国語的生活を営んでいる。この事実は本校の入学児童語彙の調査が之を裏書きしている」と述べたうえで、当時の教育を次のように批判する。「現在一般の教育法では、入学すると直ぐ目の方面即ち読むことによってのみ国語を授けようとし今迄の入学以前の国語生活の連絡を離れ、又国語収得の有力門戸たる聴く方面のあることを忘れて否此の言語教育の大原則に気付かずに、只伝統的に入学した児童にはハタ、タコと読本をのみ教えて行くのが至当な様に考えて居る。けれども夫れは誤っている。ホールも言っている如く初期の国語教育は言語を通じ耳に訴えて知らしめた方がよい。それが又自然である。」

聴方科は成城小学校の独自に設置した教科であるが、聴方科の題材としてのお噺そのものが修身や歴史の教授に影響するという。特に低学年においては「お噺による方が普通の修身教授よりも適切且有効で、国民性の養成等も民族性の血の通ったお噺による方が、歴史教授等によるよりも遥かに有力である。」と奥野は述べる。そして「聴方は国語の一分科として置かれるが実は修身、歴史、国語の三科を主要目的としている独特主要の教科である」と教科としての役割を述べている。

授業後の「批評会」では、基礎知識としての語彙教授について議論となった。2つの立場があり、一方は「語彙教授というものを余り強く見過ぎるようだ。そのために噺の興味をそぐようなことがある」という立場であり、他方は「ただ話してきかせること以外に幾分言語教授ということを考えることは聴方教授として大事な仕事」という立場である。両者の主張とも重要であり、結論としては「結局その話し振りはむしろその人に帰することであって、言語教授を考えながらも興味をそがないようにすることが出来ないとは限らない。ただ程度を考えて、相当な程度の取扱をするがよい。」ということになった。この点についての筆者の考えは、授業記録を読む限りでは、確かに語句・語彙の習得に傾いているようである。むしろ、子どもたちとの話し合いでは、正直者の年寄りの男と欲張り和尚との対比をいろいろ出し合い、子どもたちの日常生活での様々な場面を想起させることが大事ではないかと考える。この授業記録ではそのような会話があったのかどうかは不明であるが、1年生という低学年ではこのことが特に重要であると考える。

議論のもう1点は、お噺についてで、「童話は大人の作ったものより、むしろ子供の中より生まれるのではないだろうか。」という意見があり、それに関して「真善美聖の溶け込んだ、人生にあった,而も児童生活に密着一致した者でなくてはならない。」という意見。これはお噺や童話の題材についての意見で、いずれにせよ子どもたちの感性や心の中に染み入り、感動を呼び起こすような題材が不可欠といえよう。批評会には参加できなかった芦田恵之助はその後奥野に「ああして腰かけてお噺をするのは大層落付いた感じを与えてよい。ああしたお話教授を児童の発達に応じて色々其の方法も併せ研究していったら実に面白い研究が出来ると思う。」と述べたという。

以上、奥野の聴方教授をみてきたが、①聴方科が成城小独自のものであり、国語だけではなく修身、歴史の授業にも大きな意味を持つ教科であること、②1 年生の子どもたちにとっては、お噺は大変興味あるものであり、本授業でも読み聞かせのあとは子どもたちから溢れるような感想意見が出されていたこと、③批評会での議論で話題となった語彙教授については、興味をそがないような基礎知識の教授が不可欠であるという結論になったこと。授業展開では語彙教授に若干傾きかけているようで、子どもたちの日常生活の様々な場面を想起したらさらに面白い授業展開が出来たのではないか、などが指摘できよう。成城小学校は子どもたちの個性を第一に尊重する理念をもつが、奥野の授業でも子どもたちの感性や興味を最大限大事にして授業を進めていることがわかるのである。

**(2)感性と知性の統一をめざす修身科授業―「小原（鰺坂）主事の修身実地授業科」（『教育問題研究』第20号、大正10年11月）**[8]

記録は山下徳治であるが、冒頭に修身科のあるべき姿について論じ、批判的な知性と感性の両者は矛盾するものではなく、両者の統一が不可欠ではないかと以下のように主張している。つまり、「修身教授が単なる感傷的取扱に堕することはラファエロとペンキ屋とを同格に見るようなもの」と述べ、修身科を「もっと批判的に取扱わなければならぬ」と主張する。しかし「批判的即ち知的に取扱うということは感性上の要求と矛盾する意味ではない」「修身科の本質的研究が当然要求すべきことであって深い所で感性に触れたいとの根本要求からである。純理と純粋感情との統一の総合を予想しての主張」と述べる。山下は、修身科は「犀利な批判と清い感情とを要する。最も個別的な学科である。それだけ人格表現的の学科である」と位置づけている。

さて、小原（鯵坂）主事の授業は10月5日の第6校時に行われ、学級は松組で尋常科4年生から高等科1年生までを含む複合クラスである。内訳は高等科1年生1人（台湾人）、尋常科6年生6人、同5年生7人、同4年生3人の合計17人のクラスである。授業のテーマは「国家論—国土と愛国心の関係」である。小原は沢柳校長のもとで成城小学校の中核として活躍する教師であり、その後玉川学園を創立する人物である。当時の時代状況を考えると、授業のテーマはかなり難しい内容であるが、小原はどのように進めたのであろうか。

小原は事前に宿題として、子どもたちに愛国心に関する44のテーマについての質問を出し提出させている。宿題を出し子どもたちに書かせる理由として4点指摘している。第1に「すべての子供の考が分るように（少数の優等生だけでなく）個性をよく知る材料になります。」、第2に「少数の子供丈けが働くでなく、すべて働くように」、第3に「考えることの少い国民ですから大に考えしむるように」、第4に「書くということは考を組織立たしむるものだと思います」。これら4点の小原の考えによって、授業は子どもたちから提出された宿題を一人一人読みながら進められた。特に宿題4のテーマ「ナゼ自分の国を愛するか」について数人の子どもたちの意見を紹介しつつ、小原は自分の意見を述べていった。「自分を愛すると同様に我が国を愛するのである。それはナゼ自分を愛するかという理由とかわりはない」（大久保）という子どもの意見に対して、小原は「そうだネ。ナゼということは言えないこともあるネ。然し其の言えない所に深いものがあるかもしれない」とコメントをつける。「自分の国をよくしようとして愛する。自分の国だから愛する」（上村）という意見に対して小原は、「自分の国だから」というのは面白いねと感想を述べた。「日本の国を愛するのは国家として大切であるから愛する。自分の国を愛することは非常に大切だから」(関部) という意見に対しては小原は、「ナゼ大切なんだろう。そこがモットハッキリできないだろうか。」と、子どもたちに問い返す。ある子どもは「自分で自然に愛するように感ぜられるのではなくて、仕方なしに愛するようにも考えられる」と発言する。これについての小原のコメントは書かれていないが、愛国心という問題を上から観念的にとらえることを否定し、子ども自身の問題としてとらえることを意図している小原の考えが背景にあると考えられる。次に 2 人の子どもの意見を紹介している。「自分の国だから愛するのである」(伊地知)、「自分の国だから。自分は此の国で生まれたのですから、此の国を愛するのです。此の国の国民ですから此の国を愛するのは当然のことでしょう。」(林) 後者の意見に対して小原は「アメリカで生まれたら」と問うと、子どもは「両方とも愛する」と答えた。さらに小原は「戦争でもしたらどうする。日本人だからと言う理由と日本に生まれたからと言う理由とは違うネ。どちらが大きい理由だろうか」と述べ、さらに「曾君 (支那の留学生目下櫻組在学中) が此の宿題の一番にある『日本』というのを消して『中華民国』と書替えているのはどう思うか」と問いかける。「偉いと思います」と答えた子どもに対して、小原は「そうだネ。我々はナゼ書替えたかと責めることはできないネ」と述べる。以上のやり取りの中に、小原の国に対する考え方と国を愛するということの意味を知ることができる。小原は、常に子どもたちの立場に立ち、子ども自身の肉声から自身の考えを構築してほしいという願いを持っていたと考えられる。

授業後の批評会では、最初に全体的な感想として高い評価がなされた。つまり、「普通の乾燥した修身教授見た様でなくて、一寸も型に捉われないで、而かも問題の中心に触れて行くところは非常に心地よかったですね」(奥野)。論点として「黙想」と「断案」の 2 点が出された。前者は、授業の最初と最後に小原が「黙想」をしたことの評価である。「黙想をやらせらるる意味はどうなんですか」(奥野) に対して小原は、「一には沈思黙考させる習慣をつけさせたいと思っています。殊に成城の子供は快活すぎますし、少しは落ち付きも必要かとも思います。又一寸聞けと言ってもきかない場合などは黙想と言うとスーツとなりますから、コントロールする意味でもやっています。何分日本人は余り考えることの少ない国民だから出来るだけ静かに考える機会を与えることはよいと思っていますが」と述べている。これに対して納得のいかない参観者からは「今日の教授の中で始と終の黙想だけが、不自然のような気がした」(田中)と疑問が出された。これに関して議論がいろいろなされたが、記録係の山下は「黙想」に対して肯定的な意見を述べる。つまり、「黙想させるそのことが何も悪いとは思わない。子供は子供相当に黙想によって自分1人きりだと言うような心持即ち自分に深く沈潜することは確にあるだろうと思われる」。小原は具体的な事例を出して「黙想」の意義を述べる。つまり「日曜に遊びに来る子供と一緒に、代々木の原のクヌ木や栗林の陰で歌ったり黙想したりすると、東京市の汽笛や電車の雑音が明治神宮の森の方から聞こえて来る。一方近くには小鳥のなつかしい声も聞こえて来る。暫くすると夫等の音を聞きながら自分一人だと言う感じを抱く子供が多いようです」。この小原の具体例は参観者を納得させたようである。

これに関連して、第2の論点である「断案」について議論された。「断案」とは当時の修身科の授業ではともすれば陥りがちな問題であるが、教師が徳目の結論を上から一方的に与えてしまうことを意味する。この点については当然のことであるが参観者は総じて批判的であり、小原の授業にその「断案」があったわけではない。むしろ議論はこのような教師の一方的な徳目の強制がなぜ起こるのかについてかわされた。「普通は一時間で片付けようとするから、自然そうならなければならなくなるんだろう」(高橋)という意見は、授業を一時間と言う限られた中で完結させなければならないという教師の呪縛を鋭く突いている。この点は筆者が方法意識の箇所で述べたように、授業は一時間の枠ではなく少なくとも数時間、長い場合は学期や年間を通して子どもたちの考えを揺さぶり省察し追究―コミュニケーションを展開させていくプロセスの中で、様々な認識を形成する営みである。とりわけ修身科のような科目にはそれが不可欠であると考えられる。小原は、「教授の方法や教師の態度の問題だと思う。細目に網まれた徳目を一定の期間中に授けようとするときそこに無理が出来るんだネ」と結論を述べている。

最後に修身科を特設することの是非についての意見交換が若干あった。「修身科を特設するのは不自然だと思う。それだけ効果も少ないように思うがどうです」(藤井)に対して小原は、「知的系統を作っていく。即ち倫理体系を各人が作る上からも必要だと思う。無論偶発的事項は其の場其の場で適当に処置して尚修身の時間を特設するのだからよかないの。」と自分の意見を主張する。「偶発的事項」とは授業の中での子どもたちの自由な発言を意味するが、小原は基本的にはその「偶発的事項」を中心にして授業を進めることを理想とした。このような小原の考えには、当時の時代状況から修身科の特設に正面から反対することは困難という政治的判断もあったのではないかと推測できる。

以上、小原の授業をみてきたが、特に修身科は個人の内面や良心、価値観に直接関わる教科であり、小原は子どもたちの生活や日常性から発想することを基本とした。この姿勢は成城小学校の全ての授業に貫かれていたとえる。

### 3　近代日本の授業研究の構想メモ

以上、成城小学校の授業研究の一場面を見てきたのであるが、今日の授業研究を進める意味でも、近代日本の授業研究の豊かな蓄積から学ぶ点は多い。今後の研究課題として近代日本の授業研究の構想メモを以下にあげ、主な授業実践とその記録の吟味を課題としたい。

**<明治期>1868-1912　Meiji Era**

1872 (M5)「学制」—近代国民教育制度の成立

明治 20 年代 ヘルバルト教授法の普及

→教師主導の一斉授業の展開（「教授定型」の成立）

1890 (M23)教育勅語

1899 (M32)樋口勘次郎「飛鳥山遠足」(『統合主義新教授法』)

＊デューイ・シカゴ大学で実験学校(1896)

1903 (M36)棚橋源太郎「郷土科教授の一例」(『尋常小学に於ける実科教授法』)

*樋口勘次郎「活動主義」／谷本富「自学（輔導）主義」

→明治 30 年代頃から子どもの視点から学習をとらえようとする気運。

**<大正期>1912-1926　Taisho Era**

→第 1 次新教育運動（大正自由教育運動）<古典的自由主義＝国家対個人>

19 世紀末から 20 世紀にかけて展開された世界的な新教育運動と連動。イギリス（ニイル）・ドイツ（シュタイナー）・フランス（フレネ）・アメリカ（デューイ）等。

理念＝生活による教育、個性の尊重、自発学習の重視、自治の訓練、社会性の重視、男女共学、国際協調など。

① 私立学校→成城小学校（『教育問題研究』）・玉川学園・自由学園・明星学園・成蹊学園・児童の村小学校（「教育の世紀」）ほか

② 師範学校附属小学校→長野師範学校附属小「研究学級」・奈良女高師附属小学校（『学習研究』）・千葉師範学校附属小（『自由教育』）ほか

③ 公立小学校→福井県三国尋常高等小学校「自発教育」ほか

1917 (T6)沢柳政太郎／成城小学校「自然科」→『教育問題研究』
杉崎瑢主事／長野師範附属小「研究学級」→1918～淀川茂重

1923 (T12)鶴居慈一「幼学年児童の合科学習とプロジェクトの一例」（『学習研究』1号）

1923 (Tl2)河野伊三郎「合科組織による学習の実際」（『学習研究』2号）

1924 (T13)私立池袋児童の村小学校(1924～1936)
→戦前のカリキュラム改造の最高の到達点

**＜昭和期＞1926-1989　Showa Era**

→生活綴方運動、新教・教労、教育科学研究の教育運動

1927 (S2)山路兵一「『遊びの善導』から『分科としての国語学習指導』まで」（『学習研究』12号）

1930 (S5)『綴方生活』第二次宣言→野村芳兵衛

1932 (S7)　村山俊太郎の実践

1934 (S9)　南きんじ『児童問題研究』

1937 (S12)　トモエ学園の開校(～1945.4 焼失)

**おわりに**

本稿では、近代日本の授業研究の一場面を大正新教育運動のメッカ的存在の成城小学校を事例として取り上げた。近代日本の授業研究の構想メモからすれば、本稿の研究対象はその一部分に過ぎない。今日でも授業を一時間で勝負するという教師の発想が支配的な中で、1 時間という枠組みではなく、長期にわたった子どもたちと教師の追究とコミュニケーションの展開をあとづける授業記録の存在がますます重要であると認識した。授業研究の方法意識としての、長期にわたる

時間軸を入れ込んだ授業の展開とその省察、記録化は実践者はもちろん共同研究者にとっても非常に重要であるが、重い課題である。

## <注記>

(1)本稿は稲垣忠彦による一連の著作から多くを学んでいる。教授定型については稲垣忠彦『明治教授理論史研究』評論社、1966。最近の代表的なものとしては、『授業研究入門』(佐藤学との共著)岩波書店、1996、『総合学習を創る』岩波書店、2000など。

(2)中央教育審議会第1次答申の「21世紀を展望した我が国の教育のあり方について」(1996年7月)で自ら学び考える力や総合的な学習が提起され、21世紀の学びの方向性が打ち出された。文部行政側の提起は、近代日本の教育の蓄積から考えて当然のことである。この提起が日常の教育実践の中から常に問い返されることこそが鍵である。

(3)以下に述べる近代日本の授業研究については、前掲の稲垣･佐藤共著の『授業研究入門』の「授業研究の歴史と現在」(執筆・稲垣)に詳しい(同書143-183頁)。

(4)拙稿「教育実践における学習過程の史的研究―三好得恵の『自発教育』の構造とその具体的実践の検討を通して―」教育史学会紀要『日本の教育史学』第37号、1994、49－64頁。

(5)拙稿「長期にわたる総合学習実践の分析―奈良女子高等師範学校附属小学校を事例として―」日本教育方法学会紀要『教育方法学研究』第25巻、1999、99-107頁。

(6)先行研究としては、北村和夫『大正期成城小学校における学校改造の理念と実践』沢柳研究双書4、1977が詳しい。本稿では、筆者の視点をもとに子どもたちと教師の追究と相互コミュニケーションの展開や1時間に制約された授業研究のあり方について検討した。

(7)『教育問題研究』第12号、大正10年3月、85－91頁。以下、引用された史料は、現代かなづかいに直してある。

(8)『教育問題研究』第20号、大正10年11月、81－90頁。

# (7) 教育実践史研究ノート（２）
## —研究方法論的吟味とトモエ学園の事例研究—

### はじめに

筆者は前稿（「教育実践史研究ノート(1)—成城小学校の授業研究を事例に—」2004）[(1)] 中において、「近代日本 100 余年の歴史の中で、今、教育が、学校が問われている」として、「日本の教師たちによる黒板・チョークによる一方向の一斉指導は、近代日本の教授定型の結果であり、100 余年を過ぎた今でも、依然として支配的な構図である」と述べた。確かに、今の学校ではグループ学習や個別指導、「総合的な学習」や生活科などでの子ども主体の学習など、いろいろと工夫はなされてきている。しかしながら、それらを担っている教師の意識構造が転換するのはなかなか難しい現実がある。近代百年の歴史において、小学校・中学校の授業が教師の一方的な教授定型の歴史であったという指摘（稲垣忠彦）[(2)] は今でも生き続けている。実は、小・中学校よりも大学という教育の現場でも全く同じことがいえる。大学という高等教育の機関は、戦前は一部のエリートしか入学できなかったが、戦後は大衆化し、同世代の約半数が高等教育機関に入学している現実となってきている。

ところで、筆者が「教育現場」というとき、筆者の勤務している大学も教育の場であり、「教育現場」ととらえている。従って、筆者にとっては、在学する子ども·青年たちの年齢層は異なるが、小・中学校と大学とは同じ教育の「現場」として考える対象である。

大学の授業は歴史的に講義中心で、教育よりも研究に重点がおかれ、研究の成果の一端が教育の場に紹介されるという構図が一般的であった。戦後、大学が大衆化され、多くの青年たちが大学に入学することにより、従来の講義中心の方法がなかなか通用しない、学生の意欲的な参加が少ないなど、学生の「質」が変わったと、嘆く大学教員が多くなった。確かに、戦前のように一部エリート層だけが入学した大学から、大衆化されて多くの青年たちが大学という高等教育機関に入学する機会を得られることは望ましいことである。それによって、大学教育のあり方が問われることは、ある意味で必然的であろう。入学する青年たちにどのような教育をするのか、学部4年間でどのような学びをしてほしいのか。今まで、このようなことを考える必要はなかったが、改めて「大学とは何か」を考える機会を与えられたと積極的にとらえる必要があると筆者は考える。FD(Faculty Development)という活動が全国の大学で熱心に取り組まれている。「教授開発能力」と訳されるが、大学教員や職員の教育活動や事務能力の開発が課題とされている。学生たちにとってどのような教育が望ましいのか、双方向の講義や演習、学生たちの主体的な学びや探究的な活動をいかに授業に組み込んでいくのか、を考える時代となってきている。

かなり広い課題に言及してきたが、小学校・中学校だけではなく、大学も含めて、双方向の教育のあり方、コミュニケーションを丁寧に編んでいく授業のあり方が、今こそ問われている。このテーマは、近代日本の教育の歩みを省察し、それを踏まえて21世紀の教育をいかに展望するのか、という問いを考えることになるだろう。

本稿では、第1に、教育の歴史研究、教育実践の歴史的アプローチの意味・方法論を吟味すること、第2に、具体的な事例研究として、黒柳徹子著『窓ぎわのトットちゃん』で著名なトモエ学園を取り上げて考えてみたい。

## 1. 教育実践史研究の研究方法論的吟味

以下の論考では、教育学者であり現代の教育実践にも造詣が深い佐藤学の所論に関わって、教育実践史研究の方法論的意味を考えてみたい。佐藤は、研究者でもあり、かつ「現場」の教師と協働して学校づくりを行っている実践的研究者といえる。氏は、毎年8月に開催される熱海での「教育のアクションリサーチ研究会」の代表でもあり、教育実践に関わる研究者と現場教師の橋渡し役も務めている。

さて、佐藤は「教育実践の反省的批評の方法として—私の教育史研究—」(1992)[(3)]という文章の冒頭で、「二足の草鞋をはき、授業の臨床研究とカリキュラム改造史の研究を進めてきた」と述べている。筆者も自らの現在の研究関心をおこがましくも、臨床教育学と教育実践史の2つにおいている（拙稿「福井大学の学部・大学院の実践的・臨床的取組みと教育学研究の再構築」2005）[(4)]。佐藤は「当惑や混乱や逡巡を覚悟のうえでいくつもの草鞋をはいてきたのだが、滑らかに前進するよりも足がもつれて転倒し、自分の足を解きほぐす時のほうが多かった」と述べている。筆者は大学院時代の研究テーマである「自由民権運動と教育」という宿題が未だ果たせていないが、福井大学に赴任して以来、大正・昭和期の教育実践を対象にし、いくつかの具体的な教育実践に出会う過程で、改めて、歴史上の実践と現在の教育実践の関係性や教育研究・教育学研究の意味を考えることができた。佐藤のいう「反省的ムカデ」まではとても及ばないが、筆者は遅々とした歩みの中で、福井県三国尋常高等小学校の「自発教育」研究(1994)、長野県師範学校附属小学校の「研究学級」研究(1995)、奈良女子高等師範学校附属小学校の総合学習研究(1999)などの実践史研究を蓄積することができた(5)。

佐藤は、「どんな問題も、一度、歴史の位相の中に投げ込まないと、探究すべき論題が浮かび上がってこないし、その問題解決の筋道や意味が見えてこない」という。現在の教育課題を意識するとき、その現在を対象化し、近代百余年の歴史の中にその教育課題を据えること—そこから見えてくる世界を自覚し認識し構造的に把握すること。これが歴史的アプローチの方法的意味であろう。

しかし、佐藤は歴史研究の限界を次のように述べる。筆者はこの佐藤の見解に共感する部分もあるが、必ずしも納得できていない。

「あえて言えば、歴史的接近は、実践上の問題を直接には解決しない。この自覚は、実践史研究に携わる者には重要である。それは、文字どおり、ミネルヴァの梟でしかない。さらに言えば、教育現場の問題の複合性や実践者の複雑な行動や感情に精通しない歴史的接近は、ただの梟の夜行でしかない。（中略）しかし、歴史的接近はどれほどの資料を駆使し思索を洗練させようとも、問題のマクロな布置を一般性において示唆するにすぎない。実践的問題の解決を具体的に求める段になると、決定的なところで、隔靴掻痒の思いを断じきれない」

筆者が納得できていないところは次の点である。歴史的接近は「問題のマクロな布置を一般性において示唆するにすぎない」というが、三国の自発教育や長野師範学校附属小の「研究学級」の実践事例などからは、教師と子どもの関係性の構造や時間や空間の制約を超えた長期にわたる実践の構造を把握することができる。この構造的把握は、現在の教育課題の問題性に鋭く迫るものであり、「隔靴掻痒の思い」とは異質ではないか。筆者が今日の教育実践に関わるとき、三国小の三好得恵校長、「研究学級」の淀川茂重、そして以下に登場するトモエ学園の小林宗作校長などのように、子どもたちへの暖かい視線をもてるかどうかを常に問い直しながら実践している部分もある。小林校長のように、どんな子どもたちへも「きみは本当はいい子なんだよ」という熱いメッセージをどれだけ送れるか、厳しく問いながら実践しているつもりである。私的な事柄になるが、筆者は 2006 年 4 月から福井大学教育地域科学部附属幼稚園の園長としての役目を果しているが、トモエ学園の小林校長（成城幼稚園教諭時代から幼児教育には深い造詣をもっていたという）から多くのものを学ぶ必要があると痛感している。これら歴史上の実践家と現代の実践家との対話の中から、歴史的アプローチの意味を改めて問い直すことが必要ではないかと考える。従って、佐藤の指摘することは理解できるが、歴史から学ぶことの意味を再度考えてみたいと思う。

さて、佐藤学は別の論稿「教育実践の歴史的研究」(2005)[6] で、歴史的アプローチ、史料と方法、歴史的経験の分析と叙述、課題と展望、の 4 点について述べている。冒頭で佐藤は、「教育実践（授業と学び）は歴史的性格を帯びている。教師も子どももそれぞれの歴史を生きており、教科書や教材も歴史性を含んでいる。教室における黒板や机の配置も歴史性をもっているし、カリキュラムの構造や授業と学びの様式も歴史の産物である。」

佐藤は続けて、「教育実践の歴史的研究の蓄積は、現在は停滞期にあるとはいえ、日本の教育学研究の誇るべき成果のひとつといえるだろう。」という。現在の実践史研究が「停滞期」といえるのかどうかの判断は難しいが、確かに近代日本の教育実践をトータルにとらえ、その歴史的な把握と今日的な課題とを総合して構造的に明らかにする研究は、未だ途上にあるといわなければならないだろう。

佐藤は教育実践の歴史的アプローチの原則について次のように述べる。「歴史的なできごと（事件）」を「史料によって再現し、その意味をできごとの歴史的な連関のなかで開示する」こと、「その歴史的連関は、できごとの歴史的な系譜と脈絡において示される」のであり、「個々の教育実践の特質は、そのできごとを成立させている系譜において意味づけられると同時に、そのできごとを成立させている社会的文化的文脈において意味づけられる」。さらに佐藤は、歴史的アプローチの「制約」についても言及している。「無数に存在した教育実践の事実をどう選択し、どう歴史的に構成するのかは、歴史者の歴史的な想像力に委ねられている。その意味で、どう実証に徹しようとも客観主義的な歴史叙述はありえない。ほかのあらゆる歴史研究と同様、教育実践の歴史的アプローチは、研究者自身の歴史の教養と教育学の教養を基礎とする歴史的想像力にもとづく研究として推進される」。

引用が長くなるが、もう少し佐藤の言を紹介する。佐藤はさらに「史料と方法」に関して次のように述べる。「過去のすでに消滅した教室の授業や学びを研究するのは、資料収集の段階で困難と制約に直面する。教育実践の歴史的アプローチの第一次資料である実践記録それ自体が、ある歴史的段階のある方法意識の所産なのである。」

筆者はかつて福井県三国尋常高等小学校の「自発教育」実践を分析したときに、そこでの実践史研究の方法と実践記録の在り方について次のようにのべたことがある[7]。

> 「教育実践史研究では、子ども達と教師との相互のコミュニケーションを含んだ子どもの主体的学習の追究プロセス（学習―教育過程）の史的分析が不可欠であり、同時にそのような子ども達の経験や興味･関心に基づいた追究活動がどのようなシステムの中で可能となるのかについての展望も明らかにする必要がある。」
>
> 「教師が自らの実践をあとづけ記録化するということは、自分の実践を批判的に省察し共同の場に提示するという方法意識がなくては可能ではない。今日の授業研究においてもその方法意識は弱いといえるが、大正自由教育の実践の中ではいくつかの注目すべき記録化が行われている。（中略）しかし、その記録の多くは前述したような子ども達の追究とコミュニケーションの具体的な展開をあとづけるようなものとはいいがたく、教師の方法意識の検討も含めてさらに掘り下げる必要がある。」

ここで述べたかったことは、教育実践史研究において、具体的な実践記録や授業記録をどのように歴史的に分析するのか、その実践のプロセスを＜追究とコミュニケーション＞の軸で把握することの重要性であった。同時に、当時の教師たちの実践記録の方法意識の問い直しでもあった。

佐藤は歴史的な実践史料を解読する場合に 2 つの作業が必要なことを述べている。第 1 は「史料批判（テキスト・クリティーク）」であり、第 2 は「史料の解読の方法を当時の慣用法（イディオム）と意味体系（コード）に則して吟味」することである。前者は、「その史料がどれほどの代表性と典型性を備えているかの吟味が必要であり、その史料の解読のまえにその史料の存在そのものの歴史的布置（コンフィギュレーション）を明示する必要がある」ことである。

佐藤は歴史的アプローチにおいて決定的なのは「史料の収集」と述べる。「教室の授業と学びの具体的様相を示唆する多様な史料を収集し活用」すること、しかし、「それらすべての史料が何十編も収集できたとしても、教室のひとつのできごとの再現は困難が伴う」と述べる。

その上で、佐藤は「史料の解読と分析と叙述の作業」について自説を展開している。第1に行うべきは「先行研究と関連した研究の検討であり、リサーチ・クエスチョンの設定である」。なぜならば「研究は新しい知識の産出（あるいは創造）であり、研究の価値は第一義的に産出し創造する知識のオリジナリティ（独自性）にあるからである。先行研究の検討と史料の解読によって導かれるオリジナリティの創出の筋道（概念装置の形成）こそが、研究の『方法（論）』であり、この『方法（論）』こそが、その研究の最大の成果なのである。」

佐藤は、「教育実践の歴史的研究の方法論は、研究者の数だけ多様である。研究の方法論は、研究の主題や意図に応じて、あるいは実践史料の性格に応じて、研究ごとに創意的に考案されなければならない」と述べる。佐藤研究室で学んだ院生の主要な博士論文および公刊書物は以下の通りであるが、それらの内容の吟味は今後の検討課題とさせていただきたい。

＊永井理恵子(1999)「明治・大正・昭和初期における幼稚園建築の史的展開」（『近代日本幼稚園建築史研究ー教育実践を支えた園舎と地域』学文社・出版予定）

＊孫 千正(2000)「大韓帝国における中等学校教育課程の形成」

＊小国喜弘(2001)『民俗学運動と学校教育—民族の発見とその国民化—』東京大学出版会

＊佐藤英二(2001)「近代日本の中等教育における数学教育の史的展開」

＊浅井幸子(2004)「1920年代の新教育における教師の変容—児童の村の教師の一人称の語りを中心に—

佐藤学研究室出身で前掲の博士論文を提出した浅井幸子は「コラム—過去の教育実践を読む」(2005)という文章の中で、教育実践の歴史研究について自説を展開している[(8)]。「実践記録」の定義を、「教師が『私』という一人称で語り、子どもたちが固有名で登場し、教室で生起した出来事が物語の形で描出された教育の記録」としている。このような実践記録が世界および日本において成立するのは「ある特定の歴史的文化的な文脈において」であるという。浅井は、「日本において、教師の『私』と固有名の子どもが登場する実践記録の様式はいつ成立したのだろうか。そして実践記録の成立はどのような歴史的意味を有しているのだろうか」という問いをかかげて研究を進めたという。浅井は、教師の一人称の語りを研究対象にすることの意味を次のように述べている。

「語りの主体である教師が教育実践の主体でもあるということ、語りが教育実践を構成する言語的な媒体であるということに求められる。教師の語りは、その教師自身のあり方や感性、子どもへのまなざしや関わり方、教育と学習の文化的な意味を、直接的かつ動的に表現し構成し規定している。教室の経験の語りには、どのような出来事にどのような意味を見出すかということが賭けられている。またそこには、歴史的文化的に構成された教師の感性や心性が内在している。しかもその語り口は、ジャーナリズムにおける流通や学問との交渉を通して様式化し、個別の教室や学校を超えて、教育の経験のゆるやかな定型化をもたらしうる。」

浅井は、教師の語りに注目し、「教育実践の主体」である教師が自らの教育実践に子どもを一人称で登場させ、その子どもの成長と同時に教師の成長もとらえるという方法意識に基づいて、大正自由教育実践の結晶ともいえる児童の村小学校の教師・野村芳兵衛を事例として取り上げた。この視点は、歴史的接近は「問題のマクロな布置を一般性において示唆するにすぎない」とした佐藤学の視点を超えている。今の教師の語りや子どもへの注目につながる重要な視点といえる。

以上、佐藤学と浅井幸子の論述をてがかりに、教育実践の歴史的アプローチ、歴史研究の意味について考えてきた。教師が主体の実践記録、子どもが固有名で登場する実践記録の構築は、現代でも重要視されるべき課題である。歴史上で考えてみると、21 世紀の現代と 20 世紀初頭の日本社会では、どちらが教育実践に関して教師の熱意や意欲、エネルギーは大きかったのであろうか。比較する基準や客観的なデータを探すことは困難かもしれないが、大正・昭和期の教育実践の記録を読む限り、戦前の困難な時代にあれほどの全国的な熱いネットワークで動いていたことは驚嘆に値するといえる。時代は異なっても、その時代における教師と子ども、学校、親の実際と願いは、ある意味で時代を超えて共通する面があるのではなかろうか。教育実践の歴史研究の方法論的吟味としては、時代を超えて、そこでの共通性や現代への示唆をさらに具体的な実践の中身に分け入りながら、考えていくことが必要ではないかと考える。では、以下に、その具体的な事例研究として昭和初期に実際に存在した通称・トモエ学園（私立自由が丘学園）について、考えてみたい。

## 2. 事例研究―『窓ぎわのトットちゃん』のトモエ学園の研究

### (1)トモエ学園と小林宗作

筆者は勤務している大学の共通教育の授業「教育の歴史から学ぶ」で，毎年黒柳徹子の『窓ぎわのトットちゃん』をテキストにしている。受講学生は教育地域科学部と工学部の学生約 50－80 名であるが、すでに読んだことがある学生は昔と比べて減少している。改めてこれを読むことを通して教育とは何か、学校とは何かを考える手がかりとしている。トモエ学園は戦前の昭和期の実在した学校であるが、その実践から私たちは今の学校への熱いメッセージを受けとることができる。トモエ学園とは通称で、正式名は自由が丘学園と称し、幼稚園・小学校併設の私立学校である。

『窓ぎわのトットちゃん』が出版されたのは 1981 年であるが、当時の学校教育の荒れた状況を反映してベストセラーとなり、多くの教師や親、教育関係者の中で愛読され、筆者もその愛読者の一人であった(9)。黒柳さんの読みやすい文体もあって、本の中では当時のトモエ学園と小林宗作校長の生き生きした姿が描き出されていた。体験的教育論というものの特徴であるが、体験した本人の見方や証言は絶対的な力をもつ。黒柳さんの描く小林校長は本当に偉大な人物であった。小林校長の研究書としては、佐野和彦(1985)の『小林宗作抄伝』が貴重な小林像を提起しているが、その描く視点は黒柳さんと共通性があり、校長への共感的な態度で書かれている(10)。大変興味深いのは、佐野は自身の専門である音楽の世界から小林宗作という人物及びその教え子をずっと追っていたが、そのトモエ学園の卒業生の一人で小林校長から絶大なる影響を受けた人が、佐野が担当していた番組「徹子の部屋」の黒柳徹子であることを長い間知らずにいたという経緯である。佐野と黒柳はともに同じ人物に共感し影響を受けていたにもかかわらず、それ自体に長い間気づかずにいて、同じ番組を協同で作り上げるというプロセスを歩む。その経過は佐野の著書のはじめに、黒柳が文章を寄せていることに詳しい。佐野は、黒柳の体験的教育論とは異なり、多くの歴史史料を駆使しながら、当時の小林宗作という人物とトモエ学園の実像に迫ろうとしている。断っておくが、筆者は佐野の著作の方が、体験的教育論である黒柳の著作よりも優れているとは考えていない。むしろ、小林に直接影響を受け、小林と同時代を生き抜いた黒柳の生き方・考え方をだれも否定できない。歴史研究は、その「当事者」の体験的教育論である「証言」の真実を踏まえながら、当時の時代状況の中に、その「証言」を位置づけ直す作業であるといえる。

小林宗作研究の代表的ものとして、小林恵子(1978)「リトミックを導入した草創期の成城幼稚園―小林宗作の幼児教育を中心に―」と、福元真由美(2004)「1920－30 年代の成城幼稚園における保育の位相―小林宗作のリズムによる教育を中心に―」の 2 つがあげられよう(11)。両者とも成城幼稚園の研究の中で、小林宗作に焦点をあてている。筆者はむしろトモエ学園の小林宗作像からその実践を検討したいと考えた。黒柳の描く生き生きした小林宗作像を中心に据えてトモエ学園の実践を考えることが、今日の教育の課題に迫る意味を持つからである。しかしながら、時間的制約もあり、トモエ学園の関係史科を収集することが困難である。戦争で焼失したということで、歴史史料が残されていないということも考えられる。以下の論述では、「トモエ学園の実践から学ぶ」として、筆者のトモエ学園のとらえ方を語ることで、本稿の課題に迫ることにする。教育実践の歴史的アプローチの一つの事例としてトモエ学園を取り上げて考えてみたい。

### (2)トモエ学園の実践から学ぶもの

『窓ぎわのトットちゃん』の最初の扉に「この本を、亡き、小林宗作先生に捧げます」とあるように、黒柳の小林校長に対する熱い思いがストレートに表現されている。全部で 61 に及ぶお話のすべての場面が生き生きと描写され、トットちゃんとほかの子どもたちと小林校長の交流が描かれている。「君は、ほんとうはいい子なんだよ」という小林校長の言葉に支えられて、今の自分があると黒柳は述懐している。この本をテレビや映画で制作したいという申し込みが黒柳のもとに届けられたが、黒柳はすべてを断った。しかし、音楽ならば、聞く人の心の中で自由にその人なりのトモエ学園や小林校長の姿を描くことができると考えて黒柳は承諾した。1982年4月3日・4日に、東京で新星日本交響楽団による音楽物語「窓ぎわのトットちゃん」が演奏された。61のお話の中から、比較的音楽で描きやすい場面が選択され、ナレーションは黒柳自身が担当した。この生演奏がLPレコードに録音され、筆者はこのLPレコードで聴くことができたが、聴衆である子どもたちや大人たちの感動と共感の生音声も一緒に入っている。特に演奏の最後に、ナレーションの黒柳が、「君は本当はいい子なんだよ」と言い続けてくれた小林校長のような人に誰でもあえていたら、今の子どもたちはつらい人生を送ることはないのではないか、という言葉を涙ながらに語る場面では、会場が大きな感動の渦となり、拍手が鳴りやまなかった。

トモエ学園には、当時の戦争中という制約された時代状況であるが、障がいを持った子どもたちが入学していた。黒柳の著作では、随所にその障がいをもった子どもとの交流の場面が描かれている。「プール」「大冒険」「高橋君」「しっぽ」「泰明ちゃんが死んだ」など、いくつもの場面で障がいをもった子どもたちが登場する。黒柳徹子という個性もあると考えられるが、何にでも興味をもち何にでも感動する少女の障がい児をみる目の温かさを感じる。小児麻痺の泰明ちゃんをトモエの木に登らせる場面が音楽に登場する(「大冒険」)。音楽でも、その場面は非常に危険な場面であることが伝わる演奏であり、トットちゃんと泰明ちゃんの2人が困難な課題にチャレンジしようとする意気込みが緊迫感とともに聴くものに迫ってくる。ナレーションの黒柳は、ようやく木の上で対面できた二人の感動を、涙ながら伝えている。圧巻である。

黒柳自身も地元の公立小学校に居づらくなり、私立のトモエ学園に転校したいきさつがあるが、いわゆる「普通」の子どもではなかったようである。その個性的で特徴的な少女を、小林校長は初対面で4時間もお話につきあったと書かれている(「校長先生」)。この小林の子どもに向き合う姿勢は、障がいがあるなしに関わらず、どんな人とも向き合う教育者としての原点を示していると考えられる。今でこそ、LDやADHDなどと軽度発達障害の子どもたちのことが話題になるが、そのような子どもたちは昔から存在したのではないか。医学や学問が発達し、あらゆる子どもたちの発達する権利や学ぶ権利を保障する流れの中で、近年「気がかりな子ども」のことが焦点化してきたように考えられるが[(12)]。その原点ともいえる事例が、すでにトモエ学園にあったと考えられないであろうか。

トモエ学園は様々な課題を現代の私たちに投げかけてくれる。前述した障がいをもった子どもたちとの関係については、今で言うインクルージョンの考え方に通じる実践であろう。また、入学してくる様々な子どもたちのひとり一人と正面から向き合い、ひとり一人の個性を尊重しのばすという基本的姿勢を小林校長は貫き、同僚の教師たちも基本的に同じ姿勢をもったと想像される。黒柳の著作以外に、トモエ学園の卒業生によって書かれたもうひとつの著作がある（野村健二『トモエ学園の仲間たち』1983）(13)。この本でもトモエ学園の具体的実践や授業・教師などについて、黒柳が描いていない場面が多くみられ、大変興味深い。

さて、『小林宗作抄伝』によれば、小林自身が大正期に大正新教育の実践にふれ、成城幼稚園という実践の場を与えられ、リトミックの生みの親であるダルクローズに師事してリトミックを学び、日本に紹介したという経歴をもつ。それら青年教師時代に新しい革新教育に触れ、自ら試行錯誤しながら実践を積み上げていったことが土台となって、44 歳でトモエ学園を創立したのである。従って、トモエ学園も小林宗作も大正新教育が生み出した結晶といえる。

トモエ学園の限界というか、時代的制約の中で考えるべき点がいくつか指摘できる。私立学校という制約から授業料を払える階層の子どもしか入学できなかったことが想定される。トモエのような自由な教育が一般の公立小学校で実現してほしいと筆者は考えるが、戦争中の厳しい時代状況ではまず不可能であり、ある程度裕福な家庭の子どもたちに開かれた学校という制約は否定できないであろう。もう一つは戦争との関係である。黒柳の著作の中でも、戦争との関連を示す場面がいくつか登場する。朝鮮人のマサオくん、出征のこと、軍歌のこと、バイオリニストのお父さんが軍歌を弾かなかったこと、等々。佐野の著作によると、小林校長は軍部ににらまれるとつぶされる危険性も意識して、自身の意図とは別に経営上うまく軍部とつながりをつけていたようである(14)。実際の場面については史料がないので想像でしかないが、小林の理念・考え方からいけば、戦争には賛成ではなかったと推測できる。

卒業生の進路については、黒柳の著作の最後に何人かのケースが紹介されているが、その後の教育機関に進学して社会的に活躍している卒業生が多いことがわかる。黒柳もその一人であるが、その黒柳を支えたのは、小林校長以外では、当然のこと家族である。特に黒柳の著作に登場する母親は偉大である。心の中では動揺と悩みの連続であったと推察されるが、黒柳の前では堂々とした姿勢で、現実と向き合っている。この親でこの子あり、といえる。

以上、トモエ学園を取り上げて、そのいくつかの場面を紹介してきたが、そこでの教育実践の内実は、時代を超えて現代に投げかけるものは非常に大きい。佐藤学は歴史研究はマクロな視点から問題提起するだけではないか、と述べたが、むしろトモエ学園の実践には本来の教育の原点ともいえる様々な要素が豊富にちりばめられているように考えられる。そこでの教師と子どもの関係性の内実から、現代は多くのものを学ぶ必要があるのではないであろうか。歴史研究は、単にマクロな視点だけではなく、そこでの内実を問い直す中で、多くの示唆を現代に投げかけていると考えられる。

**おわりに**

本稿は2つのテーマで書かれている。教育実践の方法論的吟味とその具体的な事例としてのトモエ学園である。佐藤は、歴史研究はマクロの視点から問題を指摘するだけではないかと述べたが、トモエ学園の小林宗作校長は、現代の教育でもそのまま通用する存在感を示している。戦争中の時代に、子どもの個性や人権を尊重し、「きみは本当はいい子なんだよ」といい続けた小林の生きざまは、今の教師たちに大きな感動と展望を与えているのではないか。歴史研究は、時代は異なっても、その時代の中でどのように主体的に生きたのか、その時代の中で人と人との関係性をどのように大事にしたのか、いかにして双方向のコミュニケーションを創造したのかを明らかにすることが大事である。ただ過去の事実のみを客観的・実証的に明らかにすることだけでは、歴史研究とはいえない。研究者の主体的な問題意識・課題意識から過去の様々な歴史事象を読み取り、つなぎあわしていく作業、編み直していく作業が歴史研究である。その研究者が自身の歴史像をつくりあげること一これが歴史研究であろう。

筆者としては、教育実践の歴史的アプローチの意味を今後とも考え続けていきたい。そして、近代・現代の教育実践の歩みをとらえ、今日・未来の教育実践の構築と展望へとつないでいくことを課題としたいと考える。

## <註記>

(1) 拙稿(2004)「教育実践史研究ノート(1)―成城小学校の授業研究を事例に―」『福井大学教育地域科学部紀要　第Ⅳ部 教育科学』第60号

(2) 稲垣忠彦(1995)『明治教授理論史研究ー公教育教授定型の形成』増補版、評論社

(3) 佐藤学(1992)「教育実践の反省的批評の方法として―私の教育史研究―l（日本教育史研究会『日本教育史往来』第77号）

(4) 拙稿(2005)「福井大学の学部・大学院の実践的・臨床的取組みと教育学研究の再構築」『福井大学教育実践研究』第30号

(5) 拙稿(2004)「教育実践における学習過程の史的研究―三好得恵の「自発教育」の構造とその具体的実践の検討を通して―」『日本の教育史学』第37集、拙稿(1995)「長野県師範学校附属小『研究学級』の実践分析―探究―コミュニケーションの視点から―」『福井大学教育学部紀要』第49号、拙稿(1999)「長期にわたる総合学習実践の分析―奈良女子高等師範学校附属小学校を事例として―」『教育方法学研究』第25集

(6) 佐藤学(2005)「教育実践の歴史的研究」(秋田喜代美·恒吉僚子・佐藤学編『教育研究のメソドロジーー学校参加型マインドへのいざない』東京大学出版会)

(7) 前掲、拙稿(2004)「教育実践における学習過程の史的研究―三好得恵の『自発教育』の構造とその具体的実践の検討を通して―」49-50頁

(8) 浅井幸子(2005)「コラム―過去の教育実践を読む」(前掲、秋田喜代美·恒吉僚子·佐藤学編『教育研究のメソドロジー―学校参加型マインドへのいざない』)

(9) 黒柳徹子(1981)『窓ぎわのトットちゃん』講談社

(10) 佐野和彦(1985)『小林宗作抄伝』話の特集

(11) 小林恵子(1978)「リトミックを導入した草創期の成城幼稚園―小林宗作の幼児教育を中心に―」国立音楽大学『研究紀要』第13集、福元真由美(2004)「1920－30年代の成城幼稚園における保育の位相―小林宗作のリズムによる教育を中心に―」日本乳幼児教育学会『乳幼児教育学研究』第13号

(12) 中村圭佐・氏家靖浩編著(2003)『教室の中の気がかりな子』朱鷺書房

(13) 野村健二(1983)『トモエ学園の仲間たち』三修社

(14) 前掲、佐野和彦（1985)『小林宗作妙伝』243－249頁

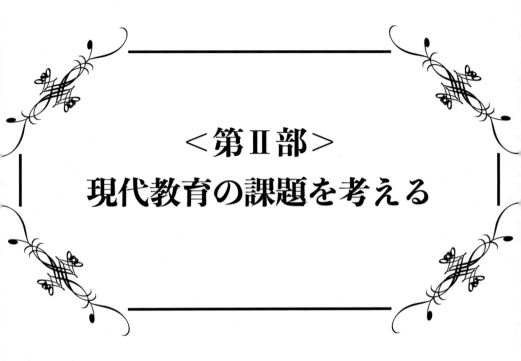

# ＜第Ⅱ部＞
# 現代教育の課題を考える

# 1

# 福井大学の学部・大学院改革の展開

# (1) 地域と協働する実践的教員養成プロジェクトの構想と実践
## ―小・中学生と学生との協働プロジェクト「探求ネットワーク」―

### はじめに

今日教育をめぐる諸問題はますます複雑化し、教育の担い手である教師・保護者・地域等の協働がよりいっそう重要となってきている。いじめ・不登校・児童虐待等の諸現象、LD・ADHD・高機能自閉症などの軽度発達障害の子どもたちへの支援、学力の国際比較にみる「低学力」問題、教師の精神的疲労感と早期退職現象、若い母親の子育てに伴う様々な苦悩など、子どもの世界だけではなく、教師や保護者をも含めて、様々な教育問題が顕在化している。これらの教育問題・教育課題に正面から取り組み解決していく実践的力量を身に付けた教師がますます不可欠な時代となってきたといえる。このような教師の専門職としての力量形成の課題は深くて重い。

このような課題の中心的な担い手の一つである教員養成系大学・学部の使命はますます緊急性を帯びてきている。なぜ教員養成学部が存在するのか。戦前の教員養成の閉鎖制議論ではなく、戦後の開放制原則に立った教師の専門性・専門職性の議論が今こそ鋭く問われている時期はないといえる。現在、文部科学省より教員養成における教職専門職大学院の構想が提起されている。現在の教員養成の修士課程大学院のあり方を問い直し改革する必要性は、学部 4 年間の教員養成カリキュラムの改革と同時に重要といえるが、今まで本格的に手をつけてこなかった領域である。日本教育大学協会（教大協）が教員養成系大学・学部 4 年間の実践的なカリキュラムの再検討を行い、2004 年 3 月に「コア・カリキュラム」として報告書を提出した[(1)]。これらの議論を踏まえつつ、21 世紀の教員養成系大学・学部の 4 年間と大学院修士課程 2 年間をつなぐ実践的なカリキュラムのあり方を構想・構築し、実践するべき時期にきていると考える。

本稿は、それらを考える一つの実践事例として、福井大学（以下、本学という）で取り組んでいる地域と協働する実践的教員養成プロジェクト「小学生・中学生のための探求ネットワーク」（以下「探求ネットワーク」と略す）を紹介したい。このプロジェクトは、1995（平成 7)年度から本学の公開講座として開始され、1998

(平成 10)年度からは文部科学省フレンドシップ事業として継続･発展され、2004 (平成 16)年度で 10 年目を迎えた。「探求ネットワーク」には 3 つの目的がある。第 1 に、参加する小・中学生にとっては、学校五日制の土曜日休みを活用して 5 月から 12 月までの 8 ヶ月間、自ら様々な体験活動に参加していく中で、探求する力、表現する力、問題を解決していく力などを獲得すること。第 2 に、将来教師を志望している学生にとっては、入学した 1 年次から子どもたちと長期にわたり探求的・体験的活動を構想・構築し実践できること。第 3 には、教員養成の大学・学部にとっては学部 4 年間のカリキュラムの中に位置づけ、3 年・4 年の教育実習にもつながる実践的な力量形成の土台を形成するプロジェクトと捉えていること、の 3 点である(2)。

## 1　学部としての実践的教員養成プロジェクトの位置づけ

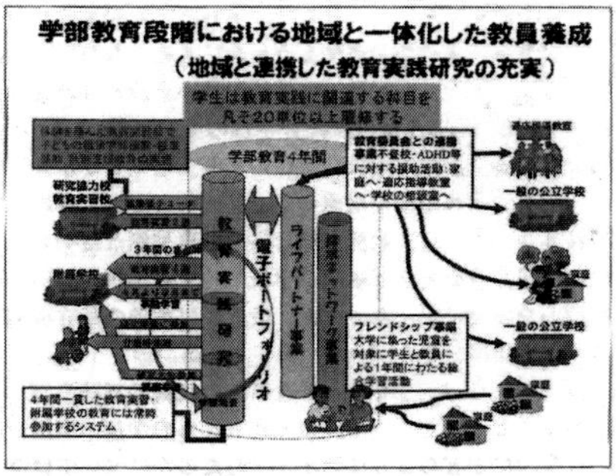


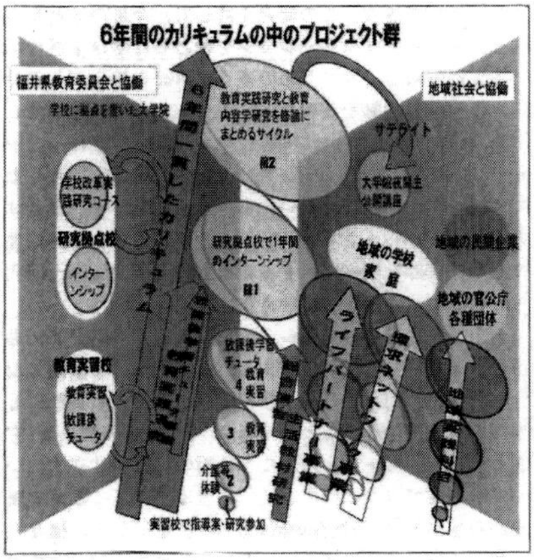


本学の実践的教員養成プロジェクトは、そもそも二つの柱で構想され実践されてきている。本稿で紹介する「探求ネットワーク」はその一つであり、もう一つは市町村の教育委員会と協働して学生たちを不登校の子どもたちのもとに派遣するライフパートナー事業であり、この事業も 1994 (平成 6)年度から始まり、2004 (平成 16)年度で 11 年目を迎えている。右図を参照願いたいが、この二つのプロジェクトは 1999 年度の学部改組の時に新たな授業科目として位置づけ、「探求ネットワーク」は 1 年生前期の「総合学習研究」(2 単位・選択)、1 年生後期の「学習過程研究」(2 単位・選択)、2 年次もそれぞれ積み上げ受講が可能な授業科目（選択）とした。他方、「ライフパートナー」は

2年生前期・後期の必修科目「学校教育相談研究」（前期2単位・後期2単位）として授業科目の中に位置づけられている。本学部は教員養成コースの学生定員100名、非教員養成コースの学生定員60名である。ここで、本稿で紹介する「探求ネットワーク」と授業科目との関連について少し詳しく説明しておきたい。

この「探求ネットワーク」は教員養成コースの学生が参加しているが、単位とは無関係のボランティア活動ではなく、むしろ学部の専門の授業科目として積極的に位置づけられている。この授業の受講を希望する学生は、「探求ネットワーク」に参加するか、講義形式の教室での授業のどちらかを選択することになる。「探求ネットワーク」に参加する学生は教室での授業（「総合学習研究」の講義）への参加が免除される。従って、1・2年生が2年間継続して「探求ネットワーク」に参加すれば、前期4単位、後期4単位まで取得することができる。実際の活動時間や活動形態を考えると、週1回の講義形式の授業の方が物理的・精神的にはるかに楽であり、「探求ネットワーク」参加による負担はかなり大きいが、学生たちは子どもたちと一緒に活動することにやりがいを感じている。継続して参加する学生たちが増加すると、上学年の学生が下学年の学生に活動の組み立てや工夫を伝えていくという世代継承のサイクルが成立してくる。2004年度でも2〜4年生の参加は多く、ほとんどのプロジェクトの中心的担い手として1年生をリードしている。

これらの学生たちの実践的・体験的な活動が3年生の主免実習(4週間)、4年生の副免実習(2週間）に発展的につながるように4年間の実践的なカリキュラムを構想し実践している。つまり、教育実習・介護等体験・附属学校参観などを中心とした4年間継続の教育実践研究、大学教員が小・中学校にでかけ、学校の課題を取り上げる大学院学校改革実践研究コースなどのプロジェクト群とネットワークをなして実践されている。さらに、教員養成ではない2つの課程（地域文化課程と地域社会課程）での地域ボランティアや児童館での活動、行政評価への参加等とも連動し、学部全体としての地域での協働並びに学生の実践的力量形成への効果をあげてきている。

## 2 「探求ネットワーク」10年の歩み

### (1) 1年目の出発

1995（平成7)年4月に活動が開始されたが、そのための私たち教員と学生との準備の話し合いでは、今の小・中学校では子どもたちが主体となって活動を創りあげていく体験が少ないことや、毎月 2 回の土曜休みを活用して子どもたちに様々な体験をしてほしいことなどを考えた。呼びかけ文では、「自分たちで話し合って　つくりあげて＜なかま＞と味わい合ったり　ひろく伝えたり　けっして楽じゃないけど　だからこそ『やったー！！』って　よろこびあえるような　そんな活動　やりたいね」と小・中学生向けのわかりやすい文章でアピールした。そして、私たちが求める学ぶ力として、「自分たち自身で考え、話し合い、協力して、これまでには願望でしかなかった広いコミュニケーション空間のなかで、よりゆたかな共同社会を作り上げていく」力を期待し、さらに「ものごとをつきつめて探求していく力。自分の調べたこと・考えたこと・感じたことを、より多くの人たちと分かちあえるように表現していく力。話し合い協力して、時間を要し、技を必要とする活動を創っていく力。そしてそれらすべてを互いに調整しあって運営していく自治の力」を構想した。ここで提起されている学力は、従来の課題—達成—評価型の学力ではなく、それらを根本から転換させる主題—探究—表現型の学力といえる。そして福井大学で蓄積してきている学びのネットワークについて紹介している。つまり、「全国各地の学校でも、新しい学習への意欲的な実践と研究がすすみつつあり、私たちも積極的にそうした学校を訪ねながら、探求を続けてきています。／探求ネットワークはそうしたこれまでの取り組みをふまえながら、実際に子どもたちといっしょに、新しい探求の実践とその交流ネットワークを作っていこうとするプロジェクトです」(3)

### (2)10 年間のプロジェクト活動の展開

10 年間の各プロジェクトの展開図は次頁の通りである。

1995 年度（人形劇･原始人・昔遊び・パン作り・恐竜博士・りか工作）
1996 年度（人形劇・インターネット・楽器づくり･生活・科学）
1997 年度（人形劇・ザワールド・自然・報道）
1998 年度（人形劇・ザワールド・自然・報道）
1999 年度（人形劇・ワールド・紙すき・気球・デコボコ）
2000 年度（人形劇･もぐもぐ・紙すき・気球･デコボコ冒険・歴史探検）
2001 年度（人形劇･もぐもぐ・紙すき・気球・デコボコ冒険・歴史探検）

2002 年度（人形劇·もぐもぐ・紙すき・気球・デコボコ冒険・歴史探検·FFC）
2003 年度（人形劇·もぐもぐ・紙すき・気球・デコボコ冒険・歴史探検·FFC）
2004 年度（人形劇·もぐもく・紙すき・気球・ナチュラルクッキングパラダイス·それいけ探検隊・キャンプ工房・歴史探検·FFC）

＜10年間の各ブロックの展開図＞

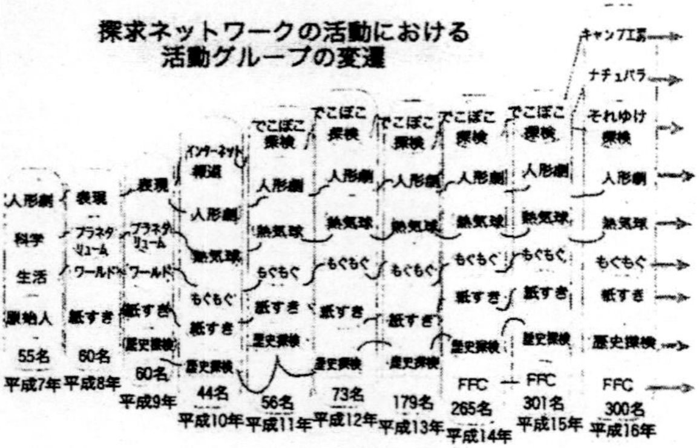


この展開をみると、10 年間継続されているのは人形劇だけであり、その他のプロジェクトは 1 年間の活動を省察し翌年度への展望を描く中で、修正や変更、中止という選択も行われてきた。10 年目の 2004 年度は 9 つのプロジェクトが活動している。子どもと学生の参加人数をみると、1 年目は子ども 50 人台、学生 10 人台という少規模であるが、学部カリキュラムに正式に位置づけられた 1999 年度には子ども・学生ともに約 50 人、その後次第に増加し 2001 年度には子ども 200 人弱、学生約 50 人、2004 年度には子ども 250 人、学生 150 人という大規模になってきている。学部の新入生 100 名のうち約 70 名程度は活動に参加し、その 1 年生を 2～4 年生が支えているという構造になっている。

このプロジェクト編成で特徴的なのは、第 1 に 2002 年度から障害をもった子どもたちを対象とした FFC（ふれあいフレンドクラブ）を立ち上げたことである。この FFC の基本的な考え方は、「探求ネットワーク」という子どもたち主体の活動は障害がある・なしに関わらず子どもたちが活動に参加して協働してつくりあげる醍醐味を味わうことであり、インクルージョンの考え方を踏まえれば、「探求ネットワーク」そのものが障害児も含んだ組織形態になることが理想ではないかということである。FFCは2004年度で3年目に入っているが、当初のスタッフは障害児教育を専門とする学生が多かったが、3 年目は障害児教育の学生だけではなく、その他の様々な専門の学生も参加して障害を持つ子どもたちと触れ合っている。第2は、2004年度にそれまで子どもの人数が最大規模のデコボコ冒険ブロックを子どもたち一人ひとりの願いに応えられるように 3 つのブロック（ナチュラルクッキングパラダイス·それいけ探検隊・わくわくキャンプ工房）に再編分割したことである。

以上のプロジェクト活動を支えるシステムとして考え出されてきたのは係活動である。現在の係として運営係・会計係・「わーい」係・広報係という 4 つがあるが、運営係は「探求ネットワーク」全体の計画や運営を担当する係、会計係は財政面での計画・執行係、「わーい」係は毎回の活動をデジタルカメラで撮影して次回の活動日に一つの冊子（機関誌紙『わーい』）にして子どもたちに配布する係、広報係はマスコミや県内の教育機関に「探求ネットワーク」の宣伝・広報をする係である。この4つの係を各プロジェクトから選出されたメンバーが協力して担う。この係活動によって、各プロジェクトがバラバラになることを防いでいるともいえる。とくに活動全体をつなぐ役割を果たしているのは、「わーい」係である。「わーい」係は毎回の活動を冊子として次回に必ず子どもたちに配布して活動の継続性を持たせている。7 月の「ミニなかまつり」や 12 月の「なかまつり」では特集増補版を発行して、5 月からの活動を振り返りながら 12 月の最終発表会を迎える準備をする。この活動をつないでいく『わーい』という記録の継続性は非常に大きな意味をもち、子どもだけではなく保護者にとっても「探求ネットワーク」が全体として何を目指し何をしているのかを、明確に伝えていく役割を果たしている。

### (3) 1年間の活動サイクル―第1サイクルから第6サイクルまで―

活動は基本的に毎月第2·第4土曜日の午前中(8時30分から11時30分）に行われ、5月の第2土曜日から12月の第2土曜日までの8ヶ月間が3つのサイクルで構成される。

第1サイクル（春のサイクル）では、「新しいなかまと活動を始めよう！」というテーマのもと、5月から7月までの第2・第4土曜日が活動日である。ただし、

7月は第2土曜日を「ミニなかまつり」と呼び、第1サイクルの中間まとめの発表会として位置づけ、この日で第1サイクルを終了する。第2サイクル（夏のサイクル）では、「夏の旅・夏の冒険！」というテーマで、プロジェクトごとに「まち」や「山」に飛び出し2泊3日程度の旅（キャンプ）を実施している。この夏の報告会は9月第2土曜日に学部2年生を中心に企画運営がなされ実施される(3年生は教育実習のため不在)。第3サイクル（秋のサイクル）では、10月の第2土曜日から12月の第2土曜日までで､「みんなの活動を紹介しあう『なかまつり』」というテーマで活動される。このサイクルは12月の第1日曜日に附属小学校を会場にして実施される最終まとめの「なかまつり」（仲間と祭りの合成語）に向けての8ヶ月間の集大成の期間である。

以上の3つのサイクルで構成されたプロジェクトへの子どもたちの募集は、原則的に8ヶ月間の3つのサイクルに継続して参加できることを条件にして行われる。これらの3つのサイクルの過程で、様々な小・中学校から参加する子どもたちは、経験者の子どもたちや学生スタッフのサポートを受けながら、探究する力や表現する力、コミュニケーションする力を獲得して、成長・発達していく。子どもたちの中には10年間の歴史の中で、小・中・高校と継続して参加し経験者スタッフとして後輩の子どもにアドバイスをし活動を支えている子どもも出現し、子ども間の世代継承サイクルが生まれている。一方、子どもたちだけではなく、この活動に参加する学生たちも先輩から後輩への助言・アドバイスという世代継承サイクルの中で成長していくのである。

以上の3サイクルで子どもたちとの活動は終止符をうつが、その後学生たちにとっては独自の学びのサイクルである第4サイクルから第6サイクルがある。第4サイクル（ふりかえりのサイクル）は、12月の最後の閉講式から翌年の2月のスタッフによる報告会までの期間である。ここで学生たちは、各ブロックや各係の報告書を作ることに全力を注ぐ。第5サイクル（研究のサイ

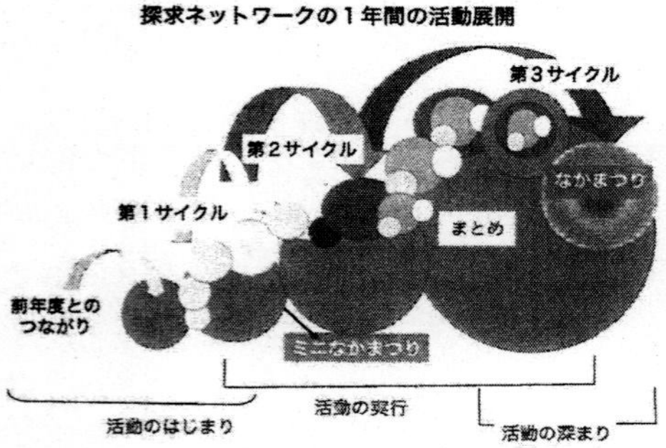

クル）は2月の報告会から3月に本学で行われるラウンドテーブルまでの時期である。ラウンドテーブルは文部科学省のフレンドシップ事業に取り組んでいる他大学の学生たちとお互いの実践について交流し語り合う場である。最後の第6サイクル（第0サイクルでもある計画・準備のサイクル）は、3月のラウンドテーブル以降、4月の新たな学生スタッフ募集や子どもたちの募集という「探求ネットワーク」開始に向けての時期である。

以上の6つのサイクルは、学生スタッフが活動をつくり省察していくためには不可欠のサイクルといえる。では、以下に具体的な事例を通して地域と協働する実践的教員養成プロジェクトの実際を語っていきたい。

### 3 「探求ネットワーク」の実践分析－一つのプロジェクトを事例として－

#### (1)分析の視点

子どもたちの学びや活動を見ていく場合、できるだけ長いスパンの時間的経過の中で、子どもたちの探究活動や表現・コミュニケーション活動を見ていくことが望ましいといえる。私たちは共同研究をしていく過程で、活動を創っていくプロセスを、発意一構想・構築一実践一省察一発意というスパイラルで見ていくことが重要であることを様々な場で強調してきた。デューイの活動の省察サイクルを参考にし、ショーンの提唱する「省察的実践」の視点も組み入れて、活動を振り返り、次への見通しや展望を描いていくというスパイラルの活動サイクルやステップを構想してきた。学校の教育実践でいえば、長野県伊那小学校の総合学習や、戦前の奈良女子高等師範学校附属小学校の長期にわたる実践、さらには本学の附属中学校の実践分析などに、この枠組みを使いながら検討してきた[(4)]。さらに、最近翻訳が出された『コミュニティ・オブ・プラクティス』で展開されているコミュニティの生成･発展とそこで展開されている学習論を手がかりに考えている[(5)]。本書は、ジーン・レイブとの共著で有名な『状況に埋め込まれた学習』（産業図書、1993)を書いたエティエンヌ・ウエンガーほか2人による共同作品である。本書によれば、実践コミュニティとは、「あるテーマに関する関心や問題、熱意などを共有し、その分野の知識や技能を、持続的な相互交流を通じて深めていく集団」である（『コミュニティ・オブ・プラクティス』33頁)。実践コミュニティの発展段階について、「コミュニティは他の生き物と同じように、完成した状態で生まれてくるのではなく、誕生、成長、死、という自然のサイクルを経験する」（同前 115 頁）として、5 つの段階を提起している。つまり、「潜在、結託、成熟、維持・向上、変容」であり（同前）、「実践コミュニティは、将来的に結びつきを強め、組織のより重要な一部になる可能性を秘めた、緩やかなネットワークとして始まることが多い。メンバーはコネクションを築くうちに、一つのコミュニティとしてまとまるようになる。コミュニティは一旦成立すると、通常はメンバーの人数とメンバーが共有する知識の深さの両面で、成長していく。成熟したコミュニティは、他の生き物と同様、活動レベルが周期的に上下する。この段階のコミュニティは、共有する知識や実践を積極的に世話し、意識的に作り出すことが多い」（同前 116 頁）。

「探求ネットワーク」の 10 年を振り返ると、一つの大きなプロジェクトでありコミュニティでもあったといえる。当初の目的が次第にふくらみ参加人数も飛躍的に増加し大規模となってきているこの 10 年間の活動の展開過程を、本書の視点から学びながら、一つの試論として分析してみたい[(6)]。

**(2)一つの実践事例―「もぐもぐブロック」の歴史的省察**

本稿は、学生が主体となってまとめた報告書『共同探求者を育むプロセス 3―子どもたちとの長期にわたる活動から見えてくる探求的学び―』（総合学習研究探求ネットワーク 2003 活動報告書 2004.03.09、以下『報告書』という）を手がかりに省察する。9 つのプロジェクトの中から、特に筆者が継続して深く関わってきた料理を主体としたプロジェクト「もぐもぐブロック」を取り上げたい。「もぐもぐブロック」の名称は、1995 年度「パンを作ろうグループ」、1996 年度「生活ブロック」、1997 年度「ザ・ワールドブロック」、1998 年度「ザ・ワールドブロック」、1999 年度「ワールドブロック」、2000～2002 年度「もぐもぐブロック」という変遷である。前述した分析視点の発展段階で考えると、「潜在」の時期が 1995～1996 年度で試行錯誤しながら料理にこだわっている時期、「結託」の時期が名前をワールドにした 1997～1999 年度の 3 年間で、世界や国際化に目を向けて料理も含めて様々な国の文化に触れた時期、そして「成熟」の段階が「もぐもぐブロック」という料理にテーマを焦点化させた 2000 年度以降の時期であると考えられる。コミュニティとしては「維持・向上」「変容」段階にはまだ至っていないと考えられるので、以下では 3 つの段階について分析を加えていきたい。

**①　「潜在」の段階―「食べる」をテーマにする―(1995・1996 年度)**

この時期のコミュニティの課題は、「メンバーの間に十分な共通点を見出すことであ」り、「他の人々も自分と同じような問題に直面し、同じテーマについて情熱を持ち、提供できるデータやツール、手法を持ち、互いに学び合える貴重な洞察を持っている」ことにあるとしている(『コミュニティ・オブ・プラクティス』119 頁)。また、コミュニティの「初期設計を作る」ことが大事であり、「活動範囲やホットなテーマ、役割、知識共有プロセスの説明、そして主要メンバーの氏名」などが初期設計には含まれるとしている（同前 130~131 頁)。1995 年度の活動開始の時期は、「もぐもぐブロック」だけではなく全てのブロックが試行錯誤の連続であり、どのようなテーマで活動するのか、参加した子どもたちと学生が相談しながら進めていた「潜在」の時期であったといえる。

1995 年度は現在の「もぐもぐブロック」のように、テーマを一つに絞り込んで活動をしていた。年間の流れとしては、スタッフが用意したパンの生地を焼くことから始まり、自分たちでパン作りの計画を立てて 4 つの班に分かれてパン作りを行った。夏のキャンプ活動を利用してパン屋に見学に行ったり、作り方のコツを教えてもらった活動や、秋の活動からは、自分たちのオリジナルのパンを作るという目標を掲げて、何度も作り直して、最後は一番おいしいパンを作ることができたようである。この初年度の活動はすでに、何度も振り返り、作り直していたことで、「もぐもぐブロックの原点」(『報告書』188 頁）と高く評価されている。「潜在」の時期であるが、スタッフの学生たちが素朴にパンを作る、パンを焼くということにこだわった活動が充実して展開されたように考えられる。

翌 1996 年度は名称を「生活ブロック」としたが、「作って食べよう」というテーマは継続していった。前年度とは違って、一つの素材だけではなく複数のメニューに挑戦した年であった。大学の畑を活用してサツマイモやとうもろこしを栽培し、フルーツ大福、クレープ、スイートポテト、クッキーなどを作った。グループでの活動や話し合いも充実していたようであるが、毎回の小さな活動を振り返りながら、次へ積み重ねていくというサイクルよりも、大きなイベントに向けてテーマを考えるという活動サイクルであったことが『報告書』では指摘されている(189 頁)。

**②　「結託」の段階―ワールド（世界）に目を向ける―(1997・1998・1999 年度)**

「結託」という訳語の原語は coalescing であるが、ここでは「メンバー間の結びつきや信頼を築き、共通の関心や必要性に対する認識を高めるような活動を行うこと」とされ、「実践にまつわる厄介な問題について話し合うために必要な、強い結びつきと信頼関係を築くこと、この段階でもっとも重要なのは、信頼関係である」と説明されている（『コミュニティ・オブ・プラクティス』135 頁）。そして、「どのような知識がもっとも重要で価値があるかを探りながら、アイデアや洞察や実践を共有すること」（同前 143 頁）が大事とされている。

1997〜1999 年度の 3 年間はワールド（世界）に目を向けた活動であった。それまでの 2 年間の「食べる」や「料理」に焦点化された活動を受け継ぎつつ、福井大学の留学生のサポートも受けながら、世界の文化に触れながら様々な世界の料理に挑戦しようというねらいで活動が展開されたといえる。今の子どもたちは日常的に世界に目を向ける機会が少ない。子どもたちの食生活には外国からの食材が豊富にあるにもかかわらず、それらを通して改めて世界に目を向けるという発想にはなかなかならない。福井大学には、中国や韓国、マレーシアなどのアジア系諸国やドイツ、アメリカなどの欧米諸国からの留学生が多数留学している。学生たちスタッフの中にも、留学生を友だちとしているケースも多い。これらのつながりを活かしたテーマとして「ワールド」が考えられたのである。

1997 年度はワールドにテーマを据えた 1 年目ということもあり、必ずしも料理だけに絞るのではなく、世界各国の文化や子どもの遊びなどについて国際交流会館や図書館へ行って調べた。秋のお祭りに向けては、男子がグリーンカレーとチキンカレー、女子が中華がゆを作ったが、全体的な流れとしては「食」を中心テーマに据えて繰り返すという活動ではなかったという反省がなされている。

1998 年度は、前年度の反省を生かして「レストラン作り」を最終目標にしたようである。今期から学生スタッフが料理を決めてしまうのではなく、子どもたちとの話し合いの中で、料理や食材、必要な道具について決めることができるようになった。春のサイクルではサンドイッチ・クレープ・プリン・ゼリー・冷凍チョコレートを作ったが、秋のサイクルでは協力してくれる留学生の関係でアジアの料理が中心となった。一方、子どもたちのグループ分けについても同じ学校だけではなく、いろいろな学校の子どもたちが混じったグループ編成を工夫したようである。

1999 年度は前年度の主要なスタッフが様々な事情でやめてしまった関係で、以前ワールドに関わっていた学生に協力依頼を行って出発した。学生は意欲的に準備を始めたが、料理を中心テーマに据えるのではなく、料理・ゲーム・音楽という3つの柱で1年間の活動を構想したことで、子どもたちにとっての「料理をつくり食べる」という継続的な関心が持続しないという問題も発生した。

この3年間は、「結託」という時期で、いろいろな活動にチャレンジした時期であったが、「ワールド」というテーマに、ある意味で翻弄されたが、最終的には「料理」という原点に戻った時期であったといえよう。

**③　「成熟」の段階―「食べる」に焦点化されたテーマ設定―(2000～2003年度)**

この段階の課題は、「アイデアや洞察を共有することから、コミュニティの知識を体系化し、知識の世話人としての役割を真剣に受け止めることへと変わっていく。メンバーがコミュニティについての理解を深めるにつれ、コア・メンバーはコミュニティ内部にある知識の格差に気付き、知識の最前線がどこにあるかを知るようになり、より体系的なやり方でコミュニティの中核的な実践を定義する必要を感じ始めることが多い」(『コミュニティ・オブ・プラクティス』153頁)。そして、「この段階のコミュニティは、新しいメンバーを受け入れることと、最先端の問題や専門家同士の相互交流という関心事に集中することの間に、しばしば強いせめぎ合いを感じる」として、「集中と拡大」という相反する緊張関係を内包した段階として意味づけられている（同前154頁)。

2000年度はブロック名を「ワールド」から「もぐもぐ」に変えたように大きな転換を行った年度である。中心的な2年生スタッフのリーダーシップの下に、「繰り返しによる料理の深まり」「生活に根ざした活動」「子どもたち自身による計画と活動」という大きな3つの目標を設定して活動が始められた。この3つはいずれも毎年課題となりながら、なかなか実現できなかった課題であったが、この年はスタッフの合意のもとに、意識的に追究する課題として提起された。(『報告書』195頁)。そして、今まではスタッフ主導で料理を考えてきた活動から、子ども主導で考えることができたことについて「飛躍的に進歩した」と高い評価がなされている（『報告書』196頁)。

2001年度は引き続きリーダーシップを発揮した3年生スタッフを中心として多様な活動が展開された。ゲストティーチャーの協力を得ての畑活動や田植えなどの実施、及び食材へのこだわりなど新たな展開もみられた。またお菓子を作る活動を通して、本物のお菓子屋さんへインタビューに行くという従来の枠を超えた活動にもチャレンジしたようである。

2002年度は「身近な料理」というテーマを設定したが、それは子どもたちが本当に作りたい料理は何か、またブロックでの成果を活かして自分の家でも作ることができるような料理は何か、について考えたからでもある。秋のサイクルでは、餃子・ピザ・スイートポテト・アイス・クッキー・ポッキー・蒸しパン・ハンバーガーの8種類に挑戦し、子どもたちにとって身近な料理が考えられた。2003年度はさらに子どもたちが自分たちの生活から発想した「お弁当」というテーマで、手作りのおいしいお弁当作りに挑戦した。

以上、2000年度からの「成熟」段階では子どもたちは、様々な料理に挑戦し、何度も繰り返して作り直し、よりおいしい料理を目指してステップアップしていたことがわかる。料理の質やレベルをあげるという「集中」と、参加するスタッフや子どもたちの拡がり（「拡大」）をどのように調整するのかが、問われた時期であったといえる。

**おわりに**

地域と協働する実践的教員養成プロジェクトとして10年の歴史を持つ「探求ネットワーク」の活動展開を見てきた。教員養成系大学・学部が直面している課題は大きいが、その中で学部4年間のカリキュラムの中に位置づけ、学生が1年次から長期にわたって小・中学生と関わり、子どもと共に探求する力、表現する力、コミュニケーションする力を獲得していくプロセスは、将来の教師に向けての実践的力量形成の基盤を形成してきていると確信している。参加する子どもたちにとっては、学校ではなかなか体験できない探究活動を、9つのプロジェクトの中で学生たちのサポートを受けながら実現していく。学校の違いを超え、また学年の違いを超えて、共同して探究活動を組み立てていく。その醍醐味を子どもたちは味わってきている。一方、参加する学生たちは学部の授業科目として登録するが、単位のためだけではとても参加しきれないハードスケジュールであり、精神的・時間的負担が大きい。しかしながら、参加する中で一人ひとりの子どもたちとかかわりを持ち、深い信頼関係で結ばれるとき、将来教師として味わうであろう醍醐味と充実感を感じていることと推察される。4年間続けて参加する学生や卒業後も時々様子を見せる先輩たちをみていると、社会人になってからも彼らの学生時代の原点として今も息づいていることを確信できる。これらの活動を一つの事例として、今後の実践的な教員養成のあり方を考える手がかりとしていきたいと考えている。

**＜注＞**

(1)日本教育大学協会「モデル・コア・カリキュラム」研究プロジェクト『教員養成の「モデル・コア・カリキュラム」の検討』2004年3月。

(2)本稿の主題についてすでに以下の論文がある。①森透・寺岡英男・柳澤昌一「小･中学生と学生との探究活動とその省察－文部科学省フレンドシップ事業『探求ネットワーク』報告－」『福井大学教育実践研究』第28号、2003、②森透・寺岡英男・柳澤昌一「長期にわたる総合学習の展開とその実践分析―福井大学『探求ネットワーク』の10年―」『福井大学教育実践研究』第29号、2004、③森透「地域と協働する実践的教員養成プロジェクト―教育COLに採択されて―」『大学と教育』第39号、東海高等教育研究所、2005。本稿は、以上の論文を踏まえて森の責任で整理・再構成したものである。「探求ネットワーク」の活動に参加している大学教員は寺岡英男（教育方法学)、柳澤昌一（生涯学習)、それに筆者（教育実践史）の3人である。本稿で引用している図表は福井大学で不登校生へ学生を派遣する「ライフ・パートナー事業」を担当している同僚・松木健一（教育心理学）の作成した資料からのものである。記して謝意を表する。

(3)毎年2月の長野県伊那小学校の研究集会には継続して学生･院生を連れて参加し、6月の富山県堀川小学校の研究集会にも都合がつく限り参加してきている。福井大学の附属学校・園とも継続して共同研究を行ってきている（附属幼稚園・小学校・中学校・養護学校)。最近まとめられた共同研究書として、福井大学附属中学校研究会著『中学校を創る―探究するコミュニティへ』東洋館出版社、2004。

(4)D.A.Schön,Reflective Practitioner: How Professional Think in Action,Basic Books,1983、佐藤学『教師というアポリア』世織書房、1997年。寺岡英男・柳澤昌一･松木健一･森透「学習―教育過程分析の方法論的基礎研究」『福井大

学教育学部紀要』第 41 号、1991。寺岡英男・柳澤昌一・流真名美「学習過程における認識発展と＜追究―コミュニケーション編成＞の展開」『福井大学教育学部紀要』第 46 号、1993。森透「長期にわたる総合学習実践の分析」『教育方法学研究』第 25 巻、1999。寺岡英男・柳澤昌一・松木健一・氏家靖浩・森透「教育改革―教師教育改革と学校―大学の共同研究の展開」『福井大学教育地域科学部紀要』第 55 号、1999。福井大学教育地域科学部附属中学校研究会『探究・創造・表現する総合的な学習―学びをネットワークする―』東洋館出版社、1999、同中学校前掲書『中学校を創る―探究するコミュニティへ―』2004 など。

(5)E.Wenger,et al.,Cultivating Communities of Practice,Harvard Business School Press,2002（櫻井祐子訳『コミュニティ・オブ・プラクティス』翔泳社、2002)。

(6)前掲、森透・寺岡英男・柳澤昌一「長期にわたる総合学習の展開とその実践分析―福井大学『探求ネットワーク』の 10 年―」(『福井大学教育実践研究』第 29 号、2004)でも「もぐもぐブロック」の 10 年を分析したが、本稿ではさらに『コミュニティ・オブ・プラクティス』の視点を明確に盛り込んだ修正・再構成を行った。

# (2) 福井大学の学部・大学院の実践的・臨床的取組みと教育学研究の再構築

福井大学は 1999 年 4 月に学部改組を行い，教育学部から教育地域科学部に再編した。そのときにカリキュラム改革を行い，いくつかの実践的な授業科目を新たに設定した。数年の歴史を持つ「ライフパートナー事業」と「探求ネットワーク」の 2 つの取組みは，このときに正規に授業科目として位置づけられた。学部改組によって臨床的なコースが新設され，筆者自身もそのコース配属になることによって，自らの学問的な基盤を問い直されることとなった。学部と大学院の在り方を問い直し，教員養成を中軸とした実践的・臨床的な中身に再編成し充実していくことは今なお緊急の継続的な課題となっている。本稿では，近い将来の専門職大学院も視野に入れながら，学部・大学院の再編の方向性と，それと密接に結びつく筆者自身の学問的基盤，つまり教育学研究の再構築について，試論的に論じることとしたい。

キーワード：実践的・臨床的取組み，教育学研究の再構築，臨床教育学

## 1，福井大学の学部再編と地域と協働するプロジェクトの実践

福井大学教育学部は 1999 年 4 月に再編され，教育学部から教育地域科学部に改組された。学生定員は 200 名から 160 名となり，学校教育課程は 100 名，ゼロ免課程（地域文化・地域社会課程）は 60 名となった。学部改組の時点でカリキュラムも大幅に改定され，実践的な力量形成を目指す授業として，教育実習を 4 年間連続したものとした「教育実践研究 I～VI」，地域の小学生を集めて毎月隔週土曜日に実施している文部科学省フレンドシップ事業「探求ネットワーク」（授業科目「総合学習研究」「学習過程研究」）[(1)]，地域の不登校の子どもたちのもとへ学生を派遣する「ライフパートナー」（授業科目「学校教育相談研究」）などが代表例としてあげられる。この 2 つの地域に根ざしたプロジェクトはすでに 1994-5 年度から開始されており，学部改組時点でカリキュラムに正規に位置づけられたといえる。2003 年度の文部科学省の教育 COL に採択されたのも，それまでの実

績が評価されたものと思われる。以上の学部改革の背景には，福井大学教育地域科学部がどのような教師教育の改革構想を持ち，どのような方向性で改革を行っていくのかについての模索がある。この間，学部教授会として3つの教授会見解をまとめたが，その中に，その具体的な提案が示されている。(2)

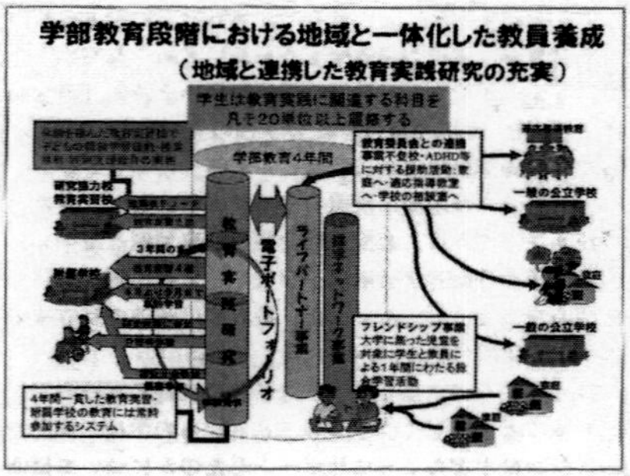


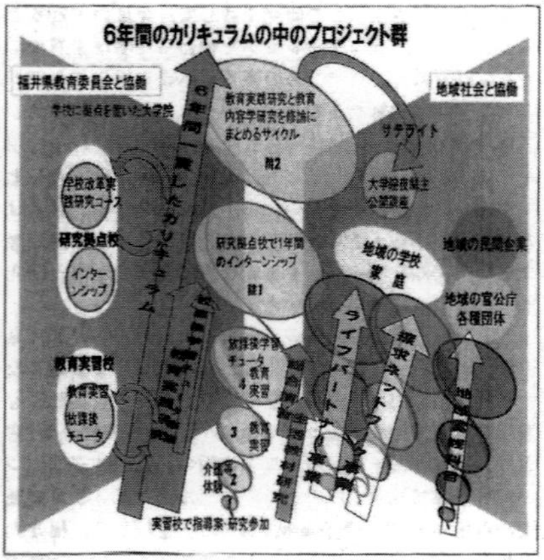


この2つの図は，同僚の松木健一（教育心理学）が作成したもので，学部改革の提案資料の中に示されているものである。探求ネットワークやライフパートナーの実践、学部・大学院も含めた6年一貫のカリキュラム，ゼロ免課程の実践的な科目の位置づけなど，地域をキーワードとした複合的学部の特徴が図にうまく表現されている。

## 2．筆者の研究の歩みと教育学研究の再構築

### (1)筆者の研究と実践の歩み

筆者は福井大学に1985年9月から勤務して今年(2005年)で20年目となるが，日本教育史を専門として院生時代は自由民権運動と教育をテーマに研究してきた。福井大学に勤務後は，教師の具体的な実践と子どもたちの意欲的な学びの実際をとらえたいと考え，研究対象を大正期から昭和期に拡げて教育実践の豊かな蓄積や遺産を研究していった。その過程で，福井県三国町の三国南小学校に，戦前の

三国尋常高等小学校の大正期から昭和期にかけての貴重な史料が保存されていることがわかり，その史料を研究することを通して，当時の三好得恵校長の「自発教育」実践の全体像を明らかにすることができた。(3) また，長野県師範学校附属小学校の「研究学級」（担任・淀川茂重）の総合学習の実践に触れ，子どもたちの追究プロセスに教師としてゆったりとかかわるケースを青年教師淀川茂重の中に見出すことができた。(4) さらに，戦前の総合学習の典型例ともいえる奈良女子高等師範学校附属小学校の「合科学習」実践にも関心を寄せていった。また，最近では戦前の私立成城小学校の実践分析も試みている。(5)

以上のように，福井県，長野県，奈良県の実践事例にふれることを通して，当時の子どもたちの学びの実際やそれを教師がどのようにサポートしたのかについて研究することができた。この研究を通して，今日の子どもたちが追究とコミュニケーションを軸とした学びを進めている実際を考えていくための多くの示唆を得ることができた。当時の教師がどのように子どもたちの興味·関心に寄り添いながら，具体的にどのような支援を行ったのかについては，今日の子どもと教師の関係性を考える上で共通するものが多いといえる。以上のように，筆者は教育史研究から，さらに具体的に教師と子どもの関係性や学びの実際を明らかにする教育実践史研究という研究分野に入り込んできたといえる。

一方で，今日総合学習の先進校である長野県伊那市立伊那小学校の公開授業に学生とともに継続して参観したり，富山県富山市立堀川小学校の「個の追究」実践にも参観を通して触れることができた。また，黒柳徹子著『窓ぎわのトットちゃん』のトモエ学園の校長小林宗作についても授業で取り上げてきている（授業科目「教育の歴史から学ぶ」「生活教育史研究」等）。並行して，福井大学教育地域科学部附属小学校での総合学習・総合活動の先駆的実践に学生と共に参加させてもらい，現在の生活科や総合的な学習につながる先進的な試みを先生方と協働してつくりあげる経験をすることができた。現在，附属学校園（幼稚園・小学校・中学校・養護学校）の研究部と大学の教員とで共同・協働研究も継続して行い，子どもたちの探究とコミュニケーションの展開を子どもの筋であとづける努力をしてきている（授業科目「学習過程研究」「生活教材研究」，大学院「教育実践研究」等）。

### (2)学部改組と筆者の研究の再構築

1999年4月教育学部から教育地域科学部と名称を変え，発達科学講座に3つのコースができた(教育実践科学コース・臨床教育科学コース・障害児教育コース)。筆者が所属する臨床教育科学コースの構成員は教育学・教育心理学・障害児心理学を専門とし，臨床的な視点からアプローチすることを共通課題としている。筆者は1985年に福井大学に勤務してから教育学関連の授業でいじめ・不登校・体罰などの現代的課題を取り上げてきたことで，1993年から「子どもの悩み110番」(福井大学と福井弁護士会共催)という教育相談を担当して今日に至っている。その経験もあってこの複合的なコースである臨床教育科学コースに所属することになった。その後，2001年4月福井大学教育地域科学部附属の教育実践総合センターが2人体制から4人体制へと規模が拡大され総合化されたので，筆者は教育実践総合センターの教育臨床部門へ発達科学講座から移籍することとなった。2003年にはこのセンターの教育臨床部門の教員と，臨床教育科学コース・障害児教育コースに所属する教員とが中心となって『教室の中の気がかりな子』という著作をまとめたが，筆者は「子どもの悩み110番」という教育相談の経験を執筆している。(6)

以上のように筆者は1985年に福井大学に勤務してから，教育史研究から教育実践史研究へと自身の問題関心を凝縮させていった。また，臨床的な視点を入れ込みながら，教育の歴史的な営みを，子ども・教師・親・地域という視点から臨床的なアプローチによって解明しようとしてきた。「臨床教育史」「臨床教育実践史」という造語が許されるならば，臨床的な視点で教育史・教育実践史を再構成するという課題が筆者にはあるのではないかと考えている。歴史学の中に民衆史・地域史という分野があるが，民衆史・地域史という視点こそ臨床的な視点と共通するものがあると筆者は考えている。日常生活の日常性を生きる民衆－圧倒的多数の抑圧された民衆の生活や教育・子育てについて，その実態を明らかにするアプローチこそ，臨床的なアプローチといえるのではないか。「臨床」という言葉を乱用することは慎まなければならないが，あえて使えば「臨床教育史」「臨床教育実践史」と「臨床民衆史」「臨床地域史」は，深いところでつながってくるのではないかと考えている。

同時に，筆者は教育学を専門としている。今日，臨床的な視点からの教育学そのものの再構築が課題となってきている。「臨床教育学」という名前の新たな学問分野や著作が増えてきているが，筆者にとっても教育学から臨床教育学への発展・深化が課題となっているのではないかと考えている。以下に，詳しく述べていきたい。

### (3) 臨床的なアプローチと教育学研究の再構築

今日の教育学が現実の教育に対して力をもたない，抽象的・理念的・観念的思考しかしていないという批判はかなり古くから存在している。このような批判に対して，教育学の側から反省・省察を踏まえた再構築の動きが活発にみられてきている。この間，教育現実に対して，臨床的なアプローチで研究するという方法論が精力的に提起されてきている。いじめ・不登校に代表される教育現実に対して，教育学はどこまで応えられているのか，という深い反省から，「臨床」という言葉を冠した様々なコースが全国の大学に生まれてきている。日本教育学会でも課題研究で３つの報告書をまとめている。(7)

かつて，中村雄二郎は『臨床の知とは何か』(1992)で，「普遍性」「論理性」「客観性」という性質をもつ近代科学の知の限界を指摘し，「個々の場所や時間のなかで，対象の多義性を十分考慮に入れながら，それとの交流のなかで事象を捉える方法」を「臨床の知」とよんでいると述べた(8)。河合隼雄も著作『臨床教育学入門』(1995) で近代科学の「客観性」「普遍性」「論理性」の利点をのべながらも、いじめ・不登校の問題に応える新しい学問が不可欠なことを強調している(9)。日本教育学会の機関誌『教育学研究』第 69 巻の第３号・第４号において＜特集・教育における臨床の知＞が組まれている。その中から，酒井朗（教育社会学)，松木健一（教育心理学)，庄井良信（臨床教育学）の３人を取り上げたい。

酒井は教育学研究の問い直しについて，「教育学で臨床ということがしきりに提唱されるのも，現場に根ざしてこなかったこれまでの，教育学のあり方が批判されているから」であり，「教育学は現実の教育事象がおかれた状況と正面から向き合いつつ，理論的な前進を目指さないかぎり，学問としての進歩は望めない」と述べる。(10)

松木は自身の教育心理学の立場を批判的に捉えながら，行動主義心理学に支えられてきた教育心理学は，教育の目的・内容といった厄介な問題を一旦切り離し，教育的行為そのものを操作的に量的に測定可能な行為としてとらえる，と述べ，仮に，教育学がこのような教育心理学的アプローチの閉塞感や弊害を批判するならば，教育学の中にある「理論から実践へ」という願望そのものを再検討すべきという批判をしている。[(11)]

庄井は「臨床教育学」を考える 2 つの共有された問いについて，以下のように述べる。

①臨床心理学の一応用分野としての「臨床教育学」ではなく，今日における教育学の内発的展開としての臨床教育学をどう構想するか。つまり，隣接するいくつかの学問分野と連携する展望は持ちながらも，それらの諸学問に還元されることのない臨床教育学の固有性とは何か。

②変化の激しい現代社会のなかで，著しい不安や困難を抱えながら生きている子ども・青年や，その援助者たちの苦悩への深い理解とそれに基づく発達援助のありかたを，個別かつ具体的に構想できる教育学への自已転換という志向性を持つ問い。

この 2 つの問いを提起しながら，庄井は教育学からの「脱出」ではなく，教育学そのものの「脱皮」（脱構築と再構築）をどう構想するかという根源的問いを投げかけている。[(12)]

一方，臨床教育学を精力的に提起している皇紀夫は『臨床教育学の生成』(2003) の中で次のように述べている。

本書は「教育人間学」と「臨床心理学」という臨床教育学の母胎となる 2 つの学問研究者の緊密な協力によって，臨床教育学という学問の広がりと深さと豊かさの次元を切り開こうとする最初の著作であり，「人間とは何か」という問いをもちながら教育の諸事象を考える教育人間学と，生身の個人との心理療法の実践体験をもとに人間の心を理解しようとする臨床心理学との対話によって，本書が構成されていると述べる。[(13)]

教育心理学の立場から，教育心理学そのものの再構成を提起する鹿毛雅治は編著『教育心理学の新しいかたち』(2005)の中で，教育心理学の問題性として，①科学至上主義、②哲学・歴史性の欠如，③社会性・責任性の欠如，の 3 つをあげ，その問題性は教育学にも通じるのではないかと述べている。そして，教育学にも教育心理学にも欠如している「実践性」について，次のように述べている。[(14)]

「理論は，一人ひとりの研究者の体験を媒介とする往還のプロセスを通して創造されるものである。しかも，そのプロセスは研究者自身の自省的な学びそのものである。研究者が現場にかかわるということは，かかわりを通して研究者自身が変わることなのである。」(21 頁)

この鹿毛の指摘には，研究者が実践にどのように関わったらよいのかを考える重要なヒントがある。ここで指摘されていることは，理論と実践の関係，研究者と実践家との関係，さらには研究者が実践に関わりながら自らの学問を再構成する営みについてである。鋭い指摘である。「かかわりを通して研究者自身が変わる」ということは研究者の認識・意識・学問知を根本から問い直し，再構築することだと考えられる。

筆者は，ここ 10 年以上附属幼稚園・小学校・中学校に関わっている。附属養護学校との関わりは数年であるが，いずれにせよ，教師の授業研究の姿勢，子どもとの距離の取り方，授業を一方通行ではなく，子どもとの双方向の中で共同して創りあげるという姿勢など，多くのことを附属学校の先生方から学ぶことができた。その教師の姿勢は，戦前の教師たちが国家的な制約と闘いながら自由な教育実践を構築していく姿勢と通じるものがあると考えられる。子どもから発想する，子どもの視点に立つ，子どもを軸に考える，子どもの筋で記録を書く，実践を物語る，実践記録をストーリー（物語）で書く，などの諸点について，いろいろと考えることができた。自分の学問研究である臨床的なアプローチによる教育学や教育実践史の構想と実践が附属学校をフィールドとして大いに鍛えられたと感謝している。今後とも，研究と実践と省察を繰り返して進んでいきたいと考えている。

### 3. 大学院学校改革実践研究コースと教育学研究の再構築

福井大学では，従来の教員養成系大学院の問題点を指摘してきた。従来の大学院修士課程は現職の先生の場合は，個人で大学院に入学し，1 年間個人的関心で研究を行い，2 年目は職場に帰り，実践と研究を行うというスタイルである。このスタイルでは，学校そのものが抱える課題に組織的に応えるものとはならないし，大学院で学んだ研究が現場に戻り活かされるケースも少ないといえる。福井大学では，前述した教授会見解でも述べているとおり，米国の PDS(Professional

Development School 教職開発学校）の実践に学びながら，地域の学校を拠点とした大学院のコース（学校改革実践研究コース）を 2001 年度に創設した。このコースは，地域の学校を拠点としたシステムで，今まで附属学校と公立小学校等と契約を結び協働・共同研究を行ってきている。(15)

今までの修士論文のタイトルを以下に紹介する。

<2002 年度修士論文>

* スポーツライフにつながる新しい体育科授業の研究—省察的実践による体育科授業から—
* 幼児教育における異年齢交流の実践研究—福井大学教育地域科学部附属幼稚園の実践を通して—
* 反省的実践による新しい授業デザインの研究—総合学習における授業者の立場から—
* 省察的授業の時間的展望における実践コミュニティの漸成展開—美術教育の授業を核として協同探求が公共的・重層的に拡大していく一年間の記録—
* 「校外学習」を通した軽度知的障害児の生活力を高めるための実践—「数」「コミュニケーション」能力の向上をめざして—

<2003 年度修士論文>

* 豊小の授業改革—福井大学との連携を通して—
* 子どもたちの科学的な探求を支える教師の省察的実践
* ものづくりの探求の展開と教師の反省的実践～技術教育で学ぶことは何か～
* 特別支援教育体制を推進する研修の在り方について—特別支援教育コーディネーター養成研修を中心に—

<2004 年度>

* 協働の実践を省察，再構成する力を培う社会科
* 探究するコミュニティへのプロセス～数学科カリキュラム構成と全体研究運営をデザインする～
* 反省的実践者としての「重い障害のある子どもの実践研究」のあり方
* 子ども—教師間における相互育ちを成立させるための実践の在り方について—自閉症と知的障害を併せ有する幼児とのかかわり合いから—

以上のタイトルをみると，長期にわたるフィールドでの実践を踏まえた実践的・臨床的な内容が示されている。

2004 年度からは私立の福井医療技術専門学校の教員が入学し，医療と教育学・心理学との接点を学んでいる。また 2005 年度からは私立啓新高校との共同研究も実現している。このように，附属学校から少しずつ公立学校や私立学校へ入学者が拡がってきているといえる。

このコースの基本理念は，学校現場をフィールドとして，先生方と共同（協働）研究を行ない，学校が抱える課題を正面に据えて取り組むこと。そして従来の教育学や教育心理学を問い直し，臨床的・実践的視点で学校の抱える課題に協働して取り組むこと。教育のアクション・リサーチの方法で，長期にわたってフィールドとかかわり，記録を残し，子どもたちの学びの展開をあとづけることを目指している。(16)

2 つだけ改革コースの実践事例を簡単に紹介したい。一つは，福井大学教育地域科学部附属中学校の場合であるが，今まで 2 冊の著作を大学との共同研究の過程で出版してきた。1 冊目は『探究・創造・表現する総合的な学習』東洋館出版社(1999)であり，2 冊目は，『中学校を創る―探究するコミュニティへ』同(2004)である。この 2 つの著作に共通するのは，実践を子どもの筋であとづけることであり，実践を省察し物語で記録することである。「物語」で記録するということは，教師自身の授業の意図と，子ども自身の学びのプロセスをつきあわせ，その過程に子どもの追究とコミュニケーションの展開がストーリーとして表されることである。教師の一方向の記録ではなく，双方向の教師と子どもの協働の記録となる。この記録を大学との共同研究の中で何度も読み直し，書き換えて著作にしたのである。大学と附属中の研究部との協働研究や，附属中の先生方の「同僚性」が非常に重要な役割を果たしたといえる。

次頁の図をみていただくと 1 年間の共同研究のプロセスがわかる。毎年開催の 6 月の研究集会を軸として，1 年間のサイクルが始まる。夏の研究会(7 月）と春の研究会(3 月）で先生方の書かれた実践記録をお互いに読み合う。大学と附属中の先生方が小グループに分かれて，子どもの学びの筋でストーリーで書かれた記録を読み合うのである。ある子どもに焦点を当てて継続的に学びの展開の筋をおうことで，その子どもとほかの子ども達の関係が浮きぼりにされ，それに教師も関わって教室の学びがダイナミックに展開する。そのプロセスを書き手は説得的に語る。人にどのように伝わるのか，原稿が読まれることで書き手の意図が明らかにされ，不十分な記録が省察される。そして何度も書き直され紀要となり，本として世に出るのである。このような丁寧なプロセスを大事にして協働研究を行っている。

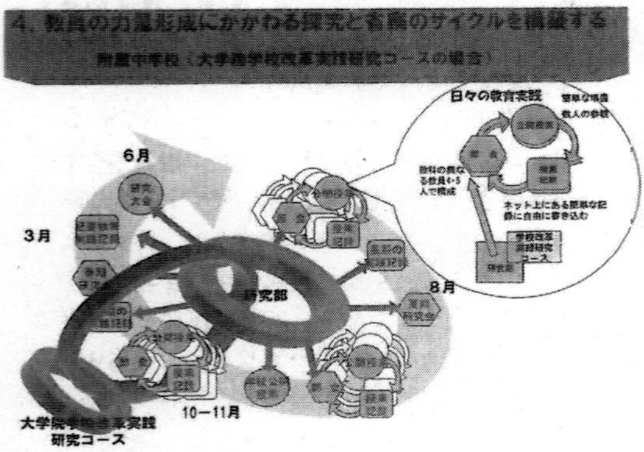


2 つ目は私立の福井医療技術専門学校の場合である。2004 年度の入学生が 4 名，2005 年度が 6 名である。看護学科・理学療法学科・作業療法学科・言語聴覚学科の 4 学科があり，それぞれの学科の教員が入学している。専門学校は 2006 年度から短期大学に昇格する予定である。大学との共同研究を通して，長期にわたる「臨床実習」の問題点の解明とその省察を行っている。今年 2 年生の院生（教員）は，看護学生の実習経験のふりかえりを学生へのインタビューと実習記録の検討を通して行っている。医療分野の臨床実習は教員になるための教育実習と比較しても時間数が膨大である。小・中・高の教員免許は主免実習が 4 週間，副免実習が 2 週間であるが，医療分野の「臨地実習」は看護学科の場合は，1-2 年生が基礎看護学実習 3 単位・135 時間，2-3 年生が在宅看護論実習 2 単位・90 時間，成人看護学実習 8 単位・360 時間，老年看護学実習 4 単位・180 時間，小児看護学実習 2 単位・90 時間，母性看護学実習 2 単位・90 時間，精神看護学実習 2 単位・90 時間である。1－2 年は一部実習が入るが，3 年生はほぼ 1 年間が実習の連続となる。実習中は毎日患者と向き合うのであるから，学生にはかなりのストレスがたまる。実習録も細かく書くことが多い。学生は忘れないように，その日のうちに実習録の決められたフォーマットに書き込んでいく。ともすると，書くこと，実習録を埋めることが最優先され，患者とのコミュニケーションは二の次になる場合がある。それだけ実習は重要であり，困難さを伴うといえる。

協働研究では，文献研究を通して先行研究の批判的検討を行っている。先行研究を①Grounded Theory に関するもの，②reflection に関するもの，③実践力育成に関するもの，④臨地実習に関するもの，の 4 つに分類して文献リストを作成した。ドナルド・ショーンやジョン・デューイの研究から示唆を得た研究も見られた。例えば，ショーンに関しては，本多多美枝(2003)「Schön 理論に依拠した『反省的看護実践』の基礎理論に関する研究」第一部，第二部がある。[17] またデューイの主張する「反省的思考」を取り入れている実習の考え方として，安酸史子(2000)「学生と共につくる臨地実習教育—経験型実習教育の考え方と実際」などがある。[18]

以上のように，大学院の学校改革実践研究コースは，それぞれの拠点となる学校の改革課題と正面から向き合い，大学と入学した院生が協働研究を行いながら，改革を進めていく体制をとっている。この研究のプロセスにおいて，臨床的・実践的な視点から従来の教育学や心理学は再構築を求められている。今後，ますます教師教育には実践的な視点が求められるであろう。近い将来提案されている専門職大学院については，福井大学の場合は，ここで紹介した大学院学校改革実践研究コースが前提となって構想されている。専門職大学院だけでは現在の学校が抱える諸問題は解決が難しい。むしろ全国の教育系の大学・学部・大学院が先頭を切って自己改革，自己改造を行い，地域の学校を拠点とした協働研究を行うことが必要ではないかと考えている。

**＜注記＞**

(1) 森透· 寺岡英男・柳澤昌一（2003)「小・中学生と学生との探究活動とその省察」『福井大学教育実践研究』第 28 号，森透・寺岡英男・柳澤昌一(2004)「長期にわたる総合学習の展開とその分析ー」『福井大学教育実践研究』第 29 号，森透(2005)「地域と協働する実践的教員養成プロジェクト」『大学と教育』東海高等教育研究所，森透(2005)「地域と協働する実践的教員養成プロジェクトの構想と実践」『日本教師教育学会年報』第 14 号。本稿に掲載している図はすべて同僚の松木健一（教育心理学）が作成したものである。記して謝意を表する。

(2) 2000 年 9 月 14 日福井大学教育地域科学部教授会声明「地域の教育改革を支える教育系学部・大学院における教師教育のあり方」，2001 年 10 月 5 日同教授会声明「地域に根ざし開かれた教育・学術・研究の拠点としての教育地域科学部のあり方」，2002年3月5日同教授会声明「21世紀における日本の教師教育改革のデザイン—地域の教育改革を支えるネットワークと協働のセンター」
(3) 森透(1994)「教育実践における学習過程の史的研究—三好得恵の「自発教育」の構造とその具体的実践の検討を通して—」『日本の教育史学』第37集
(4) 森透(1995)「長野県師範学校附属小『研究学級』の実践分析」『福井大学教育学部紀要』第49号
(5) 森透(1999)「長期にわたる総合学習実践の分析—奈良女子高等師範学校附属小学校を事例として—」『教育方法学研究』第25集，森透(2004)「教育実践史研究ノート（1)—成城小学校の授業研究を事例に—」福井大学教育地域科学部紀要 第Ⅳ部 教育科学 第60号
(6) 森透(2003)「気がかりな学校のシステムを考える—「子どもの悩み 110 番」の事例を通して—」（中村圭佐・氏家靖浩編著『教室の中の気がかりな子』朱鷺書房）
(7) 日本教育学会の課題研究の 3 つの報告書—①「臨床教育学」の試みⅠ(1999年8月)，②「臨床教育学」の試みⅡ(2000年8月)，③「臨床教育学」の試みⅢ(2001年8月)参照
(8) 中村雄二郎(1992)『臨床の知とは何か』岩波新書，2-11頁
(9) 河合隼雄(1995)『臨床教育学入門』岩波書店
(10) 酒井朗(2002)「臨床教育学構想の批判的検討とエスノグラフィーの可能性」『教育学研究』第69巻第3号，2頁
(11) 松木健一(2002)「臨床的視点からみた教育研究と教師教育の再構築」同上，24頁
(12) 庄井良信(2002)「臨床教育学の<細胞運動>」『教育学研究』第69巻第4号，2頁
(13) 皇紀夫編著(2003)『臨床教育学の生成』玉川大学出版部、「まえがき」要約
(14) 鹿毛雅治(2005)「第 1 章 教育心理学の新しいかたち—研究としての実践」鹿毛編著『教育心理学の新しいかたち』誠信書房
(15) 大学院学校改革実践研究コースの卒業院生は，2002年度は附属幼稚園2名，附属小学校 2 名，附属養護学校 1 名，公立小学校 1 名，2003 年度は附属中学

校 2 名, 公立小学校 1 名, 特殊教育センター1 名, 2004 年度は附属中学校 2 名, 国立久里浜養護学校 2 名である。2005 年度の在籍院生は，附属幼稚園 1 名，附属小学校 3 名，附属中学校 1 名，私立福井医療技術専門学校 10 名，私立啓新高校 1 名である。

(16) 教育のアクション・リサーチ研究会が熱海市で 2004 年 8 月 1－2 日，2005 年 8 月 1－2 日の 2 回，開催された。秋田喜代美ほか(2005)『教育研究のメソドロジー』東大出版会

(17) 本多多美枝(2003)「Schön 理論に依拠した『反省的看護実践』の基礎理論に関する研究」第一部，第二部『日本看護学教育学会誌』, Vol 13 No9 1-33 頁.

(18) 安酸史子(2000)「学生と共につくる臨地実習教育―経験型実習教育の考え方と実際」『看護教育』Vol 41　No10　814-823 頁

＊ 本稿は日本教育学会第 64 回大会(2005.08.25-26,東京学芸大学) で行われたシンポジウム(8.26)「教育系大学院の再編と教育学研究のアイデンティティの行方」での筆者の提案をもとにまとめたものである。

Practional and Clinical Activity of Faculty of Education and Regional Studies in University of Fukui, and Reconstruction of Educational Research.

Toru MORI

Key words : practical and clinical activity, reconsutruction of educational research, clinical study of education

## (3) 福井大学大学院「学校改革実践研究コース」の取り組みと教職大学院

本研究は，教員養成系大学・学部・大学院の在り方が鋭く問われ，近い将来に教職大学院の創設が求められている現状にあって，福井大学大学院に設置されている「学校改革実践研究コース」の取り組みの一端を紹介し，今後の教員養成のあり方を考える素材を提供したい。2001年度に設置された本コースは，多くの卒業生を輩出している。当初は福井大学の4つの附属学校園を拠点として展開されていたが，近年は幅広い学校に拠点校が広がってきている。本稿では，その中でも医療系の専門学校である福井医療技術専門学校(2006年4月より福井医療短期大学に昇格）の事例を紹介したい。特に学生の臨地実習の検討を通して学生の看護実践能力育成の課題に専門学校の教員である大学院生と私たち福井大学の担当教員とともに取り組んだ事例を紹介する。この協働研究のシステムが将来の教職大学院につながると考えている。

キーワード：学校改革実践研究コース，教職大学院，医療技術専門学校，臨地実習

**はじめに**

筆者は前稿(2005)「福井大学の学部・大学院の実践的・臨床的取組みと教育学研究の再構築」において、筆者の研究の歩みに触れながら、今日の教育系学部・大学院を巡る動向と福井大学が取り組んでいる試みについて紹介した。そこでは、2001年度から出発した大学院の「学校改革実践研究コース」について以下のように述べた。

「福井大学では、従来の教員養成系大学院の問題点を指摘してきた。従来の大学院修士課程は現職の先生の場合は、個人で大学院に入学し、1年間個人的関心で研究を行い、2年目は職場に帰り、実践と研究を行うというスタイルである。このスタイルでは、学校そのものが抱える課題に組織的に応えるものとはならないし、大学院で学んだ研究が現場に戻り活かされるケースも少ないといえる。福井大学では、前述した教授会見解でも述べているとおり、米国の

PDS(Professional Development School 教職開発学校）の実践に学びながら、地域の学校を拠点とした大学院のコース（学校改革実践研究コース）を 2001 年度に創設した。このコースは、地域の学校を拠点としたシステムで、今まで附属学校と公立小学校等と契約を結び協働・共同研究を行ってきている。」(1)

この「学校改革実践研究コース」を卒業した院生の修士論文のタイトルを以下に紹介する。各院生の所属は、附属幼稚園 2 名、附属小学校 4 名、附属中学校 5 名、附属養護学校 1 名、福井医療技術専門学校 4 名、久里浜養護学校 2 名、その他 6 名、合計 24 名である。

**＜2002 年度修士論文＞**

＊幼児教育における異年齢交流の実践研究
―福井大学教育地域科学部附属幼稚園の実践を通して―

＊スポーツライフにつながる新しい体育科授業の研究
―省察的実践による体育科授業から―

＊反省的実践による新しい授業デザインの研究
―総合学習における授業者の立場から―

＊省察的授業の時間的展望における実践コミュニティの漸成展開―美術教育の授業を核として協同探求が公共的・重層的に拡大していく一年間の記録―

＊「校外学習」を通した軽度知的障害児の生活力を高めるための実践―「数」「コミュニケーション」能力の向上をめざして―

**＜2003 年度修士論文＞**

＊豊小の授業改革―福井大学との連携を通して―

＊子どもたちの科学的な探究を支える教師の省察的実践

＊ものづくりの探究の展開と教師の反省的実践
―技術教育で学ぶことは何か―

＊学校改革と教師の実践共同体―伊那小学校の総合学習と教師の協働研究の展開過程―

＊特別支援教育体制を推進する研修の在り方について―特別支援教育コーディネーター養成研修を中心に―

**＜2004 年度修士論文＞**

＊協働の実践を省察，再構成する力を培う社会科

＊探究するコミュニティへのプロセス

—数学科カリキュラム構成と全体研究運営をデザインする—

＊反省的実践者としての「重い障害のある子どもの実践研究」のあり方

＊子ども—教師間における相互育ちを成立させるための実践の在り方について—自閉症と知的障害を併せ有する幼児とのかかわり合いから—

**＜2005 年度修士論文＞**

＊実践コミュニティとしての学校

＊つながり合って育つ—物語教材を使った授業で培われる学びの探究—

＊つながり合って育つ—子どもたちの学び合いを意識した主体的な学習のあり方を探る

＊理科学習における探究活動の構成と科学的リテラシー—17 年間の実践のあゆみをつかみ直し、これからの理科学習を展望する—

＊看護実践能力育成に関する実践研究—実習経験の省察を手掛かりにして

＊ST 養成における実習教育を振り返ることで見えてきた「実践の中の知」

＊ナラティヴを用いた作業療法臨床実習の振り返り—対象者中心の作業療法実践のために—

＊臨床実験で問題を抱える学生とそれを支える教師の役割

＊一私立高等学校における教育相談的対応の実践史と今後の展望—教育相談活動の一層の充実をめざして—

本稿では、今後の「教職大学院」に向けての展望を語る意味でも、現在取り組んでいる「学校改革実践研究コース」についての紹介が必要だと考え、現段階における取り組みの一端を筆者の視点から紹介したいと考える。最初に、今の中央教育審議会答申に見られる教員養成の動向について確認しておきたい。

### 1．教員養成系学部・大学院を巡る動向—「教職大学院」を中心に—

文部科学省の中央教育審議会（以下、中教審と略す）の最終答申「今後の教員養成・免許制度の在り方について（答申）」が 2006 年 7 月 11 日に公表された(2)。

そこでは3つの柱が強調されている。第1は教職課程の充実、第2は教職大学院の創設、第3は教職免許の更新制である。いずれも、今日の教育をめぐる状況を踏まえて、国として今後の教員養成のあり方、教師の資質向上を意図したものである。その最終答申の概略を確認しておきたい。

答申の冒頭では、これからの社会と教員に求められる資質能力について以下のように基本的な考え方が述べられている。

「社会の大きな変動に対応し、国民の学校教育に対する期待に応えるためには、教員に対する揺るぎない信頼を確立し、国際的にも教員の資質能力がより一層高いものとなるようにすることが極めて重要である。／変化の激しい時代だからこそ、教員に求められる資質能力を確実に身に付けることの重要性が高まっている。また、教員には、不断に最新の専門的知識や指導技術等を身に付けていくことが重要となっており、『学びの精神』がこれまで以上に強く求められている。」(2頁)

とりわけ教員をめぐる新たな状況を踏まえながら教員養成・免許制度の改革の重要性について以下のように指摘されている。

「これからの社会や学校教育の姿を展望しつつ、教員を取り巻く現状等を考慮すると、現在、教員に最も求められていることは、広く国民や社会から尊敬と信頼を得られるような存在となることである。／このためには、養成、採用、現職研修等の各段階における改革を総合的に進めることが必要であるが、とりわけ教員養成·免許制度の改革は、他の改革の出発点に位置付けられるものであり、重要である。」(6頁)

そして、現在の大学での教員養成の課題についてふれる。

「『大学における教員養成』と『開放制の教員養成』の原則により、質の高い教員が養成され、我が国の学校教育の普及・充実や社会の発展に大きな貢献をしてきたが、現在、大学の教職課程については、様々な課題が指摘されている。」(7頁)

以上を踏まえた上で、以下のような改革の方向が提案されている。

「『大学における教員養成』及び『開放制の教員養成』の原則は、今後とも、尊重する必要があるが、今日的課題等に適切に対応するには、いま一度これらの原則の理念を明確にするとともに、現在を我が国の教員養成の大きな転換点と捉え、必要な改革を果断に進めていくことが重要である。／その上で、教員養成・免許制度については、以下の2つの方向で改革を進めることが適当である。／①大学の教職課程を、教員として最小必要な資質能力を確実に身に付けさせるものへ／②教員免許状を、教職生活の全体を通じて、教職として最小限必要な資質能力を確実に保証するものへ」(8-9頁)

ここでいう「教員として最小限必要な資質能力」については以下の説明が補足されている。

「平成9年の教養審第一次答申において示されているように,『養成段階で修得すべき最小限必要な資質能力』を意味するものである。より具体的に言えば,『教職課程の個々の科目の履修により修得した専門的な知識・技能を基に，教員としての使命感や責任感，教育的愛情等を持って，学級や教科を担任しつつ，教科指導，生徒指導等の職務を著しい支障が生じることなく実践できる資質能力』をいう。」(11頁)

以上の基本的な考え方を踏まえた上で，答申では改革の具体的方策を①教職課程の質的水準の向上—学部段階で教員として必要な資質能力を確実に身に付けさせる—，②「教職大学院」制度の創設—大学院段階でより高度な専門性を備えた力量ある教員を養成する—，③教員免許更新制の導入—養成段階を修了した後も，教員として必要な資質能力を確実に保証する—，の3点においている。本稿では，とりわけ②の「教職大学院」に関して述べていきたい。「教職大学院」制度の創設に関しての基本的考え方については，以下のように述べられている。

「近年の社会の大きな変動の中，様々な専門的職種や領域において，大学院段階で養成されるより高度な専門的職業能力を備えた人材が求められている。／教員養成の分野についても，研究者養成と高度専門職業人養成の機能が不分明だった大学院の諸機能を整理し，専門職大学院制度を活用した教員養成教育の改善・充実を図るため，教員養成に特化した専門職大学院としての枠組み，すなわち『教職大学院』制度を創設することが必要である。」(22頁)

「教職大学院」の目的については2点あげられており，第1は,「学部段階での資質能力を修得した者の中から，さらにより実践的な指導力・展開力を備え，新しい学校づくりの有力な一員となり得る新人教員の養成」，第2は,「現職教員を対象に，地域や学校における指導的役割を果たし得る教員等として不可欠な確かな指導理論と優れた実践力・応用力を備えたスクールリーダーの養成」である(22 頁)。そして，具体的な制度設計の「教育課程」の項では，「学校現場における中核・指導的な教員として必要な資質能力の育成を目指し，理論と実践の融合を強く意識した体系的な教育課程を編成すべき」とされ，「教育方法・授業形態」の項では，「少人数で密度の濃い授業を基本としつつ，理論と実践との融合を強く意識した新しい教育方法を積極的に開発・導入することが必要である（例えば，事例研究，模擬授業，授業観察・分析，ロールプレーイング等)。」(以上，27 頁)。現在の「学校改革実践研究コース」が拠点学校というシステムを創り出しているが，この答申でも「連携協力校」という項で，「教職大学院の場合は，附属学校の積極的活用は当然の前提としつつ，附属学校以外の一般校の中から連携協力校を設定することを義務付けることが適当」(28 頁）と強調されている。前述したように，教職大学院の目的の一つは，現職教員を対象にして，地域や学校における指導的役割を果たし得る教員等として不可欠な確かな指導理論と優れた実践力・応用力を備えたスクールリーダーとしての養成にあるといえるが，この目的は，大学と学校との協働体制によって在籍する院生を中心にして学校の抱える課題を解決していくという「学校改革実践研究コース」の取り組みと共通性を持つと私たちは考えている。

## 2. 福井大学大学院「学校改革実践研究コース」の取り組み―福井医療技術専門学校を事例に―

### (1) 医療分野の教育実践の省察的取り組み

前述したように，今まで卒業した大学院生の所属数で見ると，附属幼稚園 2 名，附属小学校 4 名，附属中学校 5 名，附属養護学校 1 名，福井医療技術専門学校 4 名，久里浜養護学校 2 名，その他 6 名，合計 24 名である。

今までは附属学校中心に，大学と契約を結んだ拠点学校と大学とが協働研究を進めてきたが，2004 年度から私立の福井医療技術専門学校(2006 年 4 月から福井医療短期大学に昇格）の教員が本コースに 4 名入学した。専門学校から短期大学への昇格という課題も背景にして入学されたが，今までの大学院の授業や研究等を通して，医療分野の実践と教育分野の実践が非常に共通性をもつことが改めて認識できてきた。つまり，看護実践能力の育成と教員としての実践的指導力の育成は，ともに人間を相手の実践分野の専門職養成のための課題であり，共通の土俵で議論できてきたといえる。2006年度の現在も福井医療技術専門学校（福井医療短期大学）からは引き続き修士2年生6名，1年生2名の院生が在籍している。

今まで提出された修士論文は，前に紹介したが，再度確認すると以下の4本である。

＊看護実践能力育成に関する実践研究―実習経験の省察を手がかりにして―

＊ST養成における実習教育を振り返ることで見えてきた「実践の中の知」

＊ナラテイヴを用いた作業療法臨床実習の振り返り―対象者中心の作業療法実践のために―

＊臨床実習で問題を抱える学生とそれを支える教師の役割

筆者はこれら修論を書いた4人のうち特に看護学科の教員（市波和子）に福井大学の同僚・柳澤昌一（生涯学習論）と共同で指導に当たった関係で，以下に市波の修論の特徴を述べることで，本コースの取り組みの一端を紹介したい。市波の修論のタイトルは，「看護実践能力育成に関する実践研究―実習経験の省察を手がかりにして一」である。市波も含めて，福井医療技術専門学校からは4人の1期生がいたわけであるが，それぞれの所属は，市波が看護学科，それ以外の3人がリハビリテーション関連の3学科（理学・作業・言語）の所属である。

市波も含めて4人の修論の課題を一言で現せば，学生たちの実践能力をいかに育成するのか，さまざまな課題を学校として課しているが，それらの課題が本当に学生たちの実践能力の育成に意味があるのかを根本から問い直し，現在の授業のあり方，実習のあり方を省察し，3年間のカリキュラムをいかに改革し構想するのか等にあったと考えられる（詳細はそれぞれの修論をお読みいただきたい）。専門学校の看護学科の場合の卒業要件は94単位(2895時間）で，その中で「臨地実習」は23単位(1035時間）である。この「臨地実習」は，1年次の7月に3日間，12月に1週間，2年次の9月に3週間，1月からは10クール（在宅，成人Ⅰ～Ⅳ（急性・回復・慢性・終末期），老年Ⅰ～Ⅱ（施設・病棟），母性，小児，精神）の実習を各3週間ずつ，3年次11月までローテーションしながら同じグループの学生同士で行うシステムである。また，10クールのうち2クールの実習を2年次のうちに修了するシステムである。

この医療分野の臨地実習と比較すると，福井大学教育地域科学部の教育実習はいかがであろうか。本学の教員養成課程の学生の卒業要件は138単位，教育実習関連は 10 単位である。教育実習関連の授業科目としては，教育実践研究Ⅰから VIまでであるが，主免の教育実習は3年次に4週間，副免の教育実習は4年次に2 週間である。教員養成課程の学生はほとんどが主免・副免の両方の教員免許状を取得する関係で，教育実習を4年間で6週間体験することになるが，前述した医療技術専門学校の臨地実習と比較するとはるかに少ない。現在，教員養成の改革プランの中で，教育実習の期間をもっと長期にすべきという意見が出されているが，医療分野の臨地実習も参考にして検討すべきだと考える。

**(2) 看護学科の省察的実践の取り組み**

市波の論文は3部構成で，第1部「理論的背景」，第2部「3年間の実習経験を振り返る」，第 3 部「省察と今後の課題」である。修論の中核は第 2 部で取り上げている4人の学生の3年間の成長プロセスである。これについては以下に触れるが，第1部の「理論的背景」では，「看護実践能力育成に関する現状把握」として，文部科学省及び厚生労働省の政策分析を行なっている。文部科学省は「看護教育の在り方に関する検討会」が第1次報告(2002年3月)，第2次報告(2004年3月）を出したが，特に後者の第2次報告では，「看護学教育の在り方に関する検討会報告（第二次）看護実践能力育成の充実に向けた大学卒業時の到達目標」を示した。その特徴は，大学卒業時の学生の到達目標を具体的にあらわしたことであり，教育課程の特質として以下の 5 点をあげている。つまり，1.保健師・助産師・看護師に共通した看護学の基礎を教授する課程，2.生涯学習の出発点となる基礎能力を養う課程，3.創造的に開発しながら行う看護実践を学ぶ課程，4.人間関係形成過程を伴う体験学習が中核となる課程，5.教養教育が基盤に位置づけられた課程，の5点である[3]。これをみると，看護の実践能力は看護分野だけに限定されたものではなく，人間としての幅広い教養を基礎としたものとして構想されたことがわかる。この提言は，教員養成系大学・学部の学生が身に付けるべき教育実践の総合的能力を培う基礎の教育課程にも通じるものである。そして，具体的に「看護実践能力」について 5 群 19 項目にわたって詳述されている。1 群「ヒューマンケアの基本に関する実践能力」，2群「看護の計画的な展開能力」，3群「特定の健康問題を持つ人への実践能力」，4群「ケア環境とチーム体制整備能力」，5群「実践の中で研鑽する基本能力」の5つである[4]。

もう一つ重要な政策文書は2003年3月に厚生労働省から出された報告書「看護基礎教育における技術教育のあり方に関する検討会」である。本報告書は，市波の整理によれば，看護基礎教育における技術教育の現状と課題，臨地実習において学生が実施する看護技術についての基本的な考え方，身体侵襲を伴う看護技術の指導のあり方，患者の同意を得る方法など実習環境の整備について取りまとめたものである[5]。

以上，文部科学省と厚生労働省は看護職の専門性をいかに高めるのか，そのための様々な体験活動，臨床実習等を重視していることが分かる。

さて，この「理論的背景」で触れておくことが必要なのは，D.ショーンに代表される実践の省察，反省的実践家像の提起である。教育の分野ではショーンの提起は重視され議論が始まっているが，今回改めて医療の分野，看護の分野の研究動向に触れる中で，それらの分野でも実践を対象とすることの共通性から，D.ショーンに大きな関心が寄せられていることが分かった。

市波はショーンの「反省的実践家」像の提起について次のように述べている。

「ショーンは『行為の中の省察』を中心概念として新しい専門家像を描き出したといえる。そして，「行為の中の省察』は，決して『状況との対話』として遂行される活動中の思考に限定されるものではない。実践の後に意味を振り返る『行為の後の省察』(reflection after action)を含むだけでなく，実践の事実を対象化して検討する『行為についての省察』(reflection on action)を含んでいる。従って，『反省的実践家』は『状況との対話』を展開しているだけでなく，併行して『自己との対話』を展開していると説明している。それは，自己の理解やその枠組み・感情を捉え直し，検証し，現象についての**新たな枠組み**を構成することでもある。」(太字原文)[6]

ショーンは周知のように，' The Reflective Practitioner : How Professionals Think in Action' (1983)において，専門家の「技術的実践」にかわって現代の専門家は「活動過程における省察」を原理とする「反省的実践」において専門性を発揮していると主張している。ショーンは学校教育の場面だけではなく，建築・都市計画・臨床心理や経営コンサルタントなどの専門家の事例研究を通して「反省的実践家像」を提起している[7]。このような近年の研究動向は看護教育の世界でも見られるとして，市波は以下の文献を紹介している。本多多美枝(2003)の「Schön 理論に依拠した『反省的看護実践』の基礎的理論に関する研究—第一部　理論展開—」と「Schön 理論に依拠した『反省的看護実践』の基礎的理論に関する研究—第二部　看護の具体的事象における基礎理論の検討—」の 2 つである[(8)]。

この本田の論文については，市波は以下のように述べている。

「**本田**は，ショーンの理論を看護実践に取り入れられるかどうかを検討している。『反省的実践家』という専門家像は，複雑な実践状況に取り組む看護職者にとって有用な視点を提示し，支持できる理論であることや reflection <u>in</u> action（実践における反省）及び reflection <u>on</u> action（実践についての反省）双方の実践反省は，看護職者にとって実践の意味を理解し学びを深めることができることを説明している。また，フィールドワークを実施し，参加観察法，インタビューによりいくつかの状況下での看護職者の思考過程を分析し，理論活用の可能性を探っている。その結果，『反省的看護実践』が日常の看護の営みを説明する視点として有用であるとしている。」（太字原文）[(9)]

以上のようにショーンの「反省的実践家」像を手がかりに学生たちの看護実践能力の育成について考えてきた。ショーンだけではなく J.デューイの「反省的思考」のとらえ方やプロセスレコードを活用した実践研究も，看護教育の世界では注目されていることも確認しておきたい[(10)]。

では以下に，市波の修論のメインである学生の成長プロセスについて述べていきたい。市波は最初に今までの臨地実習の在り方の批判的検討を行ない，以下の点を指摘している。特に重要な指摘なので，少し長いが，関係箇所を引用する。

「1)実習の振り返りが断片的である。

通常 3 週間の実習では数回カンファレンスをもち，患者さんの理解や実施したケアの振り返りを行っている。また，必要に応じ個人面接の場を設けている。さらに，実習記録による指導でも学生の振り返りを誘っている。しかし，その場での振り返りが次の実習に活かされているとは言い難い。それぞれの専門領域毎に担当教員と実習指導者は連携を取りながら指導に当たっている。しかし，実習の前後で他領域の教員・指導者と一人ひとりの学生について情報を共有するなどの体制は整っていない。学生一人ひとりの変化をもっと長いスパンで捉えようとする意識とその方法を検討する必要があろう。

2)実習記録の問題

学生へのインタビューに並行して実習記録に関する検討も開始した。1人の学生（山野さん―仮名<引用者注>）の3年間の実習記録から記録の量や思考の流れ，記録様式などについて吟味した。その結果，いくつかの検討課題がみえてきた。

(1)学生の思考を育てる実習記録であるか

現在はすべての記録用紙に枠組みを示している。その結果枠を埋める思考に陥りやすい。学生が自分の枠組みで自己の考えを発展させていく記録のあり方を考える必要がある。私たちは，記録が難しい，書くのが苦手という学生のことが意識にあり，書きやすくするには枠組みを示す方がよいと考えがちである。しかし，それが学生の思考を型にはめることに繋がってはいないだろうか。

(2) 人間関係の深まりや自己の成長プロセスがみえる記録

臨地実習においてまず学生が直面するのは，受け持ち患者さんとどのようにコミュニケーションをとり関係を形成していくかという課題である。その学習を通して，人間同士が関わることの意義や困難さなどに気づく。また，言語と非言語をどのように活用したら関係性を創りだせるのか，さらに関係を保持，修正していくにはどうしたらよいかを考え実践する。そのプロセスを記録することは，学生の成長のプロセスそのものの記録でもある。実習最終日に提出する『実習を終えて』の様式も，学習目標毎に記載するようになっているため学生自身の変化がつかみにくい。時間の流れを掴むことができる様式の検討が必要である。

(3) 実習記録の量の問題

山野さんの実習記録を並べてみた時，3週間でこんなに書いていたのだと改めて感じた。特にデータベース，情報の分析，看護計画は一連の記録になり同時期に仕上げなければならず，その量はかなりにのぼる。さらにその間，毎日記載する「実習記録」が追加される。学生がとにかく空白がないように用紙を埋めようとする気持ちもわかる。また，重複して記載しなければならない箇所もかなり見られた。さらに，実習記録以外に「退院指導のパンフレット」などが追加されていた。」[11]

ここで指摘されている問題は，市波と私たち大学スタッフ（柳澤・森）の協働研究の中で気づいてきた点であり，これらは，今の専門学校が抱える過密カリキュラムと3年次の国家試験合格が至上命題とされている現実を踏まえて考えるべき課題である。将来学生たちが本当に看護の実践的な力量を発揮できるのか，患者とのコミュニケーションを深く多様に展開できるのか，看護技術を身に付けることと人間に対する深い洞察力を獲得することとの両者をいかに実現させるのかなど，看護職の専門性にとって本質的な問題が投げかけられている。では以下に具体的に学生の事例を紹介するが，市波は4人の学生を取り上げている。本稿では紙数の関係から1人の男子学生の事例を紹介したいと考える。インタビューは3年次の2005年9月初旬と下旬の2回に分けて行われた。

市波はこの取り上げた男子学生(3年生の安田さん・仮名）のテーマを「看護への挑戦」と題したが，2年半の臨地実習の激動の足跡をインタビューや実習記録から丁寧にあとづけている。彼は福井県外出身の学生であるが，インタビューの方法は，彼1人だけではなく，同じ3年生の男子学生と一緒に行っている。インタビューの中では，同級生2人のやり取りもそれぞれの体験を引き出すのに役立っている。市波は，論文の中では安田さんだけではなくもう一人の学生の成長にも触れている。さて，1年次の7月の「基礎看護学実習Ⅰ—1」では初めて病院での3日間実習を体験した。学生のインタビューを紹介する。

> 「安田さんは『非常に緊張した。朝起きて，病院に行くのが嫌でしょうがなかったですよ。もう病院にいるだけでストレスになったって感じですね。3日間“疲れた～”で終わり家に帰ると寝てしまって…』と話す。『実習記録はいつ書いたの？』と尋ねると，『記録も時間がかかり大変でした。実習が終わってから少し書いたり，今読み返したら，ひどいもんだった。<u>とにかく用紙を埋めること</u>しか考えていなかったですよ』と答え，患者さんともほとんど話す機会はなかったと話す。」（下線原文）(12)

次の実習は1年次の12月の「基礎看護学実習Ⅰ—2」で，実習期間が1週間と長い。「5日間も実習なんて最悪だと思いましたね。特に3日までが長く感じ，最終日にはやっと終わったと思いましたね。患者さんと話す機会を設けてもらったんですが，どう話を切り出したらよいか悩んでしまいました。結局患者さんの誘導で話が弾み，それはそれで楽しかったんですが・・・」とインタビューの内容を市波は紹介している[13]。2年次の9月には3週間の「基礎看護学実習Ⅱ」があり，初めて一人の患者さんを受け持つことになる。彼の実習病棟は脳外科であったが，「痴呆（認知症）の患者さんとかかわったんですが，同じことを繰り返し言われるのでどう答えたらよいかわからず，それだけで緊張しました」[14]と感想を述べている。

以上の「基礎看護学実習ⅠⅡ」の実習体験をインタビューした市波は，学生のとまどいや悩みを以下のようにまとめている。

「1年次，2年次の基礎看護学実習について安田さんが話したことは，『緊張した』『疲れた』『ストレスが強い』『病院は嫌だ』という思い，『患者さんともどう話してよいかわからなかった』という内容であった。それ以外のことはほとんど印象に残っていないようである。（中略）高校卒業後，親元を離れ一人暮らしを始めたばかりの男子学生にとって，学校の始業時刻より早く始まる病院実習は，自分の生活そのものを立て直す必要もあり，それだけで精一杯だったとも思われる。ただ安田さんは1日も休まず実習に出ていたし，遅刻もしていないと記憶している。言葉では前述のように表現しているが，意外と芯が強く生活力も備えているように感じた。」[15]

1・2年次の学生の実習体験は紹介されているように，積極的というよりも余裕がなく精一杯のぎりぎりの体験という印象をもつ。それが，2年次1月からの専門領域での実習が学生を大きく変えることになる。この学生の専門領域での実習は，2年生後期で成人看護学実習Ⅰ（急性期），成人看護学実習Ⅱ（回復期），3年生に入り成人看護学実習Ⅲ（慢性期），成人看護学実習Ⅳ（終末期），老年看護学実習Ⅰ（老人ホーム），老年看護学実習Ⅱ（病院），母性看護学実習，小児看護学実習，精神看護学実習、在宅看護学実習という順番であった。

この実習で最初の成人看護学実習Ⅰ（急性期）は外科病棟で実施するのであるが，「主に手術を受ける患者さんを受け持ち，その患者さんの情報収集，アセスメント，そして計画・実施・評価という一連の看護のプロセスを踏む実習」[16]で，10クールの実習の中で最も大変さの伴う実習といわれている。この急性期の実習中に，この学生は途中で実習を投げ出し実家に帰る寸前まで追いつめられていたことを初めてインタビューの中で語った。

「実習に出るのは少し慣れてきました。しかし，基礎の実習では質問も少なくまた答えられなくても何も言われなかったけど，今回からはそれが通らなくなりましたね。事前に勉強しなければならないことが山ほどあり，毎日何を質問されるかと思うと不安でしたよ」「また，実習記録が書けなく実習が嫌で嫌でしょうがなかったですね。実はこの実習期間中実家に帰ろうと（他県の学生）思い国道まで車を走らせたことがあるんですよ。寸前のところで思いとどまったんですが・・・」と苦笑いしながら話した。側で聞いていた長谷川さんが『へえ〜そんなことがあったんか。知らんかったなあ〜』と言うと，『そう，そういうことがあったんだよ。現実から逃避しているのはわかっていたんですが・・・。よくここまできたな〜って感じですね。我ながら驚いている』と笑顔を見せる。『家に帰るのを踏みとどまらせたのは何だと思う？』と尋ねると，『う〜ん何だったんだろう？急に記録のことが頭に浮かび“やっぱり記録を書かなくちゃ〜”と，それで引き返した』と言う。」（下線原文）(17)

市波は，インタビュー後に目を通した学生の実習記録で，患者さんから「女の子が来ると思っていた」と言われ患者さんと向きあうのが難しかったこと，知識不足のため，急性期の日々変化していく状態について行くのに必死だったことが書かれていたことを確認する(18)。そして，次の成人看護学実習Ⅱ（回復期）について学生は，「この頃から睡眠を十分にとることをあきらめましたね（笑い）。ここでは看護計画の修正など妥協を許さない指導で・・・気を張り詰めた実習でした。でも厳しい指導の後必ずフォローして下さるのがわかり，思わず涙が出そうになりました。お陰で何とか頑張り，実習が終了した時は達成感を味わうことができました」（下線原文）(19) と振返っている。

このように，専門領域の実習の最初の急性期がこの学生にとって大きな分かれ目であったととらえられる。この学生の実習体験について市波は次のように省察している。

「安田さんは，専門領域の最初の実習から大変な思いをしたようである。急性期実習の大変さと実習記録の大変さから，現実から逃避したい気持と戦っていたようである。実家に帰るのを思い留まらせたのは何だったのか。安田さんは，笑いながら軽く受け流したが，その時の安田さんの感情をも含めもう少し吟味できるとよかったと今になり思う。ただ，日頃から飄々としてつかみどころのない学生だと感じていたため，ここまで自分の気持ちを話してくれるとは思わなかった。また，当時のことを友人（長谷川さん）にも話してないということは，自分で越えなければならないことだという思いがあったのかもしれない。そして今だからこそ笑って話せたのかもしれない。このように考えると今回のインタビューが振り返りの機会になっているのを感じた。」（下線原文）(29)

市波はこの学生の実習を振返りながら，臨地実習のローテーションの在り方について次のような指摘も行っている。

「専門領域の実習が成人看護学実習Ⅰ（急性期）から始まる学生にとって，2年次で流れの速い急性期病棟で，患者さんを受け持ち看護過程の展開をするのは確かに負担が大きいといえる。受け持ち患者さんの病態を理解し，手術前・後の流れをつかむ。そして約1週間で情報を収集しアセスメント，計画立案，ケアの実施と続く。短期間勝負といえるが，2年生の学生にとっては看護師について実施するのが精一杯かもしれない。＜中略＞学生の間でも成人看護学実習Ⅰ（急性期）が最も大変な実習だという認識が浸透しているようである。ただし，急性期の実習を乗り越えた時その達成感は大きく，わかってくると面白みも湧いてくる。これらをふまえ急性期実習の時期，ローテーションの組み合わせ（順序），実習記録，そして看護過程展開の必要性も含め再検討したいと考える。」(21)

その後，この学生は成人看護学実習Ⅳ（終末期）や老年看護学実習Ⅱ（病院）では，前グループの実習学生に対してライバル意識をもち前の学生の水準を越えなければならないというプレッシャーを感じたこと，又終末期では受け持ち患者さんの死に遭遇していること，母性看護学実習では男性というだけで戸惑いお産に立会って何も出来ない自分がわかったことなどを振返っている。市波は，インタビュー後に学生の実習記録「実習を終えて」を読み，「今回語った内容はほとんど記述されていなかった。教員・指導者ともに，学生の体験をより深め発展させるための振り返りの重要性が意識化できていないのを感じる。」と述べている(22)。今回のインタビューが，学生自身にとって非常に重要な自己省察の機会となっていること，また教員側にとっても「実習記録」だけでは分らない学生の本音や本質的な体験の意味をつかむ機会ともなっていると考えられる。この学生は，一方でやりがいのある楽しい実習も経験できている。学生自身が実習に慣れてきたということもあると考えられるが，小児看護学実習では，保育園の子どもたちがかわいくて仕方ない様子を語ったり，精神看護学実習では患者さんと将棋板を作成できたこと，最後の実習の在宅看護学実習（訪問看護ステーション）では，患者の思いを受けとめてフランク永井のカセット探しに奔走したことを述懐している。

市波は学生へのインタビューについて，修論をまとめる段階で改めて以下のように省察している。

> 「安田さんにとって 3 年間の臨地実習は決して生易しいものではなかったことがわかる。そしてこちらが思う以上に男子学生としての沽券を気にしている様子も伺えた。インタビューをした時にはさほど感じなかったが，今回のまとめを通して，彼らには彼らなりの意地があり，それが実習を妨げることもあるが，同時に次に進む原動力になっているのを感じた。職業に男女の壁はないと頭では理解していても，看護はまだまだ女性の職業というのが社会通念である。男子学生にとっては看護の学習そのものが挑戦であったといえるようである。」(23)

このように市波は，インタビューを丁寧に行い記録し，学生の実習記録も活用しながら，長期にわたる臨地実習を通した学生の成長プロセスを省察した。この市波の叙述にもあるように，修論としてまとめることを通して，実習記録にはなかなか表れない学生の思いと社会における看護職の位置等についても認識を深めてきたといえる。

**おわりに**

前述したように，中教審の最終答申では「教職大学院」の目的については 2 点あげられている。第 1 は，「学部段階での資質能力を修得した者の中から，さらにより実践的な指導力・展開力を備え，新しい学校づくりの有力な一員となり得る新人教員の養成」，第 2 は，「現職教員を対象に，地域や学校における指導的役割を果たし得る教員等として不可欠な確かな指導理論と優れた実践力・応用力を備えたスクールリーダーの養成」である。

本稿で紹介した福井医療技術専門学校の事例は，この教職大学院の目的にあえて当てはめれば，第 2 のパターンといえる。専門学校に勤務する教員と私たち福井大学の教員との協働研究を通して，専門学校の学生の看護実践能力の育成を省察したものである。臨地実習という3年間の長期にわたる実習は，教員養成における教育実習と比較すると時間数及び内容に格段の違いがある。臨地実習を通して学生が少しずつ実習に慣れ，患者と正面から向き合うことが出来るように成長していくプロセスを検討する中で，医療分野と教育分野における実習の深い意味を改めて考えることができた。福井大学では教育実習は3年次に4週間の主免実習，4年次に2週間の副免実習を実施しているが，その実習の省察については3年次の後期の「教育実践研究Ⅳ」で実施しているが，個々の学生の自己成長のプロセスを丁寧にあとづけるまでには至っていない[(24)]。今回の協働研究を通して，改めて福井大学における教育実習の省察，教育実践研究の在り方を問い直す機会を与えられたと感謝している。

「学校改革実践研究コース」は2年間で30単位，そのうち学校改革実践研究ⅠからⅧまでの8科目(8単位から16単位履修）が，学校を拠点とする学校改革の特徴的な授業（協働研究）である。カリキュラム上はⅠからⅣが1年次必修，ⅤからⅧまでが2年次選択となっているが，実際には院生はⅠからⅧまでの授業はすべて学校拠点で受講している。これらの授業を通して，学校を拠点とした大学との協働研究によって院生である現職教員の実践的力量を高めることが目的である。医療技術専門学校の1期生の4人の院生は，1人が看護学科，他の3人がリハビリテーション関連学科であったが，共通したテーマが専門学校の学生たちの実践的力量形成や個々の学生の成長プロセスを教員としてどのように支援するのか，そのための学校のカリキュラムや実習の見直しを考えるというものであった。4人合同のゼミや学科ごとのゼミを有機的に組み合わせて2年間実施してきたが，4人の教員が学科を超えて専門学校の授業のあり方や実習のとらえ直しを行なったという経験ははじめであったようである。教員個々が問題意識を抱いても組織的に学校を改革することは難しい。今回の1期生の修論は，今後の専門学校の改革の一つの方向性を示していると考えられる。

以上のように，学校の改革課題に協働して取り組み，改革の展望を構想し実践するという意義が「学校改革実践研究コース」にあるといえるが，この方向性は，将来の教職大学院につながるものと考えている。

前述した教職大学院の第1のパターンについては，2005年度より試行的に昼間の学校教育専修に籍を置く1年生の複数の大学院生（ストレートマスター）がインターンシップという形で，附属小学校・附属中学校・附属養護学校の実践に継続的に関わり実践研究を行ってきている。2006 年度も継続して新たな大学院 1 年生が附属小・中・養護学校の実践に継続的に関わっている。これらの院生の附属での実践研究に関して，大学で定期的に事例報告会を開き検討を行ってきている。今後の修士論文等でその成果の一端がまとめられることを期待している。

「学校改革実践研究コース」は2001年度より出発して2006年度で6年目を経過する。今までの卒業生の修士論文のタイトルは前掲したが，主には附属学校を拠点とした取組みが中心であった。とりわけ附属中学校との共同研究は2冊の著作という成果も生み出している(25)。これらの取組みを踏まえて，さらに充実した内容を作り上げていくことが重要である。近い将来に想定される教職大学院に向けては，カリキュラムの構想と具体化，担当するスタッフの充実，さらには拠点となる学校の設定など，重要な課題が山積している。同時に，福井大学の教育地域科学部及び大学院教育学研究科全体の改革抜きに教職大学院だけを創設することも不可能である。

21世紀の教員の実践的力量形成のためにはどのような学部・大学院が求められるのか。叡智を結集して考えていきたい。

## ＜注記＞

(1) 拙稿(2005)「福井大学の学部・大学院の実践的・臨床的取組みと教育学研究の再構築」『福井大学教育実践研究』第 30 号，184 頁。本コースについては冊子『学び合う共同体としての学校をつくるために』(2001.1)に詳しい。「学校改革実践研究コース」は正式には「夜間主・学校改革実践研究コース」という名称で，学校教育専修と障害児教育専修の 2 つがある。本稿では主に学校教育専修での取り組みを紹介する。本コースは学校教育専修の複数の教員によって担当されており，筆者もその一人である。本コースの修士論文は一部を除いて公刊されているが，本コースの取り組みの経過や実際を公にする余裕がなかなかなかったといえる。本稿は担当者間で十分に議論したものではないが，「学校改革実践研究コース」の取組みの一端を紹介することが今後の教職大学院を準備する意味でも重要であると考えた。文責は全て筆者にある。

(2) 中教審·最終答申(2006)「今後の教員養成·免許制度の在り方について（答申）」2006年7月11日

(3) 市波和子(2006)『看護実践能力育成に関する実践研究—実習経験の省察を手がかりにして—』2005年度修士論文(2006年1月提出）5頁

(4) 同上 6-7頁

(5) 同上 7頁

(6) 同上 9頁

(7) Donald A.Schön," The Reflective Practitioner How Professionals Think in Action" (1983). 佐藤学・秋田喜代美訳『専門家の知恵』ゆみる出版，2001年。近刊として，柳澤昌一・三輪健二監訳『省察的実践者』（仮）鳳書房

(8) 本多多美枝(2003)「Schön 理論に依拠した『反省的看護実践』の基礎的理論に関する研究—第一部　理論展開—」『日本看護学教育学会誌』Vol13 No9,1-15,同（2003)「Schön 理論に依拠した『反省的看護実践』の基礎的理論に関する研究—第二部　看護の具体的事象における基礎理論の検討—」『日本看護学教育学会誌』,Vol13 No9, 17-33。また，前川らの看護学実習も異学年の学生相互の学び合いを引き出した点で注目に値する。前川幸子・原田千鶴(2005)「省察的学習を基盤とした看護学実習」『看護教育』Vol46 No11, 998-1014

(9)前掲，市波和子論文 14頁

(10)安酸史子(2000)「学生とともにつくる臨地実習教育—経験型実習教育の考え方と実際」『看護教育』Vol41　No10, 814-823。安酸史子(1997)「経験型の実習教育の提案」『看護教育』Vol38　No11,902-913。安酸史子(1999)「経験型の実習教育の考え方」Quality Nursing Vol 5　No8, 568-575。宮本真巳(2003)『援助技法としてのプロセスレコード—自己一致からエンパワメントへ—』精神看護出版

(11)前掲，市波和子論文 31-32頁

(12)同上 33頁

(13)同上 33-34頁

(14)同上 34頁

(15)同上
(16)同上 35 頁
(17)同上
(18)同上
(19)同上
(20)同上 36 頁
(21)同上
(22)同上 39 頁
(23)同上 45 頁
(24)福井大学教育地域科学部・教育実践研究実施委員会(2006)『教育実践の省察と展望—2005 年度「教育実践研究Ⅳ」報告書』(2006.3)
(25)福井大学教育地域科学部附属中学校(1999)『探究・創造・表現する総合的な学習』東洋館出版社，同(2004)『中学校を創る—探究するコミュニティへ」東洋館出版社

Practice of ‘Practical Course of School Reform’ in Graduate School of University of Fukui, and Professional School for Practical Education.

Toru　MORI

Key words : practical course of school reform, professional school for practical education, medical and technical school of specialty, medical and practical training.

## 2

# 福井大学教職大学院の展開と教師教育改革

# (1) 教育実践の事例研究を通した教育学の再構築
## —＜実践—省察—再構成＞の学びのサイクルの提案—

本稿は、教育学のアイデンティティを問い直し、教育現実や教育実践に対して教育学には何が出来るかを検討するものである。結論としては、＜実践－省察－再構成＞というサイクルを学びのコミュニティに参加している子ども・学生・実践者・研究者のいずれもが実行し、その過程でそれぞれの構成員の認識の深まりと依拠する学的枠組みを再構築することが必要なことを明らかにした。本稿のテーマである教育学の再構築は、この＜実践－省察－再構成＞というサイクルを研究者自身が体現することによって実現していく。事例として取り上げた学部段階での探求ネットワークと大学院段階での学校改革実践研究コースの両者は、常に実践や状況に身をおきながら、そこからの丁寧な積み上げを行うこと、臨床的な視点で子どもの思いや教師の思いを探りながら実践を積み上げていくこと。そして、常に振返り省察する。このプロセスを不断に継続して行うことによって教育学の再構築が実現できると考えられるのである。

### はじめに

筆者は 2005 年 8 月の第 64 回日本教育学会のシンポジウム「教育系大学院の再編と教育学研究のアイデンティティの行方」に、提案者の 1 人として参加する機会を与えられた。そこでは、教育実践に関わる研究者として、教育現実の課題と、それに対する筆者なりの今までの研究の歩みや研究姿勢を問い直し、ささやかな問題提起をさせていただいた[1]。今回の特集テーマに接するときに、教育現実の課題に対して教育学という学問に何ができるのか、その学問としての実践性やアイデンティティとは何かが問われていると考えられる。理論と実践の関係も一方向ではなく、むしろ具体的な事例研究の中で実践や状況に身を置き省察し、新たな理論を再構築していくという営みが求められているのではないか。＜実践－省察－再構成＞の学びのサイクルそのものを教育学の学的営みの中に位置づけること、組み込むことが、これからの教育学の課題であると考える。これらについて、本稿で問題提起していきたい。

## I　教育実践と教育学のアイデンティティ

教育現実の諸課題と学問研究の関係を問い直しているのは教育学だけではなく、教育心理学の分野でも問い直しが進んでいる。教育心理学者の鹿毛雅治（2005）は、教育学について、「これまで述べてきた『役に立たない教育心理学』という風評は、教育心理学の専売特許ではない。むしろ、長い間、教育学そのものの課題であった」として、「発達援助にかかわる諸現象を、鑑賞したり、斜に構えて皮肉ったり、警鐘を乱打したり、天上から説諭したり、総論は正論だが各論は惰論であるような教育学への苛立ちや不信」という庄井良信の言を引用して、教育心理学と同じように教育学の「不毛性」の議論を整理している(2)。

『教育学研究』では、2002 年の第 69 巻第 3 号と第 4 号で＜特集・教育における臨床の知＞が組まれている。教育学という学問が現実の教育に対して力をもたない、抽象的・理念的・観念的思考しかしていないという批判はかなり古くから存在していた。このような批判に対し、教育学の側から反省・省察を踏まえた再構築の動きがみられるが、その一つの試みがこの『教育学研究』の特集といえる。この間、社会問題化されているいじめや不登校に代表される学校病理現象の教育現実に対して、臨床的なアプローチで研究するという方法論が精力的に提起され、このような教育現実に対して教育学はどこまで応えられているのか、という深い反省から、「臨床」という言葉を冠した様々なコースが全国の大学に生まれてきている。日本教育学会でも課題研究で 3 つの報告書をまとめている(3)。

かつて、中村雄二郎（1992）は「普遍性」「論理性」「客観性」という性質をもつ近代科学の知の限界を指摘し、「個々の場所や時間のなかで、対象の多義性を十分考慮に入れながら、それとの交流のなかで事象を捉える方法」を「臨床の知」とよんでいると述べた(4)。また、河合隼雄（1995）も近代科学の「客観性」「普遍性」「論理性」の利点をのべながらも、いじめ・不登校の問題に応える新しい学問が不可欠なことを強調している(5)。このような学問的な再構築の動きの中で、前述したように『教育学研究』第 69 巻の第 3 号・第 4 号において＜特集・教育における臨床の知＞が組まれたのである。その特集の中で、酒井朗（教育社会学）は、教育学研究の問い直しについて、「教育学で臨床ということがしきりに提唱されるのも、現場に根ざしてこなかったこれまでの、教育学のあり方が批判されているから」であり、「教育学は現実の教育事象がおかれた状況と正面から向き合いつつ、理論的な前進を目指さないかぎり、学問としての進歩は望めない」と述べる[(6)]。松木健一（教育心理学）は自身の教育心理学の立場を批判的に捉えながら、行動主義心理学に支えられてきた教育心理学は、教育の目的・内容といった厄介な問題を一旦切り離し、教育的行為そのものを操作的に量的に測定可能な行為としてとらえる、と述べ、仮に、教育学がこのような教育心理学的アプローチの閉塞感や弊害を批判するならば、教育学の中にある「理論から実践へ」という在り方そのものを再検討すべきという批判をしている[(7)]。

これに対して、庄井良信（臨床教育学）は先ほど鹿毛によって引用された同じ論文の中で、「臨床教育学」を考える 2 つの共有された問いについて、深く問題提起する。第 1 は、臨床心理学の一応用分野としての「臨床教育学」ではなく、今日における教育学の内発的展開としての臨床教育学をどう構想するか。つまり、隣接するいくつかの学問分野と連携する展望は持ちながらも、それらの諸学問に還元されることのない臨床教育学の固有性とは何か。第 2 は、変化の激しい現代社会のなかで、著しい不安や困難を抱えながら生きている子ども・青年や、その援助者たちの苦悩への深い理解とそれに基づく発達援助のありかたを、個別かつ具体的に構想できる教育学への自己転換という志向性を持つ問い、である。この 2 つの問いを提起しながら、庄井は教育学からの脱出ではなく、教育学そのものの脱皮（脱構築と再構築） をどう構想するかという根源的問いを投げかけている[(8)]。

以上のように、教育学と教育心理学はともに、現実の教育現実に学問としてどのように関わるのかが問われているが、庄井がいうような教育学の「脱皮」は、現実の教育課題に対して教育学が上から、そして外からものをいうことでない。臨床的な場面、教育現実、教育実践の場に身を置きながら、状況に参加しながら展望を考えること、それも教育学者が一人で考えるのではなく、実践者と協働し＜実践―省察―再構成＞のサイクルを回しながら考えることが求められる。

鹿毛は前書の中で、研究者が実践の場に関わることを次のように述べている。「理論は、一人ひとりの研究者の体験を媒介とする往還のプロセスを通して創造されるものである。しかも、そのプロセスは研究者自身の自省的な学びそのものである。研究者が現場にかかわるということは、かかわりを通して研究者自身が変わることなのである。」[(9)]。研究者自身が「変わる」とは研究者が実践から学び省察し再構成することであり、同時に実践者も協働研究の中で自らの実践を再構成し理論化することで「変わる」のである。両者は対等な関係で実践を創り出し理論化の営みを行う。実践をつくり省察し再構成するのである。この営みは、教育心理学だけではなく、当然のことながら教育学にも求められるし、ほかの実践を対象とする学問にも共通して求められることではないだろうか。

筆者は、ここ 10 年以上福井大学の附属学校園（幼稚園・小学校・中学校・特別支援学校） に関わってきている。教師の授業研究の姿勢、子どもとの距離の取り方、授業を一方向ではなく子どもとの双方向の中で協働し創りあげるという姿勢など、多くのことを附属学校園の先生方から学んできた。子どもから発想する、子どもの視点に立つ、子どもを軸に考える、子どもの筋で記録を書く、実践を物語る、実践記録をストーリー（物語） で書く、などの諸点について、いろいろと考えることができた。筆者自身の学問研究である臨床的なアプローチによる教育学や教育実践史の構想とその実践が、附属学校園をフィールドとして考える中で少しずつではあるが形となってきたのではないかと考えている(10)。また、「子どもの悩み 110 番」という教育相談事業を大学と福井弁護士会共催で 10 年以上継続してきていることも、筆者の実践研究の基盤の一つとなっている(11)。

## II　＜実践―省察―再構成＞のサイクルの事例研究を通した教育学の再構築 －福井大学の場合

教育現実の課題に教育学が学問として向き合うためには、具体的な教育事象の事例研究を通して、学問としての再構築（再構成〉を行うことが求められる。教育学理論の適用対象としての実践というとらえ方ではなく、実践事例そのものからの省察を通した理論の再構築（再構成） という営みこそが、教育学を実践の学として新たに再構築できる道である。

佐藤学（2005） は、自身の研究の歩みを振返りながら、氏自身が学校をフィールドとして事例研究を積み重ね、アクションリサーチという方法を使い実践と理論の再構築（再構成） を行ってきたことを述べている(12)。佐藤は教育実践の専門家像として、D ．ショーンの「反省的実践家」像を踏まえ、これからのあるべき教師像を提起している(13)。

佐藤によれば、新たな専門家像としてD ．ショーンは「反省的実践家（reflective practitioner)」像というオリジナルな専門家としての在り方を提起している。「反省的実践（reflective practice）」という言葉それ自体は、デューイの「反省的思考（reflective thinking）」に由来し、ショーンの独自の用語ではない[14]。ショーンは、「行為の中の省察（reflection in action ）」にもとつく「反省的実践家」を提起しているが、これは従来の「技術的合理性（technical rationality ）」にもとづく「技術的熟達者（technical expert ）」とは根本的に対立する専門家像である。つまり後者の「技術的熟達者」は、近代科学の実証主義に依拠した専門家として、権威ある理論から応用領域の実践へという階層性・権威性を内包していたことに対して、前者の「反省的実践家」は、現代の高度に複雑化した複合的な状況の中に入り、状況との対話を通して、つまり実践の事例研究を通して理論構築を行う専門家像なのである。

ここで問題となる理論と実践との関係の新たな再構築は、現在教師教育の議論の中で、理論と実践の往還・融合・統合などと表現されている問題への一つの解答を示すものである。つまり、理論から実践への一方向の適用・応用ではなく状況に身を置きながら状況と対話し、理論の再構築を不断に行っていくことが、これからの教育学（教育心理学も同様であろう）に求められる学問的営みということになる。この状況を対象とする研究こそが事例研究であり、その中で＜実践－省察－再構成＞というサイクルを不断に行い、練り上げ、繰り上がるサイクルを明らかにすることが求められる。

このショーンの理論に注目しているのは教育学だけではなく、人間を対象とする看護学の分野でも同じである。本田多美枝（2003）は、ショーン理論を看護実践に積極的に取り入れることを検討しているが、その理論は複雑な実践状況に取り組む看護職者にとって有用な視点を提示し支持できる理論であること、また、前述した「行為の中の省察（reflection in action ）」という考え方が、看護職者にとって実践の意味を理解し省察できる理論であることを述べている[15]。

さて、松木健一（2002）は前掲論文において、教育心理学の立場から理論と実践の在り方を吟味し、その上で福井大学の事例として不登校の子どもたちのもとへ学生を派遣するライフパートナー事業と大学院の「学校改革実践研究コース」について紹介している[16]。本稿では一部重なる部分があるが、以下に福井大学における 2 つの事例（探求ネットワークと大学院学校改革実践研究コース）を通して＜実践－省察－再構成＞のサイクルが具体的にどのように展開されているのかを論じていきたい。

## 1．福井大学における学部・大学院全体の改革デザイン

福井大学は学部と大学院の改革の中で、実践と理論との関係性を再構築するためにカリキュラム改革を行ってきている(17)。全体図で示せば以下の図１・図２のようになる（本図は同僚の松木健一の作成による。以下本稿に掲載する図はいずれも同氏作成）。

＜図 1＞では、学部段階における 3 つのコア的な実践活動として、「教育実践研究」（授業科目名「教育実践研究」 I －VI＞、「ライフパートナー事業」（授業科目名「学校教育相談研究」）、「探求ネットワーク事業」（授業科目名「総合学習研究」「学習過程研究」）が表現されている。最初の「教育実践研究」は教育実習を中心とした 4 年間の継続的な取り組みであるが、3 つの活動はいずれも年度の最後に報告書としてまとめられ 1 年間の実践の省察が行われている(18)。

学生は 3 年 9 月に 4 週間附属学校で主免実習を行うが、その実習に至る 2 年半のプロセスで、大学における様々な講義と様々な活動を体験する。主免実習を

〈図１〉　学部教育段階における地域と一体化した教員養成

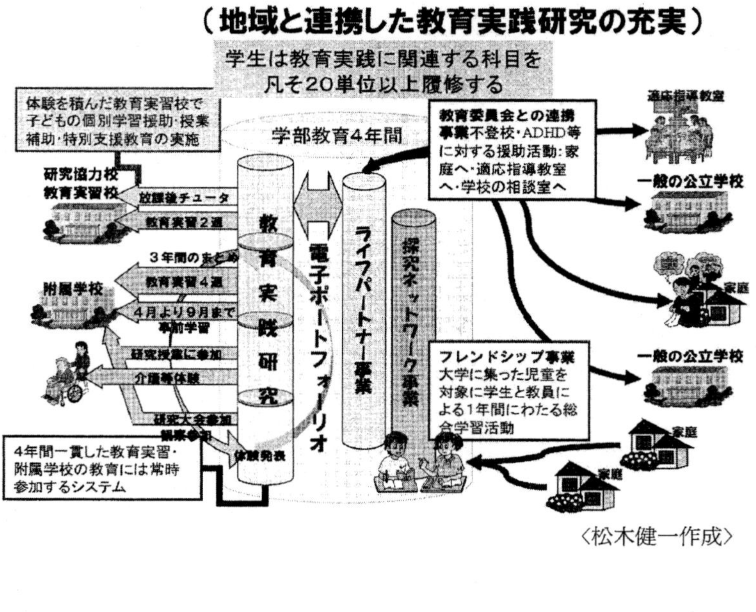


〈松木健一作成〉

終えた3 年後期に教育実習の省察授業があり、その中で教育実習につながった活きた講義や体験については、「ライフパートナー事業」や「探求ネットワーク事業」が多くの比重を占めていることがわかる。探求ネットワークについては以下に詳述するが、学生にとっては、学部 1 年生から直接子どもたちと触れ合えること、それも単発的な関係ではなく長期にわたって特定の子どもたちと関われることが非常に大きな意味をもつ。2 つの体験活動に並行して、それらの体験を省察しレポートにまとめる場も設けられていることも学生の学びを深める場としての意味が大きい。学生たちは、特定の子どもたちとの関係性の中で、子どもへの認識を深めるとともに、自分自身の抱えている課題も明らかになってくる。これらを授業の中で、学生同士のグループ討論を通して省察する。経験者の先輩からの適切なアドバイスが悩んでいる後輩を励ますことも多い。ここには世代継承の学びのサイクルが見られる。これらの省察授業として「総合学習研究」や「学校教育相談研究」等があるが、学生にとってのこのような大きな体験活動を深く意味づける省察授業として、教育学を含む教職関連科目等が有効に機能しているかどうかは検討課題となっている。

＜図 2＞は大学院も含めた6 年間の学部・大学院の展開図である。大学院の「学校改革実践研究コース」については以下に詳述するが、基本的に院生が大学に通うのではなく大学教員がその院生の職場の学校に出向き、学校の抱える実践課題を協働して解決していくコースである。院生が職場から切り離されることなく、職場の同僚と協働して学び合い、学校の課題を大学と連携しながら解決していく。大学にとっては、実践の場を共有しながら省察し、自らの教育学や教育心理学の理論を再構成する場となる。

＜図 1＞で示した学部 4 年間の 3 つのコア授業が大学院の 2 年間を見通した中に位置づけられている。例えば、学部時代に探求ネットワークを体験した学生が 4 年間の「教育実践研究」を踏まえて大学院に進学しているケースがあるが、その院生が附属小・附属中・附属特別支援学校でインターンとして実践研究を行うという試みをしている。探求ネットワークで子どもたちとの関係づくりを学んできた院生は、附属の子どもたちや授業にも積極的に関心をもち、院生として附属の研究と実践に深く関わってきている。修士論文も学部と大学院での 6 年間の実践研究の集大成としてまとめられている[19]。

〈図 2〉　6年間のカリキュラムの中のプロジェクト群

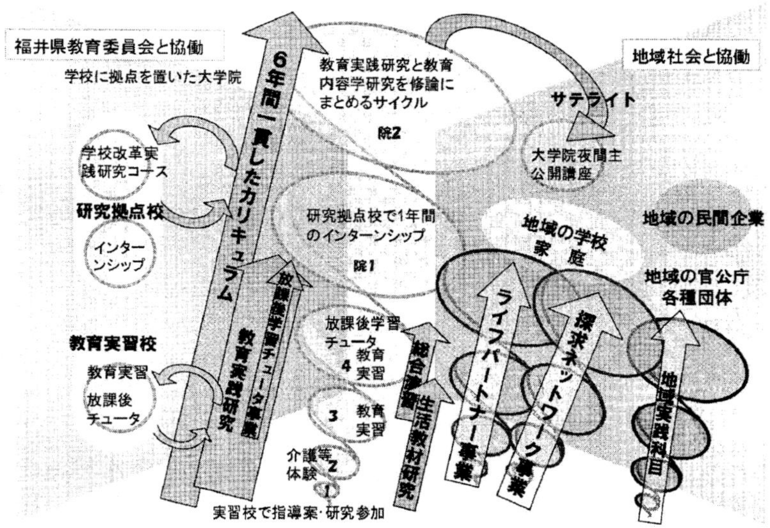


〈松木健一作成〉

**2．学部における＜実践－省察－再構成＞の事例研究－探求ネットワークの場合－**

探求ネットワークの活動については、筆者は事例研究としてすでにいくつかまとめてきている[20]。探求ネットワークとは 5 月から 12 月までの 8 ヶ月間、約 150 名の学生と約 300 名の小・中学生が 9 つのテーマに分かれて探求的な総合学習を行う活動である。1995 年度から始めて 2007 年度で 13 年目に入っている文部科学省のフレンドシップ事業であり、学生はボランティアではなく正規の授業として受講登録している。1 年生から受講できる選択の授業で、前期は「総合学習研究」2 単位、後期は「学習過程研究」2 単位で、1 –2 年生の 2 年間で 8 単位まで積み上げが認められている。探求ネットワークには 3 つの目標がある。第 1 は参加する子どもたちにとっての意味である。子どもたちは毎月 2 回土曜日に大学に集まり、学校ではなかなか体験できない探求的な総合活動を学生たちと一緒に創造する。現在の総合活動のテーマとしては 9 つあり、探検グループが 3 つ（わくわくキャンプ工房・ナチュラルクッキングパラダイス・それいけ！！探検隊)、人形劇、気球、もぐもぐ（料理)、紙すき、まちかど探検隊、FFC である。最後の FFC は「ふれあいフレンドクラブ」の略称で障碍をもった子どもたちのグループである。4 月の募集期間に参加を希望する子どもたちは 9 つのテーマから希望順位を書いて応募する。継続して参加する子どもたちもかなり多い。第 2 は参加する学生にとっての意味である。学生のほとんどが教師を目指しているが、活動の過程でコミュニケーションの力、受け身ではなく主体的に物事を計画し実行する力、表現力・問題解決能力等が身に付いていく。第 3 は大学にとっての意味である。教師教育の内実が問われているとき、正規のカリキュラムとして位置づけられ、教師としての実践的力量形成の基礎を学生たちは獲得していく。文部科学省のフレンドシップ事業として多くの大学が学生と子どもたちとの触れ合いを推進しているが、長期にわたり継続して同じ学生と子どもたちが協働の活動を創りあげ、活動の最後には省察して報告書にまとめるという福井大学の事例は他大学ではほとんど見られない特徴を持っている。＜図 3＞は探求ネットワークの 1 年間のサイクルである。第 1 サイクルは 5 月から 7 月の春の時期、第 2 サイク

〈図 3〉 探求ネットワークの 1 年間の活動展開

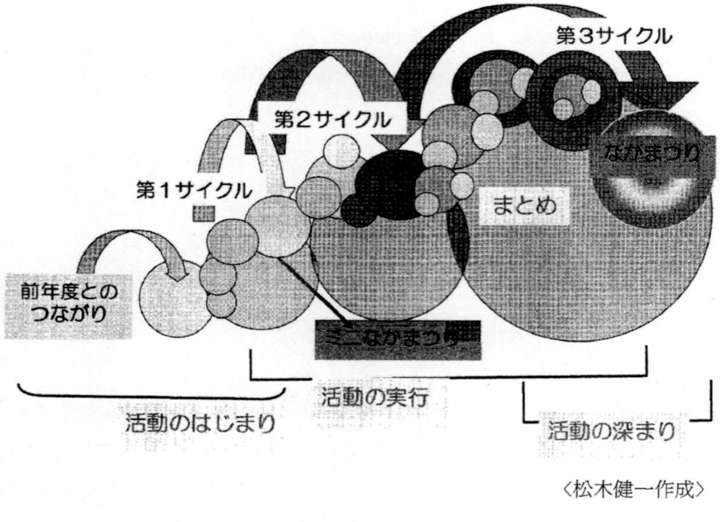


〈松木健一作成〉

ルが8月から9月の夏の時期、第3サイクルが10月から12月の秋の時期で、子どもたちとの活動は12月で終了する。毎月2回、8ヶ月間で約15回程度の活動で、毎回「わーい』という広報誌を発行している。図にはないが、活動終了後の1月から3月までが第4サイクルで、学生たちだけで省察を行い報告書を作成する。今までに報告書は6冊発行されている(21)。

報告書のサブタイトルは「子どもたちとの長期にわたる活動から見えてくる探求的な学び」であり、学生は3つの場面で省察を行っている。第1は毎月1回の分科会形式で行うもので、9つのテーマの学生たちが4－5人の混成小グループをつくり、他ブロックのメンバーと自分たちの悩みや活動について話し合う省察、第2はサイクルラウンドで、春・夏・秋のそれぞれのサイクルの締めくくりとして行う省察。全体でのプレゼンテーションと分科会での省察が行われる。第3は探求内報告会で年度末の2月に省察のレポートを準備して全体会と分科会が行なわれる。この第3の省察レポートを報告書に収録して印刷・発行し、3月に毎年福井大学を会場として開催される他大学のフレンドシップ事業を行っている学生たちとのラウンドテーブルで配布し報告している。

以上のように、探求ネットワークは子どもと学生たちが新たな出会いを通してお互いに成長していく場である。私たち教員のサポートもほとんど不要なほど自立して活動が展開されている。ともすれば知識だけが最優先され、受験システムに入り込んでいる小・中学校での学びが相対化され、子どもと学生が協働して総合的な活動を創造していくプロセスは、学生自身が＜実践―省察―再構成＞のサイクルを身をもって実行しているといえる。同時に、私たち研究者もその実践に身を置き、省察し、再構成して論文等にまとめているのである。この探求ネットワークの活動を通して、教育学がどのように再構築されているのであろうか。教育学が実践の学として、同時に臨床の学として再構築されるためには、教育学が学習者による具体的な活動や状況と正面から向き合うことが不可欠である。探求ネットワークは学び手である子どもたちと学生たちが8ヶ月間（毎年継続して参加する場合は複数年）　という長期にわたる実践活動を展開する総合活動である。その過程で、子どもや学生の成長・発達の足跡が報告書等で示されている。報告書の中で学生自身が、自分自身と関わってきた子どもたちの成長プロセスを自分自身の成長とつなげながら描いている。この学生たちのレポートは、教育に関する断片的な知識を駆使した文章ではなく、自らの内面も赤裸々に出しながら、子どもとの出会いの中での発見・感動等が描かれている。学生にとっては、1 年生から子どもに直接触れ合うことができる探求ネットワークの経験が、当然のことながら将来の教師の素質の基礎となることは明らかである。教育学にとって不可欠な臨床的な視点がこれらの学生自身の省察レポートに十分現われていることを高く評価していきたい。

### 3 ．大学院における＜実践―省察―再構成＞の事例研究
### ―「学校改革実践研究コース」の場合―

福井大学は 2001 年度より大学院に「学校改革実践研究コース」を創設した。これは学校を拠点として、その学校が抱えている課題を大学との協働研究を通して省察し解決していくコースである。従来の大学院修士課程は現職の先生の場合は、個人で大学院に入学し、1 年間個人的関心で研究を行い、2 年目は職場に戻り、実践と研究を行うというスタイルである。このスタイルでは学校そのものが抱える課題に組織的に応えるものとはならず、同時に大学院で学んだ研究が職場に戻り活かされるケースも少ないという問題点を抱えてきた。福井大学で は、米国の PDS （Professional Development School 教職開発学校） の実践に学びながら、地域の学校を拠点とした大学院の「学校改革実践研究コース」を 2001 年度に創設した。このコースは、地域の学校を拠点としたシステムで、今までで 6 年間が経過するが、福井大学と附属学校園及び公立小学校等とが拠点校の契約を結び協働・共同研究を行ってきている(22)。

当初は附属学校園だけとの協働研究であったが、現在は附属以外に公立学校や私立学校にも拠点学校が拡がってきている。本コースの代表例は附属中学校であり、今まで 2 冊の著書を協働でまとめてきている(23)。附属中学校の改革課題は決して附属特有のものではなく、今の中等教育の抱える課題である PISA 型学力をどのように実現するのかについて正面から向き合い、じっくりと共に学び合う中で省察し再構成していこうとしている。1 年間の附属中学校の実践研究のサイクルは＜図 4＞の通りである。

〈図4〉 附属中学校における大学院学校改革実践研究コースの年間の活動

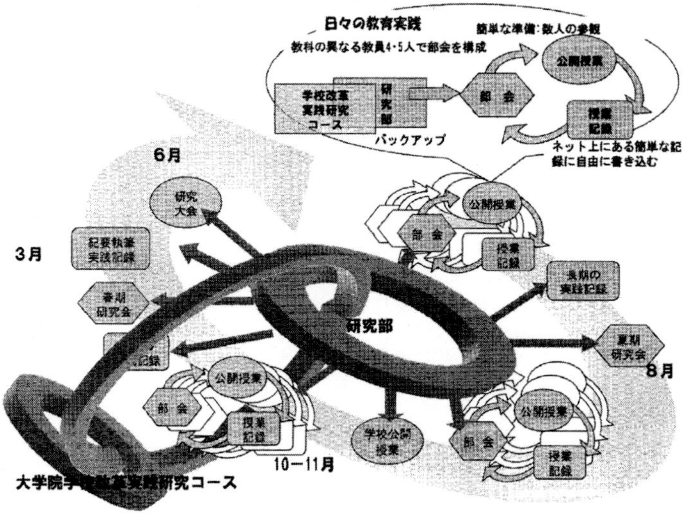


〈松木健一作成〉

附属中学校では日常の授業改革を研究の中心に据えている。授業の中身を主題－探究－表現型の授業に組み替え、生徒たちが主体的に参加できる時間と場を確保する努力をしている。年間を通して教科書の知識だけを断片的に教える授業ではなく、3 年間の教科のカリキュラムを組み替え生徒の学びが 3 年間の連続した学びとして教科を超えて関連を持ちつつ、つながり合うカリキュラムを学校全体として構築してきている。このような学校全体としての協働研究が可能となるのは、学校の研究の中核である研究企画（研究部）が全体の研究をリードしているからである。この研究企画（研究部）には大学の私たちも深く関わっている。6 月の公開研究集会（研究紀要の発行）、7 月の実践記録を読む会、秋の公開授業と研究会、3 月の実践記録を読む会、という年間サイクルが展開されている。実践記録を読む方法としては 4 － 5 人の複数教科の小グループ単位で、教科をまたがり生徒の学びの筋で探究の深まりをとらえている。一般的に中学校では教科の壁が厚いが、附属中では生徒の学びの深まりを最優先することで、教師同士の協働関係を構築してきている。実践記録は子どもの姿で語るという記録の方法であり、ある一人の子ども、またはあるグループの学びの具体的な展開を子どもの発言やレポート・作品などによりながら生き生きと表現していく。その生徒たちの探究的な学びの活動を丁寧にあとづけながら、生徒たちの成長プロセスを明らかにする研究である。

附属中で特徴的なのは、生徒だけではなく教師自身も試行錯誤し悩みながらも少しずつ成長しているプロセスを表現していることである。前掲の附属中の 2 冊目の出版本『中学校を創る－探究するコミュニティへ』(東洋館出版社、2004) の中には、2 人の教師の成長プロセスがインタビューをもとに書かれている（第Ⅲ部　省察的実践者のコミュニティ)。また、本コースに入学した教師は、自らの成長プロセスを実践記録を再構成することで修士論文にまとめている(24)。

この学校改革実践研究コースの事例の中で、教育学はどのように再構築されているのであろうか。それは端的に言えば、現職の院生自身が自らの実践を省察する中で、自分が従来身につけてきた専門の教科内容や授業の方法等の枠組みが根本から転換されるという経験をするが、その学びの転換をサポートするのが教育学である。コースでは教育に関して新しい知識を増やすことが中心の目的ではない。むしろ、自分自身の考え方の枠組みを根底から問い直すこと、つまり、附属中の教師が描いた自身の成長プロセスの物語にみられるように、子どもたちの成長プロセスに寄り添う教師自身の成長プロセスや在り方をお互いに認識し再構築していくことである。教師たちが自らの認識を実践や状況の中で深めていくこと、省察し洞察していくことを援助するのが教育学ではないか。臨床の学としての教育学は、学部段階だけではなく大学院でこそ本格的に展開され再構築されるべきである。この教育学の再構築に最も責任をもつべき研究者は、実践者と協働して実践や状況の中に身をおきながら、自らの学問的な枠組みを根本から再構築するという大きな重い課題を背負わなければならない。前述した鹿毛の言葉を再度紹介したい。「理論は、一人ひとりの研究者の体験を媒介とする往還のプロセスを通して創造されるものである。しかも、そのプロセスは研究者自身の自省的な学びそのものである。研究者が現場にかかわるということは、かかわりを通して研究者自身が変わることなのである。」(25)

## III　おわりに

本稿では、教育学のアイデンティティを問い直し、教育現実や教育実践に対して教育学の有効性を検討してきた。そのためには具体的な事例を提案し、その具体的な事例の場や状況の中で、学生や教師、研究者がそれぞれ実践と理論を往還する営みを遂行することの重要性を提起してきた。提案した事例は学部段階での「探求ネットワーク」の活動と大学院段階での「学校改革実践研究コース」の取り組みである。この2つの事例の中でめざしたことは、<実践－省察－再構成>というサイクルを学びのコミュニティに参加している子ども・学生・院生・教師・研究者のいずれもが遂行し、その過程でそれぞれがそれぞれの立場と視点で省察すること、そして今までの自らの歩みを再構成する試みに挑戦することである。本稿のテーマである教育学の再構築とは、研究者だけの課題ではない。教育という営みに関わるあらゆる人々が、自らの教育に関わる実践を省察し、その実践の過程で、<実践－省察－再構成>という学びのサイクルを創造していくこと、そしてそれを通してこれからの日本における教育と教育学の展望を新たに創造することが求められる。佐藤が紹介するショーンの「反省的実践家」像は、教育者だけではなく、カウンセラーや建築家などの様々な専門職の在り方を示している。教育者の場合は、学校というコミュニティでの子ども・教師・研究者の協働的な学びと省察によって実現される。教育学の再構築は、新たな実践の創造と、その省察－再構成のサイクルの連続によってなされるのである。

現在、教職大学院が教員養成系大学にとって大きなテーマとなっているが、この教職大学院で求められることは、まさしく<実践－省察－再構成>のサイクルを大学院の中で日常的に不断に遂行することである。福井大学では、前述した大学院「学校改革実践研究コース」を福井大学における教職大学院構想の中核として位置づけている。実践や状況に身をおきながら、そこからの丁寧な積み上げを行うこと、臨床的な視点で子どもの思いや教師の思いを探りながら実践を積み上げていくこと。そして、常に振返り省察する。このプロセスを不断に継続して行うことが求められる。これは教職大学院だけの課題ではなく、教員養成に関わるあらゆる機関の課題でもある。教育学の再構築は、この不断のプロセスを通して実現されると考える(26)。

## 註

(1)　このシンポジウムで提起したことを踏まえた論文として、拙稿(2005)「福井大学の学部・大学院の実践的・臨床的取組みと教育学研究の再構築」(福井大学教育地域科学部附属教育実践総合センター紀要『福井大学教育実践研究』第30 号）を参照されたい。

(2) 鹿毛雅治編著（2005）『教育心理学の新しいかたち』誠信書房、15 頁。文中引用の庄井良信の言は、庄井（2002）「臨床教育学の＜細胞運動＞ネオモダン・パラダイムから教育の臨床知への軌跡」（『教育学研究』第 69 巻第 4 号、445 頁）である。

(3) 日本教育学会は2つの特集以外にも、課題研究で3つの報告書をまとめている。①「臨床教育学」の試み1 （1999 年 8 月)、② 「臨床教育学」の試みII （2000 年 8 月)、③ 「臨床教育学」の試みIII （2001 年 8 月）参照。

(4) 中村雄二郎（1992）『臨床の知とは何か』岩波新書、2- 11 頁。

(5) 河合隼雄（1995）『臨床教育学入門』岩波書店。

(6) 酒井朗（2002）「臨床教育学構想の批判的検討とエスノグラフィーの可能性―「新しい教育学の可能性」と「問題への対処」をいかにして同時達成するか―」『教育学研究』第 69 巻第 3 号、322 頁。

(7) 松木健一（2002）「臨床的視点からみた教育研究と教師教育の再構築―福井大学教育地域科学部の取り組みを例に―」同上、344 頁。松木は筆者の協働研究者である。

(8) 前掲、庄井良信（2002）「臨床教育学の＜細胞運動＞―ネオモダン・パラダイムから教育の臨床知への軌跡」『教育学研究』第 69 巻第 4 号、442 頁。

(9) 鹿毛雅治前掲書、21 頁。

(10) 筆者の教育実践史研究の歩みは遅々たるものであるが、主要なものを以下にあげる。現在の実践を臨床的な視点で見ること、同時に歴史的な実践史料を臨床的な視点で読み解くこと、この両者の緊張関係の重要性を学んできたように思う。①「自由民権運動における自由教育論の考察―栃木県の事例を中心に」『教育学研究』第 50 巻、第 3 号（1983)、②「教育実践における学習過程の史的研究―三好得恵の「自発教育」の構造とその具体的実践の検討を通して―」『日本の教育史学』第 37 集（1994)、③「長野県師範学校附属小「研究学級」の実践分析」『福井大学教育学部紀要』第 49 号（1995)、④「長期にわたる総合学習実践の分析－奈良女子高等師範学校附属小学校を事例として」『教育方法学研究』第 25 集（1999)、⑤「教育実践史研究ノート（1）

—成城小学校の授業研究を事例にー」『福井大学教育地域科学部紀要』第Ⅳ部 教育科学　第 60 号（2004）、⑥「教育実践史研究ノート—研究方法論的吟味とトモエ学園の事例研究—」『福井大学教育地域科学部紀要』第 IV 部　教育科学　第 62 号（2006）。

（11）森透・佐藤辰弥・坂後恒久（1994）「現代の子どもの実態と教育の課題—「子どもの悩み 110 番」電話相談を通して—」『福井大学教育実践研究』第 18 号。

（12）佐藤学（2005）「教室のフィールドワークと学校のアクション・リサーチのすすめ」（秋田喜代美・恒吉僚子・佐藤学編『教育研究のメソドロジー—学校参加型マインドへのいざない』東京大学出版会）。

（13）佐藤学（1993）「教師の省察と見識—教職専門性の基礎」『日本教師教育学会年報』第 2 号、日本教育新聞社。佐藤学（1993）「反省的授業—その実践と表現の様式」日本教育方法学会『教育方法（22）』明治図書。ドナルド・ショーン／佐藤学・秋田喜代美訳（2001）『専門家の知恵』ゆみる出版（Donald Shön ‘The Reflective Practitioner : How Professionals Think in Action’　(1983)。

（14）ドナルド・ショーン　前掲訳書『専門家の知恵』2 頁。

（15）本田多美枝（2003）「Shön 理論に依拠した『反省的看護実践』の基礎的理論に関する研究－第一部　理論展開」『日本看護学教育学会誌』Vol13　No 9、1-15 頁、同（2003）「Shön 理論に依拠した『反省的看護実践』の基礎的理論に関する研究－第二部　看護の具体的事象における基礎理論の検討－」『日本看護学教育学会誌』、Vol13　No9 、17-33 頁。看護学校における実践研究については、拙稿（2006）「福井大学大学院『学校改革実践研究コース』の取り組みと教職大学院」（福井大学教育地域科学部附属教育実践総合センター紀要『福井大学教育実践研究』第 31 号）を参照のこと。

（16）前掲、松木健一（2002）「臨床的視点からみた教育研究と教師教育の再構築」350-353 頁。

（17）福井大学の学部と大学院の改革は前掲の拙稿（2005）「福井大学の学部・大学院の実践的・臨床的取組みと教育学研究の再構築」（福井大学教育地域科学部附属教育実践総合センター紀要『福井大学教育実践研究』第 30 号）を

参照願いたいが、次の 3 つの教授会声明に集約されている。①「地域の教育改革を支える教育系学部･大学院における教師教育のあり方」(2000.09.14)、②「地域に根ざし開かれた教育・学術・研究の拠点としての教育地域科学部のあり方」(2001.10.5)、③「21 世紀における日本の教師教育改革のデザイン―地域の教育改革を支えるネットワークと協働のセンター」(2002.03.05)。

(18) 教育実践研究に関しては『教育実践の省察と展望』、ライフパートナー事業に関しては『ライフパートナー活動報告書』、探求ネットワーク事業に関しては『共同探求者を育むプロセス』と題して、それぞれ発行されている。特に探求ネットワークは学生主体で編集発行されている。

(19) 学部 4 年間、探求ネットワークの活動をリードし大学院に進学して附属学校でインターンシップを経験した 4 人の院生の修論テーマ(2006 年度提出)を以下に紹介する。「長期にわたる探求的な学びの実践とコミュニティの展開についての省察的研究―ふれあいフレンドクラブ 5 年間の歩みから紐解く―」「科学的リテラシー形成を目指す探究型カリキュラムの構成と実践―欧米の科学教育プログラムの視点から福井大学附属中学校の理科実践を分析する―」「探究的な授業づくりをめざす教師の協働研究の展開と実践認識の発展過程―実践記録の作成・再構成プロセスにおける実践認識の発展過程の跡づけを中心に―」「生活科における協働活動と実践コミュニティの発展に関する実践研究」。

(20) 探求ネットワークについては 4 本の実践論文にまとめている。① 森透・寺岡英男・柳澤昌一 (2003)「小・中学生と学生との探究活動とその省察－文部科学省フレンドシップ事業「探求ネットワーク」報告－」(福井大学教育地域科学部附属教育実践総合センター紀要『福井大学教育実践研究』第 28 号)、 ②森透・寺岡英男・柳澤昌一 (2004)「長期にわたる総合学習の展開とその実践分析－福井大学「探求ネットワーク」の 10 年－」(福井大学教育地域科学部附属教育実践総合センター紀要『福井大学教育実践研究』第 29 号)、③ 森透 (2005)「地域と協働する実践的教員養成プロジェクト―教育 COL に採択されて―」(東海高等教育研究所『大学と教育』第 39 号)、④ 森透 (2005) 「地域と協働する実践的教員養成プロジェクトの構想と実践－小・中学生と学生との協働プロジェクト「探求ネットワーク」(『日本教師教育学会年報』第 14 号)。

(21) 活動報告書『共同探求者を育むプロセス」1 (2001) から 6 (2006) までの 6 冊。全体編と 9 冊のブロック編がある。特に 2006 年度は全体編、ブロック編、3 年生報告書編の 3 種類が発行されている。

(22) 大学院の学校改革実践研究コースについては、前掲、拙稿 (2005)「福井大学の学部・大学院の実践的・臨床的取組みと教育学研究の再構築」(『福井大学教育実践研究』第 30 号) と、拙稿 (2006)「福井大学大学院『学校改革実践研究コース』の取り組みと教職大学院」(福井大学教育地域科学部附属教育実践総合センター紀要『福井大学教育実践研究』第 31 号) で論じている。なお寺岡英男 (2006)「第 5 章　教師教育改革の試みと課題」『教師教育改革のゆくえ』(東京学芸大学教員養成カリキュラム開発研究センター編) も参照のこと。本コースについては冊子『学び合う共同体としての学校をつくるために』(2001. 1) に詳しい。「学校改革実践研究コース」は正式には「夜間主・学校改革実践研究コース」という名称で、学校教育専修と障害児教育専修の 2 つがある。本稿では主に学校教育専修での取り組みを紹介する。本コースは学校教育専修の複数の教員によって担当されており、筆者もその担当者の一人である。

(23) 福井大学教育地域科学部附属中学校 (1999)『探究・創造・表現する総合的な学習』東洋館出版社、同 (2004)『中学校を創る―探究するコミュニティへ』東洋館出版社。さらに教科別の冊子 (いままでの主要な実践記録を収録し、その歩みを各教科の教諭が意味づけ省察したもの) を作成し 2007 年 6 月の公開研究集会で参加者に配布した。

(24) 修論タイトルだけ紹介すれば、2003 年度提出「子どもたちの科学的な探究を支える教師の省察的実践」、「ものづくりの探究の展開と教師の反省的実践―技術教育で学ぶことは何か―」、2004 年度提出「協働の実践を省察、再構成する力を培う社会科」、「探究するコミュニティへのプロセス―数学科カリキュラム構成と全体研究運営をデザインする―」、2005 年度提出「理科学習における探究活動の構成と科学的リテラシー―17 年間の実践のあゆみをつかみ直し、これからの理科学習を展望する―」。

(25) 鹿毛雅治編・前掲書、21 頁。

(26) 教職大学院に向けて学校改革実践研究コースとして以下の資料集を刊行している。福井大学大学院教育学研究科学校改革実践研究コース編『学習過程への問い』2006 年 3 月、同編『実践コミュニティと省察的機構』2006 年 3 月、同編「看護専門職の実践力を育てる実習過程の事例研究』(学校改革実践研究年報　2006　NO. 1、2007 年 3 月)。

# (2) 福井大学における教育実践研究と教師教育改革 ―1980年代以降の改革史と教職大学院の創設―

本稿は、福井大学における1980年代から今日に至る教育実践研究と教師教育改革の歴史を省察し、今日における教師教育改革の展望を示すことを課題としている。福井大学では、同僚とともに、協働研究を通して地域の学校を拠点として継続的に関わり、子どもたちの学びと成長、及び教師の学びと成長、そして学校づくりという課題に向き合ってきたといえる。それらの集大成としての現在の教職大学院が存在していると考えている。

## はじめに－問題の所在

文部科学省は2012年度に入り国立大学法人の教員養成系大学・学部に対して「ミッションの再定義」の提出を義務付け、各大学・学部は数値目標も含めて学部としての「ミッション」を文科省に提出した。(1) 2001年11月の文科省「在り方懇」(国立の教員養成系大学・学部の在り方に関する懇談会) 報告は、当時大学・学部の再編・ブロック化を提起した文書として大きな衝撃を与えたが、今回の「ミッションの再定義」はまさしく各大学・学部の存続・存廃をかけた対応を生み出している。

本来、戦後大学の自治や学部自治を掲げてきた大学としては、当時の「在り方懇」報告に対して受動的であったことを反省し、今回は自主的・主体的立場で日本の教師教育改革に関する構想や提言を行うべきであるが、今の教育系大学・学部は改革ビジョンを十分な形で提案できていないのが現状ではなかろうか。

我々は、文科省や中教審が提起する様々な問題や課題に対して、大学人として専門的立場から批判的吟味を行いつつ、賛同できる点、批判すべき点等を見据えつつ、改革に取り組んでいかなければならない。国際社会の中で日本の大学はいかにあるべきか、日本及び世界の教育改革の動向を見定めつつ、日本が果たすべき役割は何か。文科省の提起する「ミッションの再定義」を初めとする大学改革の動向に対しても、受身ではなく主体的に教師教育の改革案を提起していかなければならないだろう。

本稿では、福井大学における 1980 年代以降の教師教育改革の歴史を省察し、現在の福井大学教職大学院（福井大学大学院教育学研究科教職開発専攻）創設までの改革史と今後の展望を提起したいと考える。2012（平成 24）年 8 月の中教審答申「教職生活の全体を通じた教員の資質能力の総合的な向上方策について」では、「一部の教職大学院」という断りの上で、福井大学教職大学院についての言及がある。つまり、「学校を大学院の実習・学修の拠点とする方式により、校内研修と大学院での学びを高度に組み合わせて現場での課題の解決に当たる試みを行い、成果を上げている」、「拠点となる連携協力校での具体的課題の解決を題材として、当該校の現職教員が勤務を継続しながら、大学院での学びを行うことを基本としている」、そして「大学教員が連携協力校を定期的に訪問し、連携協力校における学校全体、更には近隣の学校の教員も含めて、研修を一体的に行いながら、併せて学部新卒学生も連携協力校において学校での授業研究や指導の改善のメカニズムを学ぶという方式が採られており、こうした取組も十分に参考とすべきである」。(2)

中教審が福井大学に言及するということの意味をどのようにとらえるべきなのか。大学と地域の学校との協働、そして学部卒院生が 1 年間にわたりインターン生として学校に入り込み、「教師の総体を学ぶ」こと。そして大学でのカンファレンスによる深い省察。これらの学校を拠点とした大学院のシステムは、振り返れば 2001 年度に設置した福井大学大学院「学校改革実践研究コース」に始まる。更に遡れば 1980 年代から 1990 年代の福井大学の学部改革・大学院改革に至るのである。

筆者が福井大学に着任したのが 1985（昭和 60）年 9 月であるが、1980 年代以降、福井大学は教員需要の減少による新課程設置（1988）、大学院設置（1992）、学部改組（1999）、大学院「学校改革実践研究コース」設置（2001）、そして教職大学院設置（2008）という激動の歴史を歩む。それらの改革史は多くの教育系大学・学部が直面した課題でもあったが、特に前述した 2001 年 11 月の文科省「在り方懇」報告は戦後の教育学部の在り方の根本的な問い直しの契機ともなった。福井大学では当時、この「在り方懇」に抗して地域の学校と協働する大学・学部の在り方を３つの教授会見解としてまとめ社会に公表したが、「在り方懇」で指摘された教育系大学・学部の諸課題は戦後の教員養成をめぐる議論まで遡る。(3)

戦後の教員養成の2大原則—大学における教員養成と開放制—は戦前の師範教育への批判に基づいていたが、戦後の教員養成・教師教育の独自性・専門性をどのように構想するのかについての教育刷新委員会での議論は大変に不十分であった。(4)

1965年に創立された宮城教育大学が行なった「教授学」の提唱と様々な実践的な試みは、戦後教員養成史における初めての本格的な大学における挑戦であり、(5) その後、弘前大学も「在り方懇」に対して「教員養成学」を提唱し独自の実践を構想したことは注目される。(6)

以下、福井大学の事例を軸に置きながら、本特集の「教師教育改革」の課題に迫ってみたい。(7)

## I　戦後の教員養成改革・教師教育改革を巡る議論－特に「在り方懇」報告批判と「ミッションの再定義」に関わって－

戦後の教員養成・教師教育に係わる議論において、戦後の2大原則—大学における教員養成と開放制－が前提として行われてきたが、文科省が現在「ミッションの再定義」を求めるということは、そもそも教育系大学・学部のアイデンティティは何か、ということが根本から問われ、避けて通れない現実となっているといえる。宮城教育大学の挑戦の中心であった横須賀薫は、戦後の教師教育改革に深く関わり、様々な提言を行なってきたが、「在り方懇」報告書に対して「報告書がその前提に戦後教員養成について総括を試み、その現状の反省と改善の方向を打ち出している点はもっと注目されてよい」(8) と評価しつつも、「現段階においては、むしろ教員養成の教育体制について、非常な危機感を招来する契機となる危険性をはらんでいるのではないかと危惧している」(9) とも述べている。同時に一方で、「報告書」の分析と提案に対して、「戦後教員養成の総括なり、今後の方向なりは本来なら日本教育学会、あるいはその他の学会、そして日本教育大学協会や国立大学協会という学協会の自主的な力、議論や運動を通して進められ、確立されなくてはならないもの（中略）結局中央教育行政が先導するという形」(10) となったことに警鐘を鳴らした。この視点は、弘前大学の改革を実行した中心人物の一人、遠藤孝夫も「在り方懇」報告を批判する中で、「『自治』を保障された教員養成学部自らが、既に自覚的・主体的に取り組むべき本質的課題であったはずだからである。教員養成学部自らが内在的批判を通して、この本質的課題に取り組むことなしに、政府・文部科学省の大学政策や教員養成政策を『無定見』と批判することだけでは、何らの問題解決にも結びつかないと言えるだろう」(11)。

また、横須賀は戦後の開放制—閉鎖制議論の対立図式を批判し「教育学」の在り方について次のように述べる。

「論争の主題となってきた、閉鎖制か開放制かという制度論のフレームは、教育内容の問題にふみこまないかぎり、すでに一歩も進展しないのである。又、リベラル･アーツ（学芸）的方向か教職専門教育の方向か、という論争フレームも、前記論争の亜種である（中略）教員養成の教育課程の問題を通して、より有効に、教育学のあり方が問い直されるということである。教育学は、これまでこの課題を避けて通ってきたのである。（中略）教育学が既成諸科学の応用学であるかぎり、この課題を解くことはもちろん、接近することさえ可能ではないからである」(12)

宮城教育大学の挑戦は、まさしくこの横須賀の提言を実行に移したということである。

さて、福井大学では前述したように、教授会見解の中で「在り方懇」報告書に対して次のように批判する。

「『国立の教員養成系大学・学部の在り方に関する懇談会』が打ち出した県域を越えた『再編･統合』案は、それが進められるならば、否応なく地域と教育系学部を引き離すものとならざるを得ない。／教育系学部が、広域統合によって地域から離れ、大規模化し内部において専門分化した形をめざすのか、地域に根ざし、地域の学校と協働して学校改革に取り組む実践的な研究・教育拠点として、広く内外にネットワークを結んでいく途を選ぶのか。それは教育系学部・大学院のあり方の選択であるとともに、教育改革・学校改革の帰趨を左右するものとならざるをえない。／そうであればこそ、教育改革を求める広範な世論に耳を傾け、戦後の教員養成・教師教育の実践と研究の歴史的な展開を踏まえ、さらには教師教育改革の世界的な動向にも学びながら、21 世紀の日本の教師教育改革のデザインを選び取っていくことが求められる。この見解は、そのためにまとめられた。」(13)

更に次のように続ける。

「学部中心・準備教育段階中心のこれまでの教育学部のイメージに囚われたまま、各県に存在しなくても問題はないとする論理は、学校改革のための地域の学校と大学との本格的な協働をめざし、現職教員を含む生涯にわたる教師の専門的力量形成と研究を支える大学の新しい機能の充実をめざす、90年代以降の教師教育改革の基本的流れとまったく背馳するものとなっている」(14)

前述したように大学人は、政策側からの提案に対して受身で対応するのではなく、大学側が自主的・自立的に提案するべきである。戦後、教授会自治や大学自治が強調されてきたが、既得権益の保身ではなく国民に開かれた大学としての説明責任と役割を今こそ果たすべき段階に来ている。とりわけ21世紀の日本の教師教育改革及び高等教育改革をどのようにデザインするのかについては、世界的な視野で構想し実践することが私たちに強く求められている。

さて、前述した中教審答申で評価されている福井大学の学校拠点方式の取組みは、20年以上の実践研究のプロセスの中で、実践と理論の架橋や実践を省察し再構成していくシステムを構築し進めてきている改革である。この改革は、世界的な教師教育改革の流れの中で、特に私たちが参考にしたのは米国のＰＤＳ（Professional Development School 教職専門性開発学校）であり訪問調査も行なった。以上のように、学校拠点の構想・実践を進めてきた1980年代以降の私たちの教師教育改革の歴史を以下に述べていきたい。

## Ⅱ　福井大学における学部・大学院改革の歴史と省察

### 1　1980年代―1990年代の改革の歴史と省察

福井大学は前述したように、2000年代の初めに3つの教授会見解を公表し、特に第3見解において「在り方懇」批判と同時に21世紀の教師教育改革の展望を提示した。この3つの教授会見解の背景には、1980年代からの福井大学における教育実践研究の試行錯誤の歴史がある。以下では、1980年代―1990年代の福井大学における教育実践研究の改革史を振り返りその特徴を述べていく。

#### (1)　共同研究の開始とその展開

第1の特徴は、同じ職場で同僚として出会った我々がお互いの専門領域を超えて協働し課題意識を共有しつつ、以下の3本の共同研究を発表したことである。

同僚とは、寺岡英男（教育方法学）、松木健一（教育心理学）、柳沢昌一（社会教育）、筆者（教育史）の4名である。筆者も含めてこの4人はお互いに大学も異なり、初対面に近い関係（私が着任した1985年9月には寺岡と松木はすでに福井大学に着任していた）であったが、相互の研究の交流と、実践の場を共有し子どもたちの学びを軸に置いた実践研究を協働で進めていくという研究の方向性を築いてきた。

①寺岡英男・永谷彰啓・松木健一・森透・柳沢昌一（1991）「学習—教育過程分析の方法論的基礎研究」（『福井大学教育学部紀要　第Ⅳ部　教育科学（その1)』第41号、117－187頁）

②寺岡英男・柳沢昌一・流真名美（1993）「学習過程における認識発展と<追求－コミュニケーション編成>の展開」（『福井大学教育学部紀要　第Ⅳ部　教育科学』第46号）

③寺岡英男・森透・松木健一・柳沢昌一・氏家靖浩（1999）「教育改革・教師教育改革と学校—大学の共同研究の展開」（『福井大学教育地域科学部紀要Ⅳ（教育科学)』第55号、39－114頁）(15)

①の永谷は附属小教諭、②の流は大学院生、③の氏家は臨床心理学の教員である。この3本以外に筆者は当時学部で始めていた共同ゼミナールの報告を学会誌に発表した。(16)

1992年には福井大学に大学院教育学研究科が設置されたが、準備過程で我々4人が関わった「大学院教育内容研究プロジェクトチーム」が1990年に最終報告書骨子をまとめた。その中で、「教育—学習の具体的なプロセスを焦点にすえた共同研究—教育の組織・体制の形成」及び「教育—学習の具体的なプロセスを焦点にすえた共同研究—教育の構想」が提案されている。(17) このプロジェクトチームの提案趣旨の背景には、当時の附属小との丁寧な関係づくりや協働の授業研究があった。論文①はその成果である。論文①の構成は、以下の通りである。

はじめに（森）／Ⅰ戦後授業研究史における方法論的基盤の展開（柳沢）／Ⅱ学習—教育過程分析の構想（森）／Ⅲ長期的な教育実践に関する学習—教育過程分析の方法論的検討（松木・永谷）／Ⅳ教科教育研究の課題（寺岡）

「はじめに」の冒頭で筆者は、「私たちは、今日の授業研究の在り方を批判的に検討し、学校における子ども達の具体的な学習のプロセスを、長い期間にわたって授業観察と授業づくりを共同で行う中で解明していくという方法論の基礎的研究を始めてきている」[18] と述べ更に次のように続ける。

「今日の授業研究では、教授行為や教育内容・教材、さらには学習者の思考をそれぞれのレベルで今まで以上に深く分析することが求められていると同時に、子どもの学習過程における動態を実際の生きた文脈の中に位置づけて明らかにしていくこと、教師と子どもの相互行為のダイナミックな関係を把握することが強く求められているといえる。したがって、ある授業における教師や子どもたちの成長・発達のプロセスは、長期間（少なくとも年単位）にわたって授業記録をとり、研究者と教師が共同で討議し授業を創造していくことで内在的に明らかになるのであり、そのような長いスパンでの学習―教育過程分析が今こそ求められているのではないかと考える。」（下線引用者、以下同）[19]

この共同研究は当時の大学院改革にもつながっていたのである。

「この共同研究の背景には、私たちも参加している福井大学教育学部の大学院プロジェクトチームでの議論と問題意識がある。プロジェクトチームの教育学研究科構想には、『教育実践研究』という科目が重要な位置を占めており、修士課程における実践と理論の総合化が具体的な授業場面とそれを支える システムの在り方として言及されている。附属学校との共同研究が大学院構想には不可欠な部分を占めているのである。従って、本稿の共同研究の問題意識は、基本的に大学院構想も含んだものになっている。」[20]

このように教育実践研究における授業研究は1時間の授業だけを切り取るのではなく、長期にわたる学びの動態を継続的に丁寧にあとづけること、そこでの子どもの成長と教師のかかわりをダイナミックに捉えることが重要とされた。このような研究を行うためには、学校と長期にわたって深く関わり協働研究の体制を構築していかなければならない。当時の授業研究の問題点として、1 時間の授業だけに特化し焦点化していること、授業の生きた文脈から離れて教師や子どもの動きを数値化して評価するという傾向が指摘できる。それらの研究動向に対して、我々は長期にわたる授業のプロセス、生きた文脈に着目した研究を行うことが大事であることを認識し、これらの方法意識を基盤として「学校拠点方式」のシステムを形成していったと考えている。

次に8年後の論文③（1999）の構成は以下の通りである。

はじめに（柳沢昌一）／第一部「教員養成」「教師教育」改革の布置　Ⅰ戦後における「教員養成」論の布置について（柳沢）、Ⅱ　アメリカにおける「教師教育」改革の展開（柳沢）附録＜戦後の教師教育関係文献目録＞／第二部 学校—大学の共同研究に関わる三つの実践　Ⅰ長野県師範学校附属小「研究学級」と本校（長野師範学校）との共同研究（森透）、Ⅱ宮城教育大学の取組み（氏家靖浩）、Ⅲ伊那小学校における教員研究組織と反省的実践（松木健一）／第三部　教育改革・総合的な学習・省察的な実践－福井大学における取組みから－　Ⅰ　21世紀に向けての教育改革（寺岡英男）、Ⅱ「総合的な学習」と21世紀の学校づくり（森）附録＜総合的な学習に関する文献一覧＞、Ⅲ反省的実践者としての共同研究の進め方（松木）

論文③は4人の共同研究が一定程度進みつつあった時期の論文で、米国のPDSへの訪問調査、学部改革の2つのプロジェクトの開始（ライフパートナーと探求ネットワーク）、教育学部から教育地域科学部への改組（1999）、という激動の中での執筆・公表であった。冒頭の「はじめに」（柳沢）では、特に第三部の福井大学の取組みについて、「福井大学大学院教育学研究科における『教育実践研究Ⅰ』および、福井大学大学院公開講座『総合的な学習と 21 世紀の学校づくり』、そして福井大学教育地域科学部附属中学校著『探求・創造・表現する総合的な学習—学びをネットワークする—』（東洋館出版、1999 年）にまとめられた附属中学校との共同研究に関わってまとめられたものである。福井大学教育地域科学部における、実践研究と学校を拠点とする改革との連携をめざす取り組みの一環を示している」とある。[21]

第一部の柳沢論文は、戦後の教員養成を巡る議論を教育刷新委員会の分析から始めて、開放制と大学における教員養成の2大原則を踏まえつつも、教職の専門性の議論の不在を批判した。そして米国における教師教育改革の動向を概観しつつ、ホームズグループの提言に着目し、大学と学校が共同する事例をPDSの実践に求めている。

第二部では3つの実践事例が取り上げられている。筆者は長野師範学校の附属小学校と師範学校との関係について言及した。戦前の師範学校附属小学校では大正自由教育の実践の中で個性的に展開されたが、とりわけ長野師範学校附属小学校の「研究学級」は担任である淀川茂重の総合学習実践として注目された。また附属小主事の杉崎瑢が長野師範学校教諭でもあり、附属小でデューイの原書講読を組織していたことも重要な点である。大学と附属学校の関係性については、資料的な制約もあり未解明な部分も多くあるが、全国各地で附属小学校は当時欧米の先進的な取り組みに学びながら大正自由教育の実践研究を行っていたと考えられる。それらの附属小学校への研究的な支援や理論面でのリードを師範学校教諭が具体的にどのようにかかわっていたのかを解明することが、今日の大学と附属との関係を明らかにする意味で非常に重要であるが、今後の課題としたい。(22)

**(2) 学部改革の2つのプロジェクト（ライフパートナーと探求ネットワーク）**

第2の特徴として、今日まで継続されているライフパートナー事業（1994年度から）と探求ネットワーク事業（1995年度から）という2つのプロジェクトが開始されたことである。前者は不登校の子どもたちのもとへ学生を派遣する事業であり、不登校支援を行っていた松木健一が福井市教育委員会と深く連携して開始したプロジェクトである。現在は「学校教育相談研究」「教育実践研究C」という必修科目となっているが、当時はまだ正規の授業科目が設定されていなかった。

後者の探求ネットワークは、週休2日制の開始と同時に、寺岡英男・柳沢昌一と筆者の3人が協議し、土曜日に小学生を大学に集めて学生達と一緒に様々な体験活動を企画するということで始めたプロジェクトである。不登校の子どもたちへの支援プロジェクトであるライフパートナーに対して、不登校にはなってはいない子どもたちを対象にして、探求的な学びや総合的な学習を大学で経験させるという意図で始めたもので、単発の活動ではなく5月から12月までの8ヶ月間という長期にわたる総合活動である。このプロジェクトは現在も継続されており、「学習過程研究」や「教育実践研究B」という授業科目として正式に位置付けられている。現在の活動は9つのテーマ（人形劇・料理・紙すき・理科・まちかど・冒険・障がいなど）で、学生約150名、小学生約300名という大規模に発展してきている。(23)

## 2　2000年代以降の改革の歴史と省察

2000年代に入ると前述した「在り方懇」報告書を契機として、それへの対応と教育系大学・学部の存在意義を明確にすべく各大学・学部で活発な議論が展開された。福井大学では1988年4月に教育学部（定員200名）に新課程（情報社会文化課程）設置（定員40名）、1999年4月の学部改組で教育地域科学部（定員160名）に学校教育課程100名、新課程（地域文化課程・地域社会課程）60名を設置した。このように、教員採用率の減少から新課程を設置する大学・学部が続出した。それは教員だけではなく地域の教育機関や行政・企業等にも進出する人材育成を目的として設置された課程であり、改組した教育地域科学部は複合学部としての性格を持ったのである。このような中で我々4 人が中心となり「在り方懇」批判と21世紀の教育改革の展望を明らかにするべく、3つの教授会見解を公表したことが第1の特徴である。

**（1） 3つの教授会見解**

**<第1見解>2000年9月14日「地域の教育改革を支える教育系学部・大学院における教師教育のあり方」**

はじめに／Ⅰ　21世紀の教育　その基本的方向（1）生涯学習と高等教育（2）学校改革と学習の質の転換／Ⅱ　教師教育改革をめぐる議論の展開／Ⅲ　学校改革のための学校・大学・地域の連携

冒頭の「見解をまとめるにあたって」には「あり方懇」批判も含め以下のように述べられている。

> 「教員養成を担う学部は、『一府県一教育学部･大学の原則』に立って、惑わず地域に耳を傾け、地域との連携の中で具体的に何をなすべきか方針を公表し、地域に問うていくことが求められており、また、それをすることが責務である。ややもすると単なる財政問題、あるいは､短絡的な対症療法的政策になりがちな教育改革を、地域の学校と大学と行政が協同して進める地域ネットワークの課題として位置づけ、そして、教育に関連する職業人の生涯学習機関、つまりは開かれた大学として提起していくことが､地域における教員養成学部の使命である。」(24)

**<第2見解>2001年10月5日「地域に根ざし､開かれた教育・学術・研究の拠点としての教育地域科学部のあり方」**

Ⅰ　学部の歴史と現状―地域に根ざした教育・学術・研究の拠点として／Ⅱ　21世紀の社会と大学の課題―地域に根ざし開かれた教育・学術・研究の拠点としての役割の拡充と発展／Ⅲ　<教育>と<地域>の協働―教育地域科学部・大学院の二つの柱とその相互性―

この第2見解は、福井大学教育地域科学部が、学部改組により1999年4月に教育学部から教育地域科学部に名称変更し、非教員養成課程も含んだ複合学部として地域に根ざした人材養成を行うことを提起したもので、学部として<教育>と<地域>の両軸を位置づけた見解となっている。

**<第3見解>2002年3月15日「21世紀における日本の教師教育改革のデザイン―地域の教育改革を支えるネットワークと協働のセンター」**

Ⅰ　戦後の教師教育改革の展開と「在り方懇談会」報告　1戦後改革と大学における教員養成　2「目的大学化」と「開放制」　3学校改革を支える教師教育改革の展開　4「在り方懇談会」報告の問題／Ⅱ　21世紀への教育改革と教師教育改革　1 21世紀の教育　その基本的方向　2教師教育モデルの転換　3学校改革を支える学部・大学院のデザイン／Ⅲ　福井大学教育地域科学部における教師教育改革の実践と構想　1地域に根ざし開かれた学部のあり方　2改革のための共同研究と専門大学院　3共同を支える組織とネットワーク　4研究と実践の力を培う学部教育の改革　5学部間・大学間の協働と世界的なネットワーク　6自己改革し続けるための組織づくり

このⅢ－2において大学院に関して次のように述べられている。

「2001年度には学校改革の実践・研究を、学校を拠点に展開していくことをめざした、新しい様態の大学院である学校改革実践研究コース、そして現職教育の要請に広く応える夜間主コース試行を進めている。両コースは2002年度から正規に出発する。」(25)

以上のように、2000年代初めに福井大学教育地域科学部では3つの教授会見解を提起しつつ、21世紀の世界的な教師教育改革の動向を視野に入れながら、日本における教師教育の在り方、さらには福井県においてどのような教師教育を進めていくべきなのかに関して、検討を重ねていた。2001年度には学校を拠点とした新たな大学院構想（「学校改革実践研究コース」）を試行し、翌2002年度からは正規の大学院として出発した。以上の歴史的取組みを踏まえて、2008年度に教職大学院が創設されるのである。(26)

**(2)　教職大学院の創設と学部・大学院改革**

第2の特徴は2008年度に設置された教職大学院である。その前身は前述したように2001年度に試行的に既設大学院に設置された「学校改革実践研究コース」（定員8名）であり、このコースは翌2002年度に正式に文科省から認可された。地域の学校を拠点とし現職院生は勤務しながら入学する大学院は全国でも例を見ないシステムであった。このコースを基盤として2008年度に定員30名（現職院生15名、学部卒院生15名）の教職大学院が創設されたのである。

以上述べてきた学部及び大学院改革の歴史をふまえると、当時の学部・大学院における①ライフパートナー、②探求ネットワーク、③教育実習等、及び④既設大学院における「教育実践研究」は、それぞれ現在のカリキュラムでは、①必修科目「学校教育相談研究」「教育実践研究C」、②選択科目「学習過程研究」「教育実践研究B」、③必修科目「教育実践研究A」「教職実践演習」、④必修科目「協働実践研究プロジェクト」に発展的に再構成されてきている。これらの全体カリキュラムと教職大学院のカリキュラムがクロスされ、教師教育改革が進展することが必要であると考えている。

## Ⅲ　福井大学教職大学院の創設と教師教育改革

### 1　学校拠点方式をなぜ目指すのか

我々はなぜ学校を拠点とする考え方に立つのか。それは1990年代の教育実践研究を踏まえ、同時に従来の大学院の現職院生が勤務校から離れ自身の研究関心に基づいた研究を行なう現実、その研究テーマは必ずしも勤務校での実践課題を正面に据えたものではない現実を直視したことにあった。筆者は、現職院生が多忙な中で大学院という、ある意味自由空間の中で自身の研究テーマを深めることの意味を否定するものではない。しかし、教師教育を目的とする大学院ではその現状を変えるべき時期に来ていると考えている。大学と学校が協働して現実の様々な実践課題をどのように受けとめ、どのように取り組んでいくのか。大学のスタッフを構成する研究者教員と実務家教員が学校現場の教員と協働して課題に取り組んでいくことが、これからの教師教育の大学院の役割ではないかと考えている。

我々はチームを組んで多くの拠点校・拠点機関、及び連携校に足を運び、在籍している院生をつながりとして、その職場の教員全員との関係性も構築してきている。現職院生の多くは研究主任クラスのスクールリーダーであるが、学校での授業公開や授業研究をどのように進めたらよいのか、学校の研究テーマおよび課題の設定にどのように取り組んだらよいのか。これらについて、我々はチームで学校の全体研究会に参加し率直な議論を行っている。決して一方的な指導の場ではなく、協働の学びの場として、現実の学校が抱える諸問題（学力の向上と評価、授業研究、生徒指導、マネジメント、部活動、保護者対応、教員の多忙化等）を現職院生及び職場の先生方と一緒に考えてきている。そして現職院生は2年間の実践研究を『長期実践研究報告』にまとめるのである。一方、学部卒のインターン生は1年目に週3日拠点校でインターンシップを行ない「教師の総体」を学ぶ。そして毎週木曜日に大学で行われる1-2年生合同のカンファレンスに参加し、インターン生である1年生は2年生のアドバイスを受けながら省察を繰り返す。そして2年目の最後には拠点校での2年間の実践を『長期実践研究報告』にまとめる。

教職大学院は毎月1回の合同カンファレンスと6月と3月のラウンドテーブルを開催している。合同カンファレンスには現職院生とストレートの院生全員（約60名）が参加しているが、小グループで行われ、現職院生は自身の勤務校での実践を常に振り返り、現段階での実践研究の到達点と今後の方向性をグループの中で省察・報告する。他のスクールリーダーは勤務校は違うが、共通した課題を認識していく。週3日拠点校でインターンシップをしている学部卒の1年生院生は「教師の総体」を学びつつ、悩みも含めて小グループでカンファレンスを受ける。若手の院生にとって毎週木曜日の大学でのカンファレンスとは違う、月1回の合同カンファレンスにおける現職院生との対話と助言は大きな意味を持つ。

年2回のラウンドテーブルでは海外及び全国の教師教育に関わる研究者と実践家、及び社会教育や生涯学習に関わる研究者と実践家も招き、「専門職としてのコミュニティを培う」というテーマで語りと傾聴を行なっている。特に2日目は5-6人の小グループで、3名の報告（1人1時間から2時間）の語りと傾聴をおこない、お互いの専門職としての学び合いが展開されている。

以上のように、現職院生とストレート院生は、常に自身の実践を省察し、それを記録し、そして『長期実践研究報告』に表現していくのである。多忙な中で院生となった現職教員は、多忙だからこそ、教職大学院というシステムの中で時間と空間が保障される場で省察できること、日常に流されやすい教員の現実を押しとどめ自らの実践を省察することの意味を述懐している。[27]

## 2 理論と実践の架橋・往還

教職大学院に限らず、「理論と実践の架橋・往還」は既設大学院も含めて教育系大学・学部にとって最も重要な課題の一つと考えられる。福井大学ではこの課題にどのように取り組んでいるのか。(28)

学校拠点方式の大学院であるゆえに、「理論と実践の架橋」を大学での講義や演習ではなく、具体的な実践の場にいる院生が自身の実践と理論書を付き合わせ学びとる。(29) 院生の理論化への取組み・省察は日常的に行われる営みであるが、特に夏期集中講座で「実践の架橋理論の検討」を行っている。つまり、院生は実践を理論化するための基本的文献をじっくり読み込み、自らの実践と照らし合わせつつ文献を読み解く。そして自らの実践を対象化し、実践をとらえる枠組みや視点を獲得するのである。夏期集中講座には3つのサイクルがあるが、第1サイクルが「優れた実践から学ぶ」、第2サイクルが「実践の架橋理論の検討」、そして第3サイクルが「自身の実践を省察する」、である。第2サイクルの「実践の架橋理論の検討」で多くの文献を紹介しているが、特に以下の3点が集中的に読まれている。

①ウエンガーほか（櫻井祐子訳）『コミュニティ・オブ・プラクティス』翔泳社、2002

②ピーター・センゲ（枝廣淳子ほか訳）『学習する組織』英治出版、2011

③ショーン（柳沢昌一・三輪健二監訳）『省察的実践とは何か』鳳書房、2007

①②は共に企業社会における学習組織論が中心であるが、学校という組織でも共通する課題を発見する院生が多い。本稿では、具体事例を通して、理論と実践の架橋・往還について考えてみたい。取上げる事例は福井県越前市武生第一中学校教諭の澤崎秀之（現越前市指導主事）の実践である。澤崎は平成23年度に教職大学院に入学し、平成24年度に『長期実践研究報告』をまとめている。(30) 澤崎は1年目に『コミュニティ・オブ・プラクティス』、2年目に『学習する組織』を読み込んだが、生徒指導主事の立場で実践を積み重ねる中で生徒指導と授業は別物ではないという認識に至った教員である。

最初の「はじめに」で次のように述べる。

「生徒が元気な学校は教師も元気であり、教師が意欲的な学校は生徒も生き生きと意欲的に活動に取り組んでいる」「この活力の源であるものは（中略）

自分の学校に魅力があり、学校が楽しいと思えること」「教師がやりがいをもって生徒に向き合うことで、生徒の成長にも好影響を与えることができる」「もちろん生徒指導は授業とは別物であるなどとは間違っても考えておらず、授業そのものが生徒指導である」「昨年度の夏期集中講座で『コミュニティ・オブ・プラクティス』を読み解いたので、学校が実践コミュニティの集合体として成り立っていくようにすればよい」（下線は引用者、以下同）[31]

そして、1 年目の取り組みを省察した澤崎は、今までは生徒指導を学校の中で組織のあり方としての視点から捉えることはなかったこと、つまり生徒指導は教師一個人の問題で学校全体で取り組むような研究課題ではないという認識を転換したことがわかる。

「夏期集中講座で読み解いた『コミュニティ・オブ・プラクティス』にも書かれてあったが、コミュニティの初期段階においては、主要な課題はメンバーの間に共通点を見出すことになるが、そうすればメンバーが一体感を感じ、意見や物語や技術を共有する意義を理解し、互いに学び合える重要な洞察を持っているという発展（安心感なのかもしれないが）をし、メンバーが大きな情熱を持っていればいるほど、コミュニティの活力は高くなる。しかしながら、情熱だけがコミュニティを作るのではなくて、発展の推進力となるのはメンバーがコミュニティから得る価値を実感することが重要であるという事実である。」[32]

更に続ける。

「学校で働く教員は忙しく、意識して動かないと時間に流されてしまったり、事前の計画が頓挫する羽目になったりすることも往々にしてある。それは学校が生徒や先生の“人”で成り立っているからである。『コミュニティ・オブ・プラクティス』の著書の中で、企業の成長が人の成長と同じであると捉えられていたこととまさに同じである。」[33]

このように澤崎は企業と学校という組織が共通性をもつことを認識していくのである。多忙な中で教職大学院に入学した澤崎は 1 年目の最後に見えてきたもの、つまり忙しさゆえに実践を振り返る時間と場がない日常を、教職大学院に籍を置くことで省察する時間と場を確保することができたことの意味を次のように語る。

「教職大学院の先生方との語り合いの中で、たくさんの視点とアイデアを頂きながら、自分の実践を振り返る“省察”は今までの自分には一番欠けていたように感じた。実践の意味づけがこんなにも意味を持つことになるとは思いもよらなかった。」(34)

そして、組織体である学校について、

「『コミュニティ・オブ・プラクティス』に書かれた様々な例に漏れず、学校もコミュニティであることから、そこで起きる様々な現象も書物に書かれていたことに通じる。企業以上に学校は生身の生徒対象の職場であることから、予測を超えることが日々少なからず起きる。この余白ともいうべき部分に様々な先生方が様々な手法で対応していくと、過大なる労力を要することになり、魅力を感じる以前に疲労感に包まれることになってしまう。人を対象とする職場であるがゆえに、難しさを抱えているが、反対に多くの可能性を秘めているともいえる。」(35)

2年目に入ると澤崎の学校認識が変わる。

「学校を一つの組織として見ることで、学校全体の流れを良くしていけるようにしなければならない。組織で取り組む視点を自分だけでなく、同僚の先生方全員に改めて意識してもらえるように実践を工夫するのが自分の役割」「省察や意味の後付けをすることに、こんなにも大きな価値があることを知らされた1年間」(36)

「こうした様々な取組は学校という組織の中で、個人（教師）が学習することによってのみ組織（学校）が学習するといったピーター・M・センゲの『学習する組織』の精神にも通じていると感じた。あとはやはりどのようにして学習する組織としての成長を遂げるかにかかってくる。そのためには、1年間の取組のなかで焦点化された部分をどこに繋げていくのかにかかってくる。」(37)

以上の澤崎の学びは自身の努力と同僚の支援があったからこそ実現したものであるが、同時に教職大学院の教員チームが日常的に澤崎と協働し、学校の全体研究会等に参加し議論していったからこそ構築できたと考えられる。最後に澤崎は、「振り返ってみると、この二年間は忙しかったけれども大学に来るのを煩わしく思ったことは一度もなかった。」(38) と述懐しているように、多忙だからこそ、学ぶことに繋がる大学院の存在意義が改めて確認できる。[39]

## おわりに

大学は時の政府や文部行政の施策に対して、学問の自由を掲げ、自主自立の立場から、批判的な探究と建設的な提言を行う立場にあると考える。福井大学教職大学院で目指していることは、決して戦前の師範学校に回帰することではない。大学の専門性と教育実践のフィールドをいかに結びつけるのか。理論と実践の架橋の課題にどのように取り組むのか。前述した福井大学の 3 つの教授会見解にその基本的な立場が表明されていると考えている。時の政府や文科省・中教審等が提起する教員養成・教師教育政策の批判的吟味を行うとともに、それらの評価すべき点と批判すべき点を見極めつつ新たな地平における改革の展望を構想し実践していく覚悟が必要ではないかと考えている。

「ミッションの再定義」で展開されている各大学と文科省との厳しい折衝は、本来の大学の自治・自立性から考えれば批判されるべきことである。しかしながら、一方で国家財政・国民の視点からも現在の教員養成大学・学部の存続・維持を展望するためには、改めて自らの足場を見つめること、そして新たな教師教育改革の展望を構築し社会に示していくことが求められていると考える。

### ＜注＞

(1)「ミッションの再定義」は 2012 年 6 月の文科省の「大学改革実行プラン」から提起されたもので、財務省の強い要請のもと、国民の税金を財政基盤とする国立大学法人が国民に対する使命と説明責任を果たすことが求められている。

(2)「中央教育審議会答申『教職生活の全体を通じた教員の資質能力の総合的な向上方策について』を読む」(日本大学教育学会『教育学雑誌』第 48 号、2013 年 3 月）は答申を教育学的に検討するシンポジウムの報告である。

(3) 3 つの教授会見解とは、①2000 年 9 月 14 日（第 1 見解)「地域の教育改革を支える教育系学部・大学院における教師教育のあり方」②2001 年 10 月 5 日（第 2 見解)「地域に根ざし、開かれた教育・学術・研究の拠点としての教育地域科学部のあり方」③2002 年 3 月 15 日（第 3 見解)「21 世紀における日本の教師教育改革のデザイン—地域の教育改革を支えるネットワークと協働のセンター」(『21 世紀における日本の教師教育改革のデザイン—福井大学教育地域科学部教授会　三つの見解 2000.9－2002.3』＜福井大学教育地域科学部 2005 年 3 月＞)。教授会見解の中心的執筆者は柳沢昌一である。

(4) 柳沢昌一（2007)「戦後教師教育改革の展開と省察論的転換」(福井大学教職大学院紀要『教師教育研究』第 1 号）参照

(5) 横須賀薫（2002)「『大学における教員養成』を考える」(同『教員養成　これまでこれから』ジアース教育新社、2006）＜初出『教育学年報 9』世織書房、2002)

(6) 遠藤孝夫（2007)「序章　教員養成学の誕生—戦後の教員養成教育論の展開から見たその意義－」(遠藤孝夫・福島裕敏編著『教員養成学の誕生—弘前大学教育学部の挑戦－』東信堂)

(7) 拙稿①（2013)「福井大学における教育実践研究と教師教育改革—私の教育研究をふり返って－」(『中部教育学会紀要』第 13 号)、拙稿②（2013)「福井大学における教育実践研究と教師教育改革（2）—その歴史と今後の展望—」（福井大学教職大学院紀要『教師教育研究』第 6 号）参照。また松木健一・隼瀬悠里（2013)「教員養成政策の高度化と教師教育の自律性」(『日本教師教育学会年報』第 22 号）も従来の議論を批判的に検討し教師教育改革の新たな展望を示している。

(8) 前掲、横須賀薫（2002)「『大学における教員養成』を考える」(『教員養成　これまでこれから』ジアース教育新社、2006、116 頁)

(9) 同上 118 頁

(10) 同上

(11) 前掲、遠藤孝夫（2007)「序章　教員養成学の誕生—戦後の教員養成教育論の展開から見たその意義－」(『教員養成学の誕生—弘前大学教育学部の挑戦－』東信堂、15 頁)

(12) 前掲、横須賀薫（2002)「『大学における教員養成』を考える」(『教員養成　これまでこれから』ジアース教育新社、2006、126－127 頁)

(13)『21 世紀における日本の教師教育改革のデザイン—福井大学教育地域科学部教授会　三つの見解 2000.9－2002.3』(福井大学教育地域科学部　2005 年 3

月）<23 頁（第 3 見解）>

(14) 同上<32 頁（第 3 見解）>

(15) この共同論文①は日本教育学会での 2 回の共同発表を踏まえた論文である。1 回目は第 48 回大会（筑波大学、1989 年 8 月 29 日）で「学習—教育過程分析の方法論的基礎研究－戦後授業研究史における方法論的基盤の展開を中心に－」と題して柳沢・寺岡が報告を行い、2 回目は第 49 回大会（九州大学、1990 年 8 月 30 日）で「学習－教育過程分析の方法論的基礎研究（その 2）－附属小学校との共同研究の取り組みを中心として－」と題して松木・森が報告を行った。

(16) 森透・流　真名美（1992）「福井大学教育学部における共同ゼミナール「学習過程研究」の展開」（日本教師教育学会紀要『日本教師教育学会年報』創刊号）

(17) 福井大学教育地域科学部・教育学研究科『外部評価報告書』2008 年 6 月、92 頁

(18) 寺岡英男・永谷彰啓・松木健一・森透・柳沢昌一（1991）「学習—教育過程分析の方法論的基礎研究」(『福井大学教育学部紀要　第Ⅳ部　教育科学（その 1)』第 41 号、117 頁

(19) 同上　118 頁

(20) 同上　118-119 頁

(21) 寺岡英男・森透・松木健一・柳沢昌一・氏家靖浩（1999）「教育改革・教師教育改革と学校—大学の共同研究の展開」(『福井大学教育地域科学部紀要　第Ⅳ部（教育科学)』第 55 号、40 頁)

(22) 拙稿 (1995)「長野県師範学校附属小『研究学級』の実践分析－探究－コミュニケーションの視点から－」(『福井大学教育学部紀要　第Ⅳ部・教育科学』第 49 号)、信濃教育会出版部（1989)『信州総合学習の源流—淀川茂重『途上』から生活科・総合的な学習へ』

(23) 2 つのプロジェクトについては主に以下の文献を参照願いたい。①松木健一・渡辺本爾・杉田和一監修（1996)『変わろうよ！学校』東洋館出版社、②松木健一（2002)「臨床的視点からみた教育研究と教師教育の再構築—福井大学教育地域科学部の取組みを例に－」『教育学研究』第 69 巻第 3 号、③拙稿

（2005）「長期にわたる総合学習の展開とその実践分析―福井大学「探求ネットワーク」の10年―」福井大学教育地域科学部附属教育実践総合センター紀要『福井大学教育実践研究』第29号、④拙稿（2005）「地域と協働する実践的教員養成プロジェクトの構想と実践―小・中学生と学生との協働プロジェクト「探求ネットワーク」―」『日本教師教育学会年報』第14号、⑤拙稿（2007）「教育実践の事例研究を通した教育学の再構築―＜実践―省察―再構成＞の学びのサイクルの提案―」『教育学研究』第74巻第2号、⑥学生たちが毎年発行している報告書『共同探求者を育むプロセス12』（2012年度活動報告書、2013年3月）等。現在学部改革では「教員養成スタンダード」のもと「教育実践研究」ABC、「教職実践演習」という授業科目を位置づけている。詳細は遠藤貴広（2013）「実践者の省察的探究としての評価を支える実践研究の構造」『教師教育研究』第6号、及び『学びの専門職をめざして－教職課程の意味を問い直す学生たち』（福井大学教育地域科学部・教職実践演習 2012年度実施報告書、2013年3月）参照

（24） 前掲、『21世紀における日本の教師教育改革のデザイン―福井大学教育地域科学部教授会　三つの見解2000.9－2002.3』＜第1見解・3頁＞

（25） 同上＜第3見解・38頁＞

（26） このコース及び教職大学院については、さしあたり以下のものを参照願いたい。①松木健一（2002）「臨床的視点からみた教育研究と教師教育の再構築―福井大学教育地域科学部の取組みを例に－」『教育学研究』第69巻第3号、②拙稿（2006）「福井大学の学部・大学院の実践的・臨床的取組みと教育学研究の再構築」福井大学教育地域科学部附属教育実践総合センター紀要『福井大学教育実践研究』第30号、③拙稿（2007）「福井大学大学院「学校改革実践研究コース」の取り組みと教職大学院」福井大学教育地域科学部附属教育実践総合センター紀要『福井大学教育実践研究』第31号、④拙稿（2007）「教育実践の事例研究を通した教育学の再構築―＜実践－省察－再構成＞の学びのサイクルの提案―」『教育学研究』第74巻第2号、⑤柳沢昌一（2011）「実践と省察の組織化としての教育実践研究」『教育学研究』第78巻第4号、⑥福井大学教職大学院紀要『教師教育研究』第1号（2007年6月）、第2号（2009年2月）、第3号（2010年2月）、第4号（2011年6月）、第5号（2012年6月）、

第6号（2013年6月）

(27) 教職大学院の1年間の具体的展開については原則毎月発行している「ニュースレター」に詳しい。2008年4月の第1号から2013年3月までの第50号を『ニュースレター　No1-50』（全794頁、2013.6）として発行した。

(28) 大阪教育大学のスクールリーダー・フォーラムが「理論知と実践知の対話」をテーマに継続的な学びの場を設定し、近年福井大学の我々も参加している。拙稿（2012）「教職大学院の企画運営を担う大学教員の歩み」（第12回スクールリーダー・フォーラム『スクールリーダーの学びの場—理論知と実践知の対話—』大阪教育大学・大阪府教育委員会・大阪市教育委員会合同プロジェクト）

(29) 福井大学教職大学院のカリキュラムは学校拠点方式ゆえに独自性がある。「教職開発専攻のカリキュラム—教職大学院の理念・構想・構成—」(2013. 07. 06）参照

(30) 澤崎秀之『生徒と教師が“魅力ある自分の学校”を意識する取り組み一授業研究のように生徒指導も目に見える形で研究していくために（生徒指導の可視化）』NO. 161　全105頁　2013. 3

(31) 同上　1－2頁

(32) 同上10頁

(33) 同上15頁

(34) 同上29頁

(35) 同上

(36) 同上67頁

(37) 同上86－87頁

(38) 同上101頁

(39) 福井大学教職大学院の今後の課題については、拙稿（2013）「今後、教職大学院に何が求められるか」『SYNAPSE』2013.06（ジアース教育新社）参照

# (3) 福井大学における教師教育改革30年の歴史とその省察

## はじめに

筆者はすでに福井大学における教師教育改革については2本の論文を公表している[(1)]。

特に本稿は注（1）②の論文（「福井大学における教育実践研究と教師教育改革―1980年代以降の改革史と教職大学院の創設―」2013年）を前提に書かれていることを最初に述べておきたい。本稿は福井大学における30年の教師教育改革を省察し、同僚性の形成と改革の主体形成という視点で、筆者も含めた4名の協働研究者の出会いとその展開をストーリーで語ることにする。学会特集の論文としては異色の書き方と考えられるが、福井大学の改革史を語るにはこれが最もふさわしいと考えたからである。4名の協働研究者の探究とその展開は、周りの様々な方々との関係性の中で産まれることができたと考えている。今回の特集に執筆の機会を与えていただいたことに深く感謝する。

## 1　福井大学教育学部の教師教育改革30年の歴史的展開

### (1) 4人の出会いと同僚性形成

筆者は1985年9月に福井大学に教育史(日本教育史・西洋教育史)担当として着任した。専門は日本教育史、特に自由民権運動の教育史的意義を研究していた[(2)]。着任時はすでに8年前に寺岡英男が教育方法学担当として着任しており、寺岡の関心は仮説実験授業など民間教育研究団体の教科研究であった。松木健一は4年前に教育心理学担当として着任し特に臨床的な視点で心理学を研究していた。筆者の着任後の1986年4月に社会教育担当の柳沢昌一が着任する。専門は自己教育の歴史的研究であった。1986年4月から筆者及び寺岡・柳沢は教育学教室で同僚として様々な議論に参加し、一方松木は心理学教室ゆえに若干遠い存在であったが教育学・心理学・障害児教育の3専攻が一緒の教育科に所属した。私たちは20代・30代の若手教員として教育学部に関する議論に参加していた。

私たちは前述したように専門が異なり独自の授業実践を個別に行っていた。筆者の日本教育史は通史として日本の近代史を教える必要があると考え、明治期の自由民権運動期から大正自由教育期へ研究対象を広げたが、そこで出会ったのが大正期に全国的に著名な福井県三国尋常高等小学校(現三国南小学校)の「自発教育」であった。三好得恵校長による自主的・自発的な教育の取組みが存在し米国のヘレン・パーカストも注目して訪問した学校であった。筆者は三好の次男の秋田慶行氏(故人)への聞き取り調査と三国南小学校の資料調査を行った。筆者にとっては自由民権運動への関心と大正自由教育への関心には共通性があり、教育の自由や自主性・主体性を究明し制度史や政策史ではなく実践史でそれらを明らかにすることにあった。大正期の実践には現代に通じる活き活きとした教育的営みがあり、驚きと深い共感を持ちつつ研究を行っていた(3)。

**(2) 学会発表と附属学校との共同研究**

筆者の研究意欲の背景には4名の協働研究による同僚性の形成があった。福井大学には附属学校園が幼稚園・小学校・中学校・特別支援学校の4校種存在している。私たち4名の専門領域は異なっていたが、学校の現実、子ども達の学びの現実を直視し授業研究の問い直しを行い、子どもと教師の成長・発達を支援するために当時の附属小学校の実験的・先進的な取組みに共感しつつ学生とともに授業に参加した。特に松木は附属小の永谷彰啓教諭のクラスに長期にわたって入り劇作りの総合実践を追跡・分析していった。これらの取り組みを背景として、柳沢の発案により日本教育学会で1989年と1990年の2回共同発表を行い(4)その後、学会発表の中身を学部紀要に共同論文として公表した(5)。この論文で松木は、附属小学校教諭永谷彰啓と共著で永谷学級の長期にわたる劇作りの実践を「Ⅲ長期的な教育実践に関する学習―教育過程分析の方法論的検討」としてまとめている。当時私たちは学生と共同で「自主ゼミ」を始め全国の優れた実践を読み、福井大学教育学部附属小学校の実践、さらに全国の総合学習の実践にも関心が広がり長野県伊那小学校との出会いもあった(6)。

その後、学部教育改革の一環として松木が学生を不登校の子どものところへ派遣する「ライフパートナー事業」を1994年から始め、柳沢・寺岡・森が翌年の1995年から学校五日制の土曜日を活用して大学に小学生を集め学生と子どもたちとの総合活動である「探求ネットワーク事業」を始めた。その後、私たちも含めた複数の教員で共同論文を1999年に学部紀要に公表した(7)。筆者はこの論文の中で、「長野県師範学校附属小『研究学級』と本校（長野師範学校）との共同研究」をまとめた。1983年のNHK特集「ポチのいる教室」で全国放送された伊那小学校は３つの無いもの(通知表・時間割・教科書)で注目されたが、その源流は長野県師範学校附属小の「研究学級」であり、筆者は大正期の淀川茂重の総合学習実践の研究を進めていた。同じく当時学生の西田昌弘(現・福井県高校教師)は福井大学を卒業し埼玉大学大学院で修士論文を執筆した(8)。

寺岡は教育方法学が専門で具体的な授業を研究対象とし、柳沢は自己教育史が専門で、特に大正期の長野の自由大学、及びエリクソンの社会心理学の視点からの発達論を研究、松木は臨床的な視点で子どもの発達論を研究していた。このように４名は教育実践における子どもの成長・発達に関心を寄せ、専門分野は異なるが教育現実と向き合い長期にわたる学びの展開とその記録化を大事にしていった(9)。

他方、1988年に教育学部に新課程(情報社会文化課程)が設置されたが、私たちも含めた複数の教員が新課程向けの授業「コミュニケーション研究」を開講し、新課程の学生と「コミュニケーション」について自由闊達に語り合った。教育の営みに不可欠のコミュニケーションを学ぶことを通して、コミュニケーションにおける「省察」についても認識を深めていった(10)。

**(3) 授業研究批判と長期にわたる教育実践研究の提起**

柳沢は前掲論文（寺岡英男ほか（1991）「学習—教育過程分析の方法論的基礎研究」）の「Ⅰ戦後授業研究の展開と学習—教育過程分析の課題」の中で戦後の授業研究史を総括し当時の授業研究の批判的検討を行っている。「現在、福井大学において、現実の学習ー教育の過程、その構成—展開に参加しつつ、同時にそこでのコミュニケーションと認識の発展の動態、その要因の分析と再構成を進めていこうとする共同研究が進められつつある」と述べ、柳沢は私たちが附属学校の先生方と共同研究を進め、また全国の優れた実践に注目し実践記録を読み解いていることに触れている。当時の授業研究が一時間、又は数時間の枠内で進められていることを批判し、「枠をこえて授業に関わる個々の文脈をより組織的に再構成していこうとする動き」について３つの方向(①教育内容の組織化、②授業を構成していく教師の思考・経験、③授業を媒介に持続的に展開していく子どもの思考過程ー文脈を一時間という限定をこえて追跡)に言及する。最後に富山県堀川小学校と長野県伊那小学校の実践に注目し、「こうした現状の中で活性化された省察—研究の場を内部に持続的に形成してきた学校」であり、「一時限あるいは単元レベルに止まらずに、一年以上にわたる子どもの追求のプロセスが実際に保証され、構築されていること」「その展開が記録化され研究的に吟味されてとらえかえされていること」「長いスパンの中で、学習・追求の様式、相互的な交流の様式が次第に展開していく過程が、記録の中に描き出されていること」に触れ、同時にこれらの研究に研究者が長期にわたって参与することの意味を「共同して授業を創り、その発展のために記録を集積し、相互に吟味していく営みに、研究者も持続的に参加して行くという関わりかたが必要」と力説する。これを実際に実践したのが前述した松木と附属小教諭永谷の共同研究であった（「Ⅲ 長期的な教育実践に関する学習—教育過程分析の方法論的検討」／前掲論文 pp.121－130, pp.149－174)。

**(4) 戦後の教員養成史の批判的検討**

戦後の教員養成の2大原則は「開放制」と「大学における教員養成」である。しかし同時に検討されるべきは「開放制」の内実である。横須賀薫が戦後の開放制—閉鎖制の対立図式を批判し「論争の主題となってきた、閉鎖制か開放制かという制度論のフレームは、教育内容の問題にふみこまないかぎり、すでに一歩も進展しない」と述べる(11)。柳沢は、船寄俊雄（1998)『近代日本中等教員養成論争史論—「大学における教員養成」原則の歴史的研究』に触れて、「教員養成をめぐる決定的な焦点が、教員養成史研究の中で、いまだに『課題』として提起される状態に止まっている現実を物語ってもいる」とし、「開放制論は結果的に教師の『専門性』とその形成の内実への問いの深化を抑止するものとしても働いてきた」とする(12)。柳沢は、教職の専門性とその形成過程を探究した研究者として稲垣忠彦をあげ(13)、稲垣の実践研究を「教師の専門性の機軸を教育実践とそこから形成される教育科学に求め、その現実的な基盤を学校における『創造的な教育課程の編成』、そのための共同の実践と研究に求める」として高く評価している(14)。

**(5)「在り方懇」批判と3つの教授会見解**

2000年9月から2002年3月までの1年半の間に私たちが提起して教授会見解を3つ公表した(15)。執筆の中心は柳沢であるが、学部としても教員養成を巡る厳しい情勢と教育学部から教育地域科学部へ名称変更(1999年4月)したことに伴う新たな課題をも見すえて方向性を明確にする必要があった。第1見解は2000年8月に発足した「国立大学の教員養成系大学・学部の在り方に関する懇談会」(以下「在り方懇」と略す)への批判から始めている。「教員養成を担う学部は、『一府県一教育学部･大学の原則』に立って、惑わず地域に耳を傾け、地域との連携の中で具体的に何をなすべきか方針を公表し、地域に問うていくことが求められており、また、それをすることが責務である。ややもすると単なる財政問題、あるいは、短絡的な対症療法的政策になりがちな教育改革を、地域の学校と大学と行政が協同して進める地域ネットワークの課題として位置づけ、そして、教育に関連する職業人の生涯学習機関、つまりは開かれた大学として提起していくことが、地域における教員養成学部の使命である。」[16] このように述べて、「あり方懇」を批判し、「地域」に根ざす教員養成学部のあり方を明確に提起したのである。3 次にわたる教育職員養成審議会の答申(1997－1999)、及び日本教育大学協会独立行政法人化問題検討特別委員会の報告書(2007 年 7 月)にも触れつつ、「教師の生涯にわたる力量形成を支え、また教育の実践的諸課題に取り組み、学校改革を実現していくために、教育系学部・大学院が、学校・地域とより密接で日常的な往還、ひいては恒常的な協力関係・共同研究体制を実現していくことが必要となる」と明確に方向性を提起している。米国の PDS(Professional Development School 教職専門性開発学校) の取り組みにも触れつつ、大学と学校との連携・協働の関係作りの重要性も強調している。

半年後の第 2 見解は、福井大学教育学部の戦後史に触れつつ教育学部から教育地域科学部へと再編された現時点で、「地域に根ざし開かれた教育・学術・研究の拠点としての役割との拡充と発展」を提起している。この中で、「専門職業人のための大学院の拡充」に触れ、「地域の改革を支える研究開発能力を持った専門的職業人の教育(プロフェッショナル・スクール)」の提案を行っている。見解が発表された 2001 年 10 月はすでに既設大学院の中に設置された学校を拠点とする新たなコース「学校改革実践研究コース」の試行が始まっていたのである。

第 3 見解は 2002 年 3 月に、「21 世紀における日本の教師教育改革のデザイン―地域の教育改革を支えるネットワークと協働のセンター―」と題して公表した。前述した「あり方懇」の報告書が 2001 年 11 月に出されたことを受けて正面からの批判を展開している。「在り方懇」で指摘されている教育系大学・学部の戦後の非主体的な歩みは私たちとしても甘んじて認めざるを得ないが、だからこそ縮小・再編という道ではなく 21 世紀の日本の教育を主体的に担う教師の在り方、それを輩出する教育系大学・学部のデザインが喫緊に求められているという危機意識で公表したのである。「『在り方懇談会』が選択した、地域から教育系学部を切り離す統合・広域ブロック化の方向を採るか、地域に根ざし地域の教育改革を支える実践的な教育系学部・大学院を実現し、それを開かれたネットワークの中で活かしていく途をめざすか。その選択は、単に教育系学部の問題という以上に、今後 21 世紀の教師教育、そして教育改革全体の展開を左右するものとならざるを得ない」(17) ,そして見解は、「教師教育のモデルの転換」を提起し、「『伝達』『体験』モデルから学校改革の実践・共同研究を通じての生涯にわたる力量形成モデルへ」と転換を求めている。「改革のための共同研究と専門大学院」の在り方として、新たなコース(「学校改革実践研究コース」)が附属学校を初めとして地域の公立学校との連携・協働関係を結びネットワークを形成していることに触れ、学校を拠点とした教育実践研究のあり方を提起し、同時に学部と大学院がＦＤを中軸として自己改革し続ける組織のあり方も提起している。

### (6) 米国の教師教育改革の展開とＰＤＳ

2002 年 11 月に私たち 4 名は米国のミシガン州立大学訪問、及びウィスコンシン大学のザイクナー教授を訪問した。PDS の具体的事例を調査するためであった。柳沢は「アメリカにおける教師教育改革の展開」の中で、ホルムズ・グループの動向について教育改革を担う主要な力として自らを再構築しようとする 96 の教育学部—大学院の共同の運動に注目し、「PDS をめぐるホルムズ・グループの第 2 のレポート『明日の学校』によって、多くの PDS が大学と学校の連携によって作られていく 80 年代末から 90 年代前半を、第一サイクルと位置づけるならば、その後 90 年代後半は、PDS をめぐる諸組織・諸条件の整備が求められ、また PDS をいかに実効あるものとしていくかが問われることになる」と述べる(18)。このＰＤＳへの注目がその後の福井大学における学校を拠点とする大学院構想へ発展することになる。

### (7) 教職大学院の創設と現在

前述した 3 つの教授会見解の中に学校拠点方式の専門職大学院の提起がすでになされているが、「中教審答申」(「今後の教員養成・免許制度の在り方について」2006 年)を受けて、2008 年 4 月に教職大学院を創設した。寺岡英男が専攻長となり私たち 4 名と県派遣の教員、及び新たに採用したスタッフとともに大学・学部改革及び福井県との協働を目指して学校拠点方式の大学院システムを構築していった。職場を離れずに勤務しながら大学院で学ぶこと、研究テーマも学校改革に直接結びつく内容とすること、修士論文に相当する「長期実践研究報告」をストーリーでまとめること、学部卒院生は1年間週3日拠点校でインターンシップを行うことなど、従来の大学院とは大きく異なる教職大学院のシステムを創出していった。2018年3月までの修了生は全部で285名(現職191名、学部卒94名)であり、この間の教職大学院の歩みは注(19)に示す[(19)]。

2016年度から大学院のコースに新たに「学校改革マネジメントコース」を設置し管理職養成を学校拠点方式で構想し実践している。2017年6月に中部教育学会第66回大会（福井医療大学）のシンポジウム「世界の授業研究の動向から日本の教育を考える」を福井大学教職大学院で企画し実施した[(20)]。この間、海外の教育（JICA，WALS）をも視野に入れた取り組みも精力的に展開している。さらに2018年4月からは奈良女子大学及び岐阜聖徳学園大学との3大学による連合教職大学院が出発した(研究科長・松木健一)。これからは世界的な教師教育改革を視野に入れつつ、日本の教師教育を更に充実・発展していくことが求められていると考える。

## 2　現時点での教職大学院の課題

第1には、日本及び世界の教師教育改革を考えるとき、福井大学教職大学院が構築してきた学校拠点の教職大学院のシステム、つまり理論と実践の往還を構造化した省察を軸とした教育実践研究がどのような内実を伴って普遍化・一般化できるのかという課題、第2は、平成32年度からの福井大学教職大学院と既設大学院の統合問題という課題、の2つが考えられる。前者については、中教審答申(2012)を踏まえて「学び続ける教師像」を実現するために福井県との協議をもとにすべての教員が学校拠点方式の教職大学院を経験すること、県の研修との一体化による実践とその再構成による理論化・省察のサイクルを学ぶこと、それを踏まえてチーム学校を実現していくことを目指している[(21)]。月間カンファレンスや毎年実施している年2回(6月と2月)のラウンドテーブル等で世界的なつながりや全国的なネットワークを構築していくことが大事となろう。後者については国立大学のかなりの大学院が統合問題を抱えているが、教職大学院が教科専門や教科教育を充実する方向を模索している現状を踏まえ、従来の既設大学院で蓄積してきた実践研究の財産を活かし、実践とその再構成による理論化のサイクルを共有しつつ丁寧に協議を積み重ね、新たな実践的な大学院を各大学で構想・構築・創造していくことが重要となると考える。

## おわりに

福井大学教育学部及び大学院の 30 年の改革史を省察してきたが、筆者の立場から率直に描いたストーリーになっている。決して個人的なレベルでの表現ではないと考えているが、そのように受け止められる面があるとするならば筆者の力量のなさでありお詫びしたいと考える。歴史を振り返るということは、その時代に生きた人々の生き様と改革への熱い思いを抜きに語ることはできない。福井大学の改革史は大学のすべての構成員がそれぞれの立場で関わってきた合成群であろう。一人一人の構成員の存在を抜きには語れない歴史が存在しているが、その中でも常に今後の教師教育の方向性を問い続けてきた私たちも含めた改革主体の足跡を描いたつもりである。

**＜注記＞**

(1) ①森透（2007)「教育実践の事例研究を通した教育学の再構築―＜実践－省察－再構成＞の学びのサイクルの提案―」(『教育学研究』第 74 巻第 2 号)
②森透（2013）「福井大学における教育実践研究と教師教育改革―1980 年代以降の改革史と教職大学院の創設ー」(『教育学研究』第 80 巻第 4 号)

(2) 森透（1983）「自由民権運動における自由教育論の考察―栃木県の事例を中心にー」(『教育学研究』第 50 巻第 3 号)

(3) ①森透（1994)「教育実践における学習過程の史的研究―三好得恵の『自発教育』の構造とその具体的実践の検討を通してー」(『日本の教育史学』第 37 集）、②森透（1995)「長野県師範学校附属小『研究学級』の実践分析ー探究―コミュニケーションの視点からー」(『福井大学教育学部紀要　第Ⅳ部　教育科学』第 49 号)、③森透（2000)「長期にわたる総合学習実践の分析―奈良女子高等師範学校附属小学校を事例としてー」(『教育方法学研究』第 25 巻)

(4) ①日本教育学会第 48 回大会(筑波大学、1989 年 8 月)「学習―教育過程分析の方法論的基礎研究―戦後授業研究史における方法論的基盤の展開を中心

にー」（報告者は柳沢・寺岡）

②日本教育学会第49回大会（九州大学、1990年8月）「学習―教育過程分析の方法論的基礎研究（その2）―附属小学校との共同研究の取り組みを中心として―」（報告者は松木・森）

（5）寺岡英男・永谷彰啓・松木健一・森透・柳沢昌一（1991）「学習―教育過程分析の方法論的基礎研究」（『福井大学教育学部紀要　第Ⅳ部　教育科学（その1）』第41号）

（6）①森透・流　真名美（1992）「福井大学教育学部における共同ゼミナール『学習過程研究』の展開」（『日本教師教育学会年報』創刊号）

②寺岡英男・柳沢昌一・流　真名美（1993）「学習過程における認識発展と＜追求－コミュニケーション編成＞の展開」（『福井大学教育学部紀要　第Ⅳ部　教育科学』第46号）

（7）寺岡英男・森透・松木健一・柳沢昌一・氏家靖浩（1999）「教育改革・教師教育改革と学校―大学の共同研究の展開」（『福井大学教育地域科学部紀要Ⅳ（教育科学）』第55号）

（8）①前掲／森透（1995）「長野県師範学校附属小『研究学級』の実践分析－探究－コミュニケーションの視点から－」

②西田昌弘（1993）『大正期　長野県師範学校附属小学校における研究学級の教育実践の展開―淀川茂重　学習論の形成過程を通して―』埼玉大学大学院修士論文（指導教員・森川輝紀）

（9）寺岡英男（1989）「1970年代における民間教育研究団体の『教材観の転換』をめぐって（『福井大学教育学部紀要』第29巻），松木健一（1989）「障害分野における関係性からみた教授・学習過程研究の必要性」（『教育心理学年報』第19号），柳沢昌一（1991）「学び合う関係の形成」（『叢書生涯学習』第8巻、雄松堂）

（10）伊藤勇・森透・高木展郎・松木健一・柳沢昌一（1991）「コミュニケーション過程における自己省察；その構成と分析―大学教育における授業「コミュニケーション研究」の実践をとおして―」（『福井大学教育学部紀要　第Ⅳ部　教育科学（その1）』第41号）。近年森は学部紀要に「コミュニケーション研究」についてまとめた（『福井大学教育学部紀要』第6号、2015年）。

(11) 横須賀薫（2002）「『大学における教員養成』を考える」（同『教員養成　これまでこれから』ジアース教育新社、2006）＜初出『教育学年報 9』世織書房、2002）

(12)柳沢昌一（1999）「戦後における『教員養成』論の布置について」（前傾／寺岡英男・森透・松木健一・柳沢昌一・氏家靖浩『教育改革・教師教育改革と学校―大学の共同研究の展開』）44 頁

(13)稲垣忠彦（1961）「教育実践の構造と教師の役割」（『岩波講座　現代教育学』第 18 巻）

(14)前掲／柳沢昌一「戦後における『教員養成』論の布置について」44 頁

(15) ＜第 1 見解＞2000 年 9 月 14 日「地域の教育改革を支える教育系学部・大学院における教師教育のあり方」、＜第 2 見解＞2001 年 10 月 5 日「地域に根ざし、開かれた教育・学術・研究の拠点としての教育地域科学部のあり方」、＜第 3 見解＞2002 年 3 月 15 日「21 世紀における日本の教師教育改革のデザイン―地域の教育改革を支えるネットワークと協働のセンター」

(16)「実践的な教職課程の充実に関する調査研究事業」報告資料『21 世紀における日本の教師教育改革のデザイン―福井大学教育地域科学部教授会　三つの見解　2000. 9-2002. 3』（福井大学教育地域科学部　2005.3　全 42 頁）1－9 頁

(17)同上　21－42 頁

(18) 柳沢昌一（1999）「アメリカにおける教師教育改革の展開」，前掲注（12）45－60 頁

(19) ①福井大学教職大学院紀要『教師教育研究』第 1 号(2007 年 6 月)～第 11 号(2018 年 6 月)

②　「ニュースレター」第 1 号(2008 年 4 月)～第 112 号(2018 年 6 月)

③　福井ラウンドテーブルの歴史と展開(2001 年 3 月～2018 年 6 月)

④　修了生の『長期実践研究報告』第 1 号(2003 年 3 月)～第 329 号（2018 年 3 月)。教職大学院が創設される前の「学校改革実践研究コース」院生の修士論文も含む。

⑤　教員免許状更新講習報告書『教育実践と教育改革 各年度報告書』第 1 号～第 10 号（2009 年～2018 年、福井大学大学院教育学研究科・福井県教育委員

会）

⑥　森透（2017）「学校拠点方式による教師教育―若手教師・院生との協働から学ぶ」（千々布敏弥編著『学力上位県のひみつ』教育開発研究所）

⑦　森透（2017）「大学と学校のパートナーシップ」（日本教師教育学会編『教師教育研究ハンドブック』学文社）

⑧　柳沢昌一（2011）「実践と省察の組織化としての教育実践研究」（『教育学研究』第 78 巻第 4 号）

⑨　ドナルド・A・ショーン（1983）『省察的実践とは何か―プロフェッショナルの行為と思考―』（監訳／柳沢昌一・三輪健二、鳳書房、2007 年）

⑩　ドナルド・A・ショーン（1987）『省察的実践者の教育―プロフェッショナル・スクールの実践と理論―』（監訳／柳沢昌一・村田晶子、鳳書房、2017 年）

⑪　松木健一（2002）「臨床的視点からみた教育研究と教師教育の再構築―福井大学教育地域科学部の取組みを例に―」（『教育学研究』第 69 巻第 3 号）

⑫　松木健一・隼瀬悠里（2013）「教員養成政策の高度化と教師教育の自律性」（『日本教師教育学会年報』第 22 号）

⑬　遠藤貴広（2013）「実践者の省察的探究としての評価を支える実践研究の構造」（『教師教育研究』第 6 号）

⑭　アンディ・ハーグリーブス（2003）『知識社会の学校と教師―不安定な時代における教育』（監訳／木村優・篠原岳司・秋田喜代美、金子書房、2015 年）

(20)『中部教育学会紀要』第 18 号（2018 年 6 月）

(21) 中教審答申（2012）「教職生活の全体を通じた教員の資質能力の総合的な向上方策について」、松木健一（2017）「何のための連合教職大学院なのか」（福井大学『教職大学院ニュースレター』第103号、2017年10月7日）

3

# 養護教諭の実践的力量形成の展望

# (1) 学校拠点方式による養護教諭の実践的力量形成の研究 —福井医療大学における養護教諭養成の取組み—

## はじめに

筆者は2016(平成28)年3月に約30年間勤務した福井大学を定年退職した。退職前の 2−3 年は退職後の人生について、筆者は東京都出身、妻は千葉県出身の関係で東京近辺の地で第2の人生を送ろうと考えていたが、なかなか希望通りには行かなかった。偶然にも2015年9月末に福井大学の同僚を通じで福井市にある福井医療短期大学から教職課程の相談があった。相談の中身は、1年後の2017年 4 月に現在の短大(3 年制)から4年制の福井医療大学になるにあたり養護教諭(保健室の先生)の一種免許状を出すための教職課程を準備・担当してほしいということであった。福井県内で養護教諭一種免許状を出している大学は福井県立大学だけであり、看護師と養護教諭の両方の免許を出しているケースは全国でも貴重な例となる。筆者は養護教諭についてはそれほど詳しくはなかったが、看護師と養護教諭の両方の資格を保持した養護教諭養成を行ないたいと考え、養護教諭については更に勉強しつつ出来るだけの準備をしようと覚悟し、2016年4月に福井医療短期大学の看護学科教授に着任した。筆者の専門は教職課程の「教育学」である。

2016 年度の1年間は養護教諭養成課程の準備を行い、教職科目の整備やカリキュラム等を看護学科学科長の森山悦子教授と相談しながら整備していった。同時に福井県内の養護教諭の研究会にも積極的に参加させていただいた。筆者は以前福井大学教育地域科学部附属中学校(当時)との共同研究で、当時養護教諭であった竹内雅子先生(現・福井市豊小学校教諭)には大変お世話になったが、竹内先生が偶然にも福井県養護教諭研究会の会長をされている関係もあり、多くのアドバイスをいただくことができ、7月26日(火)に福井市・アオッサで開催された福井県内のすべての養護教諭が参加する福井県養護教諭研究会にも参加させていただくことができた。

短大では養護教諭養成のカリキュラムを準備し、専任・非常勤の教職科目担当者を決めていった。2016年8月頃には文科省の課程認定担当者とメールで何度もやりとりを行い、修正要求に真摯に答えていった。一番厳しい要求は、3 科目の非常勤講師担当者が担当授業と業績との関係で不適格であり変更せよ、という指示であった。急遽代わりの担当者を探さなくてはならないという非常に厳しい状況に立たされたが、私の狭いネットワークにもかかわらず、なんとか代わりの担当者をお願いすることができた。幸いにも 11 月末には文科省から養護教諭一種免許状の認可がおり、2 名の退職したベテランの養護教諭も認定され、2017 年 4 月から 4 年制の福井医療大学が出発したのである。養護教諭養成課程の直接の担当者は、私と 2 名の養護教諭の 3 名である。

以上が 2016 年度の経過であるが、以下には、1、福井医療大学の建学の理念と養護教諭養成、2、2017 年度看護学科入学生と養護教諭養成、について述べていきたい。

## 1　福井医療大学の建学の理念と養護教諭養成

福井医療短期大学が 2016 年度に文科省に提出した書類では、看護師の資格を持つ養護教諭の養成は非常に重要であり、医療的ケアと教育的ケアの両方を実践できる専門職の養成を目指すことを強調している。筆者は 2016 年 10 月に科研費の申請を行なったが、申請内容には短大が文科省に提出した書類内容も盛り込み作成した。テーマは「学校拠点方式による養護教諭の実践的力量形成の研究」としたが、その理由は福井大学教職大学院で実践してきたことをベースに学校拠点方式の養護教諭養成を行ないたいと考えたからである。今年の 2017 年 4 月時点で採択に至らないことの結果が判明したが、学校拠点法方式の養護教諭養成こそが、これから求められる重要な教師教育であると確信している。以下には、この科研費の申請書類を踏まえ、福井医療大学(以下、本学)の建学の理念と養護教諭養成について述べていきたい。

### (1) 建学の理念と養護教諭養成

昨今教育現場において児童生徒の教育や学校生活等に関する深刻な問題が増加している現状がある。大学設置の必要性として、「地域住民の健康づくりのために支援できる人材」の養成を示したが、地域住民の健康の目的は、地域住民が肉体的にも、精神的にも、そして社会的にも、すべてが満たされる状態にあることであり、その地域住民の一人一人が個人として、社会の一員として生きるための豊かな心と健やかな体を育成し、今後の変化の激しい時代を主体的に生きるための強固な基盤の形成を担うものは、特に地域住民の小学校・中学校等の初等中等教育の場であると考えられる。そして、学校教育における養護教諭養成の意義を科研費の申請書類では次のように述べている。

「今日の初等中等教育では、いじめや不登校に代表される臨床的な問題は減少することはなく、さらに児童虐待などの深刻な問題も存在している。それらの問題解決のためには、家庭・学校・地域社会が総力を上げて取り組まなければならない課題であるが、とりわけ学校の果たす役割が非常に大きいといえる。学校では校長をはじめ管理職のリーダーシップの下、教師集団がチームとなって課題解決に取り組むことが不可欠であるが、とりわけいじめ・不登校・児童虐待等の臨床的な問題に対しては専門職としての養護教諭の存在が欠かすことができない。中教審答申「チームとしての学校の在り方と今後の改善方策について」(平成 27 年 12 月 21 日)でも養護教諭の役割が強調されているように、チーム学校における養護教諭の存在意義は非常に大きいといえる。保健室が子どもたちの居場所として機能し、子どもたちが心を開いて相談できる存在としての養護教諭の在り方が重要であり、養護教諭が専門職として子どもたちと心のパイプをつなぐだけではなく、必要に応じて細心の配慮の下に管理職や担任教諭とも連携協働して問題の解決に当たる必要があり、臨床的な問題解決の中核(コーディネーター)としての役割を果たすことが非常に重要である。さらに、スクールカウンセラー・スクールソーシャルワーカー等の専門職との連携協働も不可欠である。」

さらに、福井県においては「福井県教育振興基本計画」を策定していることに触れて、以下のように述べた。

「福井県においては、教育基本法改正(平成 18 年)後、児童生徒の教育に関する改善に努めており、福井県教育委員会は、平成 23 年 9 月に「福井県教育振興基本計画」を策定している。その中で、一方で近年福井県は児童生徒の学力・体力が全国上位にあること、他方で心身の健康に問題を抱える子どもの存在についても言及している。特に後者について、「基本目標2　豊かな心と健やかな体の育成」の「健康教育の推進」の項目で、「感染症やアレルギー疾患、心の健康など児童生徒の健康に関わる課題が複雑化・多様化していることから、養護教諭を中心とする健康相談体制を強化し、一人ひとりに応じた指導の充実、児童生徒が直面する課題の早期解決に取り組みます。」(45頁)とあり、養護教諭の役割の重要性について指摘している。このように福井県の教育現場において抱える健康に関する諸問題、臨床的な諸問題について、医学・看護学・教育学等の専門的な知見をもって対処する養護教諭の役割は大きく、学校保健の対象になる児童生徒の育成に、本学の養成する養護教諭が非常に重要な貢献ができるものと考える。」

本学は、看護学科とリハビリテーション学科の2つの専門職の育成に取り組んでいることについて、「本学の特徴として、リハビリテーション学科の教員も福井県内の学校現場とつながっている現状もあり、理学療法士や作業療法士、言語聴覚士養成の専門的な知見も取り入れながら、養護教諭を養成することができるというメリットも存在する。」と強調している。

結論として申請書類では、「以上のように、本学の養護教諭の養成は、医学・看護学・教育学等の専門的な知見を融合して、新たな養護教諭像を構築できると考えている。今後、福井県内における養護教諭で構成される福井県養護教諭研究会の成果からも学びながら、地域に根ざした養護教諭の養成を行いたいと考えている。」

### (2) 4年間の養護教諭養成の理念とカリキュラム

4年間の養護教諭養成を希望する学生が、学校拠点方式で「理論と実践の往還」を経験しながら実践的力量を獲得し、養護教諭として勤務するまでのカリキュラムと具体的な養成プログラムを構想・実践することが重要となる。4年間の養成カリキュラムは、筆者が福井大学教職大学院のスタッフとして平成28年3月に定年退職するまで勤務し、現在教職大学院客員教授として福井大学教職大学院と協働している関係で、「学校拠点方式」による「理論と実践の往還」を目指したカリキュラムを構想している。つまり、学部の4年間で学ぶ基礎的な一般教養及び教職教養及び看護教育を踏まえて、看護と教育の臨床的・実践的なケーススタディを通して、学校拠点方式という、実際の小・中・高校の学校現場の養護教諭と連携・協働しながら現実的・実践的な場面を学ぶカリキュラムである。

共同研究者の森山悦子教授は本学看護学科学科長であり看護学科全体をコー

ディネートする中軸の役割を果たしており、また看護教育の豊かな実績と学会等でも活躍されてきた研究者で今後看護教育の立場から養護教諭養成に不可欠な方である。さらに、共同研究者の五十嵐利恵と南桂子両教諭は養護教諭として豊かな教養と高い実践力を有し長く福井県内の養護教諭の中核として活躍され、ともに平成28年3月に養護教諭を定年退職され、平成29年4月より本学のスタッフとして勤務している。以上、3名の共同研究者は福井県内の学校現場における養護教諭と様々な形で繋がりながら、学校拠点方式で授業実践を協働で行なうことが出来るスタッフである。

養護教諭における実践的力量形成は看護師における実践的力量形成とも共通性があり、ともに働きかける相手は人間であることである。前者の対象は学校教育における児童・生徒であり、後者の対象は病院・施設等における患者等の方々である。養護教諭は自立した人間に成長することを支援することであり、看護師は健康な身体を取り戻し自立した生活ができる人間となることを支援することである。本研究の学術的な意味は、実践的力量形成を「理論と実践の往還」をテーマとして実現することであり、学校現場をベースとして机上のプランではなく実際の臨床的な場面を経験しながら、養護教諭としての高度の知識と教養及び豊かな実践力を獲得することである。

福井大学教職大学院では学校と大学がパートナーシップを結び、現実の学校を臨床の場として「実践と理論の往還」を常に心がけ、実践一省察一再構成という学びのサイクルを実現し、実践から既成の理論の再構成・再構築を行ってきた。これらの研究の学術的な特色としては、ドナルド・A・ショーンの『省察的実践とは何か一プロフェッショナルの行為と思考一』(柳沢昌一・三輪健二監訳、鳳書房、2007)、及び学習組織論としてのエティエンヌ・ウエンガーほか『コミュニティ・オブ・プラクティス』(野村恭彦監修、翔泳社、2002)等の研究に依拠している。これらの学術研究は、学校拠点方式の「理論と実践の往還」を構想・構築していく上で基盤とすべき研究であり、養護教諭の高度な実践的力量形成のために依拠すべき学術研究と考えられる。(森透(2013)「福井大学における教育実践研究と教師教育改革」日本教育学会編『教育学研究』第80巻第4号、pp. 66-77/松木健一(2013)「学校拠点方式の教職大学院とは何か」福井大学教職大学院紀要『教師教育研究』第6号、pp. 3-18)。

かつて本学が約10年前の福井医療技術専門学校時代に、福井大学の私たちとの共同研究を学校拠点方式による実践研究として展開し、看護教育と教員養成における「理論と実践の往還」について深く学びあった経験がある。そのときの研究成果が『看護専門職の実践力を育てる実習過程の事例研究』(2007年3月、全201頁)である。集録されている論文は7本であり、タイトルは①「看護実践能力育成に関する実践研究」（市波和子）、②「精神看護学実習における学生の成長プロセスの省察的研究」（及川三枝子）、③「実習経験を通した成長を追う」（繁田里美）、④「急性期実習における学びの展開とそれを支える構造」（清水継子）、⑤「『障害児への偏見との葛藤の中で学んだこと』をケースレポートした看護学生の学びの探求」（渡邉輝美）、⑥「小児看護学授業実践の省察」（藤井千代美）、⑦「『住民主体の地域医療』―看護職50年の自分史の省察」（藤下ゆり子）である。約10年前の実践研究であるが、ショーンの「省察」概念を中核においた一つの到達点として考えている。その他、最近の学術研究で本研究で参考になるものとして、西村ユミ（2016）『看護実践の語り－言葉にならない営みを言葉にする』（新曜社）がある。本書は実践者と研究者の「語り」と「傾聴」による協働的な学びあいが深い実践的な力量形成にとって不可欠であることを示している。

### (3)　4年間の具体的な養成カリキュラム

平成29年度から32年度までの4年間をかけて本学の養護教諭養成カリキュラムを実施し、学校拠点方式による「理論と実践の往還」を実践しつつ専門職としての養護教諭の高度な実践的力量形成を構築していきたいと考えている。

**①平成29年度(福井医療大学1年目)のカリキュラムで養護教諭養成にとって深く関係する授業科目は以下のとおりである。**

一般教育科目では、「教育学」(前期)、「倫理学」(前期)、「社会福祉学」(前期)、「人間工学」(後期)「心理学」(後期)、「生命倫理」(後期)、「ボランティア論」(通年)等。

教職科目(養護科目)では、「教育原理」(前期)、「養護概説」(後期)、「教職概論」(後期)等。

看護専門科目では、「基礎看護学概論」(通年)、「基礎看護学実習Ⅰ」(後期)等。

**②平成30年度(同2年目)のカリキュラム**

一般教育科目では、「文化人類学」(前期)、「哲学」(前期)、「家族心理学」(前期)、「情報科学」(前期)「統計学」(後期)、「人間関係論」(後期)等。

教職科目(養護科目)では、「食品学」(前期)、「学校保健」(後期)、「教育方法論」(後期)等。

看護専門科目では、「基礎看護学実習Ⅱ」(前期)、「精神保健看護学総論」(前期)、「広域看護学総論」(後期)、「看護研究方法論」(後期)。「小児看護学総論」(後期)、「思春期健康論」(後期)等。

**③平成31年度(同3年目)のカリキュラム**

一般教育科目では、「安全学」(前期)等。

教職科目(養護科目)では、「健康相談活動の理論及び方法」(前期)、「学校経営論」(前期)、「教育課程論」(前期)、「特別活動指導法」(前期)、「道徳教育の研究」(前期)、「生徒指導論」(前期)、「教育相談」(前期)、「養護実習」(後期)等。

看護専門科目では、「小児臨床看護学」(前期)、「小児看護学演習」(前期)、「精神臨床看護学」(前期)、「精神看護学演習」(前期)、「小児看護学実習」(後期)等。

**④平成32年度(同4年目／最終年度)のカリキュラム**

教職科目(養護科目)では、「養護実習」(前期)と「教職実践演習」(後期)がある。後者の「教職実践演習」(全30回)は森・五十嵐・南の３名が主に担当し、養護教諭としての実践的力量形成のための不可欠の授業科目であり、今までの３年間に受講してきた一般教育科目、教職科目(養護科目)、看護専門科目すべての学びを省察する集大成の科目である。学生はこの授業の最後に「学習個人誌」を作成し、4年間の学びを集約し省察する。特に第22回目以降は養護教諭へのインタビュー、シンポジウム、そして「学習個人誌」への記録化と省察に取り組む。そして、学生たちが4年間の学びを省察し記録化した「学習個人誌」をもとに、学生たちは年度末の2月の福井大学教職大学院ラウンドテーブルで報告する。同時に教員も学生の学びを支援することを通した研究者としての自分自身の学びを省察し報告する。さらに教員は省察した授業実践報告を学会誌等に投稿して社会にアピールする。また、毎年7月に開催される福井県養護教諭研究協議会にも参加し学び合う。

**「教職実践演習」のシラバス**は以下のとおりである。

第１回:養護教諭の専門科目の学びと養護実習の経験を小グループで振り返り専門科目と実習との関係や意味づけを省察する。同時に履修カルテを活用した省察も行うこと(以下、毎回同じく履修カルテを活用する)。

第２回：養護教諭に関する基本的な文献や資料を小グループで調査探究し、自分たちの学びの意味づけを行い省察する。最後に全体で報告し交流・確認を行なう。<小レポートの提出>

第３回：2回の省察を踏まえて養護教諭に必要な「一般教育科目」の学びの意味を小グループで省察する。

第４回：次に養護教諭に必要な「専門基礎科目」の学びの意味を小グループで省察する。最後に全体で報告し交流・確認する。<小レポートの提出>

第５回：次に「専門科目」の学びの省察を小グループで行い、特に「基礎看護学総論」の省察を通して養護教諭としての専門性を理解する。

第６回：次に「専門科目」の学びの省察を小グループで行い、特に「領域別看護」の省察を通して養護教諭としての専門性を理解する。

第７回：次に「専門科目」の学びの省察を小グループで行い、特に「統合看護」の省察を通して養護教諭としての専門性を理解する。

第８回：３回の「専門科目」の学びと養護教諭の専門性の関係性について省察し、全体で交流・確認する。<小レポートの提出>

第９回：以上を踏まえて、次に「養護科目」の省察を小グループで行い、特に「学校保健」と「養護実習」の関係性を省察し、専門職としての養護教諭の総体を理解する。

第10回：引き続き「養護科目」の省察を小グループで行い、特に「養護概説」と「養護実習」の関係性を省察し、専門職としての養護教諭の総体を理解する。

第11回：引き続き「養護科目」の省察を小グループで行い、特に「健康相談活動の理論及び方法」と「養護実習」の関係性を省察し、専門職としての養護教諭の総体を理解する。

第12回：引き続き「養護科目」の省察を小グループで行い、特に「食品学」と「養護実習」の関係性を省察し、専門職としての養護教諭の総体を理解する。

第13回：引き続き「養護科目」の省察を小グループで行い、特に「教職概論」「教育原理」と「養護実習」の関係性を省察し、専門職としての養護教諭の総体を理解する。

第14回：引き続き「養護科目」の省察を小グループで行い、特に「学校経営論」と「養護実習」の関係性を省察し、専門職としての養護教諭の総体を理解する。

第15回：引き続き「養護科目」の省察を小グループで行い、特に「教育課程論」「特別活動指導法」「教育方法論」と「養護実習」の関係性を省察し、専門職としての養護教諭の総体を理解する。

第16回: 引き続き「養護科目」の省察を小グループで行い、特に「道徳教育の研究」と「養護実習」の関係性を省察し、専門職としての養護教諭の総体を理解する。

第17回: 引き続き「養護科目」の省察を小グループで行い、特に「生徒指導論」「教育相談」と「養護実習」の関係性を省察し、専門職としての養護教諭の総体を理解する。

第18回:以上の9回の「養護科目」の学びと「養護実習」の関係性について全体で交流・確認を行なう。それぞれの「養護科目」の意味が「養護実習」にどのように活かされているのか、繋がっているのかを小グループで省察し、最後に全体で交流し確認する。<小レポートの提出>

第19回:今までの省察の全体のまとめを行い、「一般教育科目」「専門基礎科目」「専門科目」と「養護科目」の関連性を理解し、専門職としての養護教諭の総体を理解する。<小レポートの提出>

第20回:今までの養護教諭に関する省察を踏まえて、改めて養護教諭に関する文献研究を小グループで行い、自らの「養護実習」の意味を理論的に対象化し省察する。<小レポートの提出>

第21回:前回の省察を踏まえて、<小レポート>を全体で共有し、別のグルーピングを行ない、各人の省察を様々なメンバーで議論し共有する。〈小レポートの提出>

第22回:福井県内の諸学校における養護教諭の方々へのインタビューを行い、自分たちの実践と省察についてのレポートに関してアドバイスをいただく。<小レポートの提出>

第23回:複数の養護教諭の方々を授業に招待し、ゲストティーチャーとして参加していただく。小グループにアドバイスをしていただき、各グループでの省察に専門家としての意見や評価をいただく。<小レポートの提出>

第24回:今までの調査探究を踏まえて、本学の教員及び福井市内・福井県内の養護教諭によるシンポジウムを企画し、学生自らも参加して学ぶ①(小グループで探究してきたことを踏まえてシンポジウムを企画し、学生も自らシンポジストとして参加して報告する)<小レポートの提出>

第25回:前回のシンポジウムの省察を行い、提出した小レポートを小グループで交流し省察する。〈小レポートの提出>

第26回：最終段階として、今まで学んできたことの集大成として<小レポート>を「学習個人誌」にまとめる。

第27回：引き続き「学習個人誌」にまとめる活動を行う

第28回：引き続き「学習個人誌」にまとめる活動を行う

第29回：「学習個人誌」の発表会を小グループで行う。発表会には本学教員やインタビューした養護教諭等も可能な形で参加していただく。<「学習個人誌」の提出>

第30回：「学習個人誌」の発表会を別の小グループ編制で行い、様々な学生同士がお互いの「学習個人誌」を交流し省察することを通して、専門職としての養護教諭の役割や在り方を学ぶ。発表会には本学教員やインタビューした養護教諭等も可能な形で参加していただく。<「学習個人誌」の提出>

定期試験（最終課題レポートである学習履歴としての「学習個人誌」を練り上げて完成する）

以上を踏まえて、4年間の授業展開の中では以下の5点を可能な範囲で取り組んでいきたいと考えている。つまり、①毎年2回(6月と2月)の福井大学教職大学院のラウンドテーブルに教員と学生が参加し教員が授業実践報告を行うこと、②平成29年度は6月に開催予定である中部教育学会(会場・本学)において養護教諭の実践的力量形成に関する研究発表を行うこと、③毎年7月に開催される福井県養護教諭研究協議会に参加し学び合うこと、④毎年10月に開催される日本養護教諭教育学会に参加し実践報告を行こと、⑤日常的に県内外の養護教諭の実践をカメラやビデオに記録化し分析すること。

## 2．2017年度看護学科入学生と養護教諭養成

### (1) 養護教諭養成課程のオリエンテーション

本学の看護学科定員は60名であるが、平成28年度に実施した入学試験では4年制になることもあり倍率が例年よりも高くなり定員よりも多めに合格者を出した。しかし現実には合格者が例年よりも他大学に入学しなかった事情もあって、最終的に看護学科入学者は74名となった。養護教諭養成のオリエンテーションは4月4日（火）と5日（水）の両日に実施した。看護学科長の森山教授と、五十嵐・南の2名の養護教諭、及び私の4名で実施した。オリエンテーションの2日目の4月5日の受講登録では、最終的に養護教諭を希望する学生は35名にも及んだ。看護師になるためのカリキュラムも非常に過密で厳しいにも

関わらず、35名もの1年生が養護教諭課程の受講登録を行ったことは学生の強い意欲を感じるとともに、受講を迷っている学生へのサポートと4年後の教員採用試験まで途中脱落なく35名と共に歩んでいきたいと強く考えている。4月5日に行なった1年生全員へのアンケートの結果は以下の通りである(回答数73名,1名欠席）。質問項目は以下のとおり。

＜福井医療大学看護学科1年生・養護教諭アンケート＞　　平成29年4月5日(水)

森山・森・南・五十嵐

氏名（　　　　　　　　　　　　）

出身県（　　　　　　　　　　　）

出身高校（　　　　　　　　　　）

1　あなたは今までの学校生活で、養護教諭（保健室の先生）にお世話になったことがありますか。今までの思い出の中で、保健室との関わりがあったら、何でも自由に書いてください。

2　あなたは4年間で養護教諭の免許を取得したいと考えていますか。○を付けてください。

① 是非取得したい。

② 看護師の資格取得も大変なので今は迷っている。

③ 看護師の資格だけでよい。

④ 今の段階ではわからない。

3　本日の説明を聞いて、養護教諭について分かりましたか。何か質問や聞きたいことがあれば何でも自由に書いてください。

このアンケートの結果としては、**1番の項目＜あなたは今までの学校生活で、養護教諭（保健室の先生）にお世話になったことがありますか。今までの思い出の中で、保健室との関わりがあったら、何でも自由に書いてください。＞**に関しては記入していなかった学生は8名だけで、残りの65名は養護教諭との関係をなんらかの形で表現していた。いくつかの学生の記述を紹介したい。

＊　学校生活での悩みを相談したときに、親身になって考えてくださった。(女子)

＊　体調を崩すことがたびたびあったので、保健室でよく休ませてもらう

ことがあり、大変お世話になった。(女子)

* 　いつもやさしく対応してくれた。(女子)
* 　部活時、体育時でのケガなどのケア。(男子)
* 　高 3 のとき、精神的につらいときに、保健室で休ませてくれたり、先生が話をきいてくれて、なぐさめてくれた。受験のときもたくさんアドバイスをしてもらった。(女子)
* 　小・中・高とお世話になりました。小学校では熱がでて保健室へ。中学校では体育、部活でのけが(ねんざつき指導)で保健室・病院へ。高校では中学校同様。その他栄養指導・予防等色々お話を聞く事がありました。(女子)
* 　中学生の時、体育で熱中症になりました。保健室に運ばれ適切な対応で、先生が対応してくれました。その時、私はとてもすごいなと関心しました。(女子)
* 　福井医療大学の推薦の面接練習を付き合ってもらった。(女子)
* 　小・中でうまくいかなかったとき、いろいろ相談にのってもらった。とてもいごこちがいいところだった。看護の大学を相談した。(女子)
* 　私が保健室の先生になりたいと思ったのは小学生の時です。私は小学生のとき、太っていたため、クラスの子にデブなどから買われ、自分でもどんどん、自分の悪い所しか見えなくなっていました。そんな時、保健室の先生が「あなたの笑顔はすてきね。」といってくれて、とても勇気をもらうことができたからです。(女子)
* 　友人が困っていたりした時に、友人と二人でグチを聞いてもらった。授業を辛かったときにズルしようとしたとき、引きずって教室まで連れていかれた。(女子)
* 　嫌なことがあった時、体調不良等。(男子)
* 　鼻血を出して不安になっていたときに、養護教諭の方が背中をさすってくれて、とても安心した。私も人を安心させることができる仕事をしたいと思った。(女子)
* 　私が中学生のとき、友人や担任のことが信用できず、クラスに居場所がなかった時、保健室に行き、養護教諭に話をきいてもらいました。この

ことをきっかけに毎日のように保健室に行くようになりました。だから、私も子どもが気軽に行ける、温かい保健室をつくりたいと強く願っています。(女子)

* 私がつらいことで泣いている時に、なぐさめてくれてとてもうれしかったし、助かりました。(女子)
* 修学旅行の時に、熱が出てしまった私に朝までずっとついていてくれました。とても安心できました。(女子)
* 受験期に面接練習して下さったり専門的な知識を教えて下さいました。(女子)
* 学校にストレスを感じて帰宅したかった日、相談に乗ってもらった。(男子)
* 小学校五年生のときにいじめられていたので、保健室で話し合いをした。(男子)
* 暇なとき友達と保健室に入って、よく先生と話をした。居心地がよかった。(女子)
* 友人関係で悩んだときに、違う考え方を教えてくれた。いつでも迎えいれてくれた。(女子)
* 高校では，私が人間関係や自分の性格について悩んだときに相談に乗って下さって、ありがたかったです。保健室の先生はいつも優しく接してくれて、保健室に行きやすかったです。(女子)

**2番の項目<あなたは4年間で養護教諭の免許を取得したいと考えていますか。○を付けてください。>**に関しては、①是非取得したい (23 名)、②看護師の資格取得も大変なので今は迷っている(29 名)、③看護師の資格だけでよい(17 名)、④今の段階ではわからない(5 名)であった。オリエンテーションを行った私たちは、迷っているならば是非受講して欲しいこと、学年途中からは教職課程の受講は難しいことを伝えた。結果的に、養護教諭の受講希望者は 35 名となった。男子は 1 名だけである。

**3番の項目<本日の説明を聞いて、養護教諭について分かりましたか。何か質問や聞きたいことがあれば何でも自由に書いてください。>**の項目についていくつか紹介したい。

- ＊　養護教諭は大変そうだと思いました。でも、看護と同じでやりがいがとてもある仕事ということが分かった(女子、2 番の項目は②選択)。
- ＊　少し興味はあったのですが、大変そうだとあきらめていましたが、今回の説明を聞いて、とりあえず受けてみようと思いました(女子、2 番の項目は②選択)。
- ＊　もともと学校の先生にも興味があったので、看護とどちらもとれるところにとても惹かれました(女子、2 番の項目は①選択)。
- ＊　子ども 1 人 1 人と向き合うとお話ができ、とても魅力に感じました(女子、2 番の項目は①選択)。
- ＊　体育が苦手ですが、免許が欲しいのでがんばりたいと思います(女子、2 番の項目は①選択)。
- ＊　改めて養護教諭になりたいと思った。看護師と養護教諭には違うやりがいがあることが分かったので、将来的にどちらも経験してみたいと思った(女子、2 番の項目は①選択)。
- ＊　養護教諭になりたくてこの大学を受験したので、がんばりたいと思います(女子、2 番の項目は①選択)。

### （2）1 年生必修授業「教育原理」の実践

1 年生前期の養護教諭養成課程の授業は筆者の担当する「教育原理」(月曜日・2 時限目)だけで、第 1 回目の授業で配布した資料は以下の通りである。この授業にはこの 4 月に本学に着任した 2 名の養護教諭(五十嵐利恵・南桂子)も参加し学生へのサポートを行なっている。

「福井医療大学養護教諭「教育原理」第 1 回（森）

2017 年 4 月 10 日

「教育原理」とは教育の原理や基本を学ぶ授業です。教育の原理や基本については「教育学」という学問分野があります。では、「教育学」とは何を目指す学問でしょうか。「教育原理」のシラバスの「授業の概要」には以下のように書きました。

「教育の理念並びに教育に関する歴史及び思想について学ぶとともに、現代の学校が抱える諸問題、たとえば、いじめ・不登校・高校中退・教師の体罰・校則と管理・保護者の対応などの諸問題について、具体的な事例を通して学び、これからの教育のあり方について考える。」

私は、「教育学」というものは、現実の「教育現象」を取り上げ、そこにおける子どもや教師、保護者の様々な思いや要求を実現するのが「教育学」の役割ではないかと考えています。特に保健室の存在は非常に大事で、養護教諭が子どもたちの身体的・精神的なケアをしています。子どもたちの「居場所」としての保健室の存在意義を一緒に考えていきましょう。

今日の教育をめぐる問題や課題は非常に多いのですが、その中で、いくつか重要なテーマ（まずは「いじめ」）を取り上げて考えていきます。「いじめ」は皆さんが経験したことのある方も多いことでしょう。思い出したくない方もいるかもしれません。しかし、なぜいじめがあるのか、なぜいじめっ子といじめられっ子がいるのか。教師は何をしているのか。親は・・・。これらの諸問題をネットや本で調査探求しながら考え、どうしたら「いじめ」のない社会にできるのかを考えましょう。これからは皆さんが受身で授業を受けるのではなく主体的に学んでほしいと願っています。

<今後の予定>

第1回　4月10日　ＮＨＫビデオ①「子どもたちのＳＯＳ」（1995年10月1日放映）

第2回　4月17日　ＮＨＫビデオ②「教師、今なにができるのか」（1995年10月8日放映）

第3回　4月24日　グループ学習①―グループテーマの決定―<情報ルームで学習>

第4回　5月01日　グループ学習②

第5回　5月08日　グループ学習③

第6回　5月15日　グループ学習④

第7回　5月22日　発表会

第8回　5月29日　教育とケアを考える①

第9回　6月05日　教育とケアを考える②

第 10 回 6 月 12 日　教育とケアを考える③
第 11 回 6 月 19 日　学校の役割を考える①
第 12 回 6 月 26 日　学校の役割を考える②
第 13 回 7 月 03 日　学校の役割を考える③
第 14 回 7 月 10 日　学校の役割を考える④
第 15 回　7 月 24 日　全体のまとめ

＜評価＞
①授業への参加態度、グループ学習への参加態度等。
②レポートの提出状況
③班レポートの提出状況
④個人最終課題レポートの提出状況

＜本日の参考資料＞
①　「福井新聞」1994 年 12 月 3 日、12 月 16 日付
②　「いじめ」の関係資料

＜テキスト＞
①　今井康雄編『教育思想史』有斐閣、2009年
②　木村元編著『系統看護学講座　教育学』医学書院　2016　第7版第2刷

＜参考文献＞
①　秋田喜代美・佐藤学『新しい時代の教職入門』有斐閣、2006年
②　佐藤学『専門家として教師を育てる―教師教育改革のグランドデザイン―』岩波書店、2015 年

第 1 回目に NHK ビデオを視聴したあとに 1 年生 35 名全員に感想を書いてもらったが、学生たちの養護教諭への熱い思いが書かれていた。第 1 回（4 月 10 日）のＮＨＫビデオ①「子どもたちのＳＯＳ」（1995 年 10 月 1 日放映）は、20 年以上前の 1994 年に「いじめ」自殺した愛知県の中学 2 年生大河内清輝くんを追った特集であるが、清輝くんのご両親が全国の子どもたちに「いじめ」で悩んでいるならば手紙をほしいと呼びかけ、約 1000 通の手紙が届いたことで 1 年後に NHK が特集企画したものである。

このビデオを視聴したあとに 35 名の受講学生に感想を書いてもらったが、ほとんどの学生はＡ４サイズの感想用紙の表裏両面にびっしりと熱い思いを表現して

いた。その中では、自分の個人的な「いじめ」経験や、将来の養護教諭としてのあり方が書かれていたので、その中から養護教諭に触れている記述を以下に紹介したい。

＊私は養護教諭を目指しているので、教室でいじめられた子などに親身になってかかわり、ちょっとでも助けになったり、心が軽くなったらいいなと考えています。

＊担任がいじめを理解してくれないなら、養護教諭が相談にのるべきです。私は中学生の頃、クラスに居場所がなくなった時、保健室に行き養護教諭に話を聞いてもらいました。そのことで心がすっきりしました。だから私も、養護教諭として子どもを助けたいです。親にも担任にも話せないなら、養護教諭に話してもらえるように努めることが、私がしたいことです。

＊養護教諭という保健室の先生は、学生時代の私にとっていつも味方でいてくれる、家族でも担任（指導してくれる人）でもない人で、その人がいる保健室は心の寄りどころの一つでした。・・・学校という社会の中でも特に閉ざされた空間で、また人間が完璧に成形されていない（大人もそうですが）子どもたちに、養護教諭としてどうふるまうことができるのか、真剣に考えていきたいです。

＊心のはけ口になる事で、その子の心が少しでも軽くなるのではないかと考えます。私はこのビデオを見て、苦しんでいる子の力になれる保健の先生になりたいと深く思いました。

＊私が養護教諭の免許を取ろうと思ったきっかけは、いじめを少しでもなくしたいと思っていたからです。・・・養護教諭もちゃんとした相談相手になれるような人を育成していくべきではないのかなと思いました。私がもし養護教諭になったら、いじめでこまっている人によりそい、相談にのり、いじめを受けている人が自分の居場所ができたと思ってもらえるような人になりたいです。

＊私はいつか養護教諭として学校に勤務したいと考えています。そこでは生徒一人一人の相談に乗り、いじめを受けている子供を見つけたら、その子の心に寄り添い、保健室がいやしの空間になれるようにしたいです。

＊私は中学・高校といじめられている、と言われているような子から相談を受けることが多くあった。どの例も本日見たものに比べ度合いが軽かったにしろ、彼女達が心に負った傷はどれも深いものであったはずだから、私自身が彼女達が

してもらいたかった、そして私がすべきである対応が本当に出来ていたのかと考えるととても不安で、私の一発言で彼女らがより苦しむことにならなかったのかと、とても当時に戻ってやり直したい気持ちになった。・・・今日のビデオで残酷ないじめの数々について見てきたが、これからの授業で養護教諭はどのように手を差し伸べ、解決に導くのか模索していきたいと思う。

＊私は看護学生として、人として、このようなつらさをもった人たちの力になりたいと心から思いました。今年から養護教諭免許が取得でき、保健室の先生になることも可能です。もし、保健室の先生になるような機会を得たとき、私はこのようなつらさをもった子がいるかもしれないということを念頭に置き、接していきたいです。心のケアを行なえる人となるために、普段から人の気持ちにいち早く気づき、周りをみて行動したいと思います。この人なら安心して話せるや、心を許してもらえるような存在となれるようにがんばりたいです。

＊もし私が養護教諭となって学校に務め出したら、カウンセリングルームに本や雑誌を置くことで落ちついていて、足を運びやすい空間を作りたいと思う。そして時間帯によりカウンセリングをする人限定で教室を開放することで、学校であったつらさを学校で癒したい。

＊看護師・養護教諭を目指す私にとって、これから心に傷をおった子供たちにたくさん接すると思います。そんな時には子供たちと 1 対 1 でしっかり心から向き合い、寄り添って、その子供の心の寄り所となるような存在になりたいと思いました。

以上が学生たちの特に養護教諭に触れている感想である。5 月現在では授業は途中段階であるが、最終的に「教育原理」の授業で、教育とは何か、養護教諭の役割とは何かについて、少しずつ理解が深まればと期待している。現在は各班で「いじめ」について情報ルームでネット検索して班のテーマを深めている。現時点での班テーマは以下の通りである。

1 班　いじめっ子の共通点、いじめられっ子の共通点と解決策

2 班　自殺を防ぐには

3 班　①いじめが少しでもなくなる方法、②自殺をなくすには

4 班　いじめる子の気持ち

5 班　加害者と被害者の心理、それを踏まえた先生の対応

6 班 なぜ小・中でいじめが多いのか(小学校・中学校のイジメの特徴)

7 班 被害例、生徒側、加害者(傍観者含む)

8 班 いじめ被害者と親

9 班 いじめからの脱出方法(成功例、失敗例)～いじめる側になる過程～

10 班 イジメの起源、いじめられてしまう子の親の特徴、子どもの出すSOSサイン

前期の授業を通じて「いじめ」問題を深めることと同時に、1年生としてレポートを作成する意義や方法を身につけてほしいこと、更には養護教諭にとっての「いじめ」問題と子どもたちへのケアの在り方などを学び取ってほしいと考えている。

**おわりに**

今年の 4 月から福井医療短期大学は 4 年制の福井医療大学となり、初めての 1 年生を迎え入れた。看護学科 74 名のうち養護教諭課程を受講する学生は予想より多い 35 名となった。彼らが養護教諭を希望する初心を忘れず、今後の学びの過程で看護師と同時に養護教諭を目指して成長してほしいと強く願っている。全国の養護教諭の実態としては、看護師の資格を持った養護教諭は必ずしも多くはないと考えられる。子どもたちへの心と身体のケアを充分に行なえる養護教諭の存在は、今後ますます重要となるであろう。同時に、「チーム学校」を実践していく中で、コーディネーターとしての養護教諭が子どもたちと教師を結びつける役割も果たすことが強く求められている。本学では、以上のような養護教諭の養成に最大限努力していきたいと考えている。そして、学生たちが 4 年間の途中でリタイアせずに、一緒に養護教諭を目指す道に進んでほしいと願っている。4 年間での看護師資格の取得も臨床実習をはじめとして非常に厳しいカリキュラムであるが、かれらの感想の中にあった養護教諭への熱い思い、素朴な思いを大事にして、それらを原点として看護師と養護教諭の 2 つの資格の取得に向けて、一緒に歩んでいきたいと考えている。

**＜参考文献＞**

＊エティエンヌ・ウエンガーほか（野村恭彦監修 2002）『コミュニティ・オブ・プラクティス』翔泳社

＊秋田喜代美・佐藤学編著（2006）『新しい時代の教職入門（改訂版）』有斐閣

＊ドナルド・Ａ・ショーン・（柳沢昌一・三輪健二監訳／2007）『省察的実践とは何か―プロフェッショナルの行為と思考―』鳳書房
＊福井大学大学院教育学研究科学校改革実践研究コース編（2007）『看護専門職の実践力を育てる実習過程の事例研究』
＊今井康雄編（2009）『教育思想史』有斐閣
＊川嶋みどり（2012）『看護の力』岩波新書
＊松木健一（2013）「学校拠点方式の教職大学院とは何か」福井大学教職大学院紀要『教師教育研究』第６号
＊森透（2013）「福井大学における教育実践研究と教師教育改革」日本教育学会編『教育学研究』第80巻第４号、
＊すぎむら　なおみ（2014）『養護教諭の社会学―学校文化・ジェンダー・同化』名古屋大学出版会
＊佐藤学（2015）『専門家として教師を育てる―教師教育改革のグランドデザイン―』岩波書店
＊木村元編著（2016）『系統看護学講座　教育学』医学書院（第7版第2刷）
＊西村ユミ（2016）『看護実践の語り―言葉にならない営みを言葉にする』新曜社

## (2) 福井医療大学における養護教諭養成の取り組み（その2）

### はじめに

筆者は本誌（『教師教育研究』）第10号（2017年6月）に実践論文「学校拠点方式による養護教諭の実践的力量形成の研究—福井医療大学における養護教諭養成の取組み—」を掲載したが、その後の展開について本号に掲載したいと考え、タイトルを（その2）とした次第である。以下に平成29年度1年生の筆者担当の教職科目「教育原理」（前期）と「教職概論」（後期）の授業展開を叙述するが、最初に後期の「教職概論」の最後の授業（平成30年1月29日）で、養護教諭課程を受講している30名の看護学科1年生に2年生以降も受講する意思があるかどうかを率直に尋ねてみた。まずは、これについて紹介したい。

### 1　平成30年1月の「教職概論」の授業

筆者の平成29年度後期の授業「教職概論」の最後の第15回目（平成30年1月29日）で、養護教諭免許を希望して受講している30名の看護学科1年生に以下のアンケート調査を行った。

「2 皆さんは1年間、養護教諭免許のために必修科目を受講してきました。ご苦労様でした。4月には35名いましたが、9月には30名になりました。看護の専門科目の受講が大変だったことで、受講を取りやめたのだと思います。それで、お聞きします。今の時点で、この4月からの2年生で、養護教諭の専門科目の受講をどのように考えていますか。(1つ○をつけてください)。

1 どんなに大変でも、絶対に受講したい。

2 今の時点で、どうするか悩んでいるが、できれば受講したい。

3 今の時点で、看護の専門科目が厳しいので、取りやめる可能性が高い。

4 今の時点ではどうするか決められない。

○をつけたことに関して、今の思いを書ける範囲で、以下に書いてくれると嬉しいです。

3 皆さんは、昨年4月に看護学科に入学し看護師を目指していますが、さらに養護教諭免許の取得も目指しています。2つの資格を取得することは大変なことだと思います。1年間、看護の専門科目と養護の専門科目を受講してきましたが、それぞれの授業はどうでしたか。何か印象に残っている授業などがあれば、紹介して下さい。」

このアンケートは当日の欠席者もあり 23 名の提出であったが、後日 1 名が追加され 24 名のアンケート用紙が回収された。2 番の質問項目について、1 番選択 7 名、2 番選択 13 名、3 番選択 2 名、4 番選択 2 名であった。○をつけた「今の思い」についての学生の記述を以下に紹介する。

＜1 番選択の学生 7 名＞

＊私は養護教諭になりたいです。

＊頑張ります。

＊確かに看護科は大変だが、養護の学習は本当に楽しい。養護教諭になりたい思いも強くなったので、これからも続けたい。

＊とりあえず単位取ります！

＊私は学校卒業後、養護教諭として働きたいと思っているので、このまま養護教諭の免許取得まで頑張りたいです。

＊中学校からの夢であるから。

＜2 番選択の学生 13 名＞

＊絶対に養護教諭になるとは決められないけれど、あと何年かかけてじっくり考えていきたいです。

＊他の勉強のこともあるから、まだ養護を続けるか悩んでいる。

＊看護師を目指してはいますが、将来が広がると思うから、頑張って取れたらいいなと思っています。

＊勉強が大変なので、ついていけるか心配です。

＊養護教諭と看護師の勉強を両立することは難しくて大変だけど、頑張りたいです。

＊養護教諭になりたいと強く思っているわけではありませんが、資格として持っていたいと思うし、養護の授業は大変だけど楽しいので、受講を続けたいと思う。

＊色々な科目から課題が出ており、きついことが多くあった。ここまでやって

きたら受講を続けたいが、考えようと思う。

＊これから実習とか科目とか多くなってきて、続けられるかどうかが心配です。でも、できるかぎり続けたいと思います。

＊できれば受講したいですが、看護の方も大変なので少し悩んでいます。

＊テスト大変だけど、休みもないけど、頑張ってみたいと考えています。

＊看護の専門科目の受講、また、テストの科目が増えているので、専門科目を落としそうになったら、受講をやめようかと悩んでいます。

<3番選択の学生2名>

＊学ぶうえで、おもしろい学問・授業であると思いましたが、自分が養護教諭になろうとは思ってなく、看護の科目に力を入れたいからです。

＊看護の勉強が大変で、養護のレポートをしている暇がなくて少し大変な状況です。

<4番選択の学生2名>

＊本当に看護のことと両立するのが大変で、正直きついなと思うことがあります。

アンケートの質問事項の3番で、「印象に残っている授業などがあれば、紹介してください」に対する回答は以下のとおりである。

＊保健だよりを作る授業と歯の授業を考える授業／生命倫理と倫理

＊五十嵐先生（平成 29 年度に本学着任した元養護教諭の先生——筆者注記）の歯の模型がすごく作り込まれていて凄かった。歯の模型をレンゲ使ってて、その発想は無かった・・・と思った。

＊看護はとにかく知識が新しいことばかりで、覚えることが多いです。養護の科目は答えがでず難しいですが、自分で考えることが多いと思います。

＊養護の専門科目は看護の専門科目以上に教育学や養護概説など多方面の方向から看護について学ぶことができた。

＊看護、養護それぞれ勉強してみて、2つとも違う分野に見えるけど、共通点などあり、おもしろかったです。

＊授業の方針やどんな授業をするのか皆で考えることが印象に残った。

＊養護概論の授業では、養護教諭の仕事について具体的に知れてよかった。

＊看護の専門授業として印象に残っているものはフィジカルアセスメントです。人間の生体について知ることができて、看護らしくてうれしかったです。養護の専門科目として印象に残っているものは、養護概説です。特にその中でも実践的な先生の授業がおもしろかったです。
＊両方ともとても大変だと思います。特に看護の方は大変に感じます。
＊とても大変だったけど、養護教諭のみりょくが知れました。
＊看護の専門科目では、看護についてのことばかりで、思っていた以上に難しかったです。養護の授業では、いじめについての分野や保健室の養護教諭についての授業が印象に残っています。
＊基礎看護学援助論Ⅱ→看護過程をグループワークで作成することで、看護での優先順位のたてかたなどをメンバーから学べた。／教職概論→模擬授業を作る授業、学習のねらいに沿いながら作るのが難しかったけど楽しかった。／養護概説→先生方が保健指導で使っている歯の資料や模型を見せてもらえて参考になった。採用試験の出題傾向も参考になった。

以上がアンケート調査の結果である。昨年4月に福井医療大学の看護学科に入学した74名の1年生の中で35名の学生が養護教諭免許を希望して前期の「教育原理」を受講したが、昨年9月の後期授業開始時に、看護の専門科目の大変さを主たる理由として5名が受講を取りやめ30名の受講者となった。前稿（「学校拠点方式による養護教諭の実践的力量形成の研究―福井医療大学における養護教諭養成の取組み―」）では平成29年5月までの授業展開を叙述したので、本稿ではその後の授業展開を紹介したいと考える。3月22日（木）に「教職概論」を受講している30名の学生に一斉メールを送り、2年生前期に受講すべき養護教諭関係の授業科目を知らせ30日までに2年生での受講の意思があるかどうかをメールで返信するように指示をした。返事があった学生は28名で、そのうち1名が取りやめるという回答であった。最終的に1名が追加され29名の学生が継続して受講することとなった。昨年4月に着任した2名の定年退職した養護教諭（五十嵐先生と南先生）、及び心理学担当の青井先生と筆者の4名で養護教諭課程について議論しているが、今後3年後の4年次には何名残るのか、4年次の5－6月頃の小中学校での教育実習（4週間の保健室実習）を経験し7月の養護教諭の教員採用試験を何名受験するのか、そして最終的に何名合格し採用されるのかなどについては現時点では全くわからない。養護教諭と看護師は様々な点で共通性があるが、学生にとって両者の資格を同時に取得することは単位取得及び国家試験対策等で非常に重く大変な課題である。

看護学科の卒業要件（看護師国家試験受験資格の取得）は、一般教育科目 24 単位（必修 14 単位、選択 10 単位)、専門基礎科目 27 単位（必修)、専門科目 74 単位（必修 70 単位、選択 4 単位)、合計 125 単位である。さらに、養護教諭免許を取得する要件は、教職科目 32 単位、選択科目 4 単位追加で、合計 161 単位である。看護師資格は授業の単位取得及び国家試験合格でなければ取得できないが、養護教諭免許は採用試験が不合格でも単位取得すれば卒業と同時に教員資格は付与される。看護師の資格をもつ養護教諭が生まれることは現場としては医療的ケアの点からも非常に歓迎されると考えられる。

本学は福井医療技術専門学校時代、及び福井医療短期大学時代から国家試験を非常に重視し、私立学校ゆえに国家試験合格率を最優先にしてきたといえる。看護の国家試験対策としては主に大量の専門知識の暗記が重要であると考えられるが、1 年から 3 年までの看護の授業でも常に国家試験が重視され、小テストでも国家試験を意識した問題が出されているとのことである。さらに、4 年次となると国家試験に向けての対策準備が猛烈に始まる。このような状況の中で養護教諭の教員免許資格を同時に取得することは、学生にとって非常なる覚悟を要することとなる。これらについては、養護教諭養成の私たちと看護師養成の看護学科教員とのコラボレーションが産まれれば、少しずつお互いの養成の実際と課題を理解し合えると考えられる。看護と養護は独自性はもちろんあるが、共通性も存在するのである。この点は、今後早急に教員同士でのコミュニケーションを深める必要があると考えている。

さて、以下では、前稿を踏まえつつ、筆者の前期の授業「教育原理」及び後期の授業「教職概論」の授業展開を示したい。その中で、学生たちは将来の看護師及び養護教諭に向けてどのような考えや思想を深めていったのかのプロセスを明らかにしたいと考える。

## 2　平成29年度前期「教育原理」の展開

教職科目の一つである「教育原理」は4月の看護学科1年生の養護教諭免許希望者35名（1年生看護学科74名中）を対象に、教育とは何か、学ぶとは何か、また今日の教育問題について考えるなどを提示した必修授業である。テキストは木村元編著『系統看護学講座　教育学』(医学書院、2016年、第7版第2刷）を採用したが、看護師に向けた「教育学」を編集しているテキストとして良書であると判断した。前稿で学生へのアンケート調査を紹介したが、受講学生には養護教諭になりたいという気持ちがあり、それぞれの学生は小・中・高校時代に養護教諭との何らかの関わりがあったと答えている。保健室は子どもたちの居場所であり、身体的なケアだけではなく心のケアの面でも非常に重要な役割を果たしている。学生たちが養護教諭にお世話になった理由はそれぞれであろうが、今日問題となっているいじめや不登校等の臨床的な問題とも何らかの関連性があるのではないかということから授業の前半は「いじめ問題」を正面から取り上げた。最初に20年前の２回のNHK特集「いじめ」(①子どもたちのSOS②教師、今何ができるのか、1995年10月放映）を視聴してからグループでインターネットや文献調査を行い調査探究を始めた。半年間の授業展開は以下の通り。

**＜半年間の授業展開＞**

第１回　4月10日　NHKビデオ①「子どもたちのSOS」(1995年10月1日放映）
第２回　4月17日　NHKビデオ②「教師、今何ができるのか」(1995年10月8日放映）
第３回　4月24日　グループ学習①―グループテーマの決定―＜情報ルームでいじめ検索＞
第４回　5月01日　グループ学習②
第５回　5月08日　グループ学習③
第６回　5月15日　グループ学習④
第７回　5月22日　グループ学習⑤→班レポートの提出
第８回　5月29日　班レポートの発表会(クロスグループ)「いじめの総合的研究」
第９回　6月05日　教育とケアを考える①→養教ビデオ／教員採用試験問題配布／テキスト『教育学』を批判的に読む(関心のある章を3つ選ぶ)
第10回6月12日　教育とケアを考える②→＜講義＞近代日本の教育実践から学ぶ(窓ぎわのトットちゃん)

第 11 回 6 月 15 日(木) 教育とケアを考える③→テキストから選んだ章を1つレポート①／感想用紙①
第 12 回 6 月 26 日 教育とケアを考える④→同上②
第 13 回 7 月 03 日 教育とケアを考える⑤→③
第 14 回 7 月 10 日 教育とケアを考える⑥→3 回のレポート全体を振り返る。
第 15 回 7 月 24 日 全体のまとめ→クロスセッションと全体のまとめ

グループで「いじめ問題」を取り上げて調査探究したことは学生たちにとっては非常に大きなインパクトであった。最初の 2 本の NHK 特集では、約 20 年前の愛知県西尾市の中学 2 年の大河内清輝くんのいじめ自殺を取り上げ、子どもたちの様々な SOS の声、そしてそれらに対して教師は何ができるのかという教師の置かれた現状と課題、最後に横浜市の中学校でのいじめ克服の真摯な取組を紹介している。学生へのインパクトは非常に大きく、ここまでいじめが子どもたちの生活や生き方に深く影響していることに大きな衝撃を受けている学生が多かった。

視聴したあとのグループ学習のためのグループ編成は筆者の側で決めるのではなく、1 年生の自主的な判断にまかせ、親しい者同士のグループ(4－5 人)を作ってもらった。入学したばかりの1年生がお互いのつながりを深めてほしいと考えたが、親しい者同士のグループゆえに学生たちは意欲的に自分たちのテーマを決めて情報ルームでパソコンを囲んで語り合い、熱い調査探究活動を開始した。5 回の調査活動を踏まえて、第 7 回の 5 月 22 日に班レポートを提出させた。各班のテーマは以下の通りである。

**< 「いじめの総合的研究」発表会>**

1 班 いじめる子、いじめられる子の共通点と解決策
2班 自殺を防ぐには
3班 いじめが少しでもなくなる方法
4班 いじめる子の気持ち
5班 加害者と被害者の心理、それを踏まえた先生の対応
6班 なぜ、学校でいじめが多いのか～いじめという名の恐ろしい世界～
7班 虐めの特徴・加害者について
8班 いじめ被害者と親
9班 ～いじめをなくそう～
10 班 親子でなくすいじめ

授業の第8回目の5月29日に「いじめの総合的研究」と題して発表会を行ったが、その発表会の持ち方もクロスグループで行った。クロスグループとは、各班から1名ずつを出して4名の新たなグループを編成して報告会を行う形式である。報告会には約1時間を使うのであるが、一人15分の報告・討論時間が持ち時間となる。同じグループによる5回の調査探究活動を踏まえて、発表会ではそれぞれが自分の班レポートを自分の言葉で他の班のメンバーに説明する必要がある。一人15分の持ち時間はそれなりに長い時間であるが、クロスグループは4人という小グループなのであまり緊張もせずに自分の班レポートを説明して感想や質問を受けることにより、更に新たな視点で班レポートを省察できる。このクロスグループ編成の意義については、筆者が福井大学教職大学院で深く経験し学んできた学習方法である。一般的に、発表会というと全体の前で、各班5−6分の発表時間で発表と質疑を受けるが、全体の場では発表も緊張し、また質問や感想も出しにくいという状況が生まれやすい。そして、ともすると形式的な発表会に終始してしまうという危惧がある。しかし、少人数のクロスグループはそのような状況はまず生まれにくく、お互いが率直にテーマについて深め合う関係性が生じると考えられる。ただ小グループ編成の限界としては10班全ての発表を聴くことはできないという点があるが、同じ「いじめ」をテーマとした総合的研究ゆえに、4つの班が深く報告し学び合いディスカッションができれば、そのほうが「いじめ」について多角的に深く学ぶことができ、いじめについての普遍的な認識が形成されるのではないかと筆者は考えている。発表会のあとは元の班に戻り、どのような質問や感想をもらったのかを交流し、最後に以下の感想を提出してもらった。

＜福井医療大学養護教諭「教育原理」・感想用紙＞　2017年5月29日

氏名（　　　　　　）　所属班(　　　)班

◎5月31日までに森研究室の前の箱に入れてください。

1　各グループでの発表で、自分の班の報告について評価された点、改善点など自由に。

2　同じグループの他の班の報告について考えたこと、評価すべき点、改善点など自由に

3　今まで「いじめ」について班で調査・探究してきて考えたこと、よかった点、改善点など自由に。

4　その他、何でも自由に(今後の授業に期待することなども含めて)。

以下に3番と4番についての学生の感想をいくつか紹介する。

**<3　今まで「いじめ」について班で調査・探究してきて考えたこと、よかった点、改善点など自由に。>**

**学生A**／道徳の授業の中でいじめについて考える機会を増やすべきである。私が養護教諭になったら、いじめに気を張っていじめられている子に気づいて相談にのれるようにしたいと考えた。／3つの班の発表しか聞くことができなかったので、全部の班の発表が聞けるようにしてほしかった。この授業をきっかけに、私の昔のいじめのことを思い出し、“人の嫌がることはしない”ということを再確認することができてよかった。

学生B／大河内くんのビデオは衝撃的だったし、自分のグループでいじめの事件を調べていく中でもショックを受けた。身のまわりで深刻ないじめがなかったからだと思う。／いじめについての知識が自分に少しでも増えたことは収穫だったが、表面上だけではなく、ちゃんと効果的な解決策を調べてみたい。

学生C／計 2 回のビデオ鑑賞で、いじめの現状について知り、衝撃を受けました。思った以上に深刻ないじめが多く、将来はこれに立ち向かわなければいけないと強く認識することができました。／グループでの調べ学習では、更に色々ないじめ事件を調べ、それを通していじめの解決策を考えることができました。よかった点はたくさんの事例を調べ比較することができましたが、悪かった点は解決した事件や軽いいじめについては調べ不足だった点です。

学生D／もし養護教諭になったら子どもたちの些細な変化にも気づけるようになり、自殺を防げるようにしたいです。

学生E／養護教諭になるうえで、どんなことがあっても養護教諭は常に子ども側についてあげることが大切だと思いました。

学生F／私は昔、いじめを受けていた立場なので、いじめる子の気持ちも分からないし、いじめる子への恨みしかありませんでした。でもこの教育原理の授業で、今までにないくらい長い時間かけていじめについて考えてきました。(中略)私たちは、養護教諭になったら、いじめられている子もいじめる子も生徒です。どちらの話をきき、心のケアをする必要があります。いじめてる子にも何か、苦悩があるかもしれません。(中略)生徒のちょっとした変化に気付ける目を持つことが本当に大事だと分かりました。それは、看護師にとっても、とても大事なことだと思います。

**＜4　その他、何でも自由に(今後の授業に期待することなども含めて)。＞**

**学生A**／私は中学生のときに保健室の先生に相談にのってもらったことがきっかけで、保健室が好きになり、私も養護教諭になりたいと思いました。いじめについて学ぶことができて養護教諭としてどのような対策をとらなければならないかが少しわかりました。いじめられている子の相談ののり方を詳しく教えてもらいたいです。それぞれの性格の子どもには、それぞれの対応の仕方があると考えているので、教えてほしいです。

学生B／養護教諭の具体的な仕事や、子どもたちとの接し方、保健以外の養護教諭の役割(いじめのときの対策や子どもの相談など)を知りたいです。

学生C／養護教諭に関わる教育学を学びたいです。

学生G／いじめの問題は、養護教諭として、避けては通れないものだから、自分だけの視点に、みんなの視点で、いじめについて考えることができたのでよかったです。今後も、いじめのような、心理的サポートとしての役割を果たすことについても学んでいきたいです。

学生H／皆、一人ひとり個性の出た発表で聞いていて楽しかった。／作成した資料を中心に発表した人が多かったが、資料のことだけでなく、自分の感想や説明を織り混ぜた発表はもっと面白いのだろうなと、それもとても聞いてみたいと思った。

**学生I**／3 つの班だけではなく、できれば全ての班の発表を見てみたかった。そして、プレゼンテーション形式でプロジェクターを使って発表をしたかった。／今度はいじめというテーマではなく、自分たちが小中高生の立場に立って考え、テーマを自分たちで決めて問題点を発見し、解決策を探るという活動をしてみたい。／今回“いじめ”について学んだことは、将来養護教諭として働いた時に、十分に活用したいと思う。

学生F／いじめについて、グループで話合い、考えを深めて、他のグループの意見ももらって、とても良い体験ができました。この学習は、これからの私たちの仕事に必ず役立つと思います。この学びができて本当によかったです。

授業の後半は、NHK の朝の全国ニュースで放映された養護教諭の活動(北九州市の中学校の養護教諭白濱洋子先生のドキュメンタリー、10 分／2017 年 4 月 6 日「おはよう日本」)の視聴から始めた。生徒のため、保護者のために奮闘する養護教諭の様子を実際に映像で見ることで学生たちは自分が理想とする養護教諭像をさらに確信したに違いない。白濱先生の保健室は生徒はもちろんであるが、卒業生や保護者の居場所ともなっているのである。

そのあとの授業展開は、初めてのチャンレンジであるが、「教育とケアを考える」と題して、テキストを批判的に読むという試みを行った。テキストは木村元編著『系統看護学講座　教育学』医学書院、2016 年、第 7 版第 2 刷）で、看護師に向けての「教育学」として編集されたものであり、これを筆者が講義するよりも学生が目次を見て読みたい章を選びレポートを書くことで学生の目線で理解するということにチャレンジしてみた。選択した3つの章を順番にレポートして班でディスカッションするのである。レポートの枚数は自由、コピーは班メンバープラス3部（筆者と養護教諭2名分）をお願いした。3 回のテキストのレポートは、学生にとってはかなり大変だったと思われるが、なかなかしっかりしたレポートが提出された。グループでの討論は毎回「討論メモ」を提出させ、それを次回に全員分印刷し、前回の議論を踏まえた議論が継続されることになる。「討論メモ」は以下のとおりである。

＜福井医療大学「教育原理」討論メモ　　　　　　　　2017 年度前期(森)＞
2017 年　月　日／第　班
参加者
司会者(　　　　) 記録者(　　　　) レポーター(　　　　　)
討論記録

7 月 24 日の第 15 回目の最終回に、課題レポートのテーマを提示した。

**＜レポート課題＞**

4 月からの授業を受けて、以下のテーマで自分なりのレポートを作成して下さい。締め切りは 8 月 2 日（水）17 時までに事務室に提出のこと。形式はA4サイズで枚数は自由です。

テーマ「将来の養護教諭に向けて、半年間学んできたことの内容と意味を振り返り、養護教諭にとって何が大事なことか、何が必要なのかをテキスト『教育学』を踏まえて考える」

＜表紙／氏名・学籍番号・所属班・自分なりのテーマ＞

1 テーマ設定の理由

2. 考察→資料引用の場合は「出典」を明記。自分なりのオリジナルな意見をぜひとも！！

3、まとめと今後の課題

4、参考文献

→半年間、「教育原理」を学んできて、養護教諭になりたいという決意・気持ちが強くなりましたか。それとも養護教諭は大変だから将来どうしようか悩んでいますか。今回の課題レポートは、今まで作成したレポートから一度離れて、自分の原点に戻って、「養護教諭」について考えてみて、「自分なりのテーマ」をつけてください。そして、レポートを作成しながら養護教諭について深く考えてみましょう。レポートはグループで学習した「いじめ」について書く場合もあれば、各自が選んだ3つの章に関連して書く場合もあるでしょう。又は選んでいない章について考えながら書く場合もあるかもしれません。いずれにせよ、レポートではテーマについてネットや各章の最後にある参考文献も調査・探究して考えてみることにもチャンレンジしてみてください。そして、養護教諭への「夢」を拡げてください。

提出されたレポートのタイトルの傾向は「いじめに関するもの」「養護教諭に関するもの」「その他」であった。1 年生の学生にとって初めてのレポートであり、筆者の意図が十分に伝わっていないことから全体的には必ずしも満足するレポートは多くはなかった。半年間の自身の学びを振り返り、そこでの発見や感動を率直に書いてほしかったのであるが、そのようなレポートに出会うことは少なかった。その中でも、比較的よかったレポートを学生全員へ示す必要があると考え、後期の授業「教職概論」の第 1 回目で印刷して学生に提示した。それでは以下に、後期授業「教職概論」の展開について叙述する。

### 3　平成 29 年度後期「教職概論」の展開

第 1 回目の養護教諭免許取得のための必修科目「教職概論」が 9 月 25 日に開始された。前期は 35 名の受講者であったが、後期の受講登録は残念ながら 30 名となった。取りやめた 5 名の中には唯一の男子学生も含まれていたが、筆者は前期にその男子学生に対して男性の養護教諭の存在意義について熱く語り以下の著作も紹介したので非常に残念であった（川又俊則・市川恭平著『男性養護教諭がいる学校』かもがわ出版、2016 年 8 月／男性養護教諭の奮闘記）。受講をやめた理由は学生それぞれの判断であるが、大きな理由の一つとして前期の看護学関係の授業が大変であったということが推測される。この点は、前述したように看護科目と養護科目の連携・協働が求められている問題であり、すぐには解決がつかない課題である。

後期の「教職概論」のテキストは、秋田喜代美・佐藤学編著『新しい時代の教職入門』（有斐閣、2015 年改訂版）を使用した。筆者は、今までの福井大学の講義・演習では教育学関係の授業を担当してきたが、筆記試験という方法を採用したことがほとんどなく、基本的にレポートで学生の学びを評価してきた。そこでのレポート課題は、自分なりに学んできたことを省察し新たな発見や認識の深まりを確認してほしいという内容であり、レポートの点数化は難しい面があるが自分の言葉で学んできたことを省察し自分なりの新たな学びの展望を提起しているレポートは高く評価してきた。数は少ないがそのようなレポートに出会うことがあり、このような優れたレポートはできるだけ学生に提示するようにしてきた。従って、今回も 1 年生の学生たちにレポートとは何か、暗記することではなく自分の頭で考えること、自分の言葉で考えたことを省察し表現することを求めた。前述したように、授業の最初に前期の最後の課題レポートで優れたもの 5−6 点を氏名を隠してコピーして配布したので、最初にこのレポートを 2 名について紹介する。

**学生 J** は、テーマを「半年間の学習を踏まえつつ、養護教諭になるための知識」として、テーマ設定の理由は、「毎回の授業で、養護教諭になるためにいろんなことを自分なりに調べ、それをグループで発表したりして、みんなで学習してきました。今回のこの機会をおかりして、いままで学んできたことを踏まえつつ、またさらに養護教諭の知識の増量ができたらいいなと思い、このテーマでレポートをかかせてもらうことにしました。」そして、「考察」では、＜養護教諭になるには＞　＜養護教諭の適性・求められる力＞　＜養護と看護の違い＞　＜養護の仕事の 2 つの過程＞　＜今日の学校における保健室の風景＞について叙述し、＜私の体験談＞では次のように養護教諭との出会いを述べている。

> 「私はかつて、中学生という思春期真っ盛りのときに養護教諭の先生にすごくお世話になったことがある。当時の私は、部活動の部長と、クラスの学級委員長など、みんなの中心となる役割をさせていただき、学校生活を送っていた。（中略）みんながわいわいとして物事が進まないときは 1 人でピリピリしてい

て、友達にあたることもあった。・・・1人でため込んでいた。しかし、それが積もっていき誰かにちょっとだけ積もった話をしたいと思った。そんなとき、1番話しやすい保健室の先生を私は選んだ。・・・保健室の先生は奥底に溜まった本当に聞いてほしい心の声までも引き出してくれた。その先生のおかげで、その後の友好関係は順調にいき、みんなで私を支えてくれるようになった。・・・私はこの経験から、うわべだけの慰めや同情をするのではなく、相手がちょっとだけ発したSOSに気づき、そこからどのような思いで、どんなふうにつらいのかなどを全部汲み取ってあげて、親身になって聞いてあげることが大切だと思った。私が救われたように、今度は私が救う側にたち、多くの人を救いたいと思った。」

最後に、＜まとめと今後の課題＞では以下のように述べている。

「私は、看護師の道と養護教諭の道、どちらに進むかまだ迷っている。どちらの道に進んでも、看護師の知識は養護教諭にも使えるし、養護教諭の知識も看護師に使うことができる。だから、今まで学んできたことは1つも無駄なことはなく、得た知識を存分に使っていきたいと思った。どちらも人を救う仕事に変わりはないので、今後も人を助けたいという思いを忘れず、勉学に励みたいと思う。」

次に**学生K**はテーマを「生徒の心を守る養護教諭」とし、＜テーマ設定の理由＞を「生徒にとって一番話しやすい存在となっているのは「養護教諭」・・・生徒にとって「養護教諭」は教師と親とはまた別の大人であり、生徒にとって特別な存在（中略）養護教諭の立場・役割から生徒の心身を守り育てることに着目して、いじめの減少や生徒の心をケアすることが大切であると考えた。」と述べ、＜考察＞では、自分の考えの資料根拠をホームページから示しつつ次のように述べている。「①保健室の先生という立場」では、「子どもたちは家庭でもなく教室でもなく、唯一保健室でのみ本音を吐くことがある。また、保健室で見せる顔と教室で見せる顔は往々にして違っているものである」「養護教諭には、なぜ保健室に来たのか・体調不良の原因は何か・いつもと変わった様子はないかなど、生徒の口からは直接語られなかったところや隠されているところまでを観察する力が求められると思う」と述べる。「②学校の先生としての立場」では、担任の先生や他の先生と連携することを強調しつつ、「生徒の心を傷つけることや信頼を失うことのないように、教師間での情報交換をする際には十分考慮する必要がある」と述べる。「③保護者からの相談を受ける立場」についても触れ、最後の「まとめと今後の課題」では、「私は、生徒の心を守るためには、①生徒のことをしっかり看て、些細な心の変化や言動に気を配ること、そしてその原因を探ること、②担任の先生や他の教師と連携を強化し、集団保健指導を行うこと、③保護者との交流を深め、家庭内からも子どもをサポートしてもらうよう働きかけること。この 3 点が重要であると思う。」と述べている。

この 2 名の学生のレポートを最初に紹介することを通して、学生にはレポートとは自分の考えの資料根拠を示しつつ、自分の言葉で自分の主張を述べることを学んでほしいと考えたのである。

それでは、後期の半年間の授業展開を以下に示すことにしたい。

**＜半年間の授業の展開＞**

第 1 回　9 月 25 日　授業全体のガイダンス・グループ決め、＜中教審答申を読む①＞
第 2 回　10 月 02 日＜中教審答申を読む②＞
第 3 回　10 月 16 日　＜中教審答申を紹介・交流する(クロス)＞
＜◎10 月 21 日(土)親と子のリレーションシップほくりくin石川大会(白山市)→3 名参加＞
第 4 回　10 月 23 日　木原雅子実践から学ぶ①(NHK特集ビデオ 1 時間視聴)
第 5 回　10 月 30 日　木原雅子実践から学ぶ　②
第 6 回　11 月 06 日　木原雅子実践から学ぶ　③
第 7 回　11 月 13 日　グループで自分たちなりの「授業」を構想する①
第 8 回　12 月 02 日　グループで自分たちなりの「授業」を構想する②
第 9 回　12 月 02 日　グループで自分たちなりの「授業」を構想する③
第 10 回 12 月 04 日「授業」構想のプレゼンテーション
第 11 回 12 月 11 日　テキスト①を批判的に読む①
第 12 回 12 月 18 日　テキスト①を批判的に読む②
第 13 回 1 月 15 日　テキスト①を批判的に読む③(まとめ)
第 14 回 1 月 22 日　テキスト①を批判的に読む④＜クロスグループで交流＞
第 15 回 1 月 29 日　全体のまとめ(ビリギャル視聴・2 時間 19 分)

最初の3回で取り上げた「中教審答申」は以下の文書であるが、コピーは全文ではなく概要や部分的な箇所に絞って印刷・配布した。

① 中教審答申197号／平成28年12月21日

「幼稚園、小学校、中学校、高等学校及び特別支援学校の学習指導要領等の改善及び必要な方策等について」（全体246頁・概要26頁）

② 中教審答申第185号／平成27年12月21日

「チームとしての学校の在り方と今後の改善方策について」（全体68頁）

③ 中教審答申184号／平成27年12月21日

「これからの学校教育を担う教員の資質能力の向上について～学び合い、高め合う教員養成コミュニティの構築に向けて～」（全体69頁・概要9頁）

④ 中教審答申／平成24年8月28日

「教職生活の全体を通じた教員の資質能力の総合的な向上方策について」（全体46頁・概要2頁）

後期に入り、学生には希望の小グループを編成してもらった。前期の学生グループと若干異なる編成であったが、当然同じメンバーも含まれているグループもあった。

中教審答申の資料は学生にとって日本の学校教育が直面している課題（アクティブラーニングの学び等）を理解するための基礎資料として意味が大きかったと考える。

次に取り上げたのはＮＨＫの特集（2017年7月8日放映、「キミのこと聞かせてよ一木原雅子の授業」1時間）である。このビデオは授業が成立しない困難校の中学校で、養護教諭と連携しながら学校再生に向けた取り組みを紹介したものであり、木原は生徒たちの心の声を聴き取ることを最優先にして、そこから学校の建て直しを行い、授業（保健・国語・数学・英語）も生徒の目線で考え構想した実践であった（木原雅子『あの学校が生まれ変わった驚きの授業』ミネルヴァ書房、2017年7月）。

この木原の実践を踏まえて、グループで自分たちなりの「授業」を構想し模造紙に書いてプレゼンテーションをしてもらった。学生たちが木原実践から学んだ点は子どもが中心であるということであり、子ども目線で授業を構想していた点は共通していた。

次に、「テキストを批判的に読む」を3回行なったが、学生なりに、テキストを読みこなしながら、レポートを作成し議論していった。

最後の第15回目の授業（2018年1月29日）では以下のレポート課題を提示

した。

**＜最終課題レポート＞**

後期の「教職概論」全体を通して考えたこと、学んだことを振り返り、「理想とする教師及び養護教諭のあり方」について、テキストを具体的に引用しながら論じなさい。特にレポートを担当した箇所を確認し、重要だと考える文章や資料を引用して、A4サイズで 5 枚～10 枚で作成してください。締め切りは 2 月 13 日(火)17 時までに事務室提出。

→昨年4月に入学して看護師と同時に養護教諭免許も希望して、今まで頑張ってきましたね。一方で、看護の専門科目もありますから、両方を取得することはなかなか大変なことと思います。この後期を受講してどうでしたでしょうか。今回の課題レポートは、後期だけではなく、前期の 4 月からの学びも振り返り、養護の専門科目・教職科目はもちろん、看護の専門科目も振り返りつつ、「理想とする教師及び養護教諭のありかた」について考えてください。

＜レポートの形式＞

＜表紙／氏名・学籍番号・所属班・自分なりのテーマ＞

① テーマ設定の理由

② 考察→資料引用の場合は「出典」を明記。自分なりのオリジナルな意見をぜひとも！！

③ まとめと今後の課題

④ 参考文献

さらに1年生には福井大学教職大学院で開催しているラウンドテーブルで1年間の学びを省察し報告してほしいと以下の呼びかけも行なったのである。

＜ラウンドテーブルへのお誘い／本日中に申込み＞

2018 年 2 月 17 日(土)・18 日(日) 福井大学ラウンドテーブルが福井大学で開催されます。2 日目の 18 日（日）に、小グループで実践を語り合う場があります。皆さんは、養護教諭を目ざしていますので、この 1 年間の学びの歩みを振り返り、1 年間考えてきたことを熱く語り合ってみませんか。小グループの参加者は、学生・院生・教師・研究者・保育士・公民館関係者等・・・・です。どのような方と同じグループになるか、ドキドキですが、新たな出会いは感動的です。皆さんが、本学に入学して1年間学んできたことをレポートにしてグループの皆さんに熱く語ってください。他の皆さんもきっと応えて熱く語ってくれると思います。新たな出会いがあることは間違いなしです。希望者は第 15 回の本日、1 月 29 日までに私に申し込みしてください。

＜報告希望の方へ＞

報告レポートは以下の柱です。

① 昨年 4 月に入学したときの養護教諭への思い、教員免許への期待

② 1 年間授業を受けて、現在、教育について、養護教諭について考えていること。

③ 以上のレポートに、私の授業のレポート（「教育原理」と「教職概論」）を活用してください。

グループは 5−6 人です。レポートはA4サイズで何枚でもいいです。人数分コピーしてください。持ち時間は1時間で、報告は30〜40 分程度、残りの時間は同じグループの方々（学生・院生・研究者・地域の方々）からの激励やアドバイスがたくさんあり！！

37 年ぶりの大雪のためレポート提出の締切りを 2 月 13 日から 16 日までに延期したことで 30 名全員がレポートを無事に提出した。レポートを熟読した結果、30 名の学生の成績評価は、95 点 2 名、90 点 6 名、85 点 6 名、80 点 9 名、75 点 5 名、70 点 2 名とした。採点基準で一番重視したことは、自分の言葉で後期の半年間の授業（教職概論）及び前期の授業（教育原理）での学びを資料を根拠に省察できているか、という点である。学生のレポートのタイトルを紹介しよう。

＊ "養護教諭“の奥深さ

＊ 子どもの心に寄り添う養護教諭

＊ 教師の理想と社会からの期待

＊ 教師という職業の奥深さを知って

＊ ダメな人間なんていない

＊ 将来の理想像

＊ 教員の仕事内容ごとに見た理想とする教師像とその在り方

＊ 生徒の心を大切に。教師及び養護教諭の存在と働き

＊ 理想の教師像

＊ 養護教諭に求められていること

＊ 生徒の考えを受け入れる

* 子どもの心に寄り添う教育・養護
* 養護教諭の理想像とは・・・
* 授業から学んだ教師のその理想と養護教諭
* 子どもの心に寄り添う養護教諭
* 養護教諭とは
* 子供たちにとっての養護教諭
* よりよい養護教諭になるには
* 私が理想とする教師及び養護教諭の姿
* 正しい教育・指導とは？
* 子供の将来性と教師の職業としての限界
* 養護教諭としての専門性

95点の学生2名は2人とも前期・後期の授業を省察し自分の言葉で自分自身の学びの展開を叙述している。2 名は前述した学生のＡとＩである。まずは学生Ａのレポートを紹介する。

**＜Ａさんのレポート分析＞**

テーマは「『理想とする教師及び養護教諭のあり方』について自分の考えを述べる」である。最初の「テーマ設定の理由」では、「一年間の‘教育原理’と‘教職概論’の授業を通して、4 月に入学したときから養護教諭に対する考え方が変化してきたので、前期での考えと今の考えを比較しながら明確に述べることで、もう一度自分の考えを確立したいと思った」とＡさんは述べる。そして続けて「『いじめを考える』授業から始まったこの養護教諭への学びは、現代の子供や教育における問題を養護や教育、看護など多角的な面から自分の様々な考えを成長させる良い学びとなった」と省察している。

レポートの中核部分の「考察」では、前期のテキスト『系統看護学講座　教育学』の担当箇所に触れながら論述している。特に担当したテキストの「訓育」に関わって、「教育原理の授業で『いじめ』について考えてきたからこそ訓育の内容がよく理解できた。以前、クラスで行った発表会でいじめを無くす、または減らすためにはどうすればよいのか、についてみんなと考えたが、この答えがまさに

『訓育』だと思った」と述べ、「生徒・教師・家族さらには福祉の側面までもが一人の生徒、一つの心の傷に関わっていく、このことがとても重要だと思う。『訓育』にはたくさんの時間と労力が必要になると思うが、これが徹底されてはじめて、いじめが減っていくと思う」と結論付ける。A さんは、それまでのグループでの「いじめ」学習の経験を省察しテキストの「訓育」と関係付けながらいじめを減らすための鍵をこの「訓育」に見出したのである。

後期の授業「教職概論」では最初にいくつかの中教審答申を読みあった。A さんは「チームとしての学校」に注目し、「学校がチームとして機能するならやはりコミュニケーションは必要不可欠だと思う」とし、いじめ問題に関連させて「一人の生徒のいじめがあったとする。その生徒が養護教諭のところに相談をしに来ても、担任や学年主任、あるいは部活の顧問などの協力がないと根本的な解決ができない」と述べる。そして、「たくさんの専門の目を使って様々な角度から問題を解決していけるように、医療でいうカンファレンスのようなものが今後の学校において必要になってくると思う」と結論付ける。「チーム学校」論から「カンファレンス」の重要性までも 1 年生の学生がレポートに書けることに注目したい。特に養護教諭に関わって、学校の中で孤立するのではなくチームとして、担任や学年主任等と連携協力して、子どもたちの様々な問題に当たること、そして職場でのカンファレンスの実行を提言することの重要性を述べている点を高く評価したい。中教審答申については、「グループ討論して、教育の"今“を知れた気がした」、「これからの教育に重要なキーワードは“コミュニケーション”ということだ」と述べる。その理由として、「生徒面」と「教師面」の 2 つの面で説明する。「生徒面」については、「日々変化していく社会に伴って、教育も変化していくのは前期の教育原理でも学んだが、今、社会でグローバル化が進み、日本の子供は自分の意見をあまり言えないということが世界で問題視されてきているということだ。これにより、今後の教育にはアクティブ・ラーニングが多く採用されるようだ」と説明する。「教師面」については、「養護教諭や心理カウンセラー、学校専門の医療者、ＡＬＴの先生など、学校に専門性を持つ職員が増えた」と述べ、いじめ問題で養護教諭と他の教師との連携協力を強調したあとに、「一人の生徒、ひとつの問題に専門性のあるさまざまな角度で問題を共有していくことが重要になってくると思う」、「医療でいうカンファレンスのようなものを開くことが大事だと思った」と述べ、A さんは再度カンファレンスの重要性を強調する。カンファレンスは医療現場だけではなく、学校現場でも非常に重要なコミュニケーションの場でありAさんがこの点を強調していることは非常に注目すべきである。

授業の中では前述したように木原雅子氏の実践を取り上げた。NHK 特集「キミのこと、聞かせてよ―木原雅子さんの出張授業―」(2017 年 7 月 8 日放映・1 時間)を視聴してもらい、木原氏の授業姿勢や中学生への温かいまなざしに注目してもらった。A さんは、「私まで今回の中学生と同じように木原先生に引き込まれた。特に、授業の展開や説明の仕方にとても大きな熱意とオリジナリティが感じられ、この授業をもっと聞きたい、参加したいと感じさせられるものだった」と述べる。しかし、A さんはこの木原先生の授業は準備時間や様々な準備物の関係で日常の教師が同じように展開することは難しいと指摘し、結論として次のように述べる。「木原先生が作ってくれたキッカケ(雰囲気や意欲)をうまく継続させるために、マネできることはたくさんあると思う。例えば、ＷＩＳＨ授業の基本方針を受け継ぐ・みんなで分からない問題を解決していく・みんなで教えあうなどだ。このことは教育において絶対に必要」「何でも質問ができる、つまり、何でも言い合える先生と生徒のオープンな関係もとても大事なことだ」。

次に「テキストを批判的に読む」という活動では、秋田喜代美・佐藤学編著『新しい時代の教職入門』(有斐閣、2015 年改訂版)で担当した第 1 章「教師の日常世界へ」について、A さんは教師の仕事の特徴である「無境界性・不確実性・複線性・多元性」というキーワードをあげて教師のジレンマを指摘し、その問題の「1 番の被害者は子供たち」であるとし、「保護者・学校・地域の 3 つの連携が重要」であり、「その連携の架け橋をしているのが教師」であるとする。最後に「教師の仕事の性格は私たち看護の仕事にも似ているなと思った。患者によってケアは異なるし、その患者を一人で数人受け持たなければならないという点で特に感じた。看護の世界ではコミュニケーションが重要視されてきているので、教育の世界でもコミュニケーションも大切になってくると思う。」と結論付け、教育と看護を結び付けている。

最後にテキストの第 7 章「同僚とともに学校を創る」について、A さんは 2 点の問題点を指摘している。第 1 点は、「新任もベテランも生徒の前では『教師として対等』という意識や責任感の強さから、教師同士は口出しするべきではなく、相互不可侵という意識がうまれがち」という点、第2点は、「学校全体としての仕事が多いため、組織が階層化し分業化していく傾向がある」という点である。結論として、Aさんは「教師としてすべきことは、教師としての責任感が強いのなら相互に不可侵・無関心でいるのではなく、ベテラン・新人すべてを合わせた同僚から常に学んでいくことだと思った。」と述べる。

レポートの最後の「まとめと今後の課題」でAさんは、「入学時の4月にはまだ得ることができていなかった知識や考えを通して、これから『理想とする教師及び養護教諭の在り方』について私のこの一年の最終的な考えを述べようと思う」と述べ、「今の私の理想は、子供たちを包み込むような存在であることはもちろんのこと、子供たちと、教師（学校）・家庭・地域・福祉など様々な環境との架け橋になる存在であること」「コミュニケーションや、同僚性を上手く駆使していけるようになりたい」と述べる。そして、結論としてAさんは、「教師という仕事も、看護師という仕事も、たくさんの同業者とのコミュニケーションが必要で、チームとしての連携を求められたり、その生徒・患者によって正解となる教育やケアは異なるし、忙しい仕事の中で、いかに自分の納得ができる仕事ができるかは終わりがなかったりと、似ている部分が多いと思う」と述べ、教師と看護師の共通性を見事に指摘している。

次に学生Iさんのレポートを紹介する。

**＜Iさんのレポート分析＞**

「“養護教諭”の奥深さ」というテーマで、「テーマ設定の理由」をIさんは次のように書いている。「私はこの1年間、養護教諭について様々な教科を通して学び養護教諭という職業を改めて考え、養護教諭という仕事の奥深さを再確認したからです。私が小中高で通っていた養護教諭は落ち着いた雰囲気の保健室で私たちを出迎えて、私たちの気が済むまで話を聞いてくれました。また保健室の先生は先生といいながらも、他の先生と違ってあまり忙しいそうではなく、授業といっても私たちの関心を引く、面白いものばかりでした。（中略）自分が養護教諭になるものとして学んでみると仕事の多さや気を配らなければならないことの多さに驚きました。ある先生が言っていた『保健室の先生は、子どもたちに忙しそうな姿を見せてはいけない』という言葉の意味が養護教諭を学ぶことでよく分かりました。」さらにＩさんは養護教諭の仕事を子どもたちや保護者の視点でも書いている。「養護教諭は多くのことを見なければならず、保健室に来てくれる子どもたち一人一人の特徴や性格・健康状態・精神的状態を観察しなければなりません。また保護者たちに子どもたちの様子について伝える役割も担っています。このように養護教諭の仕事はとても多く、一人ひとりの生徒と向き合っていかなければならないという点で奥が深く、正解のないものだと思いました。」

以上のようにＩさんは自分自身の小中高時代にお世話になった養護教諭について振り返り、養護教諭のやるべきことを簡潔にかつ正確に把握しているといえる。続いて、レポートの中核部分である「考察」では、第１にＩさんは「いじめはどこの学校でもあることだし、いじめる側だけでなくていじめられるほうも悪いのではないかと中学校の時まで思っていました」とあるように、いじめは両者とも悪いという認識であった。それが今回の授業の中で大きく変化することになる。授業の最初に視聴したＮＨＫ特集・愛知県西尾市の大河内清輝君のいじめ自殺事件（1995 年 10 月放映）を契機として、Ｉさんはこのいじめ自殺事件を探究していく。「視聴して私の気持ちは大きく変わりました」と述べたＩさんは「授業とは別に大河内君の自殺事件について調べてみました」、「現実で起こっていたことが信じられないくらい清輝君のつらい日常が細かに書かれていました。（中略）私は清輝君が残した遺書についても調べ読んでみました。」Ｉさんはいじめが起こる原因を、「『一人でいることが恥ずかしい』という認識を持つようになったこと」と述べ、「一人でいる」＝「皆に嫌われている」＝「いじめても誰も庇わないだろう」＝「いじめのターゲットにする」という図式で表現している。また、Ｉさんは子どもたちがカウンセリングに行くことに対しても偏見があったと省察している。「私も実際に中学校の時にカウンセリングに行く生徒を見て『自分の問題なんだから、自分で解決すればいいじゃん』とか『先生にチクるなんて卑怯だ』と偏見をもって見ていました」と述べ、いじめ解決の対策としては「カウンセリングに行くことに対しての偏見をなくし、生徒たちが落ち着ける場所を作り、内々に秘めている不安や悲しみを吐き出すことができる空間をつくること」と述べている。以上のように、Ｉさんは今までの「いじめ」認識を大きく修正し、大河内君の自殺事件を調査探究する過程で、自分自身の固定的な見方を変化させたことが理解できる。

その後のレポートでは、テキストの『系統看護学講座　教育学』で自身が担当したレポートを引用しながら考察を深めている。その中で注目するところは、個別的学習と協同的学習について触れた箇所である。「私も個別的・競争的な学習よりも協同的な学習をもっと取り入れるべき」と述べ、「私はセンター試験のために昼食時間や夜中も一人で勉強することが多かったです（個別的学習）。しかし、看護学を学びグループで意見を出し合いグループで一つのレポートを作成するという活動（協同的学習）で考え学んだことは、レポートを提出し終わった今でもあまり忘れていません」と述べ、個別的学習と協同的学習を比較して、「協同的な学習は時間がかかりすぎてしまう、意見の衝突が起こるなどの欠点がある一方で、記憶に定着しやすく、理解をしたうえで次の課題に移ることができるという良い面もある」と述べる。さらに協同的な学習のメリットとして、「クラス内での新しい人間関係ができたりして個人の人間性を高めることにもつながる」と評価する。結論として、「すべての教科を協同的な学習にすることは先生の時間的にも、生徒の時間的にも不可能なことだと思います」と述べるが、「個別的・競争的な学習の利点と欠点を考慮し、これから学ぶ教科にどの学習の仕方がふさわしいのか考えながら学習を行なっていくべき」とする。ここでＩさんが論述していることは、現在の教師がまさしく直面している課題である。学校教育ではアクティブラーニングが重視されている現在、知識を効率的に覚えることと、知識の関係性を認識して考える力をつけること、これらの学びの本質に関わることがＩさんのレポートには展開されている。その後のレポートでは、後期のテキスト『新しい時代の教職入門』の自分自身の担当箇所を引用しつつ論述している。

本レポートの最後の「まとめと今後の課題」では、Ｉさんは６つのキーワードをあげている。「カウンセリングに行くことへの偏見をなくし、生徒たちが落ちつける場所を作り、内々に秘めている不安や悲しみを吐き出すことができる空間を作る」「しみ込み型の教育」「子どもの権利の保障」「主体的に判断し表現できる資質や能力の育成」「協同的な学習」「教師の考え方や学習方法、生徒への接し方にかかってること」。これらのキーワードをあげながら、Ｉさんは「学習とは子どもたちが自分から積極的に学んでいくことによって支えられており、教師は子どもたちが学習を続けられるように環境を整備したり、援助・支援する立場である」と述べ、最終的な結論として、養護教諭について、「子どもたちの身体的な健康を管理しながら、精神的な健康も管理していかなければなりません。身体的な健康は健康診断や健康観察から観察することができ、変化を発見することも容易ですが、精神的な健康は成長時期によるものなのか、人間関係によるものなのかなど判断が難しい。」と述べた上で、「子どもたちに不安・不満を話してもらうためには、養護教諭がいつもゆとりをもって行動し子どもたちに忙しさを感じさせないことが大優先であると思います。また子どもたちが安心して毎日を送ることができるようにするためには、保健室が子どもたちの心のよりどころとなり、教師と生徒をつなげる場所であるべきであると思います。」と結論付ける。本レポートのタイトルをなぜ「"養護教諭"の奥深さ」にしたのかが次の叙述で明らかとなる。「そのような場所の作り方は先生によって個性があり、正解がなく間違いのない『奥深い』ものであると思います。私は生徒たちと良好な関係を築き、取り換えのきかない存在として生徒たちを支え、自分の個性を生かした養護教諭を目指したいと思います。」

以上、2名の学生のレポートを紹介してきたが、2名とも半年間だけではなく、1年間を通しての教育学、教師、養護教諭等についての学びを深く認識し言語化している。

2月18日（日）の福井大学教職大学院のラウンドテーブルでの報告を呼びかけていたが、当初は5−6名の学生が参加したいという意思表明をしていたが、最終的に試験の追試や再試験等で2名の学生だけが参加し報告してくれた、この2名はここで紹介した学生とは違う学生であるが、2名とも積極的に養護教諭に向けて努力している学生である。そのうちの1名の学生のレポートを確認することができたので、ここで紹介したい。

**<ラウンド報告の学生Hのレポート>**

「ラウンドテーブルの参加理由」については、「養護課程の学習の際に森先生から紹介を受け、普段の大学生活では触れることのない考え方や教育についてのお話を聞けるのではないかと思い、興味を持ったため。」と述べている。Hさんは何事にも積極的に関わる姿勢があり、今の学生には少しめずらしく自己主張をするタイプの学生である。「養護課程を選択した理由」としては、「義務教育課程の時から教員という職業に興味を持っており、大学生活の間に頑張って履修したいと感じたから。大学で看護課程だけでなく養護課程も取れると知ったときに、自分の将来の選択肢を広げ、よりたくさんの知識を身に付ける為。」と書いている。レポートのテーマ（タイトル）は、「理想とする教師及び養護教諭の在り方－教員の仕事内容ごとに見た理想とする教師像とその在り方」である。この「テーマ設定の理由」としては次のように述べている。

「教員の中でも教科を担当しクラスを受け持つような大半の教師は、教科を担当している際、担任としての仕事をしている際、課外活動をしている際、生徒の相談に乗っている際などによってしている働きが少しずつ変わっている。働きが異なってくるとなるとそこで求められる教師像にも違いが表れ、理想の形が多く現れてくると考えたため、ざっくりといくつかの塊に分けてその場で求められる教師像の違いを見ていきたいと考えたから。また、近年問題となった課外活動時の体罰問題やいじめに関する面にも触れながら理想とする教師像についてみていくとよりその多様さが分かるのではないかと考えたから。」

「本文」の考察では、「今回提示された『理想とする教師及び養護教諭の在り方』というテーマについて、授業などの教育の場面、授業以外の主に課外活動の場面、カウンセリングなどの心の育成やケアの場面、担任としてクラスをまとめる場面の4つの面からそれぞれ述べていきたいと思う。」と述べる。まず授業については、『新しい時代の教職入門』の第3章では授業における教師の姿・役割について3つ挙げられている。「アクターとしての教師」、「デザイナーとしての教師」、「エバリュエーター（＝評価者）としての教師」である。この教師像についてHさんは、「教育方法についての一つの成功例や模範的な例に固執せず、その集団の特徴にあった観点から、その集団にあった表現を用いて、その集団に合った方法を用いて教育を進められる教師が理想的である」と述べる。養護教諭については、「私たちが目指している養護教諭が行う授業は科目を担当している教員よりも授業頻度が多くなく、教育内容や授業時間も限られてくるため融通が利きやすいのではないかと考える。養護概説の授業で授業計画を立てる時間があったが、同じテーマでも使用する教材や生徒に対する問いかけの難易度などを生徒の学年や細かな教育内容によって変化させるだけでもかなり違いが出たように感じた」。現在注目されているアクティブラーニングについては、「生徒たちが意見を交換したりするなど能動的に学習を進めていくことであり、これを導入することにより生徒自身で問題を解決する機会ができ、深い理解につながる。だがこれを教師の目線から見ると、生徒に授業を聞いてもらうわけではないため自分たちの力で考えた結果誤った理解をしてしまった際の介入がしにくい、時間がかかってしまい他の部分にしわ寄せが行きやすくなるなどのデメリットもみられるため、自主的に学習する力を身に付けさせるためには有効的であるが個人的には好きではない。」と述べている。

次に課外活動の場面についてはHさんは外国のように外部指導者に依頼することのメリットとデメリットについて述べている。デメリットについては、「どのような運動競技や文化系の部活動にしてもわざわざ外部からコーチを招いて指導を行っていくということは多かれ少なかれ専門性が強くなる。もちろんより上の大会での入賞を目指しているような部活動なら別だが、コーチを招くことは教員が指導を行うよりも生徒にかかる負担も大きくなり、最優先すべき教育との比重が逆転しかねない。それに比べ教員が指導する場合、日頃から接する機会の多い相手であり普段の生徒の様子も知っているため何か問題が発生した際もスムーズに解決まで導きやすくなる。また、各教育課程で行われている部活動に関しては1日の学校生活の中にすでにそれが組み込まれている場合がほとんどであり、学校管理下の活動であるため、その監督義務を果たすためにも教員が行うべきであると考える」、また「授業の限られた時間のみではあまり一人一人の様子を見つめることは出来ないが、勉強から離れた場から生徒を眺めなおすことでまた違った生徒の一面が見られるのではないかと推測する」と述べている。

次にカウンセリングなどの心の育成やケアの場面からについては、「生徒の気持ちを理解するためには生徒を冷たい『評価者』としてではなく『理解者』としての目で見て、生徒の気持ちに寄り添うこと、いじめなどの問題が発生した際は『問題とされる行動』の裏にある『意味』を理解すること、内向的・自罰的傾向を示す生徒の場合は感情が表面化しにくいため些細な変化にも敏感に気を配る必要があること、相談活動では『傾聴する』ことを心掛け生徒が言葉をつかみ吐き出すまではじっくり待つ忍耐力を持つこと、ノンバーバルなメッセージにも気を配る態度で臨むこと、生徒の訴えを感じ受け止めること」が大事であること、「正しく丁寧に実行することが出来れば生徒からの信頼も得られ物事を良い方向に導きやすくなるだろう。心のケアの観点から見たとき、これらを使いこなすことのできる教員は理想的なものであるが、これらを教育現場で実際に行うのはかなり難しいのではないかと推測する。問題を起こしてしまった生徒をしっかりと見つめ、その行動に含まれていた『意味』を見つけ出しその生徒を擁護したとしても、問題を起こした生徒がいる半面、（いじめは特にそうだが）その被害を受けた生徒も存在する。被害を受けた生徒の立場からすると、加害者となった生徒に対して『そんな理由があったのか』などとまとめられてしまっては気が晴れるどころかまったくもってスッキリしない結果となってしまう」と述べ、養護教諭の在り方としては、「養護教諭は教科担当の教員とは異なる仕事内容であり、生徒や教職員のケアを行う必要がある。その際に『傾聴』や寄り添うことがスムーズに行うことが出来れば問題も解決にも無駄な時間を費やすことなくより早い解決に導くことが出来る。スムーズに事を解決するのが最も良いことではないとも思うが、問題を長引かせうやむやになってしまう前に解決することで、生徒間での関係修復もより早く達成できるのではないかと考える。」と述べる。

最後に担任としてクラスをまとめていく立場については、「担任は生徒にとっても保護者にとってもその１年の間に最も接する機会が多く、いざとなったときにまず頼るべき重要な役割を果たしている。もちろん生徒は他の教科担当の教員や部活の顧問、養護教諭にも相談することは出来るが、学校の教員との交流が少ないような保護者にとっての相談先はほぼほぼ担当教諭のみに限られてくる。担任を受け持つ教員は当然ながら何らかの教科も受け持っており多忙であるため、保護者の対応などはとても厄介に感じると思う。だがこれをおざなりにするのはいけない。上でも述べたが、保護者は担任を頼りにして連絡しているのであって（もちろんただ訳の分からないクレームをつけてくる場合もあるだろうが）、これを適当に対応してしまうと保護者－教師間の信頼関係が崩れかねない」、いじめについては「いじめの対応に対して保護者は特に敏感だ。私の知り合いでも物を壊される嫌がらせを受けた際に学校に相談したがその時の対応が事務的であったらしく、そのような対応を求めていたわけではないと怒っていたことを思い出した。このような問題は子供同士の問題であり、それらを教員の介入によってすべて解決するのはかなり難しいため正直私にもどのような対応をすれば納得がいくのか分からないが、どのように対応をするにしても誠意をもって行わなければ納得されないのではないかと考える。」そして、最後の「まとめと今後の課題」では、次のように結論づけている。「今現在の教育システムや主流の考え方からは多くの人が理想としている、『生徒一人ひとりと向かい合い、各個人・集団に合った方法で教育を行い、生徒の心を育んでいく際も生徒に寄り添い理解者としての目で見つめ生徒の思いをしっかりと受け止めることが出来る』ような教員を増やしていくのはまだまだ難しいが、教科担当の教員だけでなく養護教諭が積極的に生徒にかかわっていけばより理想の形に近づいていけると推測する。そのためにも新しい考え方に順応した教員の養成や教員間・生徒－教師間・保護者－教師間での交流・連携を密にしていく必要があると考える。」

ここで紹介したHさんの報告について、私の知り合いの中学校勤務の養護教諭O先生が是非聴きたいということで同じグループに聴き手として参加してくれたのである。O先生とはある不登校の親の会で紹介していただいた先生でありお会いしたことはなかったので、このラウンドテーブルで初めてお会いすることができた。O先生はこのHさんの報告を深い感動をもって聴いてくれた。ラウンドでの2名の1年生の報告が無事に終了したあとに別室で4名でコーヒーを飲みながら語り合った。O先生はご自分の家族のこと、生徒たちのこと、保護者のことを熱く、そして温かく語ってくれた。ご自分の人生のドラマティックな生き方を熱く語る先生にお会いできて、私も2名の学生も多いに感銘を受け、O先生の型破りな生き方から学ぶことが多かった。2名の1年生もO先生と出会い語りあうことで、ますます養護教諭になりたいと強く考えたに違いない。

## おわりに

2017年度より4年制となった福井医療大学1年生対象に養護教諭養成の教職科目を担当してきた1年間の授業実践を述べてきた。前期は「教育原理」、後期は「教職概論」であり、前期受講者は35名、後期受講者は5名減って30名であった。筆者の授業は基本的に一斉講義ではなくグループ学習を基本とし、学生たちに配布資料やテキストを批判的に読み込むこと、自分の頭で考えること、そして言葉で表現すること、レポートを書くこと、ということを大事にしてきた。毎回のレポート作成は学生にとってはかなりの負担であったと考えられるが、一方で本稿で紹介してきた学生たちの主体的な学びも生み出すことができ、学生たちの深い省察レポートに出会うことが出来たと考えている。

2018年度も始まり今までの1年生が2年生に進級し、養護教諭課程を受講する人数は1名減り29名となった。また、入学した看護学科1年生70名のうち、受講希望者は35名で、偶然にも前年と同数であった。現在、新たな2年生と1年生の養成が始まっている。今までの実践を振り返り、今後さらに発展的に養護教諭養成のためのシステムを担当教員3名（養護教諭2名と心理学担当者）と協働して構築・充実していきたいと考えている。

最後に、本稿のまとめとして、いくつかの確認を行っておきたい。

①　入学動機の中に、看護師だけではなく養護教諭も希望する学生を確認できたこと。それぞれの学生にとって小・中・高校時代での養護教諭との出会いが個性的であり、入学後の学習意欲に繋がっていることを確認できたこと。

②　「いじめ」の問題はすべての学生たちにとって非常に関心を持つテーマであり、熱心にネットや本で調査・探究を展開したこと。

③　グループでの学びにメンバー全員が参加し協働して班レポートも内容豊かに作成できたこと。

④　後半の「テキストを批判的に読む」という活動については熱心にテキストを読み、レポートを作成し、班での討論を熱心に行なったこと。

⑤　最後の「課題レポート」については、前期の最後のレポートは必ずしも十分ではなかったが、後期の課題レポートは非常に高く評価できるレポートが生まれたこと。つまり、後期だけではなく前期も含めて省察し、1年間の学びを振り返りレポートにまとめた学生がいたこと。

⑥　福井大学教職大学院のラウンドテーブルに2名の学生が参加し、そのうちの1名の学生は自身の学びを省察し、学んだテキストを引用しつつ、自説を展開したことは高く評価できること。

⑦　2年生に向けて1名だけ取りやめたが、残りの29名の学生が引き続き養護教諭の課程を受講することになったこと。

（2018年5月10日記）

## (3) 教育学と看護学の質保証をめぐる議論とその課題

### Ⅰ　はじめに

平成20(2008)年3月中央教育審議会の大学分科会において、高等教育のグローバル化のなかで学習成果が重視され分野別質保証の必要性が強調された。同年5月文科省高等教育局長から日本学術会議会長へ、学士力の保証を含む大学教育の分野別質保証が必要であるとの認識から質保証の在り方の検討依頼が出された。それを受けて、同年6月に日本学術会議内に課題別委員会を設置し「大学教育の分野別質保証の在り方検討委員会」に3分科会を置き検討を開始した。3分科会とは、①質保証枠組み検討分科会、②教養教育・共通教育検討分科会、③大学と職業との接続検討分科会である。

日本学術会議は2年後の7月に＜回答＞「大学教育の分野別質保証の在り方について」（平成22（2010）年7月22日）を公表した。(1) この回答については以下に検討するが、看護学と教育学においてもこの分野別質保証が課題となり看護学は「参照基準」を2017年9月に公表しているが、教育学は現在作成中の段階である。(2)

平成29（2017）年12月段階で「参照基準」を公表している領域は31分野であり、以下に関連する分野を紹介する。

＜経営学分野　2012年8月／言語学分野　2012年11月／法学分野　2012年11月／家政学分野　2013年5月／（略）／経済学分野　2014年8月／（略）／社会学分野　2014年9月／心理学分野　同前／地理学分野　同前／政治学分野　同前／（略）／文化人類学分野　同前／歴史学分野　同前／社会福祉学分野　2015年6月／（略）／哲学分野　2016年3月／薬学分野（4年制）　2016年8月／歯学分野　2017年9月／看護学分野　同前／医学分野　同前＞　＊下線は森。

看護学における質保証をめぐる議論では、超高齢化社会になり、ますます看護・福祉の領域が社会的に要請されている現状から、看護系の大学・大学院が増加している背景がある。現在、看護学のモデル・コアカリキュラムが議論されているがそれは看護の質保証・水準の維持が目的であり、どのような看護師を育てるのかという課題が認識されていると考えられる。医学・歯学等の領域ではモデル・コアカリキュラムはすでに確立しており看護学は現在検討中という状況である。

他方、教育学における質保証をめぐる議論では「参照基準」は現在検討中である。2019年3月に公開シンポジウムが開催され「参照基準」の第1次案が提案されたが、文科省から提起されている教職科目のコア・カリキュラムについては、いくつか検討すべき問題があるが詳しくは後述する。では以下に、看護学と教育学の質保証をめぐる議論を検討していく。

## Ⅱ　看護学の質保証をめぐる議論

### 1　内布敦子報告（兵庫県立大学副学長）

平成29(2017)年3月に日本学術会議の健康・生活科学委員会の看護学分科会・連携会員である内布敦子が、「参照基準の作成手順と看護学教育の参照基準案について」を報告した。報告では、最初に日本学術会議の＜回答＞「大学教育の分野別質保証の在り方について」（平成22（2010）年7月22日）を引用して解説している。

（1）「参照基準」とは何か

「参照基準」は、教育課程の編成の適切なプロセス（理念→学習目標→学習内容→学習方法→カリキュラムへ反映→評価）を経てなされるべきであるとの認識の下に教育課程を編成するプロセス全体の参考となるよう提示するものであること。また、「参照基準」は、あくまで一つの「出発点」として、分野の理念・哲学並びに中核的要素の同定に留まるものであり、それにどのような肉付けをし、具体化を図っていくかは各大学の手に委ねられるものでなければならないこと。

（2）「参照基準」の性質・とらえ方

具体的にどのような授業科目を開設すべきかを示すものではなく、また個々の授業科目の直接的な開設指針として供するものではないこと。教育課程の編成はあくまでも、各大学とその教員が責任を負うべきであること。さらに、「参照基準」は標準化を進めるための「模範」や「合否」を検証するための基準のような規制的な性格を有するものではないこと。

（3）「参照基準」の役割と位置づけ

「参照基準」の基本的な役割としては、教育プログラムのデザイン等に関与する人々の役に立ててもらうことや、進学希望者や雇用主に対して専門分野の学位が意味するものについて理解を促すこと。また、専門職の養成課程に関する質保証との関わりでは、専門職教育としての質保証は社会に対して直接的な質保証のため必要であるが、専門職教育でない学士課程であっても学生が意義あるものを身につけることが重要との考えで「参照基準」が作成されること。さらに、すべての関係者の利用に供する公共的な基盤としての位置づけとして、「各分野の教育における最低限の共通性」の確保を公的機関である日本学術会議が行なうことは一種の社会的インフラストラクチャーとしての役割を果たすことになるとの考えが示されている。

（4）「参照基準」の主な構成要素

構成要素として、①各学問分野に固有の特性、②すべての学生が身に付けるべき基本的な素養で、単なる学問上の知識や理解に留まるのではなく人が生きていく上で重要な意味を持つものを学びを通して身に付けていくという観点が示されている。

（5）教養教育との関わり―学士課程教育全体の質保証

日本の大学の学士課程教育には、教養教育というもう一つの重要な構成要素があり、教養教育を考慮せずに学士課程教育全体の質保証枠組みを構想することはできないのであり、学士課程教育の質保証は、教養教育も含めた学士課程全体の観点から行なわれる必要があると述べられている。

以上が、日本学術会議の＜回答＞に示された考え方を内館牧子報告をもとにまとめたものである。「参照基準」が各大学の自主性・主体性を制限するものではないということが強調されていることを確認しておきたい。

さて以下に「看護学」の「参照基準」を紹介するが、これに至る看護学分野での作成経過については、文部科学省・看護学教育の在り方に関する検討会において継続的に議論され、2004（平成 16）年 3 月 26 日「看護実践能力育成の充実に向けた大学卒業時の到達目標」、2011（平成 23）年「学士課程においてコアとなる看護実践能力と卒業時到達目標」（5 つの能力群と 20 の看護実践能力）、同年 3 月 11 日文部科学省「大学における看護系人材の在り方に関する検討会最終報告」、平成 23 年度日本看護系大学協議会「大学卒業時到達度の評価手法開発のための調査研究報告書」がまとめられている。このように看護学分野では 2004 年から質保証の議論を行なっていたことが判明する。

## 2　<報告>平成 29（2017）年 9 月 29 日「大学教育の分野別質保証のための教育課程編成上の参照基準　看護学分野」（看護学分科会）の検討

以下では、<報告>に基づいて、内容の要約を通して「看護学」の『参照基準』を考えていきたい。

（1）はじめに

日本における看護学の大学教育は、1952 年に高知女子大学家政学部看護学科に始まり、1975 年に 6 大学。1986 年以降設立増加した。1992 年「看護婦等の人材確保の促進に関する法律」および「看護婦等の確保を促進するための措置に関する基本的な指針」が策定され、背景には看護系大学の急激な増加がみられた。2017 年には看護系大学 265 校、国家試験に合格した看護師の約 31％を 4 年制大学卒業者が占めることになるが、現在でも看護師の多くは 3 年制の専修・各種学校で養成されている。本報告書は 4 年制大学における看護学教育の「参照基準」を示しているものである。

（2）看護学の定義と領域

①看護学の定義

看護は人間の尊厳と権利擁護を基盤にしたヒューマンケアの理念に基づき、人が人間としての尊厳を維持することを支え、人間が示す環境などへの反応を手がかりにその人らしい健康な生活を送れるように支援すること。支援に当たっては、人間が本来持っているセルフケア能力を最大限に引き出し、当事者の能力に沿うことを基本とし、人々が健康の維持・増進、予防等を志向する生活を構築できるように支援する。個人だけではなく家族や集団、地域の状態もその人の健康な生活においては重要な要素となるため、健康維持に向けてこのような集団レベルへの働きかけが必要となること。さらに、制度構築や政策提言なども看護学がアプローチする範疇として重要であると述べられている。

看護学は、全ての発達段階、多様な健康な状態にある個人、家族、集団、地域の固有の健康問題や健康問題に対する人間の反応を探究し、健康の維持・増進に向けて人との相互作用を基盤とした援助的専門的アプローチを探究する学問である。また、看護及び看護学は、他のすべての学問と同じく、人類の平和と幸福を希求していること。

③　看護学の対象となる範囲

ア　人間とその健康－連続性、多面性、生活を基盤とした視点－

看護学は人間を生活者としてとらえ、健康問題をとらえる際も生活の視点からの理解を探究する。看護学がとらえる人間の健康も、同じく複合的な概念であり、身体、心理、社会のいずれの側面もが融合された全人的存在である。看護学においては、小児期、成人期、老年期等の発達段階ごとの特徴に関する知識を基に、健康ニーズをアセスメントする。発達段階という軸を常に考慮し、発達段階特有の健康問題を熟知して、疾病などによって発達課題の達成が阻まれていないかを検討する。人間の健康をとらえる視点は複雑であるために、看護学の領域もまた複雑な構造を持っている。

イ　多様な健康の状態への関心とアプローチ

看護学は、健康から死に至る多様な健康の状態にある人間に関心を持つ学問。看護実践においては、身体の状態を基軸として健康の状態ごとに特定の健康課題が何であるかを判断し、状態に応じた健康へのアプローチを行なう。a 健康生活の保持増進や予防が課題となる状態、b 急激な健康破綻と回復の状態、c 慢性疾患及び慢性的な健康課題を伴う状態、d 終末期の状態

ウ　看護の活動の場の広がり

看護は基本的に個としての人間に関わる活動であるが一方で世界規模の健康にかかわる問題（飢餓、感染、環境の問題など）を認識し集団を対象とした活動へと拡張している。他の専門職と協働する中で看護の専門性は、広がりや細分化を見せている。

（3）看護学固有の特性

①人間、健康をとらえる視点

看護学は健康という視点で他者への援助実践（看護）を探究する学問。看護の受け手は人間であり、焦点は健康問題。健康の状態をとらえ,ケアリングの原理に基づき、主体である人間を尊重し健康に対して援助を行う。

②方法論（アプローチ）の独自性

看護学は健康問題に関わる人間の反応を理解することに始まり、それらを科学

的エビデンスや臨床知を用いて論証し、健康という視点から包括的存在としての人間を描き出すといった学問的アプローチを行なう。科学的基盤にたつサイエンス（一般原理やエビデンス）としての側面とアート（その時その場でしか創出しえない現象）の両側面の性質をもつ学問として発展してきた。

③関連学問領域とのつながり

「人間」という複雑系を理解し、健康に関連したアプローチを体系化するに当たって、看護学は人間理解や援助にかかわる複数の学問領域で蓄積されてきた知識体系を取り込む。医学はもちろん、心理学、行動学、社会学、文化人類学、教育学、生活科学などの関連諸科学。患者などの当事者自身の体験世界から学ぶ知見は看護にとって極めて重要。

④社会における看護の役割と看護学

看護学は真理を追求する一般学問というだけではなく職業としての看護を支える実学としての役割。看護学は看護専門職の学問的基盤として必要な学問であると同時に、社会に対してケアの理念を発信する学問として重要。

（4）看護学士課程で学ぶ全ての学生が身につけるべき基本的素養

①看護学士教育を通して学生が獲得すべき知識と理解

②看護学士教育課程を通して学生が獲得すべき基本的能力

ア全人的に対象をとらえる基本的能力

イヒューマンケアを提供するために必要な基本的能力

ウ根拠に基づく看護を展開できるために必要な基本的能力

エ健康課題に対応した看護を展開できる基本的能力

オケア環境とチーム体制を整備し看護を展開できる基本的能力

カ生涯専門職として研鑽を継続していく基本的能力

③人々の健康の維持増進に必要なケア社会を志向する態度

（5）学修方法及び学修成果の評価方法に関する基本的な考え方

①学修方法

項目だけ挙げれば、①講義、②演習（グループワーク、事例学習、カンファレンス）、③演習（実技演習、シミュレーション教育、実習室演習）、④臨知実習、⑤研究的取り組み。

②評価方法

これも項目だけ挙げる。①評価の視点、②評価の在り方

（6）市民性の涵養をめぐる専門教育と教養教育との関わり

①専門教育としての看護学を支えるものとしての教養教育

②教養教育の一部を構成するものとしての看護学

③グローバリズムの中での看護学教育と教養教育との関わり

（7）看護学を学修して修得できる主な資格と能力

以上のように、看護学の学問としての意義や在り方が示されている。特に人間の発達に深い関心を寄せ人間の健康とさらには世界の平和まで希求するという学問関心は、非常に教育学と深いつながりがあると認識できる。「関連学問領域とのつながり」の箇所に、教育学があげられていることも非常に重要である。では、次に教育学の質保証の議論を見ていくことにしたい。

## Ⅲ　教育学の質保証をめぐる議論

前述した「看護学」の質保障でも紹介したが、再度、議論の背景を確認しておきたい。平成 20（2008）年 3 月中央教育審議会・大学分科会において、高等教育のグローバル化のなかで学習成果が重視され、分野別質保証の必要性が認識され、平成 20（2008）年 5 月文科省高等教育局長から日本学術会議会長へ、学士力の保証を含む大学教育の分野別質保証が必要であるとの認識から質保証の在り方を検討してほしいという依頼が出された。そして、平成 20（2008）年 6 月日本学術会議内に課題別委員会設置し、「大学教育の分野別質保証の在り方検討委員会」の 3 分科会で検討することとなった。3 分科会とは、①質保証枠組み検討分科会、②教養教育・共通教育検討分科会、③大学と職業との接続検討分科会の 3 つである。そして日本学術会議は、平成 22（2010）年 7 月 22 日に＜回答＞日本学術会議「大学教育の分野別質保証の在り方について」を公表した。平成 29（2017）年 12 月現在　31 分野が「参照基準」を公表しているが、「教育学」は現在作成中である。31 分野は以下のとおり。

経営学分野　2012 年 8 月／言語学分野　2012 年 11 月／法学分野　2012 年 11 月／家政学分野　2013 年 5 月／（略）／経済学分野　2014 年 8 月／（略）／社会学分野　2014 年 9 月／心理学分野　同前／地理学分野　同前／政治学分

野　同前／（略）／文化人類学分野　同前／歴史学分野　同前／社会福祉学分野　2015年6月／（略）／哲学分野　2016年3月／薬学分野（4年制）　2016年8月／歯学分野　2017年9月／看護学分野　同前／医学分野　同前

上記のように教育学に近い心理学は2014年9月、薬学は2016年8月、歯学・看護学・医学は2017年9月に公表している。<教育関連学会連絡協議会・公開シンポジウム>が2019年3月16日に学習院大学で開催され、テーマは、「教育学教育のあり方と教職課程カリキュラムの再検討－教育学分野の参照基準の作成に向けて－」であった。(3) 報告者は、①松下佳代（京都大学）「教育学分野の参照基準の全体構想」、②油布佐和子（早稲田大学）「教職課程コアカリキュラムの課題」、③深堀聡子（九州大学）「教育学分野の参照基準の活用法」、司会者は吉田文（早稲田大学）。

## 1　松下佳代報告「教育学分野の参照基準の全体構想」

### （1）日本学術会議における参照基準の作成

前述したように、中教審答申「学士課程教育の構築に向けて」（2008年12月24日）において、学士課程教育の質保証の課題が提起され、文科省から日本学術会議へ「大学教育の分野別質保証の在り方について」の審議依頼（2008年5月22日）が行われた。そして、日本学術会議の中に「大学教育の分野別質保証の在り方検討委員会」の3つの分科会を設置世知。①質保証枠組み検討分科会、②教養教育・共通教育検討分科会、③大学と職業との接続検討分科会の3分科会である。2年後に日本学術会議より回答「大学教育の分野別質保証の在り方について」が公表された（2010年7月22日）。それを踏まえて各分野で「参照基準」が作成・公表された（2012年8月31日～）。「教育学」は現在作成中であるが、2017年12月までに「参照基準」を公表している領域は31分野である。「教育学分野の参照基準（試案）」（広田照幸氏による）が各分野での作業のためのサンプルとして作成・活用されたが教育学分野の参照基準の作成には至らなかったとのことである。

### （2）教育学分野での分科会の設置

「教育学分野の参照基準検討分科会」の設置期間は2017年12月22日から2020年9月30日であり、現在進行形の分科会である。設置目的は教育学分野の「参照基準」を作成するための分科会であるが、教育学分野の大学・学部には教育学研究を目的とするものと教員養成を目的とするものがあり、教育学分野の参照基準の作成には独特の困難さがつきまとうこと、一方で、教員養成についてはすでに文部科学省によって「教職課程コアカリキュラム」が作成されるなどの動きもあり、これら全体を視野に入れた作成作業が必要なことが認識されている。

分科会の組織としては、日本学術会議第一部会員からは教育学分野 3 名、社会学分野 1 名、日本学術会議連携会員からは分科会参加希望者 14 名、特任連携会員は会員・連携会員外から推薦 2 名である。メンバー上の問題としては委員の専門分野にやや偏りがあり、日本教育史の専門家はゼロの現状である。

（3）教育学分野の作成プロセス

今までの経過は、第 1 回会合（2018.3.30）では、①参照基準の主要な構成要素と作成上の留意点、および参照基準のサンプルとして示された教育学分野の『試案」（広田照幸連携会員）、②Tuning における教育分野（教育学／教員養成）の参照基準（深堀聡子委員）、③教職課程コアカリキュラム（高野和子委員）の 3 報告にもとづき、教育学分野の参照基準の作成の方向性と課題について議論した。第 2 回会合（2018.6.17）では、①「言語・文学分野の参照基準の作成について」（塩川哲也東京大学名誉教授）、②「薬学分野の参照基準について」（赤松昭紀和歌山県立医科大学客員教授）の 2 報告にもとづき、各分野に固有の特性の整理、モデル・コアカリキュラムと参照基準との関係などについて議論した。その後、委員からの意見集約（～2018.8.14）を行い、広田試案を含め参照基準についての意見を委員から集約し、第 3 回会合（2018.9.10）において、各委員からの意見にもとづいて、論点を整理し、大まかな作成方針を立てた。そして、幹事会案の提案（2018.12.26）と第一次案の作成に至った。今後の予定としては、2019 年 4 月から Appendix の作成、ステークホルダー調査（利害関係者）、2010 年 5 月から最終案の学術会議への提出、2020 年 9 月に「報告」（教育学分野の参照基準）の発出という予定である。

## 2「大学教育の分野別質保証のための教育課程編成上の参照基準　教育学分野（第一次案）　2019年3月16日」の検討[4]

第1次案の最初に次のことが述べられている。「教職課程コアカリキュラム」に関しては、内容、策定過程、運用方法等について批判も提起されており再検討の余地がある。本参照基準は、教育学分野に関連する教育課程を編成する際の参照基準であり、この教育課程には、本来＜教育研究に関する教育課程＞と＜教員養成に関する教育課程＞の両方が含まれるべきと考えられている。しかし、後者については、教育職員免許法やそれに基づいて作成されたコアカリキュラムがすでに存在することから、本参照基準は前者を中心に作成されている。しかし＜教員養成に関する教育課程＞を考察の対象から除外したわけではなく、本参照基準が教員養成を行う際の理論的土台となること、教職課程コアカリキュラムを相対化し今後改訂される際の足がかりを提供することを企図している。教員養成において、理論と実践を包括する最先端の教育学が適切に活用されていくことが、また、教育学が教員養成という要素を付加的にではなく本来的な要素として位置付けることが、より望ましい教育学および教員養成（教職課程）の構築において求められる。

（1）教育学の定義

教育学とは、ある社会・文化における人間の生成・発達と学習の過程に意図的に働きかける教育という営みを対象とするさまざまな学問領域の総称。

①教育という営み

教育を行うのは人間だけではない。例えば、動物行動学では自分のためだけにならばやらない特別な行動を、自分のメリットには直接ならないにもかかわらず、わざわざ他者の学習のために行うとき、その行動を「教育(teaching)」と定義する。しかし、複数の教育行動からなる「教育活動」や、さらに教育活動を意図的・計画的に組織化した「教育制度」は人間（ヒト）だけであり教育（education)はきわめて人間的な営みである。教育は、生まれてから死ぬまで人間の生涯にわたって、また学校、家庭、地域、職場などおよそ人間が生活するあらゆる場所で行われる。学校は、学習を促すこと自体を目的に、日常生活とは異なる時間・空間を設定して計画的に教育を行う場であり、学校教育は教育学の中でもとりわけ重要な位置を占め、またそこで教育を行う教員を養成するための教育課程が整備されてきた。一方で、教育学においては、現在私たちが経験している教育を、西洋近代という特殊な時代・社会の産物とみなし、19 世紀後半以降に国民国家の誕生に伴って学校教育制度と共に世界中に広まった歴史的な事象として相対化する見方も作られてきた。

②教育学分野に包括される諸学問領域

教育学の研究対象は、近代に特徴的な教育あるいは学校教育だけではなく、教育が行われるあらゆる時間、あらゆる空間に及んでいる。教育学はそうした教育という営みの目的、内容、方法、機能、制度、歴史などについて、規範的、実証的、実践的にアプローチする学問分野。教育学を構成する諸学問領域は、＜基盤となる学問を何においているか＞と＜何を対象領域としているか＞によって分類。

（a）基盤となる学問による分類

教育哲学、教育史学、教育社会学、教育心理学、教育工学、教育行政学など。

（b）対象領域による分類

教育方法学、教師教育学、教育経営学、学校教育学、幼児教育学、高等教育学、教科教育学（各教科を含む）、特殊教育学、社会教育学、比較教育学、環境教育学、キャリア教育学など。

（a）の分類は、教育学を構成する諸学問領域が哲学、史学、社会学といった基盤となる学問の概念や方法を用いて教育という営みにアプローチしているという特徴があり（b)の分類は、教育の対象（幼児教育、特殊教育など）・段階（学校教育、高等教育など）・内容（教科教育、環境教育、キャリア教育など）などの下位分類を含んでいる。教育研究の多くは（a)と（b)の交差によって特徴づけられる。通常、「教育学」という場合は、教育哲学、教育史学、教育社会学、教育方法学、教育行政学、社会教育学などをさしているが、これらの領域が古くからある教育学の領域で、これらの領域名を名称に用いた科目が、教員免許取得のための必須科目として文科省の認定を得ている。しかし、教育学は学校教育（あるいは近代教育）に制度的に支えられながらも、学校教育（あるいは近代教育）を対象化・相対化し、それを改善したり、それとは異なる（オルターナティブな）教育の形を示そうとしたりしてきた学問分野でもある。

（2）教育学に固有の特性

①人間と社会の可変性への関心

教育学に固有の特性は、教育という営みを研究対象とし教育学が、＜人間の可変性への関心＞を持つということに他ならない。＜人間の可変性への関心＞は、通常、発達可能性・学習可能性・教育可能性という語で表されている。ただし、発達可能性・学習可能性・教育可能性というのは無制約で無限の可能性を意味するわけではない。教育学の考察は、発達の制約性、学習の困難さ、教育の限界を、同時に見きわめるものでもある。教育学における＜人間の可変性への関心＞は、さらに＜社会の可変性への関心＞にもつながっている。教育とは、先立つ社会による次世代育成のための働きかけであると同時に、教育された人々による新たな時代・社会の建設であるという二重性を持つ。＜人間の可変性への関心＞が、発達の制約性、学習の困難さ、教育の限界を見きわめることを求めるものであったのと同様に、＜社会への可変性への関心＞も教育の社会的、歴史的規定性や制約を認識することを求める。

②研究アプローチの多様性

教育学は、人間と社会の可変性、そしてその変化を引きおこす教育という営みを、多様なアプローチで考察する。規範的アプローチ、実証的アプローチ、実践的アプローチがあり、これらのアプローチは教育学の研究方法と研究テーマの両方に関わってくる。

ア．規範的アプローチ

このアプローチは、教育を通して、何が、どのように実現されるべきかを考察するもの。教育という営みは、人間の生成・発達と学習の過程に意図的に働きかけるものであるから、価値の問題と切り離すことはできない。

イ．実証的アプローチ

このアプローチは、教育が、事実として、どのように行われてきたか、行われているか、行われていくかを、実証的に記述・説明しようとするもの。教育という営みは、ある社会・文化における人間の生成・発達と学習の過程に働きかけるものであるから、一定の時間的スパンで人間の生成・発達と学習の過程を把握したり、特定の歴史的時点の社会・文化における教育の実態について明らかにしたりすることが不可欠である。このような実証的な研究によって、より確実な知の基盤の上に教育を組織化することが可能になる。

ウ．実践的アプローチ

このアプローチは、教育の対象となる人間、あるいは教育という行為（行動）・活動・制度を、その可変性への信頼のもとに、いかにして、現在の状態からより望ましい状態に変えていくかを検討・構想するもの。教育という営みは、人間の生成・発達と学習の過程に意図的に働きかけるものであるから、それはどのように働きかけるかという技（テクネー）を必要とする。近代教育学の成り立ちの局面までさかのぼると、人間が特定の未来構想の下で、次世代の人間を意図的・計画的に作り出そうとする実践的関心である。それは、より円滑で、より効果的な教育のあり方を追求するアプローチとして発展してきた。特に、教授学（ペダゴジー）の長い伝統は、教育という営みをより成功裡に達成しようとする実践的関心を背景にしている。学校教育制度が形成された後は、教授場面、すなわち教育内容や教育方法の考察にとどまらず、教育制度や教育政策、学校経営に関わる主題もまた、実践改善の関心のもとで考察されてきた。

③技術知と反省知の両面性

教育目標の定立から、教育のための制度や組織の設計と運営、教育内容と教育方法の選択と構成、実施された教育の効果や意図せざる結果の考慮にいたる教育の全過程が、常に価値対立的・論争的な主題であることは明らかである。教育は他者の学習を組織化しようとする営みであるため不確実性、未来性、価値選択性を持っている。また、まさに同じ理由から、暴力性や排除性を原理的にはらんでもいる。教育は人間の自由を増大させ、平等を促進し、社会の豊かさを増進させることができるものであると同時に、他者の自由を抑圧し、不平等を固定化し、他者の生存を脅かす活動としても機能しうる。

それゆえ、教育学において「よりよい教育」を目指すことは、単に技術的・実践的な課題解決を意味するのではない。そのような技術知の側面と並んで、教育学では反省知の側面が重視される。教育学の根幹には、人間の性質や社会の過去や現状についての科学的な知見と、人間や社会の理想に関する諸理念についての注意深い吟味とを前提とした反省的な認識が存在しなければならない。教育学において、規範的考察と実証的考察が不可欠な要素であるのは、この反省的な認識を必要としているからである。

④教育学の再帰性

教育学を学ぶ学生はすでに自らの成育史においてさまざまな教育を経験しており、かつ、大学教育を通して教育学を学ぶという経験を行っている。教育学は、教育者・被教育者の双方が自らの教育経験を相対化するとともに、現在進行形の教育それ自体を問うことも求められる点に、他の学問分野とは異なる再帰性を有する。教育学は、いわゆる研究機関に属する者のみが特権的に担いうるものではなくむしろ、現実の教育という営みを担っている実践者による反省的な研究も重要な位置づけを持つのである。だからこそ、教育学は、実践者を育てる教員養成という要素を付加的にではなく本来的な要素として位置づける必要。

⑤他の諸学との協働

教育学を構成する諸学問領域は、＜基盤となる学問を何においているか＞と＜何を対象領域としているか＞によって分類。基盤となる学問という視点で、諸学との協働により、教育という営みを、哲学、歴史学、社会学、心理学、工学（テクノロジー）、行政学、法学などの分野の概念や方法によって多面的に照らし出すことができる、対象領域という視点からは、例えば、教科教育学は、人間が創造・蓄積してきた様々な学問（人文学・社会科学・自然科学）や文化（芸術・スポーツ等）を学校教育を通じて次世代へ伝達・継承するために、各教科の目標・内容・方法を考察する領域。環境教育や多文化教育も同様。

教育学以外の学問分野の側でも、教育学との協働の必要性が認識されている。例えば、言語・文学分野の参照基準や歴史学分野の参照基準において、初等・中等教員養成の重要性が述べられていることにも明らかである。

（3）教育学を学ぶすべての学生が身に付けることを目指すべき基本的な要素

①基本的な知識と理解

教育学が本来的に複眼的な視点から研究することを求められる分野。教育学を学ぶ学生には、非常に幅の広い領域を横断した基本的な知識と理解が求められる。教育学に固有な特性である実践的志向性をふまえるならばここでの知識と理解には、自らの教育経験の相対化を伴う知識の獲得、理論知と実践知を包括する理解、教育を考える視点の差異についての理解といった内容が含まれる。

ア．教育の原理と基本概念の理解

人間の歴史の中で成立してきた教育事象を貫く原理に関する理論的諸命題を

理解し、説明することができるようになることは、教育学の学びにおいて必須の事項。例えば、「教授」や「学習」、「養育」や「保育」といった「教育」を構成する諸概念を理解したり、その歴史性を学んだりすることは、教育学を学ぶ上で必要。教育の歴史的展開の中で生み出されてきた、教育学における「生成」、「発達」、「成長」、「進歩」といった概念群の理解も重要。

イ．教育の目的論的探究の理解

これまでの教育が、どのような目的を有し、実践されてきたのかを、思想的、歴史的、文化的、社会的な視点から学ぶ必要がある。教育は、ただ教えられるから、またはただ学びうるから行われるという教育可能性・学習可能性の次元でのみ論じることができない営み。どのような営みであっても、何らかの「よき」人間像や教育目標を設定し、その人間像や目標に向けて営まれている。その目的論的性格を、過去の教育実践や教育言説から読み解き、これまでの教育がどのような目的を有してきたのかを知ることはこれからの教育の目的を考える上で欠かせない知識となる。

ウ．教育の歴史的・制度的展開と社会・文化的多様性の理解

実際の教育という営みは、特に近代以降は、制度化されたさまざまな体系のもとで行われてきた。その典型例は、「国民国家」、「学校」や「近代家族」である。国民国家、学校や近代家族というきわめて特殊な歴史的構築物を理解しなければ、現代の教育事象を理解することは困難である。現代の教育事象にまつわる諸課題の多くは、学校や近代家族との関わりにおいて現出しているといってよい。そうした諸課題の根本的な理解のためにも、教育の歴史的・制度的展開について理解し、説明できるようになる必要。

教育事象は、同時代的に見れば、多様な社会のあり方や文化的多様性によって、その現出の仕方がさまざまであることが見えてくる。自身が生まれ、生きてきた社会や文化の中で営まれてきた教育のあり方がすべてではないことを自覚し、教育の構築のされ方の本来的な多様性と、その多様性の背後にある教育の異なる可能性を理解する必要がある。

エ．学習過程とそれへの教育的介入の理解

教育という事象をミクロなレベルで見れば、教育者と被教育者との相互作用における学習過程への介入として理解することができる。近年では、心理学のみな

らず、社会学、文化人類学、脳科学など関連諸科学が積極的に活用。さまざまな学習理論が提案されている状況。それらの学習理論の知見を学び、学習がいかにして成立するか、教育的介入が学習をいかに促しているのか（あるいは妨げているのか）、その介入行為が被教育者の自発的な学習活動を組織するものになっているかなどを考察することは、ミクロな実践としての教育を理解する上で必要。

オ．教育事象と社会的事象との相互関係の理解

教育という事象をメゾレベル・マクロレベルで見たときに、他の社会的事象との関係において成立していることが見えてくる。現代社会において教育は、教育者・被教育者というミクロなレベルだけで成り立つものではなく、それを取り巻く組織や集団、さらにはそれらの組織や集団を包括するより広範な社会との関係に条件づけられて営まれている。教育を成り立たせている条件としての組織や集団のあり方、さらには社会や制度のあり方まで視野を広げることで、より十全に現代的な教育事象の構造が見えてくる。この関係を理解し説明できることが教育学の学びで必要である。

②基本的な能力

教育学は数多くの学問領域から成り、それぞれに多様な学習内容・方法があるため、学生がどの領域を深く学んでいくかによって、獲得可能な具体的能力は異なる。規範的なアプローチを深く学んだ者は、教育に関わる事象の複雑性とそこに見られる矛盾の本質を理解し、対立するさまざまな見解や主張を論理的に吟味することが可能になる。実証的なアプローチを深く学んだ者は、教育に関わる事象を実証的な観点から検討し、必要に応じて自ら調査・観察することができるようになる。実践的なアプローチを深く学んだ者は、具体的な教育実践の現実を的確に把握し、適切な内容や方法で関与することが可能になる。

教育実践に関わる対象領域で教育学を深く学習した者は、自ら実践者としてふるまう際に何をどうするべきかについて、多くの技術的知識と十分な反省的思考を有することになる。教育制度や教育政策、社会と教育との関わりなどについて深く学習した者は、マクロな制度構築や社会設計における教育の位置や役割について、適切な理解と判断ができるようになる。

a　教育学に固有の能力

このような多様性はあるものの、教育学を学んだ者は、教育学に固有の能力を

獲得することが期待される。教育学に固有の能力＝①市民生活上求められる能力、②職業上求められる能力、の二つに分けて整理できる。

ア．市民生活上求められる基本的な能力

教育という営みは、人の生活に密に根ざして成立している。私たちは、社会の成員として、それぞれ異なる立場や場面で、教育という営みに寄与している。その際、教育学的知見によらずに経験的に対処するのと、教育学の知見を活用してよりよい教育のあり方を模索するのとでは、その過程や帰結において異なる様相を持つことになる。教育学が目指すのは、このうち、後者の教育学の知見を活用してよりよい教育のあり方を模索する市民性の涵養である。具体的には、次の能力を想定している。

○ 教育事象について十分な根拠を持って主体的な意見を述べることができる。
○ 特定の教育課題について、適切な文献やデータを収集・分析し、加工・整理することを通じて、考察することができる。
○ 教育事象に関する他者の異なる意見に対して、適切に理解し、評価し、自分との相違を位置づけることができる。
○ 教育学とは何かについて、それを専門としない他者に説明できる。
○人間と社会の可変性を前提としつつ、求められる教育のあり方を考察することができる。
○ 教育という営みの価値選択性とそれに伴う暴力性や排除性という二面性に自覚的である。
○ 家庭や地域等における教育の担い手として、教育を実践することができる。

イ．職業上求められる基本的な能力

教育学を専門的に学ぶことによって、職業上の課題解決に結びつく場合がある。学校において教員となる者や保育者、教育行政に関わる公務員、生涯学習に関わる社会教育施設の専門職員等の直接的に教育学の専門性が求められる場合や、スクールソーシャルワーカーやスクールカウンセラー、地域コーディネーター、企業内の研修担当者等の教育関係者として教育学の専門性が重要となる場合がある。こうした人たちには、前述の市民生活上求められる教育学の基本的な能力に加えて次の能力の涵養が求められる。

○ 人間への深い理解に基づき、人間は変わることができるという可変性を信頼するという観点からの社会的問題の解決法を導き出すことができる。
○ 教育に関わる制度的、経営的、法的根拠の理解に基づいた教育実践を構想しその計画を構築できる。
○ 構築した計画を、他の教育関係職者と共通理解を図り、協働して実践することができる。
○ 現行の教育のあり方の意義や積極的な価値を理解し、職業倫理・意識を持って被教育者に対することができる。
○ 現行の教育の限界を理解し、それを改善したり、ありうる他の教育のあり方を具体的に構想したりすることができる。
○ 現行の教育を担いつつも、来るべき将来に向けて、他の選択可能な（オルターナティブな）教育のあり方を探究し、現実化する手立てを生み出すことができる。

b　ジェネリックスキル

どのようなアプローチ、学習内容・方法であれ、教育学を学ぶ者は、既存の議論を相対化しつつ、テキストを批判的に解読し、自ら情報を収集して整理・吟味し、適切な形に加工し、自らの見解をとりまとめて発信する過程を経験することになる。教育学が考察の対象とする教育という営みは、それ自体、相互作用を通した人間の変容とそれを通した社会の改善・変革を含んでいる。教育学を学ぶ過程は人間がこの社会をすでに完成された与件として捉えるのではなく、自らが社会の一員としてその再解釈や再創造に関与する存在であることを学ぶことを含んでいる。

特に、教育の諸問題には正答が見つからない問題や、原理的に正答のない問題が多いため、学習者は必然的に、人間と社会の複雑さに直面することになる。教育学を深く学んでいく過程で、「どうすればよいのかわからなくなった」という思いを抱くことがしばしばあるのは、まさに人間と社会の複雑さについて目が開かれていくからである。そうした過程を経て、教育学の学習者は、適切な批判精神や自らを相対化する能力と、現実の一般的な諸課題に取り組む際に必要な、さまざまな知的スキルを身に付けることになる。以上から、獲得することが期待される具体的なジェネリックスキルとして、次のような能力を挙げることができる。

○ 社会的課題について、適切な情報を収集し、加工・整理することを通じて、自分の意見を発信できる。

○ 社会的課題について、量的・質的データを適切に分析・解釈することができる。

○ 社会現実を批判的に検討するとともに、そのオルターナティブを模索することができる。

○ 人間や社会のあり方についての原理的な考察をすることができる。

○ 異なる価値観を有する他者と共に活動を創り上げるためのコミュニケーションができる。

参照基準におけるジェネリックスキルとは、「分野に固有の知的訓練を通じて獲得することが可能であるが、分野に固有の知識や理解に依存せず、一般的・汎用的な有用性を持つ何かを行うことができる能力」である。上記の能力も、最初から汎用的であるというよりも、当初は、教育学分野の知識や理解に根ざした形で獲得されるが、多様な文脈で用いられることにより、次第に汎用性を獲得していくものと考えられる。

（4）学修方法および学修成果の評価方法に関する基本的な考え方

①学修方法

教育学を学ぶための学修方法は、その目的に応じてさまざまにあり得る。「教育」という事象の多様性を考慮したときに、学修方法も多様なものを組み合わせて、学生の学修経験の多様性を確保することが必要。教育学の学修方法は、「教える－学ぶ」に関連する理論と実践について、言語、身体、感覚のすべてを視野に含みつつ考察を行うことをベースとする。教育学は再帰性という特性を持つことから、教育学を学修する学生は、自らの学修過程そのものもまた、教育学的観点の熟達に応じて分析的に捉えていく視座を磨いていくこととなる。大学での学びそのものも、教育の営みそのものを、教育学的観点からいわばフィールド研究のような形で捉えていくことで、大学での自らの学修を自己設計、デザインしていくとともに、教育という営みを見る眼そのものを養っていくという二重構造になっている。

ア 講義

基本的な知識から最先端の研究動向まで、教育学の多様な研究成果を、学生は講義を通じて学ぶ機会が与えられる必要がある。これは、他の学修方法による学修の基礎を形成する。講義の類型としては、①教育学の基礎的な概念・命題を段階的に理解させるもの、②教育学の研究方法を事例に基づいて理解させるもの、③学生に「教育」問題について考えさせ、現状のあり方を批判的に考察することを促すもの等、様々ありうる。

講義の方法としては、（a）常識的な範囲内での予復習を想定し、基本的には講義時間で必要な知識の理解を図る方法、（b）反転学習的に、予習の時間を十分に持たせて、講義ではその活用や発展を中心に取り扱う方法、（c）復習に重点を置き、講義で学び得た知識を基にして、講義後の振り返りを重視する方法等、この点についても様々あり得る。

イ 演習・実習

教育学の教育にあたっては、研究の方法や教育の方法を体験的に学ぶための演習や実習がよく用いられる。演習・実習には、次の例に示すようにさまざまなものがあり、目的に応じて使い分ける必要がある。

○ 研究方法の基礎を学ぶ演習

教育学における基本的な知識・理解を図り、また基本的な能力を育む上で、学生が自律的に問いを立て、その問いに解答を出すために種々の情報を集め、分析・整理し、問いへの解答として結論を出す研究活動は、有効な方法の一つである。学修の段階の初歩的な時期に、比較的素朴な問いに対して、教員の支援を受けながら研究活動を行う場合（研究基礎演習）は、その活動を通して、より高度な問いを立てる力を育むことを目指すことになる。講義や演習で一定程度の教育学的な知識や能力を育んだ学生が、その応用として研究活動を行う場合（課題研究）は、その後により発展的な卒業論文に結びつくような重要な問いを立て、その解決に向けた学修活動を展開することになる。

○ 講読演習

講読演習では、教育学における一つの方法である文献調査の基礎を学ぶ。そこでは、テキストを十分理解しながら、確実な言明とそうでない言明とを区別しつつ批判的に解読すること、解釈の多様性や再解釈の創造性などを経験すること、討議に参加し、多様な考え方に触れながら他者の意見を理解し、自らの考えを論理的に展開できることなどが学ばれることとなる。

○ 量的・質的研究法に関する実習

教育に関連する事実を把握するために、量的・質的研究法に関して体験的に学ぶ実習も意義深い。適切な研究を設計・実施し、結果をふまえて報告書を作成する力を身に付けることとなる。その際に、単なる技法を学ぶだけでなく、問題解決のための方法論、それぞれの研究法の意義と限界、倫理的配慮・考察の重要性を併せて学ぶことが求められる。統計的な処理を伴う量的研究には、心理学実験や質問紙調査などがある。そこでは、仮説を設定し、実験・調査を設計・実施し、データを分析・解釈することによって、仮説の検証が行われる。質的研究には、面接調査、参与観察、事例研究などがある。現場における実地調査は、フィールドワークと言われる。質的研究においては、仮説を検証すること以上に、複雑な現実について厚みのある記述を生み出すことが重視される。

○ フィールド等における実践的演習

教育学が実践志向性という固有の特性を持つ学問である以上、教育学の実践性を実感し得る教育の機会を提供することは大きな意義を持つ。教育に関するフィールド等における実践的演習や教育実習は、そのための有効かつ必要な方法の一つである。アクションリサーチ、サービスラーニング、学習支援ボランティア活動、模擬授業・教育実習、インターンシップなどが想定される。単に体験するだけにとどまらず有意義な学修を実現するには、何らかの課題に沿って自ら情報を収集したり、体験を省察したりして、意義深い考察を導き出し、それらをレポートや発表などによって伝える作業と組み合わせることが有用である。新たな教育実践や教育制度の設計と運用、組織的な教育活動への参加などもまた、有効な学修の機会となりうる。十分な学問的準備のもと、自ら教育の担い手となって実践してみることは、教育学の専門的な知見を深める上で非常に有意義である。とりわけ教師として教育現場での実践に取り組む教育実習は、学生たちにとって大きな意義を持つ学修機会となっている。十分な学問的準備のもと、自ら教育の担い手となって実践してみることは、教育学の専門的な知見を深める上で非常に有意義である。教師として教育現場での実践に取り組む教育実習は、学生たちにとって大きな意義を持つ学修機会となっている。

ウ 卒業論文

卒業論文では、それまでの教育学における学びの成果を生かし、学問的に重要な問いを立て、可能な限り必要な情報（先行研究や関連文献、事例、データ等）を収集し、分析・整理し、設定した課題についての結論を論理的に導き出す。これまで学んできた教育学の知識や、身に付けてきた教育学の能力を、自己の活動の中で体系化することを目指す。この方法によって、学生に教育学の知識や方法を総括する深い理解と論理的な思考力が身に付くとともに、教育学への主体的な学びが生まれることが期待される。

エ その他

教養科目や他分野の専門的学修、授業以外の大学生活の多様な側面における豊かな経験や注意深い省察などが、教育学における洞察を深める契機になりうる。課外活動への取り組みも、教育者・研究者としての主体性を身に付ける上で重要な学修機会を提供するものである。

②評価方法

評価方法は、すべての学生にとって学修を促進するものでなければならない。評価行為はあくまでも手段であって目的ではない。重要なのは、教育学の学びによって、学生が自律的な学習者へと育つことである。評価という行為自体も、教育学の学問的探究の範囲である。教育学の学修における評価は、何よりも、評価者が学術的な見識の上に立ち、多様な観点を組み合わせて専門的な判断を下すという点にこそ、妥当性の根拠を持つべきである。それと同時に、教育学を教授する者は、自身が評価という行為を担う者であることを自覚し、より良い評価のあり方を模索するという反省的態度が要請される。

評価方法は、教育課程や個々の科目の目的・目標や方法と一致するものである必要がある。学修結果の評価方法としては、筆記試験やレポート課題、教育的な実践に取り組む課題、学修ポートフォリオ、論文作成等が用いられている。評価方法については、教育目的・目標や教育方法に照らして適切なものを適切な重みづけで選定しなくてはならない。評価の計画にあたっては、学生の多様性にも配慮が必要である。個々の学生には、自分の知識・理解や能力等を最大限、発揮する機会が与えられることが望ましい。評価の実施にあたっては、教育目的・目標、評価方法、評価基準が明確に示される必要がある。評価によって学生の学修を拘束するのではなく、学生の自律的な学修を喚起するような配慮が求められる。評価によって捉えられた実態をふまえて、学生の学修をさらに促進するような教育の改善を図ることが必要である。このことには、学生に対するフィードバックの提供や、指導の改善、教育課程や教育条件の改善などが含まれる。

（5）市民性の涵養をめぐる専門教育と教養教育との関わり

教育学の根幹には市民としての教養という性質がある。それは、教育学がさまざまな意味における境界を往還し架橋するという性格を持っていることに由来する。教育学のこの性格は、教育学によって育成されるプロフェッショナルの特徴にも密接に関わっている。

①市民性の涵養

日本学術会議は「市民性」を「社会の公共的課題に対して立場や背景の異なる他者と連帯して取り組む姿勢と行動」と定義し、「行き過ぎた専門主義の傾向が、民主主義社会を支える人々の共通の価値基盤を掘り崩すおそれ」を回避するために、「市民性の涵養を目的とする市民教育」の必要性を説いている（日本学術会議「大学教育の分野別質保証の在り方について」2010 年 7 月 22 日）。また、「市民性（シティズンシップ）とは、国家、社会を形成する主権者、政治的主体である市民の資質を指す概念であり、民主主義社会の担い手として、自らの専門性や職業以外の分野についてもアマチュアとして判断や意思決定に参加する資質を含む」と捉えている（日本学術会議「18 歳を市民に－市民性の涵養をめざす高等学校公民科の改革―」2016 年 5 月 16 日）。

ここでの市民性とは、第一に、民主主義社会を形成する市民の政治的教養のことであり、第二に、そうした民主主義社会の担い手として自らの専門性や職業以外の分野に対しても判断できるアマチュアとしての資質をさす。日本学術会議は、この政治的教養とアマチュアとしての資質という 2 点はいずれも、教育学の学問的性格の根幹と通底する性質を持つ。その意味で、教育学を学ぶことの意義には、教養教育、専門教育のいずれの場合においても、市民性の涵養が不可欠の要素として含まれているのである。

教育学が以上のように市民性をその学問的な本質に持つことは、教育学が以下②、③の二つの意味において境界を往還し架橋するという性格を持っていることに由来する。

②過去と未来の間の境界を往還し、架橋する

教育学は、人間の生成・発達を通して、過去と未来を往還すると同時に、古いものと新しいものとの間を架橋することによって世界を維持し、更新していくという教育に固有の営みを対象としている。

③学問や文化の領域間に存在する境界を往還し、架橋する

教育学はまた、教育が人間と社会の可変性を前提とし、その変化を引きおこす営みであるということと密接に関わっている。教育学はそれ自体が、世界の存続、更新に関わるあらゆる学問や文化を包摂する分野であるため、それらの学問や文化の間に存在する境界を往還し、架橋することを学問の本質において伴う。

④往還し架橋する市民性を備えたプロフェッショナル（citizen professional）

以上二つの意味における、境界を往還し架橋する市民性の涵養は、教育学を教養として学ぶ場合にも、教育研究に関する専門教育課程として学ぶ場合にも、また、教員養成に関する専門教育課程として学ぶ場合にも、教育学の根幹をなすものとして要請される。それを通じて形成される市民性は、専門的職業人として民主主義社会を形成する市民性を備えたプロフェッショナルを構成する。教育学を通じて育成されるプロフェッショナルは、往還し架橋する市民性を備えたプロフェッショナルなのである。

（6）教育学と教員養成

教育学に関連する教育課程には、大きく、教育研究に関する教育課程と教員養成に関する教育課程がある。教員養成に関する教育課程については、教育職員免許法に基づく科目を中心として編成される。教職課程を履修する学生には、ここで論じてきた教育学を一定の深さまで学ぶとともに、教科教育や指導法などに関する学修、および教科の内容に関する専門科目の学修が必要になる→教育に携わる実践者としての技術的な知と、教育内容に関する専門的な知とを学ぶことになる。

教員という特定の職業を円滑にかつ創造的に遂行するために、必要な学修である。教員養成に関する教育課程における教育学教育と教員養成教育の関係は、大学・学部等によって多様で以下のように４つに分類される。

①教員免許の取得を主たる目的とする教員養成系大学・学部で、かつ教育学を主な専攻とする学科・コース等。そこでは、教育職員免許法の規定に基づく教職

課程の科目に加えて、教育学のより深い学修を含めた教育課程をその大学独自に編成することができる。

②教員免許の取得を主たる目的とする教員養成系大学・学部で、かつ教育学以外の教科に関する専門領域を主な専攻とする学科・コース等。そこでの教育学の学修は、教育職員免許法の規定に基づく教職課程の科目と、特定教科を児童・生徒に教えることに特化した教科教育学の関係科目。

③教員免許の取得を学生の自由意志に委ねている一般大学・学部で、かつ教育学以外の領域の学科・コース等。そこで教員免許を取得しようとする学生が学修する教育学は教育職員免許法に規定された教職課程の科目にほぼ限定される。

④教員免許の取得を学生の自由意志に委ねている一般大学・学部で、かつ教育学を専攻とする学科・コース等。そこでは、学生は自身の専門領域として教育学を深く学び、教育職員免許法に規定された教職課程の科目はそれに付加される形になる。

教員養成は大学における学問を基盤にして行われなければならない。教育学は教職課程の中核的要素として位置づくもの。教職を学識に基づく専門職（profession）と考えるなら、教員養成において、理論と実践を包括する最先端の教育学が適切に活用されていくことが求められる。

本参照基準は、主として教育研究に関する教育課程を念頭において作成したもの。教員養成に関する教育課程についても、第一・第四タイプでの教育学教育においては本参照基準がそのまま参照基準として使える。第二・第三を含めた教員養成教育についても、教育学の十分な学術的知見に基づいて作成され、随時更新されていかなければならない。

学問としての教育学は、教職課程（教員養成）のためだけにあるのではない。学問としての教育学に関連する教育課程が、教職課程（教員養成）に偏って特化することは危惧すべき点である。教職課程を学術的に十分な知見に基づくものとして実現するために、教職課程を教育学にとって不可欠な要素として位置づけ、その本来的役割の一つとして想定することが必要。最後に、Appendixとして3つあげられている。①教育学分野の参照基準の活用事例（仮）、②教職課程コアカリキュラムに関する検討（仮）、③「教育関連学会連絡協議会」加盟学会一覧（2018年3月17日現在69団体、 五十音順／省略）

### 3　教育関連学会連絡協議会・公開シンポジウム（2019年3月16日　学習院大学）における油布佐和子報告（早稲田大学）「教職課程コアカリキュラムの課題」の検討

（1）教職課程コアカリキュラムとは何か

成立の経緯は以下の通り。

2001 年　国立の教員養成系大学・学部の在り方に関する懇談会（高等教育局長裁定）「今後の国立の教員養成系大学学部の在り方について」

2001 年　日本教育大学協会による報告書＜教員養成におけるモデルコアカリキュラムプロジェクト＞「教員養成コアカリキュラム群」を基軸にしたカリキュラム作りの提案

2016 年　中教審教員養成部会「教職課程コアカリキュラムの在り方に関する検討会」設置

同 12 月　「教職課程の目標設定に関するワーキンググループ」設置

2017 年　中教審教員養成部会にて WG 案「教職課程コアカリキュラム」が審議・了承。同時に「教職課程認定審査の確認事項の改正」が審議・了承。

＜教職課程コアカリキュラムの構造＞

位置づけとしては、「全国すべての大学の教職課程で共通的に取得すべき資質能力を示すもの」であり、内容としては、教免法・及び教免法施行規則の「教科に関する科目」を除き、「教職に関する科目」に沿って項目が展開される。つまり、「教科及び教科の指導法に関する科目」「教育の基礎的理解に関する科目」「道徳、総合的な学習の時間等の指導法及び生徒指導、教育相談等に関する科目」「教育実践に関する科目」。

特徴としては各科目で共通に身につけるべき最低限の学修内容が明示される。

「全体目標」：当該事項を履修することによって学生が修得する資質能力

「一般目標」：全体目標を内容のまとまり毎に分化させたもの

「到達目標」：学生が一般目標に到達するために達成すべき個々の規準

教員養成の高度化や質の向上が」重要であり、教員養成内部から質の改善や教職の専門職化のための提言がなされ、海外をモデルとした専門職基準の必要性が強調される。＜佐藤学「教師教育の国際動向＝専門職化と高度化をめぐって」(『日本教師教育学会年報』第 20 号、2011）＞

しかしながら、専門職基準で言及されている海外のモデルと専門職基準と教職課程コアカリキュラムの乖離が問題として提起される。教員養成に携わる研究者・関係者による長期にわたる検討の結果、基本となる項目は少ないこと、下位項目が列挙されているが、例示に過ぎず、チェックリスト化しないことが述べられている。この点は、短期間での行政主体による教職課程コアカリキュラムとは異質である。

（2）教職課程コアカリキュラムの問題

作成プロセスの問題としては、短期間で専門学会や専門機関・職能団体等への聴取がないこと。「構造と内容の問題」としては、免許法に示された項目が前提となり、学問内容と現代的な課題が並立し、学習指導要領によって変動されること。「強制力と拘束力」としては、同時に審議・了承された「教職課程認定審査の確認事項の改正」による課程認定の厳格化により、到達目標をもとにシラバスや授業が限定され、教員養成がコアカリキュラムで実質的に占有されるという危惧が指摘される。

（3）教職課程コアカリキュラムが及ぼす影響

進行する教員養成改革の問題点としては、研究・学問のない教員養成と教育研究者のいない教員養成が指摘されている。開放制における教員養成が問われ、深く学問に親しむことと、技術・専門に特化せず教養を培うことがおろそかになる。また、「教育学」の存在証明が問われていると指摘している。

①教職課程コアカリキュラムと教員養成の変容の行方

現状では、教育学を純粋学問としておいている大学は僅かで、多くは教育学＋教員養成担当で、教員養成を主とする大学でも、専門との使い分けが行われている。教員養成改革の方向性からみたときは、「学問としての教育学」だけではポストの減少があること。高等教育研究は別かもしれないが、教員養成が縮小された時、＜人を育てる＞ことを研究する学問としての「教育学」はどれほどの重要性を持つのかと指摘している。

②教職課程コアカリキュラムと「教育学」教育のプレゼンス

教育学の二重性として、専門領域における系統的な学問研究と現場の教育課題に対する有用性があり、この二つを切り分けてきたこと、切り分けられると思ってきたことに問題があるのではないかと指摘する。教員養成における「現場有用性」の強調として、教育学そのものの縮小につながっていること、＜人を育てる＞ことに関連する学問＝＜教育学＞と位置付けるならば、＜教育学＞の存在が自明のものではなくなっている。

（4）参照基準：教育学領域への課題

①教育学という学問の再考：科学論としての教育学

伝統的学問領域を前提としていたとしても、現場の変化に応じた新たな領域をどう考えるか。例えば「福祉と教育」という領域が考えられる。また、細分化された各専門領域が＜教育学＞の傘下に存在するが、それらを貫く共通項への十分な検討が必要なのではないかと指摘。例えば、原論的な領域と各論が並立の状況がある。現状の枠を前提とした技術論と枠の相対化をも対象とした専門領域が並立している問題を指摘。さらに、教育学を学んでいない人が教育を語る現実があり、教育学諸領域を超え、隣接科学をも架橋する科学としての「教育学」の必要性が強調される。

②＜学部教育＞への責任

学士課程の質保証を、各学問領域ごとに検討するとき、教育学関連の学部教育をどのように考えるかという問題がある。一部を除き、教育学部、教員養成系大学・学部は、ミニ総合大学であり、そこでの＜教育学教育＞はどのような責任を持つのか。他の学問領域と等価（一翼を担う）。学部教育全体については大学における管理・運営上の問題と考える。また、教育学によるグランドデザインの必要性があること、参照基準も該当しない領域への配慮は必要ではないかと指摘。「教育学部」の名称との乖離も指摘。

③グローバル化への対応と標準化

参照基準の本質的な機能は学士課程の質保証だが、「グローバル化」への対応も存在する。その際、国際的な質保証と標準化をどう考えるかという問題。また、＜標準化という問題＞を考えるべきと指摘。標準化によるコントロールとしては、経済学領域＝「教育の質」「国際的通用性」という謳い文句の中で一定のモデルを押し付けることへの批判。教育と研究の自主性、多様性、創造性を制約するという危機を指摘。標準化による学問の格付けとしては、フォーマットをそろえて、各種の学問領域の比較を容易にする＝当然「学問分野の『格付け』を行い、使えるものとそうでないものを明確にして、将来的な大学再編に結び付けようとする意図」がある。教育学領域は、それに耐えうるかと指摘。グローバル化とドメスティックな教育システム（工学部 JABEE をイメージして）の問題としては、現実的にはグローバル化に曝されること、また参照基準はどこへ向かうかという問題がある。教員養成においても、標準化への志向の中、国際通用性が喚起されていること（EX.IB）。国際的な認証機関の存在の問題がありこれまでの日本の公教育システムや文化を前提とした教育・研究蓄積をどう位置付けるかという問題は、公教育システムや教員養成は、それぞれの国の文化と深く結びついていると指摘。最後に参照基準の耐用年数について疑問を提示している。

## Ⅳ 看護学と教育学の質保証をめぐる議論における整理と課題

### 1 看護学と教育学の定義

両者はともに人間を対象とする学問であるが、看護学は「その人らしい健康な生活を送れるように支援すること」であり、さらに、「全ての発達段階、多様な健康な状態にある個人、家族、集団、地域の固有の健康問題や健康問題に対する人間の反応を探究し、健康の維持・増進に向けて、人との相互作用を基盤とした援助的専門的アプローチを探究する学問」である。そして、「看護及び看護学は、他のすべての学問と同じく、人類の平和と幸福を希求していること」が重要である。

他方、教育学は「ある社会・文化における人間の生成・発達と学習の過程に意図的に働きかける教育という営みを対象とするさまざまな学問領域の総称」であり、また、「学校は、学習を促すこと自体を目的に、日常生活とは異なる時間・空間を設定して計画的に教育を行う場であり、学校教育は教育学の中でもとりわけ重要な位置を占め、またそこで教育を行う教員を養成するための教育課程が整備されてきた」ことも確認すべきことがらである。さらに教育学を歴史的な視点で考える時、「現在私たちが経験している教育を、西洋近代という特殊な時代・社会の産物とみなし、19 世紀後半以降に国民国家の誕生に伴って学校教育制度と共に世界中に広まった歴史的な事象として相対化する見方」も確認しておく必要がある。

### 2 学問に固有の特性

看護学は（1）人間、健康をとらえる視点、（2）方法論（アプローチ）の独自性、（3）関連学問領域とのつながり、（4）社会における看護の役割と看護学の4点をあげているが、特に（３）の関連学問領域では、「医学はもちろん、心理学、行動学、社会学、文化人類学、教育学、生活科学などの関連諸科学」をあげ「教育学」に言及している。

他方、教育学は、（１）人間と社会の可変性への関心、（2）研究アプローチの多様性、（3）技術知と反省知の両面性、（4）教育学の再帰性、（5）他の諸学との協働の5点をあげているが、特に（５）の他の諸学との協働では、基盤となる学問という視点で、教育という営みを、哲学、歴史学、社会学、心理学、工学（テクノロジー）、行政学、法学などの分野の概念や方法によって多面的に照らし出すことができること、そして対象領域という視点から教科教育学は、人間が創造・蓄積してきた様々な学問（人文学・社会科学・自然科学）や文化（芸術・スポーツ等）を学校教育を通じて次世代へ伝達・継承するために、各教科の目標・内容・方法を考察する領域である。ここでは看護学や医学等の医療分野との接点はあげられていないが、人間の成長・発達を考えれば、身体的・心理的成長に医療分野が深く関わることは想像できる。

### 3　学生が身につけるべき基本的素養・要素

看護学では、（1）学生が獲得すべき知識と理解、（2）学生が獲得すべき基本的能力，（3）人々の健康の維持増進に必要なケア社会を志向する態度の3つがあげられており、特に「基本的能力」については、①全人的に対象をとらえる基本的能力、②ヒューマンケアを提供するために必要な基本的能力、③根拠に基づく看護を展開できるために必要な基本的能力、④健康課題に対応した看護を展開できる基本的能力、⑤ケア環境とチーム体制を整備し看護を展開できる基本的能力、⑥生涯専門職として研鑽を継続していく基本的能力を指摘している。

教育学では、（１）基本的な知識と理解、（2）基本的な能力の2つがあげられており、（１）基本的な知識と理解では、①教育の原理と基本概念の理解、②教育の目的論的探究の理解、③教育の歴史的・制度的展開と社会・文化的多様性の理解、④学習過程とそれへの教育的介入の理解、⑤教育事象と社会的事象との相互関係の理解、の5点があり、（2）基本的な能力では、a　教育学に固有の能力として①市民生活上求められる基本的な能力、②職業上求められる基本的な能力、b　ジェネリックスキルがあげられている。

### 4　学修方法および学修成果の評価方法に関する基本的な考え方

看護学では、（1）　学修方法については、①講義、②演習（グループワーク、事例学習、カンファレンス）、③演習（実技演習、シミュレーション教育、実習室演習）、④臨知実習、⑤研究的取り組み、（2）　評価方法については①評価の視点、②評価の在り方。

教育学では、（1）学修方法については、①講義、② 演習・実習（○ 研究方法の基礎を学ぶ演習、○ 講読演習、○ 量的・質的研究法に関する実習、○ フィールド等における実践的演習）、③ 卒業論文、④その他、　（2）評価方法

### 5　市民性の涵養をめぐる専門教育と教養教育との関わり

看護学では、(1) 専門教育としての看護学を支えるものとしての教養教育、(2) 教養教育の一部を構成するものとしての看護学、(3) グローバリズムの中での看護学教育と教養教育との関わり。

教育学では、（1）市民性の涵養、（2）過去と未来の間の境界を往還し、架橋する、（3）学問や文化の領域間に存在する境界を往還し架橋する、（4）往還し架橋する市民性を備えたプロフェッショナル（citizen professional）

最後に、教育学では、「教育学と教員養成」という独自の領域課題がある。

## Ⅴ　2つの学問領域を考えるうえでの視点

### 1　「省察的実践」の視点

看護教育ではドナルド・ショーンの「省察的実践」の視点が重視され、『看護教育』（2017年12月号）では、「省察的実践者を育む―ショーンからの提起とともに―」が特集されている。(5) 特集の趣旨には、「確立された技術を学び、実践に応用する、という従来の「専門職」観を脱却し、自身の行為を、変化する状況のなかで振り返りながら実践していく、という新たな専門職の実践「省察的実践」を打ち立てた『省察的実践とは何か』（2007年）、そして2017年に翻訳が刊行された『省察的実践者の教育』は、世界の教育学・看護教育学の論文でも膨大な引用数を誇ります。」と書かれている。さらに、「ショーンの著作に『正解』や『マニュアル』『わかりやすい定義』を求め、それを学んで応用しようという、多くなされているこの読まれ方こそ、まさにショーンが否定しようとした、古い専門職の姿勢に他ならないからです。」とも書かれている。さらに、「ショー

ンを読むということは、語られた事例に自身の実践も照らし合わせながら、実践の意味、また実践の背景となった、思考のフレームを組み替えていくことを意味しています。そのような省察によってこそ、専門職としての学びが得られることが、ショーンの重要な提起」であるという。以上のように、ショーンの提起からは看護学及び教育学の実践を深く省察し、看護学の対象である学生や院生及び臨地実習の対象である患者との協働の営み、一方、教育学の対象である学生や院生、教育実習の対象である子どもたちとの協働の営みの内実が問われることになる。２つの学問領域において、ショーンの提起した「省察的実践」をどのように受け止めるのか、理論と実践の架橋をいかに構築していくのか等の課題を据える必要がある。今回の「参照基準」の中に、このような視点をどのように組み込んでいけるのかが課題であると考える。

**2　「現象学」の視点**

榊原哲也の「現象学」の視点、及び中田基昭の「教育現象学」の視点も、ショーンの「省察的実践」と同じく、看護学と教育学の実践と理論を考えるうえで重要であると考える。榊原は『医療的ケアを問い直す一患者をトータルにみることの現象学』において病いを患うとはどういうことか、病いを患う人をケアするとはどういうことなのかを、「現象学」という視点から考えている。[(6)] 本書の副題として「患者をトータルにみることの現象学」としているように、①たんに病体を診るだけではなく、患者の心身をトータルにみてケアしなければ十分な医療ケアにならないこと、②患者の日常生活での様子（たとえば、どのような構造の家に住み、日常どのような生活をし、家族や地域の人びととどのようなつながりをもっているのか等々）も含め、トータルに＜みる＞ことが極めて重要と主張する。ここで提起される「現象学的人間観」は患者観ではなく「人間観」であり、患者だけに当てはまるものではなく、患者の家族や、医師、看護師などの医療者、地域ケアに関わる多くの方々にも当てはまるものであり、さらに一般に、私たちの誰にも当てはまるものであると述べるのである。

以上の医療分野における現象学の考え方は、医療分野に限定されるものではなく、日常の人間社会全体を視野に入れた考え方であり、「教育現象学」として中田基昭が『現象学から授業の世界へ一対話における教師と子どもの生の解明一』

（東大出版、1997）の中で展開している。[7] 中田は「はじめに」で次のように述べる。

「授業がそれぞれ一個の人間である教師と子どもたちによって営まれている以上、そこにおいては、現象学が哲学的に解明しようとしている事柄が彼らによって現実に生きられていること、教師や子どもたちは、何かを見たり想像したり考えているだけではなく、時間の流れの中で或る空間を共に生きながら、学ばれるべき事柄へと向かっている。」「現象学が、授業を生きている者もそうである一個の人間の生と世界の本質を、哲学的な厳密さをもって徹底的に解明しようとしているならば、教育に携わる者も、哲学的現象学の構えをもって、授業を生きている者の生と世界そのものへと向かう必要があるのではないだろうか。」「授業においては、教師が子どもたちの生の営みを何らかの仕方でとらえているだけではなく、子どもたちも教師の生の営みをとらえている。そのうえで、教師と子どもたちは相互に働きかけを行なっている。そして、授業研究においては、研究者は、互いに理解し合いながら働きかけ合っている教師と子どもたちの生の営みを解明しようとする。」

以上のように「現象学」の視点および「教育現象学」の視点を考えると、看護学も教育学も、患者や子どもたちの生の営みをトータルに捉えることが要求される。対等であり相互な関係を作りあう関係、ともに生きる関係として向き合うことが求められる。看護職が一方的に患者に対するのではなく、同時に教師が一方的に子どもたちに対するのでもない。ともに世界を生きる存在として認め合い、受け止め合う関係を構築していくことが求められると考える。

## Ⅵ　おわりに

「教育学と看護学の質保証をめぐる議論とその課題」というタイトルで論述してきた。第 1 に、看護学における「参照基準」と看護教育の質保証の検討、第 2 に、教育学における「参照基準」の第 1 次案の検討、第 3 に、それら 2 つの学問領域における比較検討、第 4 に、それらを考える場合の 2 つの視点（省察的実践と現象学の視点）を取り上げてきた。いずれの課題の検討も現在進行形であり、現実の厳しい医療分野と教育分野の実践と理論の展開の中で人間をどのように捉えるのか、どのように人間の発達と成長を保証するのか、同時にその学問を学ぶ学生たちをどのように支援できるのかが、大きな課題であると考える。

今後も看護学と教育学の境界領域、複合領域を視野にいれながら考えていきたい。これに関わって、「養護教諭」という職種がある。いわゆる「保健室の先生」である。資格的には看護師の資格ももつ養護教諭と資格のない養護教諭がいるが、身体的な医療的ケアと心のケアも大きな課題である。筆者は福井医療大学で、看護学科の学生の中で養護教諭の教員免許を希望する学生に関わっているが、学生たちは基本的に看護師を目指す中で、さらに養護教諭も目指している。彼らは、看護学と教育学の両者を学ぶことが課題である。養護教諭は、実際には看護学と教育学の接点の存在として把握すべきと考えている。今後は、養護教諭の質保証の課題も視野に入れながら、本論の課題に迫りたいと考えている。[8]

**(注記)**

（1）日本学術会議（2010）＜回答＞「大学教育の分野別質保証の在り方について」（平成22（2010）年7月22日）

（2）日本学術会議・看護学分科会（2017）＜報告＞「大学教育の分野別質保証のための教育課程編成上の参照基準　看護学分野」（平成29（2017）年9月29日）

（3）教育関連学会連絡協議会（2019）公開シンポジウム／テーマ「教育学教育のあり方と教職課程カリキュラムの再検討―教育学分野の参照基準の作成に向けて―」（平成31（2019）年3月16日・学習院大学）

（4）日本学術会議　教育学分野の参照基準検討分科会（2019）「大学教育の分野別質保証のための教育課程編成上の参照基準　教育学分野（第一次案）　＜平成31（2019）年3月16日＞

（5）『看護教育』（2017年12月号）特集「省察的実践者を育む―ショーンからの提起とともに―」。執筆者は柳沢昌一（福井大学）、前川幸子（甲南女子大学）ほかである。

（6）榊原哲也（2018）『医療的ケアを問い直す一患者をトータルにみることの現象学』（ちくま新書）

（7）中田基昭（1997）『現象学から授業の世界へ―対話における教師と子どもの生の解明―』（東京大学出版会）

（8）筆者は福井医療大学における養護教諭養成の教育実践について以下の2本にまとめている。

①「学校拠点方式による養護教諭の実践的力量形成の研究ー福井医療大学における養護教諭養成の取組みー」（福井大学教職大学院紀要『教師教育研究』第10号、2017年6月）、②「福井医療大学における養護教諭養成の取組み（その2）」（福井大学教職大学院紀要『教師教育研究』第11号、2018年6月）。これらの実践も含めて今後の課題に迫りたいと考えている。また、以下の論文も参考にしていきたい。船木由香（2018）「看護系大学における養護教諭養成に関する文献検討」（上智大学総合人間科学部看護学科紀要　NO.4）

# おわりに

収録した論文の初出は以下のとおりである。

**＜第Ⅰ部＞ 教育の歴史的展開を考える**

（1）昭和 58（1983）年 9 月　『教育学研究』第 50 巻第 3 号　61－70 頁
「自由民権運動における自由教育論の考察―栃木県の事例を中心に―」

（2）昭和 63（1988）年 11 月　『福井大学教育学部紀要』第 38 号 73－97 頁
「越前自由民権運動の教育史的意義」

（3）平成 6（1994）年 10 月　『日本の教育史学』第 37 集　49－64 頁
「教育実践における学習過程の史的研究―三好得恵の「自発教育」の構造とその具体的実践の検討を通して―」

（4）平成 7（1995）年 3 月　『福井大学教育学部紀要』第 49 号　81－99 頁
「長野県師範学校附属小「研究学級」の実践分析―探究―コミュニケーションの視点から―」

（5）平成 12（2000）年 3 月　『教育方法学研究』第 25 巻　99－107 頁
「長期にわたる総合学習実践の分析―奈良女子高等師範学校附属小学校を事例として―」

（6）平成 16　(2004）年 12 月　『福井大学教育学部紀要』第 60 号　53－62 頁
「教育実践史研究ノート（1）―成城小学校の授業研究を事例に―」

（7）平成 18（2006）年 12 月　『福井大学教育学部紀要』第 62 号 11－20 頁
「教育実践史研究ノート（2）―研究方法論的吟味とトモエ学園の事例研究―」

**＜第Ⅱ部＞ 現代教育の課題を考える**

**1　福井大学の学部・大学院改革の展開**

（1）平成 17 年（2005）年 9 月『日本教師教育学会年報』第 14 号 128－138 頁
「地域と協働する実践的教員養成プロジェクトの構想と実践―小・中学生と学生との協働プロジェクト「探求ネットワーク」―」

（2）平成 18（2006）年 1 月　『福井大学教育実践研究』第 30 号 181－186 頁
「福井大学の学部・大学院の実践的・臨床的取組みと教育学研究の再構築」

（3）平成 19（2007）年 1 月　『福井大学教育実践研究』第 31 号　65－73 頁
「福井大学大学院『学校改革実践研究コース』の取り組みと教職大学院」

**2　福井大学教職大学院の展開と教師教育改革**

（1）平成 19（2007）年 6 月　『教育学研究』第 74 巻第 2 号　1－11 頁
「教育実践の事例研究を通した教育学の再構築—＜実践－省察－再構成＞の学びのサイクルの提案—」

（2）平成 25（2013）年 12 月　『教育学研究』第 80 巻第 4 号　66－76 頁
「福井大学における教育実践研究と教師教育改革—1980 年代以降の改革史と教職大学院の創設—」

（3）平成 30（2018）年 9 月　『日本教師教育学会年報』第 27 号　34－40 頁
「福井大学における教師教育改革 30 年の歴史とその省察」

**3　養護教諭の実践的力量形成の展望**

（1）平成 29（2017）年 6 月　福井大学教職大学院紀要『教師教育研究』第 10 号　45－53 頁
「学校拠点方式による養護教諭の実践的力量形成の研究—福井医療大学における養護教諭養成の取組み—」

（2）平成 30（2018）年 6 月　福井大学教職大学院紀要『教師教育研究』第 11 号　263－284 頁
「福井医療大学における養護教諭の取組み（その 2）」

（3）平成 31（2019）年 6 月　福井大学教職大学院紀要『教師教育研究』第 12 号　279－297 頁
「教育学と看護学の質保証をめぐる議論とその課題」

「はじめに」にも書いたように、この度、本書を発行することができることは私の人生において大きな意味をもつ。今まで、一研究者・一実践者として生きてきた人生をこのような形で著作としてまとめることが出来たことに深く感謝したい。関係者の皆さま、とりわけ出版社である三恵社の木全俊輔社長には改めて心よりお礼を申し上げたい。また、今回出版をすすめてくださった東京福祉大学の鈴木路子教育学部長にも深く感謝申し上げたい。

「おわりに」を執筆するにあたり、大変恐縮ながら自分の70年間の歩みを「自分史」として語ることをお許しいただきたい。「おわりに」としては大変異例なことであるが、本書をまとめる過程で自分自身の 70 年の歩みを振り返らざるを得なかったという思いが強い。この「自分史」に関しては本書には収録していないが、すでに以下の諸論文で発表しているので、ここに紹介だけしておきたい。

① 「福井大学における教育実践研究と教師教育改革―私の教育研究をふり返って」(2013)(『中部教育学会紀要』第 13 号)
② 「福井大学における教育実践研究と教師教育改革 (2) ―その歴史と今後の展望―」(2013)(福井大学教職大学院紀要『教師教育研究』第 6 号)
③ 「福井大学における学部及び大学院改革の合意形成に関する検討」(2014)(福井大学教職大学院紀要『教師教育研究』第 7 号)
④ 「自分史の試み (1) ―生い立ちから福井大学に着任するまで」(2015)(福井大学教職大学院紀要『教師教育研究』第 8 号)
⑤ 「福井大学 30 年間の教師教育改革の省察―自分史の試み (その 2) ―」(2015)(『福井大学教育地域科学部紀要』第 6 号)

1950 (昭和 25) 年 7 月東京生まれの私は、今から 10 年前の 2010 年に 60 歳 (還暦) となり、いまや 70 歳 (古稀) を迎えようとしている。私自身は常に学生とともにいることから 30 歳代という意気込みはあるものの無理のできない身体になりつつある。それでは以下に、自分の 70 年間の歩みをここで振り返ってみたいと思う。

**＜生い立ちから大学入学まで＞**

戦後の混乱期に東京都渋谷区に生まれた私は小学校時代の生活は貧しかったが、自由にのびのびと遊んでいたように記憶している。父親は小学校教師であり母親も元小学校教師であった。家庭環境は少し複雑であり 3 歳上の姉と両親との 4 人家族であった。地元の中学に入り受験ということを意識し始めたが、クラスのみんなと仲良くしたいという気持ちも大きく、また母親の影響でキリスト教の教会に通っていた関係もあり、この頃他人を大事にするという精神が形成されていたのかもしれない。中学校の英語教師と牧師さんとの出会いにより英語が大変好きになり、将来は英語の教師になりたいとぼんやり考えていたように思う。

高校時代は都立高校で一応進学校ではあったが、のびのびと学習と生活をしていたという記憶がある。大学進学に向けては英語が好きだったので英文科に進学して英語の教師になりたいという気持ちが強かった。小学校時代からいい教師に数多く出会い教師になりたいという気持ちが生まれていた。両親とも教師であったが、長男でもあった父親は家庭の事情でやむなく教師になったという経緯があり、私には教師や教育の世界を勧めなかった。しかし私自身は、父親の影響というよりも自分自身の思いで教育の世界に進みたいと考えたと思う。高校３年の進路を決めるときに非常に悩んだことは、、英語の道に進むと大学では英文学・英語学の世界に入るが自分自身それを本当に望んでいるのかどうか、ということであった。自分の問題意識は受験制度の問題点を明らかにして受験制度を廃止したいということにあった。中学・高校時代に仲間と楽しく学び遊んだ経験があるのに、友達同士が受験によって競争相手になることが非常に嫌であったからである。大学の進路先を調べたら「教育学」という専攻分野があることがわかり、ここに進むと今の受験制度を研究することができ受験制度を廃止できるかもしれないと考えたように記憶している。受験の年（1969年春）は国立大学の１期校・２期校の時代で、東大と東京教育大が大学紛争で受験が中止された年であった。他大学の受験に失敗し一浪の身となった。１年間の予備校生活は苦しくもあったが、楽しい１年間でもあった。今から思えば、予備校の費用を両親に負担をさせてしまったことには深く感謝している。高校時代の友人・川添洋氏とは今でも親交が続いている。

**<大学時代>**

一浪して、1970年４月に東京教育大学教育学部教育学科に入学した。現在の筑波大学の前身である。同期には佐藤学氏（東京大学名誉教授）がいた。当時は筑波移転紛争が激しく機動隊が大学構内に入り学生と衝突していた。ヘルメット学生もいて騒然とした雰囲気であった。1970年６月は安保改定の年で政治の季節でありベトナム戦争や沖縄返還問題もあった。全くのノンポリの私はうたごえ合唱団に入り、歌を通して政治の世界を知り、生きることの意味を考えるようになった。大学の3年間はどっぷりサークル活動に没頭した。お茶の水女子大学との合同合唱団であり、そのサークル活動は人間の生き方のこと、社会のこと、政治のこと、恋愛のことなどを深く考える場であった。その経験が今の私の「教育学」の基盤にあると考えている。

学部時代は将来英語の教師になるという選択肢も考えていたので文学部英文科の授業も受講した。教育実習は私立男子校の中学・高校生相手にやったがとても楽しい思い出であった。指導教諭がとてもいい方で最後に生徒と一緒に英語の歌を歌った記憶がある。

3年生後半にサークルから徐々に引退し卒論をどうするかと悩んだ。人間の生き方や政治について考えてきたので人間の可能性を歴史的に明らかにしたいと思い、いろいろな本を読んだ。そして、近代日本の教育の出発の時期に焦点をあてて、天皇制国家体制が確立する前の民主主義運動の可能性を追究したいと考え「自由民権運動の教育史的意義」というテーマを据えた。色川大吉氏の『明治精神史』は非常に面白かった。当時、東京教育大学には教科書裁判で著名な日本史の家永三郎氏がおられて若干指導を受けることができ「植木枝盛の教育思想」というテーマで卒論を書いた。卒論を書き上げたあとは同期の親しい仲間とも相談して一緒に大学院へ進学することにした。

## ＜大学院時代＞

東京教育大学は修士課程までであり博士課程はなくなり（閉学)、筑波大学となることがわかっていたが、悩みつつ教育大の修士課程に進学した（専攻は日本教育史)。指導教員は唐澤富太郎氏と鈴木博雄氏であり、斎藤太郎氏にも大変お世話になった。研究室には先輩の森川輝紀氏（埼玉大学名誉教授）がおられた。修士課程は自由民権運動の研究を続け長野県松本市の民権結社の教育論を研究した。何度も長野市や松本市を調査・訪問した。修論は大変であったが、なんとか書き上げ博士課程への進学を考えた（修士論文「松本奨匡社の自由民権運動と教育―「基本的人権」論と人間像を手がかりとしてー」)。他大学の博士課程への進学は非常に難しいことから筑波大学の博士課程に進学することにした（1期生)。筑波大学は当時まだ建設中で週１回だけのゼミであり、立川市の自宅からＪＲとバスで往復７時間、ゼミは３時間という院生生活であった。同じ研究室や他の研究室の院生ともいろいろと研究や将来について語り合ったと思う（日本教育史の大戸安弘氏、太郎良信氏、梶村光郎氏、教育哲学の中村弘行氏など)。

大学院時代は「自由民権運動と教育」をテーマに研究していたが、民間の教育研究団体である教育運動史研究会に所属し、事務局長の今は亡き森谷清氏、及び東大の院生の先輩方（故土屋基規氏、柿沼肇氏、田中武雄氏、佐貫浩氏ほか）からも多くを学んだ。また、今は亡き井野川潔・早船ちよご夫妻からも温かいご指導をいただき、新教・教労運動や生活綴方運動にも関心を拡げていった。＜第Ⅰ部（1）＞

**<u>＜福井大学時代＞</u>**

31 歳のときに妻と結婚し男児が生まれた。妻は東京都の保育士であったが、私の就職はなかなか難しく妻のご両親には心配をかけた。ようやく福井大学の「教育史」の公募に応募し採用され 35 歳の 1985 年 9 月 1 日に教育史担当の助教授として着任した。千葉県では子どもの保育園への送り迎えは私の担当であったが、子どもが 2 歳のとき妻と 3 人で福井の地に赴任した。千葉県生まれの妻は保育士を辞めて一緒に福井に来てくれたが、冬の北陸の気候が関東とは全く異なり厳しいものがあった。2 人とも福井で車の免許を取り毎週のように山にハイキングに行き冬はスキーに出かけた。自然豊かな福井の生活をできるだけ楽しもうと考え、毎年お盆と正月には車で東京と千葉の実家に帰省していた。

福井大学時代は私にとって非常に多くの貴重な経験をすることができた。本書に収録した諸論文に現れているように、学部改革・大学院改革に明け暮れた毎日であった。所属した教育学教室では、故長谷川守男氏（教育哲学)、故久高喜行氏（教育行政学)、名越清家氏（教育社会学）には大変お世話になった。「探求ネットワーク」で学生と子どもたちと一緒に活動し夏キャンプをしたことは大変楽しかった思い出である。学生との懇親会では愛唱歌「マイウェイ」を歌わせていただいた。「探求ネットワーク」は文部科学省のフレンドシップ事業として取り組んだ活動であったが、門脇厚司氏（教育社会学）からは福井大学の実践的な取り組みとして高く評価していただいた。『福井県史』の仕事は改めて歴史認識を深める機会となった。福井大学の附属学校園とも深いつながりをつくることができた。今まで福井大学教育地域科学部附属幼稚園長を2回(2006年4月～2009年3月、2015年4月～2016年3月)、同特別支援学校長を1回(2009年4月～2012年3月)経験することができた。附属の子ども達と先生方には深く感謝したい。

そのほかに触れておきたいことがいくつもある。第1は、30年近く継続している「子どもの悩み110番」の教育相談活動である。1993年7月の第1回目を福井大学で開始してから今年の2020年3月の第88回までに及ぶ教育相談活動で、今まで1500件近い相談が寄せられている。現在の主催団体は福井医療大学・福井大学・福井弁護士会の3団体である。開始は当時の福井大学教授で児童研究を担当しておられた小林剛氏のお誘いであった。この教育相談活動と並行して不登校などを考える親の会(「福井の教育と文化を考える会」)では関係の皆さんと一緒に熱く語り合った。不登校のお子さんをお持ちの保護者の方々の辛さとエネルギーからは多くを学ぶことができた。この経験は、研究者としての私の大きな財産となっている。弁護士の佐藤辰弥氏及び小児科医の坂後恒久氏とは最初から一緒に相談活動に取り組んできている。また小浜市の柴田叔子さんからは様々なサポートを受けてきた。皆さんに深く感謝したい。さらに、「ふくい『非行』と向き合う親たちの会」を立ち上げ様々な親子への支援を継続してきた。元教師の赤星昇氏と佐藤収一氏、及び福井県ＢＢＳ連盟の志村文浩氏には大変にお世話になった。第2は、この10年、北陸3県の約30団体の市民グループと共に「親と子のリレーションシップほくりく」という取組みを行い、不登校・いじめ・ひきこもり・フリースクール・ＬＧＢＴ・子どもシェルター・体罰・性暴力等の問題を考えてきた。この経験は私にとって大きな喜びであり出会いでもあった。福井県・石川県・富山県の方々、特に代表の富山の明橋大二医師と石川の教師・赤尾嘉樹氏と徳井久康氏、福井の小野寺玲氏には深く感謝したい。第3は、福井県敦賀市にある「中池見湿地」の保全活動である。今から20年以上も前に自然を守るトラスト運動に取り組み、今は亡き河野昭一氏(京都大学名誉教授・植物生態学)から研究者としての生き方を教わった。また敦賀市の笹木進・智恵子ご夫妻や敦賀の方々からは自然を愛する心を教えていただき、ともにトラスト運動を担いつつ自然のこと、人間のことなど多くのことを考えることができた。

福井大学時代は多くの方々との出会いがあった。以上のほかにもここには書ききれない多くの方々のご指導と温かい親交には深く感謝申し上げたい。

本書に収録した論文の基盤となる問題意識や課題意識を構築するにあたり、大きな影響を与えてくれた3人の同僚のことを書かなければならない。寺岡英男氏（教育方法学）、松木健一氏（教育心理学）、柳沢昌一氏（社会教育学）の3人である。3人とは出身大学も異なり、専門も違う。福井大学での初対面の出会いを経て今まで30年間以上、福井大学時代、さらには現在の福井医療大学と福井大学客員教授時代でも親交は続いている。今まで公私にわたって、語り合い、お互いのビジョンを共有しながら歩んできたように思う。改めて、私の人生を大きく決定づけてくれた3人には心より深く感謝したいと思う。＜第Ⅰ部（2）～（7）、第Ⅱ部1（1）～（3）、2（1）～（2）＞

## ＜福井大学退職と福井医療大学時代＞

2016年3月末で福井大学を定年（65歳）退職したが、偶然にも近くの「学校法人新田塚学園　福井医療短期大学」から要請され赴任することとなった。福井医療短期大学は以前の福井医療技術専門学校時代に共同研究をさせていただいた学校であり親しみを感じていた（本書に収録した第Ⅱ部1－（3）の論文がその成果である）。私が要請されたのは、翌年の2017年4月に開校が予定されている4年制の福井医療大学において、養護教諭一種免許状を出すためであった。1年間の準備期間を経て文部科学省からの認可を得て、2017年度から看護学科入学の学生で、看護師資格に追加してさらに養護教諭免許を希望する学生たちに養護教諭養成のための教職科目を担当することとなった。2017年度入学の看護学科1期生（74名のうち希望者35名）がこの4月に4年生（現在16名）となり、教育実習そして教員採用試験を経験することになる。看護師と養護教諭の2つの資格を同時に取得することは非常に大変なことである。学生たちの奮闘に期待したい。この福井医療大学における養護教諭養成の取組みは本書にも収録している。新田塚学園の林正岳理事長、福井医療大学の山口明夫学長、齊藤俊彦課長、堀秀昭保健医療学部長、森山悦子看護学科長には大変お世話になり、また養護教諭養成認可のために文科省に何度も交渉し尽力してくれた事務室の岩永和也副室長にも本当にお世話になった。深く感謝したい。現在、養護教諭養成を担当している元養護教諭の五十嵐利恵氏と南桂子氏、及び心理学の青井利哉氏の3人とは1期生か

ら共に学生の成長を見守ってきている仲間として深く感謝している。＜第Ⅱ部 2（3）、3（1）～（3）＞

以上、福井大学に就職してから、30代、40代、50代、60代と様々な経験をさせていただき、現在、福井医療大学でも貴重な経験をさせていただいている。それらの研究活動の一端が本書に収録した諸論文である。本書は、今まで発表してきた論文の一部ではあるが、私にとって重要だと判断したものを収録したつもりである。また、大変お世話になりながら本書でお名前を挙げられなかった方々が数多くおられる。この場をお借りして、深く感謝申し上げたい。

最後になるが、福井に来て 35 年、東京を離れて長く一緒に生活をし様々な面で支えてくれた妻、和子に深く感謝したい。また、結婚して東京で生活している息子夫妻（森崇・夕貴）にも身体をいろいろと気遣ってくれていることに感謝したい。最後に、本書を今は亡き両親へ捧げたいと思う。

新型コロナウイルス対策で大変なときに　　2020年4月

森　透

**教育の歴史的展開と現代教育の課題を考える**
**～追究ーコミュニケーションの軸から～**

2020年 5月 30日　　初版発行

著者　森　透

発行所　株式会社　三恵社
〒462-0056 愛知県名古屋市北区中丸町2-24-1
TEL 052 (915) 5211
FAX 052 (915) 5019
URL http://www.sankeisha.com

※ISBN は表紙に記載しております。